# 도넛 경제학

**DOUGHNUT ECONOMICS**

폴 새뮤얼슨의 20세기 경제학을
박물관으로 보내버린 21세기 경제학 교과서

# 도넛 경제학

케이트 레이워스 지음

홍기빈 옮김

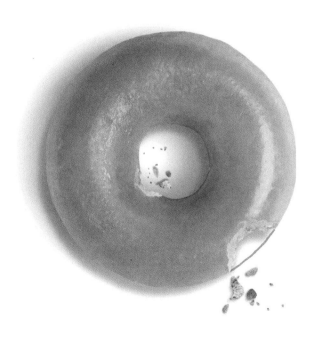

학고재

경제학에서 가장 강력한 도구는 돈도 아니고 수학도 아니다.
연필이다. 연필 하나면 세상을 그릴 수 있으니까.

# 차례

# 누가 경제학자가 되고 싶어 하는가

2008년 10월, 위안 양Yuan Yang은 경제학을 공부하러 옥스퍼드 대학교에 왔다. 중국에서 태어나 영국 요크셔에서 자란 위안은 지구적 시민으로서 세상을 바라봤다. 시사 문제에 관심이 많았고, 인류의 미래를 염려했으며, 이 세상을 바꿔보기로 굳게 결심하기에 이르렀다. 그리고 경제학자가 되는 게 세상을 바꾸는 가장 좋은 방법이라고 믿었다. 위안은 21세기가 원하는 경제학자가 되겠다는 열망에 부풀었다.

하지만 위안은 곧 좌절했다. 경제학 이론이, 그리고 그 이론을 증명하는 수학이 어처구니없게도 협소한 전제와 가정 위에 있다는 것을 알게 된 것이다. 게다가 위안이 경제학 공부를 시작한 당시는 마침 세계 금융 시스템이 곤두박질하던 중이었다. 당연히 관심이 클 수밖에 없었다. 그러나 학교에서는 이를 전혀 다루지 않았다. 위안은 그때를 이렇게 회상했다. "경제 붕괴가 제겐 경종이 되었습니다. 강의실에서는 금융 시스템이 별로 중요하지 않다는 듯이 배웠어요. 그런데 실제 금융 시장은 세상을 엉망으로 만들고 있었죠. 그래서 우리는 물었습니다. '어째서 이런 괴리가 존재하는 건가요?'" 그리고 위안은 곧 깨달았다. 그러한 경제학의 괴리가 단지 금융 부문에만 해당되는 게 아니라는 것을. 세계적으로 불평등과 기후 변화 같은 위기가 나날이 심각해지고 있었지만 이 또한 주류 경제학의 관심사가 아니었다.

위안이 질문할 때마다 교수들은 공부를 더 하면 자연히 통찰력이 생길 거라고 안심시켰다. 그래서 런던 정치경제대학 석사과정에 진학했고, 통찰력이 생겨나기를 기다리고 또 기다렸다. 하지만 추상적인 경제학 이론은 한층 더 막막해졌고, 수학 방정식도 몇 갑절로 늘어났다. 위안은 점점 더 불만이 커졌다. 그러나 시험은 여지없이 돌아왔고, 위안은 선택의 기로에 섰다. "어느 시점이 되니 저도 알겠더라고요. 모든 것에 의문을 품을 게 아니라 일단 교과서 먼저 외우고 과제물을 해치워야 한다는 걸요. 학생으로서 참으로 슬픈 순간이었어요."

이런 깨달음을 얻은 학생 대다수는 경제학을 때려치우거나, 아니면 보수좋은 직장에 취직하려면 학위와 자격증이 있어야 하니 눈 딱 감고 이론들을 꿀꺽 삼킨다. 그러나 위안은 그러지 않았다. 전 세계 대학을 뒤져 비슷한 생각을 하는 반항적인 학생들을 찾아나섰다. 이미 새천년이 시작된 뒤로 전 세계 경제학과에서 자기처럼 학교에서 가르치는 협소한 이론 틀에 공공연히 문제를 제기하는 학생이 늘어나고 있었다. 2000년에는 파리의 경제학과 학생들이 교수들에게 공개서한을 보내 주류 이론만 가르치는 독단적인 교육을 거부한다고 밝혔다. '우리는 상상 세계에서 탈출하고 싶습니다. 선생들에게 외칩시다. 더 늦기 전에 어서 깨어나라고!'[1] 10년 후에는 하버드대학교 학생들이 그레고리 맨큐Gregory Mankiw—세계에서 가장 널리 쓰이는 경제학 교과서의 저자—교수의 강의실에서 집단 퇴장했다. 맨큐가 신봉하는 관점과 이념이 너무나 협소하고 편견 가득하다고 보아 이에 항의하는 시위였다. 학생들은 '이런 편견이 학생, 대학 그리고 대학 밖의 거대한 사회에까지 큰 영향을 미친다는 데 깊은 우려'를 표명했다.[2]

금융 위기가 닥치자 전 세계 학생들은 큰 충격을 받아 저항하기 시작했다. 위안과 동료 학생들도 인도와 미국, 독일과 페루에 이르는 30여 개국에서 80개가 넘는 학생 집단을 연결하는 네트워크를 출범시켰다. 그리고 현세대, 지금 우리가 사는 21세기에 닥쳐올 여러 도전을 따라잡을 경제학을 요구하고 나섰다. 이들은 2014년 공개서한에서 이렇게 말했다. '위기를 맞은 것은 세계 경제만이 아닙니다.'

경제학의 가르침 또한 위기에 처했으며, 이런 위기가 초래한 결과와 파장의 규모는 대학 울타리를 훌쩍 넘어섭니다. 지금 대학에서 가르치는 것들은 다음 세대 정책 입안자들의 정신을 형성할 것이고, 결국 우리가 살아갈 사회의 모습을 결정할 것입니다.… 우리는 지난 몇 십 년간 경제학 커리큘럼이 실로 급격하게 협소해진 데 불만을 표명합니다.… 금융 안정성에서 식량 안보와 기후 변화에 이르기까지 21세기가 던지는 다양한 도전에 대처할 우리의 능력을 제한하기 때문입니다.[3]

항의하는 학생 가운데 급진파는 반문화적인 전략을 동원해 권위와 무게를 과시하는 학술회의에 공격을 감행했다. 2015년 1월, 보스턴의 셰러턴 호텔에서 전미경제학회American Economic Association 연례회의가 진행되고 있었다. '불을 지르자Kick It Over' 단체 학생들은 호텔 복도와 엘리베이터, 화장실에 비난 벽보를 도배했다. 학술회의가 열리는 건물 정면에다 슬라이드로 불온한 메시지를 쏘았고, 발표장마다 들어앉아 질문 시간을 독차지해 학술회의 참가자들을 경악시켰다.[4] 학생들은 성명에서 이렇게 선언했다. '경제학 혁명은 이미 시작되었다. 모든 대학의 권좌에서 우리는 당신들 늙은 염소들을 쫓아낼 것이다. 그다음 다가올 몇 달, 몇 년 안에 인류를 파멸로 몰고 가는 시한폭탄의 뇌관 제거 작업을 시작할 것이다.'[5]

그야말로 비상사태다. 어떤 학과든 대학생들은 그 학문을 공부하는 데 인생의 가장 소중한 몇 년을 바치기로 선택한 사람들이다. 그런데 이런 이들을 반란으로 몰고 간 예가 어디 있던가? 이들의 반란으로 명확해진 것이 있다. 경제학에서는 이미 혁명이 시작되었다는 것이다. 이 혁명의 성

2015년 1월, 반기를 든 경제학과 학생들이 보스턴 셰러턴 호텔의 외벽을 접수해
전미경제학회의 연례회의에 반문화적인 비판을 환영 인사로 보냈다.

공 여부는 옛 사상이 거짓임을 폭로하는 것만이 아니라 과연 새로운 사상
을 제시할 수 있느냐에 달렸다. 20세기의 천재 발명가 버크민스터 풀러
Buckminster Fuller가 말했듯이 '현실과 싸우는 것만으로는 절대 세상을 바꿀
수 없다. 뭐라도 바꾸고 싶다면 기존 모델을 낡은 것으로 만들 새로운 모델
을 구축하라'.

이 책은 이런 도전을 받아들여, 21세기 경제학자답게 생각하는 일곱 가
지 방법을 내놓고자 한다. 우리를 함정으로 밀어넣은 낡고 거짓된 사고를
폭로하고, 그 대신 새롭게 영감을 줄 생각들을 내놓을 것이다. 그리고 글뿐
만 아니라 그림으로도 새로운 경제학 이야기를 풀어나갈 것이다.

## 21세기의 도전

'경제학economics'이라는 말을 처음 만든 이는 고대 그리스의 철학자 크세

노폰Xenophon이다. 가정을 뜻하는 '오이코스oikos'와 지배 혹은 규범을 뜻하는 '노모스nomos'를 결합해 살림살이 관리라는 말을 만든 것이다. 이는 그 어느 때보다도 특히 오늘날에 시의적절한 발상이다. 21세기의 우리는 지구의 살림살이를 이끌어줄 지혜로운 관리자가 필요하고, 그 관리자는 지구에 사는 모든 주민의 필요에 기꺼이 주의를 기울일 줄 알아야 한다.

지난 60년간 인류의 안녕은 실로 괄목할 만큼 진전했다. 1950년에는 어느 나라건 신생아의 평균 기대 수명이 48세에 불과했다. 하지만 오늘날 신생아의 기대 수명은 71세에 이른다.[6] 1990년 이후에만 하루 소득 1.9달러 이하로 살아가는 극빈층이 절반 이상 줄었다. 20억 명 이상이 처음으로 안전한 식수와 화장실을 얻었다. 그 사이에 인구는 거의 40퍼센트 증가했다.[7]

좋은 소식이다. 하지만 이제부터 할 이야기는 최소한 아직까지는 별로 좋지 않다. 수백만 명이 아직도 극도의 빈곤 상태에서 살고 있다. 전 세계적으로 아홉 명 중 한 명은 여전히 먹을 것이 부족하다.[8] 2015년에는 5세 이하 아동 600만 명이 사망했으며 그 사인의 절반은 설사와 말라리아처럼 쉽게 치료할 수 있는 병이었다.[9] 20억 명이 아직도 하루 3달러 이하로 살고 있고, 일자리가 없는 젊은 층이 7,000만 명이 넘는다.[10] 이런 빈곤화를 더욱 악화시키는 것은 갈수록 심해지는 경제적 불안정성과 불평등이다. 2008년 금융 위기로 세계 경제는 충격의 파도에 휩쓸렸고, 수백만 명이 일자리, 집, 저금, 안전을 잃었다. 그런 가운데 세상은 실로 놀랄 만큼 불평등해지고 말았다. 2015년 현재 전 세계 부자의 상위 1퍼센트는 나머지 99퍼센트의 부를 모두 합친 것보다 더 많이 가졌다.[11]

이렇게 인간 세상이 극단으로 내몰렸지만 이것으로 끝이 아니다. 우리 모두의 터전인 지구의 위기도 갈수록 심각해졌다. 인간 활동은 지구의 생명 유지 시스템에 미증유의 압박을 주고 있다. 지구의 평균 온도는 이미 0.8도나 상승했고, 이 추세가 계속될 경우 2100년에는 거의 4도나 높아질 것이다. 이는 인류가 지금까지 한 번도 보지 못한 홍수, 가뭄, 태풍, 해수면 상승 등 어마어마한 재앙을 불러올 것이다.[12] 전 세계 농지의 40퍼센트가 심각하게 황폐해졌고, 2025년이 되면 세계 인구의 3분의 2가 심각한 물 부족 지역에서 살게 될 것이다.[13] 그 와중에 세계 어장의 80퍼센트 이상이 과도한 남획으로 손상되거나 완전히 고갈되었으며, 바다에는 1분마다 플라스틱 쓰레기가 한 트럭씩 버려지고 있다. 이 속도로 간다면 2050년에는 바다에 물고기보다 플라스틱이 더 많아질 것이다.[14]

여기까지만 듣고도 여러분은 충분히 질렸을지 모르겠다. 하지만 성장 계획이란 것들이 계속해서 더 많은 과제를 추가할 것이다. 오늘날 세계 인구는 73억 명이며, 2050년에는 100억 명에 달하고 2100년에는 그 증가율이 수그러져 110억 명 정도로 안정될 것이다.[15] 세계 경제는 연 3퍼센트씩 성장해 2037년이 되면 지금의 두 배, 2050년에는 거의 세 배가 될 것이다. 물론 경기가 정상 상태business-as-usual를 유지한다고 가정할 때 말이다.[16] 하루에 10~100달러를 지출하는 중산층은 현재 20억 명에서 2030년이 되면 50억 명으로 급속하게 불어날 것이고, 이에 따라 건설 자재와 소비 제품 수요도 급증할 것이다.[17] 이런 것들이 21세기가 시작된 지금 인류의 장래를 만들어나갈 흐름이다. 이 상황에서 미래로의 여정을 앞둔 우리 인류에게는 어떤 사고방식이 필요할까?


## 경제학의 권위

이렇게 얽히고설킨 도전에 대처하는 방법은 여러 가지겠지만, 어떤 방법을 취한다 해도 분명한 사실이 하나 있다. 경제학 이론이 결정적인 역할을 맡을 거라는 점이다. 경제학이야말로 모든 공공 정책의 모국어일 뿐 아니라 공공 생활의 언어이며, 사회를 형성하는 세계관과 사고방식이다. 플로라 마이클스Flora Michaels는 저서 『모노컬처: 어떻게 한 가지 이야기가 모든 것을 바꾸는가Monoculture: How One Story Is Changing Everything』에서 이렇게 말했다. '21세기가 시작된 이래 모든 것을 지배한 것이 바로 경제 이야기였다.

경제적 이념, 가치, 가정과 전제는 우리가 생각하고 느끼고 행동하는 방식을 송두리째 결정짓는다.'[18]

아마도 이것이 경제학자들이 그토록 권위를 갖는 이유일 것이다. 이들은 세계은행World Bank에서 세계무역기구WTO에 이르는 여러 국제 정책 수립 현장에서 항상 전문가 대접을 받으며 맨 앞자리에 앉는다. 권력자는 그 누구보다 이들의 말에 귀를 기울인다. 예를 들어 미국 백악관 산하 모든 자문위원회 중에서 경제 자문위원회의 영향력이 가장 크고 수명도 길다. 반면 태생이 비슷한 환경 자문위원회나 과학 기술 자문위원회는 수도 워싱턴 순환도로만 벗어나면 아무도 그 존재조차 모르는 실정이다. 본래 물리학, 화학, 의학 등 과학 발전에 기여한 이들에게 수상하던 노벨상은 1968년 숱한 논란 속에서도 범위를 확장했다. 스웨덴 중앙은행의 성공적인 로비와 자금 전액 제공 약조로 마침내 '경제과학Economic Sciences' 부문에도 노벨상이 주어지고 이후 수상자들은 학계의 스타가 되었다.

하지만 경제학이 누리는 명백한 권위를 불편하게 여기는 경제학자들이 분명히 존재했다. 이미 1930년대에 존 메이너드 케인스John Maynard Keynes—이 영국인의 경제사상은 제2차 세계대전 이후 경제학을 완전히 뒤바꿔놓았다—는 경제학자들의 역할을 보면서 우려를 표명했다. '경제학자와 정치철학자의 사고는 옳고 그름과 상관없이 사람들이 흔히 이해하는 것보다 훨씬 큰 영향력을 발휘한다. 실제로 우리 세계를 지배하는 것이 바로 그것이다.' 케인스의 유명한 말이다. '스스로 자기는 실용적인 인간이므로 그 어떤 지식인의 말에도 영향을 받지 않는다는 이들도 대개는 이미 오래전에 죽어 백골이 된 경제학자의 노예다.'[19] 1940년대 신자유주의의 아버지로 잘 알려진 오스트리아 출신 경제학자 프리드리히 폰 하이에크Friedrich von Hayek는 경제학 이론이든 경제 정책이든 거의 모든 문제에서 케인스와 격렬하게 대립했지만 이 문제만큼은 의견이 완전히 일치했다. 1974년 노벨상을 수상한 하이에크는 만약 자기에게 노벨 경제학상을 제정할지에 대해 의견을 구했다면 반대했을 거라면서 그 이유를 이렇게 설명했다. '노벨상이 경제학에서 그 누구도 절대 가져서는 안 되는 권위를 개인에게 수여하기 때문이다.' 특히 중요한 점은 경제학자의 영향력이 일반인, 즉 정치가, 언론인, 공직자 그리고 일반 대중에게 영향을 미치기 때문'이라는 것이었다.[20]

가장 영향력을 크게 미친 20세기 두 경제학자의 우려에도 경제학자들의 세계관이 모든 사람의 생각을 지배하는 풍조는 갈수록 확산일로에 있으며 이제는 공공 생활의 언어에까지 침투했다. 전 세계의 크고 작은 병원에서 환자와 의사는 고객과 서비스 제공자라는 용어로 새로 태어났다. 경제학자들은 모든 대륙의 들판과 숲에서 '자연 자본natural capital'과 '생태계 서비스'를 화폐 가치로 계산하는 데 몰두하고 있다. 전 세계 습지의 경제적 가치(연간 34억 달러라고들 한다)부터 곤충이 꽃가루를 수분하는 가치(연간 1,600억 달러에 해당한다)까지 전방위적이다.[21] 매일같이 라디오도 신문도 최근 분기에 이런저런 대기업의 당기 순이익이 어땠는지를 머리기사로 뽑아내며 금융 부문의 중요성을 강조하고, 텔레비전 뉴스는 꼭 옛날 티커 테이프ticker tape*처럼 주가 지수를 내보내고 있다.

이렇게 경제학이 공공 생활에서 우세해지니 수많은 대학생이 기회만 되면 경제학을 공부하려는 것도 놀랄 일이 아니다. 미국 대학에서는 매년 약 500만 명이 경제학 과목을 최소한 하나 이상 수강하고 이를 스펙으로 내건다. 경제원론 과목은 미국에서 시작되어—'이콘Econ 101'로 널리 알려져 있다—이제는 전 세계 대학으로 퍼져나갔다. 그 결과 중국에서 칠레에 이르는 모든 대학 학생이 시카고 대학교와 하버드, MIT와 똑같은 교과서로 경제학을 배운다. 이콘 101은 폭넓은 교양 교육의 대표 격이 되었다. 사업가가 되든, 의사가 되든, 언론인이 되든, 정치 활동가가 되든 꼭 알아야만 하는 지식이 되었다. 경제학을 전혀 공부하지 않은 학생이라도 이콘 101의 어휘와 사고방식이 공공 토론과 논쟁에 속속들이 침투해 있다. 경제란 무엇이고

---

● 실시간으로 주가 지수를 뽑아내던 구식 종이테이프.

어떻게 작동하며 무엇을 위해 존재하는가 등 경제에 대한 우리의 사고방식을 결정한다.

이것이 문제다. 이 학생들이 앞으로 정책 입안자, 사업가, 교사, 언론인, 마을 조직가, 활동가, 유권자가 될 것이며, 이들이 21세기 인류의 삶을 이끌 것이다. 그런데 2050년 시민들이 배울 경제학 사고는 1950년 교과서에 뿌리를 두고 있고, 게다가 이는 1850년 경제 이론에 근거했다. 빠른 속도로 변하는 것이 21세기의 본질임을 생각한다면 이는 재난이라고 할 수밖에 없다. 물론 20세기에는 획기적인 경제적 사유가 나타나기도 했고, 그중에서도 가장 파급력이 큰 것은 케인스와 하이에크의 사상 투쟁이었다. 하지만 두 대표 사상가가 정반대 관점을 갖고 있음에도, 그 차이의 근원을 세밀히 따져보면 모두 이전 시대로부터 문제투성이의 가정과 전제, 흔한 맹점까지 고스란히 물려받았다는 사실을 알게 된다. 21세기의 맥락에서는 잘못된 전제와 맹점 들을 분명히 드러내 경제학을 원점에서 다시 돌아봐야 한다.

## 경제학을 그만두다, 그리고 되돌아오다

나는 1980년대에 십 대를 보냈다. 그 무렵 나는 저녁 뉴스를 보면서 세상을 종합적으로 이해하려 했다. 텔레비전은 날마다 우리 거실로 숱한 영상을 쏟아내 나를 런던의 여학생 생활에서 끄집어내 더 큰 세계로 이끌었고, 그 영상들은 지금도 내 마음속에 그대로 남아 있다. 에티오피아 기근 속에 태어나 배가 남산처럼 부푼 아기들이 소리 없이 카메라를 바라보던 시선을 결코 잊지 못한다. 보팔Bhopal 가스 사고 때는 희생자들이 마치 성냥처럼 줄지어 쓰러져 있었다. 오존층에는 보랏빛으로 물든 구멍이 입을 벌렸다. 엑슨 발데즈Exxon Valdez호 기름 유출 사고 때는 원유가 소용돌이치며 쏟아져 나와 오염되지 않은 알래스카 바다를 뒤덮어 온 바다가 번들거렸다. 1980년대가 끝날 무렵 나는 빈곤과 환경 파괴를 종식시키기 위해 옥스팜 Oxfam이나 그린피스 Greenpeace 같은 조직에서 일하기로 마음을 먹었다. 그리고 내가 장착해야 할 최고의 무기는 경제학이라고 생각했다. 경제학의 여러 도구를 이런 운동에 사용하고 싶었다.

그래서 옥스퍼드 대학교로 갔다. 필요한 기술을 배울 거라는 기대에 들떴다. 하지만 대학에서 가르치는 경제학 이론은 나를 좌절시켰다. 이 세계가 작동하는 방식에 대해 황당한 가정과 전제를 늘어놓았고, 막상 내가 가장 중요하게 생각하는 문제들을 완전히 무시했다. 영감을 주고 열린 마음을 가진 토론 조교들을 만난 건 행운이었다. 하지만 등 뒤에 경제학 커리큘럼이 모두를 옥죄었다. 그들은 진도를 나가야 했고 우리도 거기에 온 힘을 쏟아야 했다. 졸업 이후 나는 경제학 이론으로부터 벗어나기로 했다. 너무나 창피해 소개를 할 때도 '경제학자'라는 말을 하지 않았다. 대신 현실의 무수한 경제 문제에 몰두했다.

나는 아프리카 잔지바르의 여러 촌락에서 '맨발의 혁신사업가들 barefoot entrepreneurs'*과 함께 3년간 일했다. 전기도 수도도 학교도 없는 그곳에서 아이들을 키우며 작은 사업까지 운영하는 여성들에게 끝없는 경외심을 느꼈다. 그다음에는 유엔 UN이 매년 선보이는 대표작 「인간 개발 보고서 Human Development Report」 집필 팀으로 옮겨 뉴욕 맨해튼이라는 전혀 다른 환경에서 4년을 보냈다. 여기서 나는 여러 국제 협상의 진전을 가로막는 뻔뻔스러운 권력 게임을 수없이 봐야 했다. 이후 나의 오랜 꿈이던 옥스팜에서 10년 이상 일했다. 여기서 나는 방글라데시부터 버밍엄에 이르기까지 공급 사슬 맨 꼬트머리에 고용된 여성들을 보았다. 우리는 국제 무역 규

---

● 사회에서 완전히 주변화되어 최저 생계 수준 이하 소득으로 살아남기 위해 방법을 모색하는 이들. 만프레드 막스네프는 이들이 처한 상황은 물론이고 이들이 생존하기 위해 사용하는 경제적 사유가 서방의 경제학 교과서에 묘사된 것과는 전혀 다르다는 사실을 강조하면서 이를 '맨발의 경제학 Barefoot Economics'이라 불렀다. 나중에 다른 연구자들은 이런 상황에 처한 이들이 슘페터 등이 말한 혁신 논리와는 전혀 다른 방식이긴 하지만 결과적으로는 그들이 말하는 '혁신 기업가들 entrepreneurs'과 동일한 역할을 하게 된다는 점을 강조하면서 이 용어를 사용했다.

칙을 떠받치는 이중 잣대와 조작된 원칙을 바로잡기 위해 로비 활동을 벌였다. 그리고 인도에서 잠비아에 이르는 여러 지역의 농민과 만나 극심한 가뭄으로 경작지가 흙 부스러기로 변해버린 사연을 들으며 기후 변화가 인권에 미치는 영향을 연구했다. 그다음에는 아이—그것도 쌍둥이!—가 생겨 1년간 육아 휴가를 얻었다. 다시 현업에 복귀하면서 육아와 일이라는 두 가지 중책을 감당하느라 부모들이 받는 압박이 어떤 것인지를 뼈저리게 체험했다.

이 모든 일을 겪으면서 나는 경제학을 그만둘 수 없다는 사실을 자명하게 깨달았다. 왜냐면 경제학은 우리가 사는 세상의 모습을 결정하고, 그토록 거부했음에도 불구하고 나의 사고방식마저 결정하고 말았다는 것을 알았기 때문이다. 결국 나는 다시 경제학으로 돌아가 경제학을 아예 뒤집어버리기로 마음먹었다. 오랫동안 굳건하게 확립된 경제학 이론들을 버리고 그 자리에 인류의 장기 목표를 세우고 새롭게 경제학을 시작하면 어떨까? 그리고 그 목적을 이뤄줄 경제적 사고방식을 만들어나간다면? 나는 그 목적들을 나타내려고 그림을 그렸다. 참으로 한심하게 들릴지 모르겠지만 도넛처럼 생겼다. 가운데 구멍이 뚫린 미국식 도넛 말이다. 다음 장에 전체 그림을 그렸지만 본질만 말하자면 동심원 한 쌍이다. 안쪽 고리는 사회적 기초를 나타내는 것으로 그 안으로 떨어지면 기아와 문맹 같은 심각한 인간성 박탈 사태가 벌어진다. 그리고 바깥쪽 고리는 생태적인 한계를 보여주는 것으로, 그 밖으로 뛰쳐나가면 기후 변화와 생물 다양성 손실 등 치명적인 환경 위기가 닥친다. 두 고리 사이에 도넛이 있으니, 이 공간이야말로 지구가 베푸는 한계 안에서 만인의 필요와 욕구를 충족시키는 영역이다.

설탕과 기름 범벅인 이 느끼하고 몸에 나쁜 도넛에 인류의 미래를 비유하다니. 하지만 나는 내가 생각하는 것이 이 도넛 이미지와 딱 맞아떨어진다고 느꼈고, 다른 많은 이가 동의했다. 그리고 이 이미지를 염두에 두면 아주 절박한 다음 질문으로 곧장 들어가게 된다.

도넛의 본질: 사회적 기초란 모든 이가 반드시 누려야 할 최소 수준의 안녕이며,
지구의 생태적 한계는 누구도 넘어서는 안 되는 선이다.
이 사이 공간이 만인이 안전하고 정의롭게 살아가는 곳이다.

만약 21세기 인류의 목표가 이 도넛으로 들어가는 것이라면, 우리를 그곳에
데려다줄 가능성이 가장 높은 경제학적 사고방식은 무엇인가?

이 도넛을 손에 쥔 채, 나는 오로지 이 질문에 답하기 위해 낡은 경제학
교과서는 무시했다. 열린 마음을 가진 대학생, 진보적인 사업가, 혁신적인
학자, 가장 앞서가는 실천가 들을 만나 그들의 새로운 경제적 사고방식을
추적했다. 이 책은 그 여정에서 발견한 핵심 지혜와 통찰을 한데 모은 것이
다. 경제학과 1학년 1학기에 이렇게 대안적인 사고법과 통찰을 만났다면
얼마나 좋았을까. 이제는 이를 모든 경제학자의 개념 틀에 반드시 포함시
켜야 한다. 이는 복잡계 경제학, 생태경제학, 여성주의 경제학, 제도주의 경
제학, 행동경제학 등 다양한 학파의 생각에 근거한다. 이 여러 학파들은 모

두 지혜와 통찰이 풍부했지만 각기 다른 학술지, 다른 학술회의, 다른 블로그, 다른 교과서, 다른 대학의 교수 자리에 둥지를 틀고 있으며 그 결과 지난 20세기 경제학을 비판하는 이야기만 되새김질하다가 끝날 수도 있다. 진정한 혁신은 이들이 각자 내놓은 지혜를 합쳐 냄비에 담고 한번 볶아보는 것이다. 거기서 어떤 맛있는 요리가 나올지가 바로 이 책이 찾아내려는 바다.

인류는 지금 엄중한 도전에 직면했다. 이는 상당 부분 우리가 부여잡고 있는 낡아빠진 경제학 사고의 잘못된 상징과 맹점에서 비롯됐다. 하지만 당당히 반기를 들고 다른 길을 모색하면서 원점에서 다시 생각하고 질문을 던지려는 이들에게는 실로 흥미진진한 시점이다. 미래학자 앨빈 토플러 Alvin Toffler는 말했다. '학생들은 낡은 생각을 어떻게 버릴지, 언제, 어떻게 그것을 대치할지 배워야 한다… 배우고, 배운 것을 버리고, 그리고 다시 배우는 방법을….'[22] 다른 누구보다 경제학 문맹을 면하려는 이들에게 적용되는 이야기다. 지금이야말로 여지껏 배운 경제학의 기본들을 전부 머리에서 털어내고 새로이 배울 최적기다.


## 그림의 힘

모두가 말한다. 우리에겐 새로운 경제학 이야기, 다시 말해 21세기에 우리가 공유할 경제적 미래에 대한 새로운 서사narrative가 필요하다고. 나도 동의한다. 하지만 잊지 말아야 할 것이 있다. 역사상 큰 힘을 발휘한 이야기는 항상 그림으로 표현되었다. 만약 경제학을 다시 쓰고 싶다면 경제학의 그림도 새로 그려야 한다. 옛날 그림들을 고수하면 새로운 이야기를 풀어놓을 가능성이 없어지기 때문이다. 어떤 이들은 새로운 그림을 그리는 것을 아이들 놀이처럼 경박한 짓이라고 느낀다. 하지만 진심으로 말하건대, 절대 그렇지 않다. 왜 그런지 증명해보겠다.

선사시대 동굴 벽화에서 시작해 런던 지하철 지도에 이르기까지, 이미지, 도해, 도표 등은 항상 인류의 서사에서 핵심 역할을 했다. 이유는 단순하다. 우리 두뇌는 눈에 보이는 것과 연결되어 있기 때문이다. 미디어 이론가 존 버거John Berger는 1972년 저서 『다른 방식으로 보기Ways of Seeing』[23]를 이렇게 시작한다. '말 이전에 보는 행위가 있다. 아이들은 말을 배우기에 앞서 사물을 보고 그것이 무엇인지 안다.' 이후 신경과학에서는 인간의 인지 활동에서 시각화가 지배적인 역할을 한다는 사실을 확인했다. 우리 두뇌의 신경 섬유 절반은 시각과 연관되며, 눈을 뜨고 있는 동안에는 시각이 두뇌 전기 활동의 3분의 2를 차지한다. 인간의 두뇌가 어떤 이미지를 인식하는 데 고작 150밀리세컨드 걸리고, 거기에 의미를 부여하는 데 추가로 걸리는 시간은 100밀리세컨드에 불과하다.[24] 양쪽 눈 모두 망막에 시신경이 모이는 맹점이 있긴 하지만, 여기서 두뇌는 솜씨 좋게 전체라는 환상을 완벽하게 날조해낸다.[25]

즉, 우리는 이미 뛰어난 관찰자로 태어났다. 무질서 속에서 갖가지 규칙성을 잡아내고, 구름에서 사람 얼굴을 읽고, 그림자에서 유령을 보고, 밤하늘의 별을 이어 신화 속 동물을 찾는다. 학습도 그림을 곁들일 때 가장 효과가 좋다. 시각 판별 전문가인 리넬 버마크Lynell Bermark는 이렇게 설명한다. '우리가 말하는 단어, 개념, 아이디어는 이미지와 연결되지 못하면 한 귀로 들어와서 두뇌를 횡 돈 뒤 다른 귀로 나가버린다. 언어는 단기 기억으로 처리되며, 여기서 우리가 붙잡아둘 수 있는 정보는 고작 일곱 조각 정도다.… 하지만 이미지는 장기 기억으로 바로 들어가 지워지지 않고 새겨진다.'[26] 이미지는 획도 적고 전문 용어도 쓰지 않으면서 신속하게 의식에 직접 박힌다. 글과 이미지가 서로 충돌하는 메시지를 보낼 때 승리하는 쪽은 거의 시각 메시지다.[27] 그림 한 장의 가치가 1,000단어와 같다는 옛말이 참말인 셈이다.

따라서 인간이 세상을 이해하는 데 이미지가 중요한 역할을 했다는 것도 놀라운 일이 아니다. 세계 지도 가운데 가장 오래된 이마고 문디Imago Mundi

는 기원전 6세기 페르시아 사람들이 점토판에 새긴 그림이다. 지구는 평평한 원반이고 중앙에 바빌론이 떡하니 자리 잡고 있다. 고대 그리스 기하학의 아버지 에우클레이데스Eucleides는 2차원 공간에서 원, 삼각형, 곡선, 사각형 등을 완벽하게 분석해 다이어그램의 전통을 만들었다. 아이작 뉴턴Isaac Newton 또한 경천동지할 운동 법칙을 설명하는 데 이 방법을 사용했다. 오늘날까지 전 세계에서 수학 시간에 쓰이는 그림이다. 사람들은 대부분 고대 로마의 건축가 마르쿠스 비트루비우스 폴리오Marcus Vitruvius Pollio의 이름을 잘 기억하지 못하지만, 그의 인체 비례 이론을 시각적으로 묘사한 레오나르도 다빈치의 〈비트루비우스의 남자Vitruvian Man〉는 금세 머리에 떠올릴 것이다. 원과 사각형 안에 벌거벗은 채 팔을 벌리고 서 있는 그 남자 말이다. 1837년 찰스 다윈Charles Darwin은 처음 현장 연구에서 공책에 불규칙적으로 가지를 뻗은 나무 형상 다이어그램을 작게 그리고 그 위에 '내 생각에는I think'이라고 적었다. 훗날 『종의 기원On the Origin of Species』으로 발전할 핵심 아이디어를 그때 이미 포착했던 것이다.[28]

시대와 문화를 막론하고 사람들은 오래전부터 이미지의 힘을 이해하고 있었다. 또 오래도록 믿어온 것들을 뒤집는 데도 이미지가 큰 힘을 발휘한다는 것을 잘 알았다. 마음의 눈에 한번 달라붙은 그림은 말없이 우리의 세계관을 바꿔놓는다. 행성의 운동을 연구하는 데 일생을 바친 니콜라우스 코페르니쿠스Nicolaus Copernicus가 숨을 거두는 순간에야 용기를 내 출간한 것이 바로 그림 한 장이었다는 것도 전혀 놀라운 일이 아니다.

지구가 아니라 태양을 중심으로 우리 태양계를 그린 코페르니쿠스의 그림은 사고 혁명의 방아쇠를 당겼다. 가톨릭교회의 교리를 무너뜨리고, 교황의 권력을 위협하고, 우주와 우주 안 인류의 위치에 대한 생각을 완전히 바꿔놓았다. 불과 몇 개의 동심원이 이렇게 엄청난 일을 했다는 것은 참으로 놀라운 일이다.

이제 경제학의 주요 다이어그램인 원, 포물선, 직선, 곡선 들을 생각해보라. 경제란 무엇이며, 어떻게 움직이며, 그 목적은 무엇인지를 묘사할 뿐 무

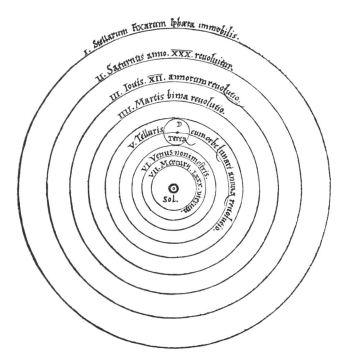

코페르니쿠스가 1543년에 그린 우주 그림. 지구가 태양 주변을 돈다.

해한 그림으로 보인다. 하지만 이들의 엄청난 힘을 절대 과소평가해서는 안 된다. 우리가 그린 그림은 우리가 볼 수 있는 것과 볼 수 없는 것을 결정하고, 우리가 주목해야 할 것과 무시해야 할 것을 결정한다. 이후의 모든 일도 똑같이 결정한다. 우리가 경제를 설명하기 위해 그린 이미지는 기하학으로 간명하게 표현된 에우클레이데스 수학과 뉴턴 물리학의 영원한 진리를 상기시킨다. 이미지들은 우리의 머리 뒤로 슬며시 들어와 말없이 경제학 이론의 가장 밑바닥에 깔려 있는 가정들을 속삭인다. 그 이론들은 우리의 마음의 눈에 새겨지므로 질문과 토론의 대상으로 떠오르는 법도 없다. 이미지들은 경제의 일부분을 보여주면서 경제학 이론의 고유한 맹점들을 부드럽게 포장하고 우리로 하여금 이미지 속 선 안에서 법칙을 찾게끔 유혹하며, 그릇된 목적들을 추구하도록 종용한다. 심지어 이 이미지들은 마음속

스프레이 낙서처럼 언어가 사라진 뒤에도 살아남는다. 이미지들은 경제학 이론 보따리를 우리 뇌로 끌어들이는 밀수업자다. 우리가 그 존재를 의식하지도 못하는 가운데 시각 피질에 자리를 트고 앉는다. 이렇게 그림 하나가 1,000마디 말의 힘을 갖고 있다면, 최소한 경제학에서는 우리가 가르치고 배우는 그림에 더 주의를 기울여야 한다.

어떤 이들은 이런 제안을 무시할 수도 있다. 경제학은 그림이 아니라 수많은 방정식으로 가르치는 거라 반박하면서 말이다. 실제로 경제학과에서는 예술가가 아니라 수학자들을 교수로 채용하고 있다. 하지만 경제학은 사실 다이어그램과 방정식 두 가지를 모두 사용해 가르치며, 다이어그램은 특히 강력한 역할을 수행해왔다. 경제학은 비록 그 과거가 잘 알려지지는 않았지만 괴짜가 여러 명 등장하고 또 놀라운 반전까지 담긴 실로 흥미진진한 이야기로 가득 차 있다.


## 경제학에서 이미지의 역할: 숨겨진 역사

경제학을 창시한 이들 중 다수는 창의적인 아이디어를 표현하기 위해 이미지를 사용했다. 1758년 프랑스 경제학자 프랑수아 케네François Quesnay는 『경제표 Tableau Économique』를 출간하면서 지주, 노동자, 상인 사이에 유통되는 화폐의 흐름을 지그재그 선으로 그려 최초의 수량 경제 모델을 만들었다. 1780년대에 영국의 정치경제학자 윌리엄 플레이페어William Playfair는 어린 학생들도 아는 막대그래프, 원그래프를 사용해 데이터를 제시하는 새로운 방식을 만들었다. 이런 도구로 그는 일용직 노동자가 구입하는 밀 가격이 급격하게 올랐다든가, 잉글랜드의 대외 무역 수지가 변했다든가 하는 당대의 정치 문제들을 시각화했다. 한 세기 후 영국 경제학자 윌리엄 스탠리 제번스William Stanley Jevons는 스스로 '수요 법칙'이라 부른 그림을 그렸다. 어떤 상품의 가격과 거래량이 곡선을 따라 조금씩 변하는 모습으로, 가격

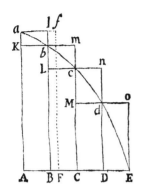
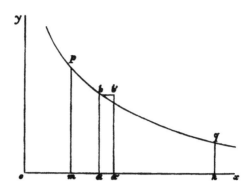

물체의 운동, 아이작 뉴턴, 1687          수요 법칙, 윌리엄 스탠리 제번스, 1871.
경제학이 과학으로 보이기를 바란 제번스는 뉴턴의 운동 법칙 다이어그램 스타일로 자기 이론을 그렸다.

이 떨어지면 사람들이 더 많이 사고 싶어 한다는 것을 보여주고자 했다. 그는 자기 이론이 물리학 같은 과학으로 보이기를 열망해 일부러 뉴턴의 운동 법칙 그래프와 아주 비슷하게 그렸다. 이 수요 곡선은 오늘날에도 경제학을 배우는 학생들이 제일 처음 만나는 다이어그램이기도 하다.

　20세기 전반기의 경제학은 앨프리드 마셜Alfred Marshall이 1890년에 쓴 『경제학 원리Principles of Economics』가 대변한다. 당시 학생들의 필수 교재였던 이 책 서문에서 방정식과 다이어그램 중 어느 것이 책 내용을 설명하는 데 더 나은지를 숙고했다. 그는 수학 방정식은 '자기 생각을 스스로 사용하기 위해 빠르게, 짧게 또 정확하게 적어놓는 데' 가장 도움이 된다고 보았다. '하지만 숫자와 기호가 많으면 그 방정식을 쓰는 사람 말고는 이해하기가 고역스럽다.' 그에게는 다이어그램이 훨씬 가치 있었다. '이 교과서의 논지는 다이어그램에 의존하는 게 아니므로 다이어그램은 사실 생략해도 무방하다. 하지만 경험상 다이어그램을 쓰면 많은 중요 원리를 더욱 확실하게 파악할 수 있다. 그리고 순수 이론에는, 일단 다이어그램 사용법을 익힌 이라면, 다이어그램을 사용해 다뤄야 하는 것이 많다.'[29]

　하지만 20세기 후반에 이미지를 경제사상의 중심에 박아넣은 이는 폴 새

폴 새뮤얼슨: 경제학을 그림으로 그려낸 인물.

뮤얼슨Paul Samuelson이었다. 현대 경제학의 아버지인 그는 70년 동안 MIT에 몸 담았다. 2009년 그가 세상을 떠나자 사람들은 '모든 현대 경제학자에게 어깨를 내준 거인 중 한 사람'이라고 칭송했다.[30] 그는 방정식과 다이어그램에 매료되었다. 그리고 이 두 가지를 경제학 이론과 교수법에 사용하는 데 근본적인 영향을 미쳤다. 더욱 결정적인 건 그가 방정식이 적합한 청중과 다이어그램이 적합한 청중을 구분했다는 점이다. 간단히 말하자면 방정식은 전문가에게, 그림은 대중에게 맞다는 것이다.

새뮤얼슨의 첫 대표 저서는 박사 논문 『경제 분석의 기초Foundations of Economic Analysis』였다. 1947년에 경제학 전문가를 대상으로 쓴 본격 이론서로, 한마디 변명도 없이 수학으로 일관했다. 그는 방정식이야말로 전문 경제학자들의 모국어여야 한다고 믿었다. 그래야 불명료한 사유를 깨끗이 잘라내고 대신 과학적인 정밀함을 가져올 수 있기 때문이었다. 그러나 그는 두 번째 책을 온전히 다른 대상을 위해 썼다. 이는 순전히 운명의 장난이라고 할 수밖에 없었다.

제2차 세계대전이 끝날 무렵 미국에서는 대학 입학생 수가 엄청나게 불어났다. 집으로 돌아온 수십만 명의 군인들이 그동안 놓친 교육, 일자리가 필요로 하는 교육을 찾아 대학으로 몰려들었기 때문이다. 많은 이가 전후 재건과 복구에 필수적인 공학을 전공으로 택했는데, 당시 공대에서는 공대생들도 어느 정도는 경제학을 배우도록 필수 과목으로 정했다. 당시 새뮤얼슨은 MIT 공과대학의 서른 살짜리 젊은 교수로 '아무도 못 알아먹을 이론에 미친 겁대가리 없는 애송이'를 자처하고 있었다. 그런데 학과장 랠프 프리먼Ralph Freeman에겐 하루빨리 풀어야 할 문제가 있었다. MIT 공대 1학년 800명이 필수 과목인 경제학을 듣기 시작했는데 문제가 생긴 것이다. 새뮤얼슨은 프리먼이 어느 날 사무실로 찾아와 문을 닫고는 했던 말을 회상했다. "학생들이 경제학에 진저리를 낸다네. 우리가 할 수 있는 건 다 해봤네만 소용이 없어.… 폴, 자네가 한두 학기 맡아주면 어떤가? 학생들이 좋아할 교과서를 써보게. 학생들이 좋아하면 그게 좋은 경제학일 거야. 빼고 싶은 내용은 다 빼도 좋아. 짧게 쓰고 싶으면 짧게 쓰라고. 자네가 새로 만든다면 그게 뭐든 어쨌든 지금에 비하면 엄청난 개선일 테니까."[31]

새뮤얼슨은 제안을 거절할 수 없었다. 그래서 3년에 걸쳐 교과서—제목은 아주 단순히 『경제학』이었다—를 썼다. 1948년에 나온 이 교과서는 이후 그의 일생에 엄청난 명성을 안겨준 고전이 되었다. 그는 흥미롭게도 중세 로마 가톨릭교회의 발자취를 그대로 따르는 집필 전략을 선택했다. 인쇄 기술이 없던 중세 유럽, 가톨릭교회는 교리를 전파하는 데 사뭇 다른 두 가지 방법을 썼다. 우선 학식 있는 소수 수도승, 사제, 신학자 등은 라틴어 『성경』을 한 줄 한 줄 베껴 쓰며 읽게 했다. 이와는 대조적으로 글을 못 읽는 대중은 『성경』 이야기를 그림으로 배웠다. 『성경』 그림은 프레스코로 교회 벽을 채웠고 스테인드글라스 창문에서 반짝였다. 매스 커뮤니케이션 전략으로서는 대성공으로 판명된 바다. 새뮤얼슨은 영리했다. 전문가가 사용하

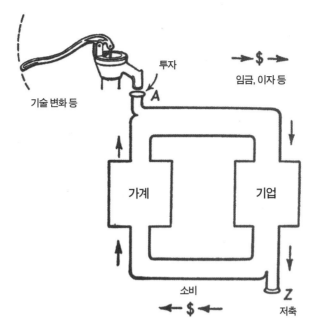

새뮤얼슨이 1948년에 그린 경제 순환 모델 다이어그램.
마치 파이프 배관을 따라 물이 흐르는 것처럼 소득이 경제 전체를 흐르는 것으로 묘사했다.

는 방정식은 밀어두고, 다이어그램, 그래프, 차트를 전폭적으로 사용했다. 대중이 단번에 이해할 수 있는 경제학을 만든 것이다. 그리고 주 수강생인 공대생들에게 익숙한 공학과 유체 역학의 전통 이미지와 그림 기법을 적용했다. 예를 들자면 초판에 나오는 위 그림은 소득이 어떻게 경제를 순환하는지를 보여주는데, 신규 투자가 생기면 순환하는 양이 늘어난다고 설명한다. 이것은 후에 새뮤얼슨의 가장 유명한 다이어그램—이른바 '경제 순환 모델Circular Flow'—으로 진화하며, 파이프 배관을 따라 흐르는 물에 비유해 표현했다.[32]

그림으로 가득한 그의 경제학 교과서는 크게 히트해 공대생에게 먹히는 책은 다른 학생들에게도 먹힌다는 것이 입증되었다. 곧 미국 전역에서 모든 대학교수가 『경제학』을 교과서로 채택했고, 금세 세계로 퍼져나갔다.

이 책은 거의 30년 가까이 미국의 모든 교과를 통틀어 가장 잘 팔리는 교과서로 자리 잡았다. 또 40개가 넘는 언어로 번역되어 전 세계에서 60년에 걸쳐 400만 권 팔렸으며, 여러 세대에 걸쳐 이콘 101 과정에서 알아야 할 모든 지식을 제공했다.[33] 이 책은 신판이 나올 때마다 그림이 더 많이 추가되었다. 초판에 70개였던 다이어그램은 1980년의 11판에서 거의 250개로 늘었다. 새뮤얼슨은 자기 책이 신입생에게 미치는 영향력을 잘 알고 있었고 이를 즐겼다. '내가 이 나라의 경제학 교과서를 쓰는 한, 나는 이 나라 법을 만드는 국회의원이 누구인지 그리고 그 법을 설명하는 고급 학술서 저자가 누군지 개의치 않는다.' 그는 훗날 이렇게 천명했다. '아이스크림은 먼저 침을 바르는 아이가 주인이고, 나도 마찬가지다. 막 배우기 시작한 학생들의 의식은 깊은 인상을 남기기 가장 쉬운 백지상태tabula rasa이며, 바로 그들이 내가 쓴 교과서를 읽는다.'[34] •

## 벗어나기 위한 기나긴 몸부림

'시작하는 방법' 즉 '처음'을 결정하는 이들이 휘두르는 특별한 영향력을 음미한 이는 새뮤얼슨만이 아니었다. 그의 선생이자 멘토인 조지프 슘페터Joseph Schumpeter도 우리에게 전해온 사고들을 떨쳐낸다는 게 대단히 어렵다는 걸 잘 알고 있었다. 하지만 그는 독자적인 통찰력을 얻기 위해 반드시 그렇게 해야겠다고 결심했다. 다음은 1954년에 나온 슘페터의 유작 『경제 분석의 역사History of Economic Analysis』의 한 구절이다.

---

• 1980년대 한국에서도 경제학과 1학년 전공 필수 경제원론 교과서로 새뮤얼슨(과 윌리엄 노드하우스Nordhaus)의 『경제학』을 사용했다. 하지만 새뮤얼슨의 자신감 넘치는 믿음이 늘 성공적인 건 아니었다. 그의 말처럼 경제학에 대해 완전 백지상태로 공부를 시작한 어느 학생은 이 책의 내용에 심한 반감을 견디다 못해 경악할 지경이었다. 그 학생은 훗날 정치경제학을 전공했고, 지금 이 책을 우리말로 번역하고 있다.

우리는 선배들의 저작으로부터 연구를 시작한다. 맨땅에서 시작하는 일은 거의 없다. 하지만 정말로 맨땅에서 시작한다면 어떤 단계를 밟아나가야 할까? 당연한 이야기지만, 우리 스스로 문제를 설정하려면 먼저 분석 대상이 될 만한 일관된 현상 한 묶음을 다른 현상과 구별해 시각화해야 한다. 달리 말하자면 분석 이전에, 분석 대상이 될 원재료들을 공급해주는 인지 활동이 반드시 선행되어야 한다. 이 책에서는 이런 분석 이전 단계의 인지 활동을 시야Vision라고 부를 것이다.

하지만 그는 분석 이전 단계의 시야를 새롭게 창출하는 것이 결코 불편부당한 과정일 수 없음을 명확히 밝히면서 이렇게 덧붙였다.

그 첫 번째 과제는 그런 시야를 언어로 표현하거나… 어느 정도 질서를 갖춘 도식이나 그림으로… 개념화하는 것이다. 그리고 이런 과정은 온갖 이데올로기가 다 개입해 들어올 수 있도록 문이 활짝 열려 있어야 한다. 사실상 이데올로기는 우리가 이야기해온 이 분석 이전 단계 인지 활동의 가장 밑바닥에서 등장한다. 분석 작업은 그 이전 단계의 인지 활동인 시야가 재료를 제공해야 비로소 시작될 수 있지만, 이런 시야란 거의 본성상 이데올로기적일 수밖에 없다.[35]

다른 사상가들도 표현만 다를 뿐 비슷한 주장을 내놓는다. 슘페터의 분석 이전 단계의 시야 개념은 사회학자 카를 만하임Karl Mannheim에게서 영감을 받은 것이다. 만하임은 1920년대 말에 '모든 관점에는 이를 탄생시킨 독특한 사회적 상황이 있다'고 말했으며, 이를 통해 우리는 각자 세계를 해석하는 자기만의 '세계관Weltanschauung'을 갖고 있다는 관념을 대중화시켰다. 1960년대에는 토머스 쿤Thomas Kuhn이 다음과 같은 점을 지적해 과학 연구를 완전히 전복시켰다. '과학자들은 이미 학습된 모델로부터 작업을 시작한다… 그 모델이 어떤 특징으로 과학자 공동체의 패러다임 지위를 얻게 되었는지에 대해서는 거의 모르고 또 알 필요조차 느끼지 못한다.'[36] 1970년대에 사회학자 어빙 고프먼Erving Goffman은 '틀frame'이라는 개념을 도입한다. 우리는 각자 마음속의 그림 틀을 통해 세계를 본다는 것이다. 그는 우리가 이 틀을 통해 뒤죽박죽인 경험으로부터 의미를 끌어내고, 그다음 이 의미에서 우리 눈에 보이는 것들의 상세한 모습이 나오는 과정을 보여주었다.[37]

분석 이전 단계의 시야, 세계관, 패러다임, 틀. 이런 것들은 모두 서로 관련성이 깊은 개념들이다. 그런데 어떤 시야, 세계관, 패러다임, 틀을 선택하는 것보다 더 중요한 건 우리 마음속에 이미 뭔가가 있다는 사실을 깨닫는 것이다. 그래야만 마음속에 똬리를 튼 시야, 세계관, 패러다임, 틀을 바꾸거나 문제 제기할 힘이 생기기 때문이다. 이런 지혜를 경제학에 대입해, 경제를 묘사하고 이해할 때도 지금까지 사용해온 우리 마음속 모델들을 새롭게 바라봐야 한다. 하지만 케인스가 이미 깨달았듯이, 그게 결코 쉬운 일이 아니다. 케인스는 1930년대에 획기적인 이론을 발간하면서 말했다. '이는 관습적인 사유와 표현 양식으로부터 벗어나기 위한 몸부림이었다.… 어려움은 새로운 사상에 있는 게 아니다. 어려움은 바로 우리 마음속 깊숙이 뿌리내리고 가지를 친 낡은 사상에 있다.'[38]

마음속에 자리 잡은 낡은 모델들을 떨쳐버린다는 건 참으로 매력적인 일이지만, 새로운 아이디어를 찾아나서는 데도 조심할 점들이 있다. 첫째, 철학자 알프레트 코집스키Alfred Korzybski가 말한 '지도는 땅이 아니다'를 항상 명심해야 한다. 모델은 어디까지나 모델일 뿐이며 실제 세계를 단순화한 것이다. 따라서 이를 실재로 착각해서는 안 된다. 둘째, 분석 이전 단계에서 이미 올바른 시야를 확보한다든가, 유일 진리의 패러다임을 얻는다든가, 완벽한 틀을 마련하는 등의 일은 가능하지도 않으며 또 그렇게 하려 해서도 안 된다. 통계학자 조지 박스George Box의 재치 있는 말처럼 '모델은 모두 틀렸다. 약간 유용한 것들이 있을 뿐'.[39] 경제학을 다시 생각한다는 것은 정확하고 올바른 경제학을 찾아내는 게 아니다. 왜냐면 그런 건 존재하지 않기 때문이다. 이는 우리 목적에 가장 잘 부합하는 경제학을 선택 혹은 창조하는 작업이다. 우리 목적은 우리가 어떤 맥락에 직면했는지, 우리가 품고 있는 가치들이 무엇인지, 이루고자 하는 목적이 무엇인지이다. 인류의 맥락, 가치, 목적은 계속해서 진화하므로, 우리가 경제의 비전을 그려내는 방식 또한 계속해서 진화해야 한다.

인지언어학자 조지 레이코프George Lakoff에 따르면, 이미 어딘가에 있는 완벽한 틀을 발견하면 된다고 생각해서는 안 된다고 했다. 옛날 틀을 논박해 무너뜨리려면 설득력 있는 대안 틀을 만들어내야 한다. 참으로 역설적이지만, 지배적인 틀을 논박만 하는 건 결과적으로 오히려 그것을 더욱 강화시킬 뿐이다. 그리고 사상들이 벌이는 전투에서 대안적인 틀을 제공하지 못하면 승리는 고사하고 아예 전장에 발을 들여놓을 수도 없다고 했다.

레이코프는 정치와 경제 논쟁에서 언어의 틀을 만들어내는 것이 얼마나 중요한지 오래도록 환기시켜왔다. 그는 미국 보수파가 널리 사용하는 '세금 덜어주기tax relief'라는 말을 예로 들었다. 단어 두 개만으로 조세란 모종의 고통이고 짐이므로 어떤 영웅이 나타나서 우리를 그로부터 구원해줘야 한다는 생각의 틀이 우리 머리에 박힌다는 것이다. 그렇다면 진보파는 여기에 어떻게 대응해야 할까? '세금 덜어주기 결사반대'를 반복해 외치는 것은 분명코 정답이 아니다. 그럴수록 세금은 고통이며 짐이라는 생각 틀만 더욱 강고해질 뿐이다(고통을 덜어준다는 데 반대할 사람이 누가 있겠는가). 그런데 진보파는 간명한 대안 틀을 개발하지 못해 결국 세금에 대한 자신들의 관점을 길고 복잡하게 설명하곤 한다.[40] 진보파에게 절실한 건 두 단어짜리 문구다. 간명한 단어 두 개로 자기들의 관점을 압축하고 상대방에 맞서야 한다. 실제로 조세 도피처와 법인세 탈세 등 세계적인 스캔들이 신문 1면을 장식하면서 '조세 정의tax justice'라는 틀—이 말은 공동체, 공정성, 투명성 등의 개념을 환기시킨다—이 전 세계에서 빠르게 힘을 얻고 있다. 문제의 틀을 만들 강력한 방법이 있다면, 이는 분명코 대중의 분노를 끌어모으고 더 폭넓게 변화를 요구하도록 움직이는 데 도움이 될 것이라고 한다.[41]

레이코프의 저작이 정치나 경제 논쟁에서 언어의 틀이 얼마나 큰 힘을 발휘하는가를 밝혀낸 것처럼, 이 책은 논쟁에서 '그림' 틀이 얼마나 큰 힘을 갖는지 밝혀내고 이 그림들을 21세기의 경제적 사유를 변환하는 데 사용하려 한다. 나는 2011년 처음 도넛 그림을 발표하면서 그림 틀, 즉 비주얼 프레임이 얼마나 큰 힘을 발휘하는지를 깨달았다. 발표하자마자 세계 각지에서 뜨거운 반응을 보였다. 지속 가능한 발전을 논의하는 회의에서 이 그림은 토론 흐름까지 바꿀 만큼 금세 활동가, 각국 정부 관료, 기업, 학자를 가리지 않고 모두가 사용하는 아이콘이 되었다. 2015년 UN '지속 가능한 발전 목표Sustainable Development Goals'—인류 진보의 척도가 되는 열일곱 가지 목표—합의 과정에 참여한 내부자들이 들려준 바로는, 최종 문안을 확정하느라 밤늦게까지 이어진 여러 회의에서 그들이 내걸어야 할 여러 목표의 큰 그림을 상기시키도록 내 도넛 이미지를 항상 탁자에 놓아두었다고 한다. 많은 이가 늘 지속 가능한 발전을 생각했지만 한 번도 그려내지 못한 생각들을 이 도넛 그림이 가시화해주었다고 전했다. 내가 가장 충격을 받은 것은 이 도넛 이미지가 사람들에게 새로운 방식으로 생각하도록 영향을 미쳤다는 점이다. 이 도넛으로 해묵은 논쟁들이 다시 끓어올랐을 뿐만 아니라 새로운 논쟁도 촉발시켰으며, 우리가 쟁취해야 할 미래 경제의 긍정적인 비전도 제시했다.

나는 시각적인 틀이 언어의 틀과 똑같이 중요하다는 것을 서서히 깨달았다. 이 깨달음으로 내가 받은 경제학 교육을 지배해온 여러 이미지를 돌아보게 되었고, 그것들이 경제학과에서 가르치는 사고방식을 얼마나 강력하게 요약하고 또 강화해왔는지를 처음으로 알게 됐다. 주류 경제학의 사고방식은 다이어그램 몇 개로 요약할 수 있다. 이 다이어그램들은 경제 세계를 이해하는 방식을 말 한마디 없이 강력하게 규정해버린다. 물론 모두 시대에 뒤떨어지거나, 현실에 눈감거나, 그냥 완전히 틀린 것들이다. 이 그림들은 겉으로 드러나지 않을 때가 많지만 강의실에서, 정부 기관에서, 회의실에서, 미디어에서, 또 길거리에서 경제학에 대한 우리의 사고방식을 결정한다. 새로운 경제학을 쓰려면 우리는 지난 20세기 경제학 교과서에 떡하니 자리 잡고 누운 옛날 그림들을 떠나보내고 그것들을 대체할 새로운 그림을 그려야만 한다.

그런데 만약 당신이 경제학을 한 번도 공부한 적이 없고, 경제학 교과서에 나오는 그 강력한 그림들에 노출된 적도 없다면? 당신이 그 영향력에 감염되지 않았다고 착각해서는 안 된다. 감염되지 않은 사람은 단 한 사람도 없다. 이 그림들은 경제학자, 정치가, 언론인 등등이 경제에 대해 이야기하는 방식을 이미 강력하게 결정해버렸다. 한 번도 이 그림들을 보지 못한 이라 해도 경제학자와 정치가와 언론인의 이야기를 입으로 옮기는 가운데 무의식중에 이 그림들을 떠올리게 되어 있다. 하지만 좋은 소식도 있다. 당신이 아직 폴 새뮤얼슨이 침을 묻혀 자기 것으로 만들어버리기 이전의 '백지 상태'라는 게 오히려 행운이다. 경제학 강의를 받지 않았다는 것만으로 유리한 위치에 있는 셈이다. 머릿속에서 털어내야 할 것도 많지 않으며 벽에서 지워야 할 낙서는 더 적다. 배우지 않았다는 것이 지적 자산이 될 때가 종종 있는데, 지금이 바로 그런 순간이다.


## 21세기 경제학자처럼 생각하는 일곱 가지 방법

당신이 스스로 경제학 고수라고 생각하든 아니면 신출내기라고 생각하든, 이제는 우리 정신에 남아 있는 경제학의 모든 낙서를 지워버릴 때다. 한 걸음 더 나아가 우리의 필요와 시대에 기여하는 새로운 그림들을 그려야 한다. 이제부터 21세기 경제학자처럼 생각하는 일곱 가지 방법을 제안하겠다. 그리고 일곱 가지 방법을 하나씩 이야기할 때마다 지금까지 우리의 정신을 지배해온 가짜 그림들이 어떻게 우리의 생각을 지배하고 어떤 파괴적인 영향을 미쳐왔는지 까발릴 것이다. 하지만 그저 비판만 할 때는 지났다. 이제부터 우리를 이끌어갈 필수 원칙들을 포착할 새로운 이미지를 만

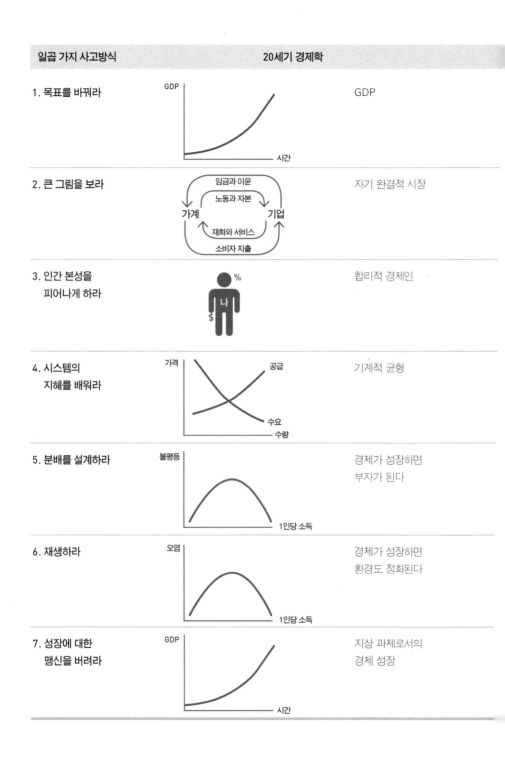

| 일곱 가지 사고방식 | 20세기 경제학 |
|---|---|
| 1. 목표를 바꿔라 | GDP |
| 2. 큰 그림을 보라 | 자기 완결적 시장 |
| 3. 인간 본성을 피어나게 하라 | 합리적 경제인 |
| 4. 시스템의 지혜를 배워라 | 기계적 균형 |
| 5. 분배를 설계하라 | 경제가 성장하면 부자가 된다 |
| 6. 재생하라 | 경제가 성장하면 환경도 정화된다 |
| 7. 성장에 대한 맹신을 버려라 | 지상 과제로서의 경제 성장 |

도넛

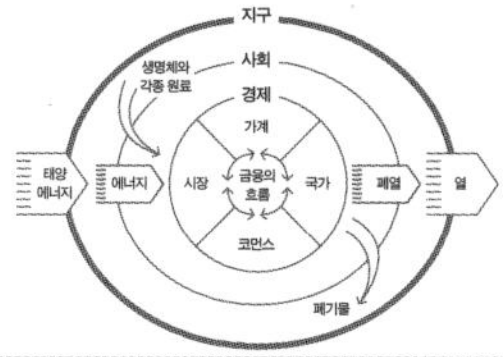

사회와 자연에
묻어든 경제

사회 적응형 인간

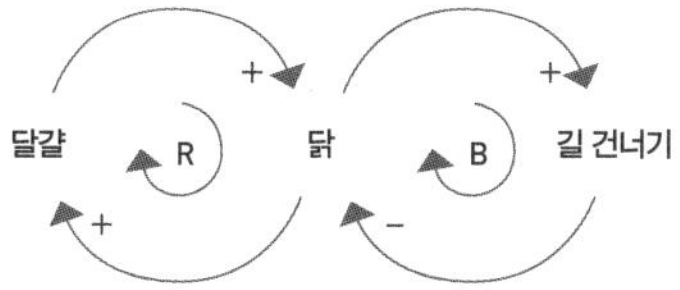

동학적 복잡성

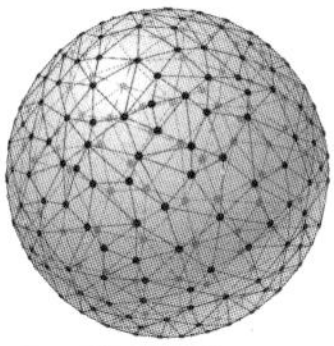

분배적인 경제 설계

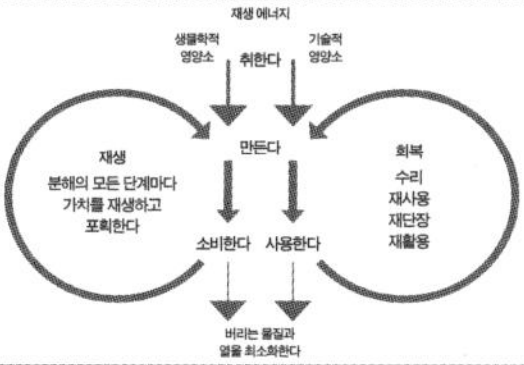

재생적인 경제 설계

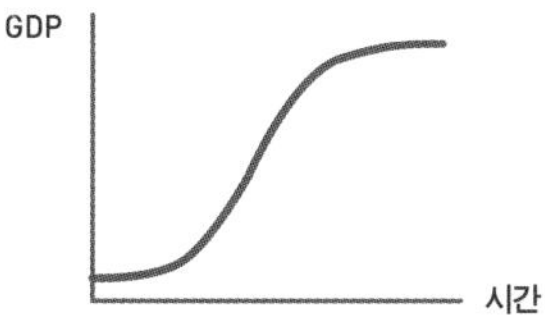

경제 성장에 대한
맹신 보류

드는 데 집중할 것이다. 이 책의 다이어그램들은 낡은 경제학적 사유에서 새로운 사유로의 도약을 보여준다. 하나로 합치면, 문자 그대로 21세기 경제학자들을 위한 새로운 큰 그림이 될 것이다. 이 도넛 경제학에서는 여러 사상과 이미지가 정신없이 소용돌이친다. 이제 그 소용돌이 속으로 함께 뛰어들어보자.

첫째, 목표를 바꿔라.

70년 이상 경제학자들은 GDP, 또는 국민 생산national output을 진보의 척도로 여겼고 이 개념이 고착되었다. 이는 소득과 부의 극단적인 불평등, 그리고 이에 따른 전례 없는 생명 파괴를 정당화하는 데 사용되었다. 21세기에는 더 큰 목표가 필요하다. 생명을 유지하게 해주는 지구의 한계 안에서 모든 개개인의 인간적인 권리를 보장하는 목표 말이다. 도넛 개념 안에 이런 목표가 고스란히 담겨 있다. 이제 할 일은 인류를 이 도넛의 안전하고 정의로운 공간으로 데려올 지역 경제와 세계 경제를 창출하는 일이다. GDP의 무한 성장을 추구하는 대신, 이제 어떻게 균형을 이루며 번영할지를 찾아야 할 때다.

둘째, 큰 그림을 보라.

주류 경제학은 경제 전체를 그저 '경제 순환 모델'이라는 지극히 제한된 그림으로 묘사하고 있다. 게다가 그 그림의 여러 한계로 시장의 효율성, 국가의 무능함, 가정 경제의 의미에 대한 무시, 코먼스commons*의 비극 등을 이야기하는 신자유주의의 서사가 강화되었다. 이제 경제의 그림을 새로 그

---

● '공유지' 혹은 '공유재'로 번역될 때도 있다. 하지만 두 가지 모두 적절치 않기에 더 좋은 말이 생길 때까지 원어를 그대로 쓰는 고충을 이해해주기를 바란다. 이유는 첫째, 코먼스는 비록 전통 사회에서 공유지를 뜻할 때가 많긴 했지만 결코 토지에만 국한되는 것이 아니고 각종 유무형 자원을 두루 포괄한다. 둘째로 '공유재'는 소유 대상물에만 관심을 집중시켜서 정작 중요한 코먼스의 사회적 관계와 과정, 즉 '코머닝commoning'을 보지 못하게 만드는 단점이 있다.

릴 때다. 사회 안, 또 자연 안에 포함되어 태양을 동력으로 돌아가는 경제 그림을. 새로운 그림은 새로운 서사를 불러온다. 시장의 힘, 동반자로서의 국가, 가계의 핵심적인 역할, 또 코먼스의 창의성 등등에 대해서 말이다.

셋째, 인간 본성을 피어나게 하라.

20세기 경제학의 핵심에는 합리적 경제인의 초상화가 들어앉아 있다. 이 초상화는 우리가 자기 이익에 몰두하고, 고립되어 있으며, 계산적이고, 취향도 고정된 데다, 지배자로서 자연에 군림하는 존재라고 주입시켰다. 결국 우리는 이 초상화를 그대로 빼닮고 말았다. 하지만 인간 본성은 이보다 훨씬 풍부하다. 새로운 초상화의 밑그림에서 우리는 사회적이고, 상호 의존적이며, 정확하게 계산하기보다는 근삿값에 근거해 행동하고, 신봉하는 가치도 유동적이고, 우리가 속한 생명 세계에 의존하는 존재다. 더 중요한 건, 우리가 도넛의 안전하고도 정의로운 공간으로 들어갈 가능성을 크게 높이는 방식으로 얼마든지 인간 본성을 풍요롭게 만들 수 있다는 점이다.

넷째, 시스템의 지혜를 배워라.

수요 곡선과 공급 곡선이 교차하는 그림이야말로 모든 경제학과 학생들이 제일 처음에 배우는 다이어그램이지만, 이는 기계적 균형mechanical equilibrium이라는 19세기의 잘못된 메타포에 뿌리를 둔 것이다. 경제의 역동성을 이해하는 데 더 지혜로운 출발점은 단순한 되먹임 회로feedback loop 한 쌍으로 요약할 수 있다. 이런 역동성을 경제학의 중심에 놓으면 금융 시장 과열과 붕괴부터 스스로 강화되는 경제적 불평등의 본질, 그리고 기후 변화의 티핑 포인트까지 전방위적으로 새로운 혜안이 열린다. 이제 경제를 무슨 단추나 레버 몇 개로 얼마든지 통제할 수 있는 기계로 보고 그 단추를 찾아 헤매고 다니는 짓은 그만둘 때다. 대신 경제를 영속적으로 진화하는 일종의 복잡계로 보아 돌보고 관리해야 한다.

다섯째, 분배를 설계하라.

20세기 경제학에는 쿠즈네츠 곡선이 있었다. 아주 단순한 이 곡선이 불평등 문제에 강력한 메시지를 던졌다. 불평등 문제가 개선되려면 그 전에 먼저 더 악화되는 국면을 거쳐야 하지만, 경제 성장을 거친 뒤에는 결국 다 개선될 거라는 메시지다. 하지만 불평등은 경제 논리에서 필연적인 게 아니라 설계 오류로 인한 결과였다는 사실이 밝혀졌다. 21세기 경제학자들은 경제에서 생겨나는 가치가 더 잘 분배되도록 설계하는 방법이 여러 가지 있다는 사실을 인정하게 될 것이며, 이 생각을 가장 잘 나타낸 것이 '플로들의 네트워크network of flows'다. 소득 재분배에 그치지 않고 부를 재분배하는 여러 방법, 특히 토지, 기업, 기술, 지식, 화폐 창출 권력 등을 통제하는 데 깃들어 있는 부와 재산을 재분배하는 것이다.

여섯째, 재생하라.

지금까지 오랫동안 경제학은 '깨끗한' 자연환경을 사치재로, 오로지 잘 사는 이들만이 향유할 수 있는 것으로 묘사해왔다. 이런 관점을 강화시킨 것은 환경 쿠즈네츠 곡선Environmental Kuznets Curve이다. 오염 문제가 개선되기 전에 반드시 더 악화되는 국면을 거쳐야 하지만 경제 성장이 이뤄지면 종국에는 다 깨끗해진다는 소리를 다시 한 번 속삭인다. 하지만 이런 법칙 따위는 존재하지 않는다. 생태 악화는 퇴행적인 산업 설계의 결과물일 뿐이다. 21세기에 필요한 경제학적 사고는 선형이 아니라 순환형 경제를 창출하게 해주는 사고, 나아가 인간이 지구의 생명 순환 과정에 온전히 참여하도록 회복시켜줄 재생적인 설계를 풍부하게 내놓는 사고다.

일곱째, 성장에 대한 맹신을 버려라.

경제학 이론에는 너무나 위험해 실제로는 한 번도 그려진 적 없는 다이어그램이 하나 있다. GDP 성장의 장기 경로 그림이다. 주류 경제학은 경제 성장을 지상 명령으로 보지만 자연에서는 그 어떤 것도 영원히 성장하지 않는다. 저성장 고소득 사회에서 경제 성장에 대한 맹신에 저항하고 나서면 어려운 문제가 많이 생길 것이다. 더 이상 경제의 목표를 GDP 성장에 두지 않겠다고 선언하는 건 어렵지 않을 수 있겠지만, 경제 성장 중독에 빠진 우리 자신을 바꾸는 것은 훨씬 힘들 것이다. 오늘날 경제는 정작 우리 삶이 풍요롭게 피어나는지는 무시한 채 그저 성장만 원한다. 하지만 우리에게 필요한 것은 경제가 성장하든 말든 삶을 풍요롭게 만들어주는 경제다. 관점을 이렇게 근본적으로 뒤집으면 우리는 금융, 정치, 사회 모든 면에서 성장에 중독된 지금의 경제를 성장 맹신으로부터 해방시킬 방법을 찾게 될 것이다.

21세기 경제학자처럼 생각하는 일곱 가지 방법에서 구체적인 정책 처방이나 제도적 해법 따위가 바로 나오지는 않는다. 무엇을 할지 즉답을 약속하지도 않고, 총체적이고 궁극적인 해답을 주지도 않는다. 그러나 나는 이 방법이 21세기가 요구하는 경제학에 근본적으로 다른 사고방식을 마련하는 초석이 될 거라고 확신한다. 이 원리들은 새로운 경제사상가에게 모두의 삶이 피어나는 경제를 만드는 도구가 되어줄 것이며, 우리의 내면에 자리 잡은 경제학자로서의 본성 역시 같은 방향으로 일깨워줄 것이다. 장래에 닥쳐올 변화의 속도와 규모, 불확실성을 생각해본다면 미래 사회에 적합한 정책과 제도 모두를 현 시점에서 미리 처방하려든다는 것 자체가 무모한 것이다. 미래 사회의 맥락 또한 끊임없이 변할 것이므로, 미래 사회에서 효과를 발휘할 수 있는 것들을 찾아내고 실험하는 작업은 새로운 세대의 사상가들과 행동가들에게 맡겨두는 것이 훨씬 현명한 일이다. 우리가 할 수 있고 또 제대로 해내야만 하는 일은 지금 출현하는 여러 사유 중 최상의 것들을 조합해 새로운 경제학의 사고방식을 창출하는 것이다. 물론 이는 결코 끝나는 법 없이 계속 진보해나가는 과정일 것이다.

다음 세대의 경제학을 생각하는 이들의 임무는 이 일곱 가지 사고방식을 실천 속에서 결합시켜나가는 것, 그리고 일곱 가지 외에 새로운 사고방식을 더 많이 찾아내 추가하는 것이다. 경제학을 근본적으로 다시 생각하는 21세기의 모험은 아직 제대로 시작조차 되지 않은 상태다. 자, 배가 떠나려 한다. 서둘러 승선하시라.

# 1

# 목표를 바꿔라

## GDP에서 도넛으로

1년에 한 번씩 세계 최대 강대국 지도자들이 모여 세계 경제를 논의한다. 2014년에는 오스트레일리아의 브리즈번에 모여 세계 무역, 인프라, 일자리, 금융 개혁 등을 논의하고, 코알라와 사진을 찍고, 마침내 과하게 야심 찬 목표를 힘차게 내걸었다. 'G20 정상들이 자국 경제를 2.1퍼센트 성장시키기로 서약했다'는 소식이 전 세계 언론에 우렁차게 울려 퍼졌다. 이들이 애초에 목표했던 2.0퍼센트보다 한층 야심 찬 목표라는 말도 빠지지 않았다.[1]

어떻게 이런 결론이 나왔을까? G20의 서약이 나오기 불과 며칠 전 '기후 변화에 관한 정부 간 협의체Intergovernmental Panel on Climate Change'에서는 급증하는 이산화탄소 배출과 그로 인한 온실효과 때문에 세계가 '돌이킬 수 없는 심각한' 손상을 입고 있다고 경고했다. 하지만 당시 개최국 오스트레일리아의 토니 애벗Tony Abbott 총리는 기후 변화 등등의 논의로 G20 회의가 '어수선해지는 것'을 막으려고 경제 성장—GDP 성장—을 최우선 의제로 삼았다.[2] 1년 동안 한 나라의 영토에서 생산된 재화와 서비스의 시장 가치 총액인 GDP, 즉 국내 총생산Gross Domestic Product은 오랫동안 한 나라 경제의 건강 상태를 보여주는 으뜸가는 지표로 사용되었다. 하지만 오늘날 우리가 처한 사회적 위기와 생태 위기 상황에서 볼 때, 이렇게 제한된 지표 하나로 국제적인 관심을 좌지우지하는 게 가당키나 할까?

조류학자의 시각으로 보면 쉽게 이해할 수 있다. GDP는 경제라는 둥지의 뻐꾸기 알이다. 왜냐고? 교활한 뻐꾸기 놈들은 새끼를 직접 키우지 않는다. 대신 다른 새가 자리를 비운 둥지에 슬쩍 자기 알을 낳는다. 둥지 주인은 아무 의심 없이 자기 알뿐만 아니라 이 침입자 알도 똑같이 정성들여 품는다. 더 빨리 부화해 세상에 나온 뻐꾸기 병아리는 다른 알과 새끼를 걷어차 둥지에서 밀어낸다. 그리고는 마치 배고픈 새끼로 꽉 찬 것처럼 울어대며 보챈다. 작전은 완벽하게 성공한다. 부모 새들은 정신없이 먹이를 나르고, 그걸 몽땅 독차지한 뻐꾸기 새끼는 말도 안 되게 커져 조그만 둥지 밖으로 몸이 삐져나올 지경에 이른다. 여기서 우리는 교훈과 경고를 얻어야 한다. 자기 둥지를 지키지 못하면 빼앗길 수 있다는 것이다.

이는 경제학에서도 중요한 경고다. 경제학 본연의 목표를 잃으면 엉뚱한 것이 그 자리를 차지하고 만다. 실제로 이런 일이 벌어졌다. 20세기에 들어 경제학은 뚜렷한 목표를 제시하려는 의욕마저 잃어버렸다. 그러자 목표를 잃은 경제학의 둥지를 GDP 성장이라는 뻐꾸기가 몽땅 차지하기에 이르렀다. 이제 뻐꾸기를 날려 보내고 경제학은 본연의 역할로 되돌아올 때가 왔다. 뻐꾸기를 쫓아내고 그 자리에 21세기 경제학의 분명한 목표를 채우자. 그 목표란 우리 지구가 허락하는 범위 안에서 모두의 삶이 피어나도록 보장하는 것이다. 다른 말로 하자면, 도넛 안팎의 허공을 헤매지 말고 달콤한 도넛의 속살 안으로 들어가 함께 행복하게 배를 불리자는 것이다.


## 경제학은 어쩌다 목표를 잃었는가

경제학이라는 말을 처음 발명한 이는 고대 그리스의 크세노폰이었다. 그가 말하려 한 것은 가정 관리 기술이었다. 아리스토텔레스도 그를 따라 경제학과 재물 획득술chrematistics을 구별했지만 오늘날에는 거의 의미 없어 보인다. 크세노폰과 아리스토텔레스는 경제학은 물론 재물 획득술도 일종의 기술로 보았으며, 그 시대에는 자연스러운 일이었다. 하지만 2000년이 흘러 뉴턴이 운동 법칙을 발견한 뒤에는 모든 학문이 과학의 지위를 얻고자 하는 유혹을 너무나 크게 느끼게 된다. 뉴턴이 죽고 불과 40년 만인 1767년에 스코틀랜드 법률가 제임스 스튜어트James Steuart가 '정치경제학' 개념을 처음 제안하면서* 이를 더 이상 기술이 아니라 '자유로운 나라에서 국내 정책을 수립하는 과학'이라고 정의한 이유도 아마 그 때문일 것이다. 하지만 정치경제학을 '과학'으로 불렀음에도 그는 다음과 같이 목적을 설명했다.

> 이 과학의 중요 목적은 모든 주민이 생계를 유지할 일정한 자금을 확보하고, 모든 불안을 미연에 방지하며, 사회의 여러 욕구를 충족시키는 모든 것을 조달하고, 자연스럽게 상호 의존할 수 있게 주민(이들이 자유인이라고 가정할 때)을 고용해 서로의 이해관계로 필요한 것들을 상호 제공하게 하는 것이다.[3]

모두가 함께 번성하는 공동체에서 모든 이에게 생계와 일자리를 확보해 주는 것. 여성과 노예를 완전히 무시했다는 시대적 한계는 있지만 경제의 목적을 정의하려는 첫 번째 시도로서는 나쁘지 않다. 그로부터 10년 후, 애덤 스미스가 나타나 자기만의 정의를 선보였다. 그러나 정치경제학을 모종의 목적을 지향하는 학문으로 본 것은 스튜어트와 같았다. 스미스에 따르면

---

● 오해의 여지가 있어 덧붙이지만, 정치경제학political economics이라는 말이 처음 쓰인 건 1615년 프랑스에서 출간된 앙투안 드 몽크레티앵Antoine de Montchrétien의 『정치경제학 논고Traité de l'economie politique』 제목에서다. 크세노폰 이후 집안 살림 관리 기술이던 경제가 나라polis 단위에서 행해진다는 의미로 쓰였으며, 보통은 여기에 과학적으로 처음 접근한 이로 『통치산술Political Arithmetick』의 저자 윌리엄 페티William Petty를 꼽는다.

정치경제학은 '뚜렷이 구별되는 목표 두 개를 갖고 있다. 첫째는 사람들에게 풍족한 수입 혹은 생계수단을 공급하는 것으로서, 더 정확히 말하면 그들이 그런 수입 혹은 생계수단을 스스로 조달하게 해주는 것이다. 둘째는 국가나 전체 공동체commonwealth 차원에서 각종 공공 서비스를 제공하기 위해 충분한 재원을 공급하는 것이다'.[4] 오늘날 스미스는 자유시장주의자라는 어처구니없는 평판을 얻었는데, 이 정의로 보면 과연 제대로 된 평판인지 의심스럽다. 이뿐만 아니라 그의 정의는 경제적 사유의 목적이 무엇인지를 똑똑히 밝혔으므로 이를 명심했다면 경제도, 경제학도 절대 길을 잃지 않았을 것이다. 하지만 불행하게도 스미스의 접근법은 얼마 가지 못했다.

스미스의 저서가 나오고 70년이 지나, 이번에는 존 스튜어트 밀John Stuart Mill이 정치경제학을 정의하면서 초점이 이동하기 시작했다. 그는 정치경제학을 '인류가 부를 생산하기 위해 힘을 합쳐 작업하는 데서 생겨나는 사회 현상들의 여러 법칙을 추적하는 과학'이라고 정의했다.[5] 이를 통해 밀은 새로운 흐름을 만들었고, 후에 많은 이가 이를 이어받아 더 나아가게 된다. 새로운 흐름이란 경제가 달성해야 할 여러 목적을 뚜렷이 하는 대신 경제에서 나타나는 여러 법칙을 발견하는 쪽으로 관점을 전환시킨 것이다. 밀의 정치경제학 정의는 널리 받아들여졌지만 독점적 지위는 차지하지 못했다. 사실 그로부터 거의 한 세기 이상 경제학•이라는 신생 학문의 정의는 상당히 모호한 상태에 머물러 있었다. 그 때문에 초기 시카고학파 경제학자였던 제이컵 바이너Jacob Viner는 1930년대에 이렇게 비꼬았다. '경제학이란 경

---

• 앞 주에서 설명한 것처럼 본래 쓰이던 용어는 '정치경제학'이었고, 그 의미는 '나라의 살림살이'였다. 그런데 이 책에서 지적하는 대로 19세기에 들어 '현상적으로 나타나는 법칙들을 관찰하고 발견하는' 실증과학positive science의 성격이 강화되면서 '정치경제학'은 정책학보다 과학적인 성격이 부각된다. 그리하여 19세기 말 레옹 발라Léon Walras는 저서 제목에 '순수정치경제학'이라는 말을 사용했고, 드디어 마셜은 저서 제목으로 '경제학 원리'라는 말을 만들어낸다. 'Economics'라는 말이 물리학Physics과 같은 인상을 주려는 의도였다고 하며, 실제로 마셜은 수학적 기법으로 경제학 원리를 설명했다.

제학자들이 연구하는 모든 것이다.'[6]

　　모두가 만족하는 답은 찾지 못했다. 1932년, 런던 정경대학 교수 라이어널 로빈스Lionel Robbins가 이 문제를 명쾌히 정리하겠다는 뜻을 품고 여기에 개입했다. 로빈스는 짜증을 내며 상황을 설명했다. '모두 똑같은 것을 놓고 이야기하고 있건만 우리가 무엇에 대해 이야기하는지 아직도 합의를 보지 못하고 있다.' 그는 명확한 답을 찾았다고 주장했다. '경제학은 목적과 용도가 다른 여러 수단의 관계라는 관점으로 인간 행위를 연구하는 학문이다.'[7] 상당히 왜곡된 정의임에도 이로써 경제학이 어떤 학문인가에 대한 논쟁이 종결되는 듯했고, 결국 이 정의가 오늘날까지 내려오고 있다. 주류 경제학 교과서 다수는 여전히 이와 거의 같은 이야기로 시작하고 있으니까. 그런데 경제학을 인간 행동에 대한 과학이라고 정의하면서도 인간이 목적으로 삼는 것들에 대해서는 거의 말하지 않고, 희소한 수단이라는 것의 성격도 언급하지 않는다. 오늘날 널리 사용되는 그레고리 맨큐의 『경제학 교과서』를 보면 경제학의 정의는 더 간략해진다. '경제학은 사회가 그 희소한 여러 자원을 어떻게 관리하는가에 대한 연구'라고 간단히 선언하고 끝내버린 것이다. 경제 행위의 여러 목적과 목표가 무엇이냐는 질문은 완전히 책에서 지워지고 말았다.[8]

　　그런데 20세기 경제학이 스스로 인간 행동을 연구하는 과학으로 정의하겠다고 결정하고도 합리적 경제인 개념을 집약한 행동 이론theory of behavior을 채택한 것은 참으로 아이러니다. 3장에서 다시 논의하겠지만 이것이 수십 년 동안 '인간이란 대체 누구냐'에 대한 진정한 연구를 완전히 가로막았기 때문이다. 그런데 이보다 더 결정적인 문제가 있다. 그 과정에서 '경제의 목적이 무엇이냐'라는 논의 또한 시야에서 완전히 사라졌다는 것이다. 밀턴 프리드먼Milton Friedman과 시카고학파의 영향력 있는 경제학자들은 이것이야말로 중대한 진보라고 주장했다. 그러면서 경제학은 '무엇이 어떻게 되어야 옳은가'라는 당위에 대한 모든 규범적 주장을 떨쳐버리고 가치 중립 지대가 되었고, 드디어 현존하는 세계를 있는 그대로 묘사하는 데 초점을 두는 '실증과학'이 되었다는 것이다. 이렇게 해서 경제학의 목적과 가치에 대한 논의는 일종의 진공 상태가 되어버렸고 경제학의 중심에 있는 둥지는 무방비 상태가 되었다. 그리고 뻐꾸기들은 결코 이 둥지를 그냥 놓아두지 않았다.

## 둥지를 차지한 뻐꾸기

이렇게 경제학에 실증적으로 접근하는 것이 1980년대 말 내가 대학에 들어갔을 때 교실에서 만난 교과서의 이론이었다. 경제학에 갓 입문한 대부분의 학생이 그러하듯이 마찬가지로 나 또한 수요와 공급 이론을 파악하는 데 온 정신이 팔리고 화폐의 여러 정의를 이해하느라 머리를 싸매고 있었으니, 이 경제학이라는 둥지를 점령한 보이지 않는 가치는 전혀 눈치를 채지 못하고 있었다.

전통적인 경제학 이론은 스스로를 가치 중립적이라고 주장하지만 바로 그 핵심에 가치가 담겨 있다는 사실에서 도망칠 수 없다. 경제학은 효용utility이라는 개념으로 뒤범벅되어 있거니와, 효용은 다시 '개인이 특정한 재화 묶음을 소비하는 데서 얻는 만족 혹은 행복'이라고 정의된다.⁹ 효용을 측량하는 가장 좋은 방법은 무엇일까? 욕구와 필요를 시장에서 표출하고 싶어도 돈이 없어서 쩔쩔매는 사람이 수십억 명이나 있다는 사실, 그리고 우리가 가장 크게 가치를 부여하는 것의 상당수는 돈으로 살 수 없다는 사실은 잠깐 제쳐두자. 경제학은 사람들이 시장에서 어떤 재화나 서비스를 구매할 때 기꺼이 지불할 용의가 있는 액수를 파악하면 이것으로 그들이 얻는 효용을 계산해 시장의 대리 지표로 삼기에 충분하다고 주장한다. 하지만 이는 성급한, 지나치게 성급한 주장이다. 여기에다 소비자가 항상 적은 것보다 많은 것을 선호한다는 언뜻 합리적으로 보이는 가정까지 더해보라. 그러면 지속적인 소득 증가야말로(따라서 생산량 증가야말로) 인간의 후생*이 지속적으로 개선되는 것을 나타내는 제대로 된 대리 지표라는 결론이 바로 도출된다. 이렇게 뻐꾸기가 경제학의 둥지에서 알을 깨고 나온다.

우리 경제학 연구자들은 속아넘어간 어미 새마냥 아무런 의심 없이 GDP 성장이라는 목표를 열심히 믿고 따르며, 경제 성장률을 올리는 데 도움이 되는 최신 이론을 경쟁적으로 쏟아놓는다. GDP 성장의 첩경은 국민 경제에 신규 기술을 채택하는 것인가? 기계와 공장 등 고정 자본을 더 많이 축적하는 것인가? 아니면 인적 자본을 축적하는 것인가? 모두 흥미로운 질문이긴 하다. 그러나 그 전에 잠시나마 멈춰 서서 과연 GDP 성장이라는 게 항상 필요한지, 항상 바람직한지, 나아가 항상 가능한지는 결코 묻지 않는다. 내가 공부하려 한 과목은 당시로서는 잘 알려진 주제도 아닌 개발도상국 경제학이었다. 이 연구에 들어가자 비로소 심각한 질문들이 튀어나왔다. 처음 받은 과제는 완전히 정면 도전이나 다름없었다. 발전 혹은 개발이 얼마나 성공했는지를 측정할 최상의 방법은 무엇인가? 나는 충격을 받아 멍해지고 말았다. 경제학 교육을 받은 지 2년이나 됐건만, 경제학의 목적이 무엇이냐는 질문이 그제야 처음으로 내 앞에 나타난 것이다. 더 끔찍한 일은, 그때까지 그런 질문이 나오지 않았다는 사실을 의식조차 못 하고 있었다는 점이었다.

그로부터 25년이 지난 어느 날 나는 문득 궁금해졌다. 이제는 경제학 교육도 경제의 진짜 목적이 무엇인지를 논의하는 것으로 시작되어야 한다는

---

● '후생'의 원어는 welfare이며, 이 단어는 여러 가지로 번역되어 불필요하게 혼동되고 있다. '잘 가래!Fare well!'라는 인사말에도 나타나듯 이 말은 본래 '안녕'으로 번역되는 것이 가장 좋을 것이다. 13세기에 처음 등장해 무탈하게 '잘 지내다'나 '잘 있다'라는 평범한 뜻으로 쓰였다. 하지만 공리주의의 시대라 할 19세기 이후에는 쾌락이 극대화되고 고통이 최소화된 이상적인 가치로서 '행복' 개념으로 격상했고 사회경제사상의 핵심 개념이 되면서 20세기에는 '복지 국가' 개념을 낳기도 한다. 경제학에서는 전통적으로 '이용후생利用厚生'이라는 전통적 한자어를 따 '살림을 넉넉하게 한다'라는 '후생'으로 번역해왔다.

사실을 깨달았을까? 바뀐 게 있을까? 그래서 2015년 초, 나는 호기심에 이끌려 거시경제학—전체로서의 경제에 대한 연구—첫 강의를 청강했다. 옥스퍼드 대학교 경제학과 신입생들이 꽉 차 있었으니, 그중 다수는 분명히 최고 정치 결정자와 재계 지도자가 되어 2050년의 세상을 만들 터였다. 강의를 맡은 나이 지긋한 교수는 '거시경제학의 4대 질문'이라는 제목으로 스크린을 가득 채웠다. 4대 질문은 무엇이었을까?

1. 경제 성장률을 결정하고 변동시키는 요인은 무엇인가?
2. 실업의 원인은 무엇인가?
3. 인플레이션의 원인은 무엇인가?
4. 이자율은 어떻게 결정되는가?

그가 내놓는 질문 목록은 계속 길어졌지만, 학생들에게 경제의 목적이 무엇인지 생각하게 하는 방향과는 갈수록 멀어졌다. 도대체 GDP 성장이라는 목표는 어쩌면 이렇게 완벽하게 뻐꾸기처럼 경제학의 둥지를 차지할 수 있었을까? 그 답을 찾으려면 1930년대로 돌아가야 한다. 경제학자들이 경제의 목적을 완전히 배제한 채 학문을 정의하려고 혈안이 되었던 바로 그때, 미국 의회는 경제학자 사이먼 쿠즈네츠Simon Kuznets에게 미국의 국민 소득을 측정하는 방법을 의뢰했다. 쿠즈네츠는 한 나라의 국민이 전 세계에서 발생시킨 소득을 기초로 국민 총생산GNP: Gross National Product이라는 계산법을 창안했다. 쿠즈네츠 덕분에 처음으로 미국의 연간 생산물, 따라서 소득까지 달러 가치로 계산할 수 있게 되었고, 이에 따라 전년도 수치와 비교하는 일도 가능해졌다. 이 측정법은 지극히 유용한 것으로 판명되었고, 이를 몹시 반기는 이들은 알뜰하게 활용했다. 미국 대공황 시기 동안 프랭클린 루스벨트Franklin Roosevelt 대통령은 이 수치로 미국 경제의 상태 변화를 예의 주시하고 있었다. 또 뉴딜 정책의 영향과 효과도 평가할 수 있게 되었다. 몇 년 후 미국은 제2차 세계대전 참전 준비를 했다. 경쟁 원리로 조직된 산업 경제를 중앙 계획에 의해 조직되는 군수 경제로 전환하는 한편, 국내 소비도 생산이 지속되는 데 필요한 정도로 유지해야 했다. 이때 GNP 회계의 기초가 되는 각종 자료가 없어서는 안 되는 존재라는 사실이 드러났다.[10]

곧이어 GNP 성장을 추구해야 할 다른 이유들이 줄줄이 나왔다. 다른 나라에도 비슷한 국민 계정들이 등장했다. 그 결과 1950년대 말경에는 경제 성장이 여러 산업 국가에서 정책 목표의 가장 윗자리를 차지했다. 미국은 소비에트 연방의 발흥을 똑똑히 목도한지라 군사력을 통한 국가 안보를 위해서는 경제 성장을 추구하지 않을 수 없었고, 두 나라 모두 자기네 경제 이념의 생산성이 더 뛰어나다는 것을 입증하기 위해―'자유 시장'이냐, 계획 경제냐―격렬한 체제 경쟁에 돌입했다. 린든 존슨Lyndon Johnson 대통령의 경제 자문위원회 위원장이던 아서 오쿤Arthur Okun은 심지어 경제 성장이 실업도 종식시킨다고 주장했다. 미국의 국민 생산이 연간 2퍼센트 증가하면 실업률이 1퍼센트 하락한다는 것이었다. 이 희망적인 상관관계는 이후 '오쿤의 법칙'으로 알려졌다. 경제 성장은 어느새 수많은 사회적, 경제적, 정치적 질병에 대한 만병통치약으로 그려졌다. 공공 부채와 무역 불균형의 해결책도 경제 성장이요, 국가 안보의 핵심도 경제 성장이요, 계급 투쟁의 뇌관을 제거하는 수단도 경제 성장이요, 정치적으로 예민한 재분배라는 쟁점을 피하면서도 빈곤 문제에 대처하는 길 또한 경제 성장이라는 것이었다.

1960년 존 케네디John Kennedy 상원 의원은 미국 대통령 선거에 출마하면서 연 5퍼센트 경제 성장률을 약속했다. 그가 대통령에 당선되고서 수석 경제 자문에게 던진 첫 번째 질문은 "우리가 과연 5퍼센트 경제 성장 공약을 지킬 수 있다고 봅니까?"였다.[11] 바로 그해에 미국은 다른 선진 산업국들과 힘을 합쳐 경제협력개발기구OECD를 창설했다. 최우선 임무는 '지속 가능한 최대의 경제 성장'을 달성하는 것이었으니, 이때 지속 가능이란 자연환경이 아니라 경제 성장 추세를 지속한다는 뜻이었다. 그리고 곧 국제적인 GNP 성장률 비교표가 개발되었고 이를 통해 어느 나라가 가장 앞서 나가는지가 가시화되어 이런 야심을 뒷받침했다.[12] 20세기의 마지막 수십 년은 초점이 GNP로부터 오늘날 더욱 친근한 GDP, 즉 한 나라의 국경선 안에서 발생한 소득으로 옮겨갔지만, 경제 성장에 대한 집착은 똑같이 유지된다. 오히려 각국 정부, 대기업, 금융 시장 모두가 갈수록 더 지속적인 GDP 성장을 기대하고 요구하고 또 거기에 의존하게 됨에 따라 집착은 더욱 깊어졌으며, 7장에서 보듯 오늘날에는 급기야 중독 지경에 이르게 되었다.

GDP라는 뻐꾸기가 솜씨 좋게 경제학의 둥지를 독차지한 건 그리 놀랄 일이 아니다. 왜냐고? '영원히 지속되는 경제 성장'이라는 개념은 진보가 앞으로, 또 위로 나아가는 운동이라는 메타포와 잘 맞아떨어지기 때문이다. 갓난아기가 걸음마하는 것을 보고 있자면 그 여정이 얼마나 손에 땀을 쥐게 하는지 모른다. 누워만 있던 아기가 드디어 어설프게 기어 다닌다. 처음에는 보통 뒤로 간다. 그러다가 앞으로 제대로 배밀이를 하며, 그다음에는 점차 힘을 모아 일어서고, 드디어 찬란한 첫발자국을 떼어놓는다. 이렇게 앞으로 또 위로 향하는 동작이야말로 한 아이의 발달 과정을 보여줄 뿐만 아니라 우리 인류의 진보에서도 똑같이 나타난다. 느릿느릿 네발로 걷던 선조들은 직립 보행하는 호모 에렉투스로 진화했고, 여기서 다시 성큼성큼 걷는 호모 사피엔스로 진화했다.

레이코프와 마크 존슨Mark Johnson이 1980년에 출간한 고전 『삶으로서의 은유Methaphors We Live By』에서 생생하게 보여주듯이 '위로 가는 것, 앞으로 가는 것은 좋은 것'이라는 방향성의 메타포는 서구 문화에 깊숙이 스며들어 생각하고 말하는 방식을 결정한다고 한다.[13] 우리가 말하는 방식이 그렇다. "그 여자 왜 그렇게 기분이 가라앉았지?" "실적이 뒷걸음질해 최저로 떨어졌거든." 또 이렇게 말하기도 한다. "상황이 좋아져서 올라가고 있네. 그 여자의 삶도 다시 앞으로 나아가고 있어." 그러니 경제의 성공 또한 국민 소득이 계속해서 올라가는 데 있다는 생각을 기꺼이 받아들이는 게 당연하다. 새뮤얼슨도 교과서에 쓴 바다. 물론 물질적 재화가 더 많다 해도 그 자체로는 중요하지 않다. 더 많은 재화를 생산해 앞으로 나아가면 사회는 더

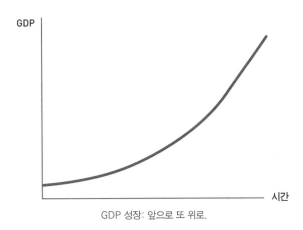

GDP 성장: 앞으로 또 위로.

행복해진다는 믿음이 우리 마음속 깊이 들어앉은 것이다.[14]

성공의 비전을 종이에 그려보면 어떤 모습일까? 흥미롭게도, 경제학자들은 경제 성장을 목적으로 채택하면서도 이를 실제로 그리는 법이 없다(이유는 7장에서 말하려 한다). 이를 그려보면 계속 올라가는 GDP 곡선이 나올 것이다. 지수 함수처럼 갈수록 빠른 속도로 늘어나는 성장 곡선은 마침내 종이를 넘어 앞으로 또 위로 나아갈지니, 인간과 개인의 진보에 대해 우리가 흔히 사용하는 메타포와 완벽하게 조응한다.

정작 쿠즈네츠 본인은 이를 경제 진보의 모습이라고 선택하지 않았을 것이다. 왜냐면 그는 자신의 독창적인 경제 성장률 계산법에 어떤 한계가 있는지 처음부터 잘 알았기 때문이다. 쿠즈네츠는 국민 소득이란 한 국가에서 생산된 재화와 서비스의 시장 가치만 포착한 것이라고 강조하면서, 여기에는 일상생활에서 사회가, 또 가정 경제가 스스로를 위해 생산하는 어마어마한 가치의 재화와 서비스가 모두 빠져 있다고 지적했다. 더불어 소득과 소비가 여러 가정 경제 사이에 실제로 어떻게 분배되는지 전혀 나오지 않는다는 것도 인식하고 있었다. 또 국민 소득이란 매해 발생한 소득의 양을 기록해 그 플로, 즉 유량流量을 측정한 것이므로, 그것을 발생시킨 부와 재산 그리고 그 분배 상태를 보여주는 저량貯量 지표로 이를 보완해야 한다고 보았다. 실제로 GNP가 인기 절정에 달한 1960년대 초, 쿠즈네츠는 그에 대한 맹신을 가장 공공연하게 비판했으며 '국민 소득이라는 지표로 한 나라의 후생을 추론하는 건 거의 불가능하다'고 경고했다.[15]

창시자가 직접 유보 조항을 달아놓았음에도 경제학자와 정치가 들은 힘을 모아 경제 성장의 밧줄을 조용히, 그러나 힘차게 끌어당겼다. 매해 경제가 얼마만큼 진보했는지를 보여주는 지표의 호소력을 도저히 외면할 수 없었던 것이다. 반세기 정도 지나자 GDP 성장은 이제 정책 선택지가 아니라 정치의 지상 과제가 되었으며, 사실상 정책의 목표가 되었다. '경제 성장이 항상 바람직하고 필요하며 심지어 가능한 일인가'라는 질문은 전혀 쓸모없는 것이거나 아니면 정치적 자살 행위가 되고 말았다.

그런 정치적 자살을 기꺼이 감행한 인물 중 하나가 선지적 시스템 이론 가이자 사상가인 도넬라 메도스Donella Meadows다. 메도스는 1972년에 출간된 보고서 「성장의 한계Limits to Growth」의 공동 저자로, 결코 말을 모호하게 뭉개는 법이 없었다. '경제 성장은 인류가 찾아낸 가장 어리석은 목표다.' 그리고 1990년대 말에 이렇게 선언했다. '우리는 어느 정도에서 만족할지 알아야만 한다.' 끊임없는 성장을 요구하는 소리에 당당히 맞서 이렇게 물어야 한다는 것이다. '무엇의 성장인가? 왜 성장인가? 누구를 위한 성장인가? 그 비용은 누가 치르는가? 그 성장이 얼마나 지속될 수 있는가? 지구가 감당해야 할 비용은 얼마인가?' 그리고 '어느 정도 성장해야 충분한가?'[16] 주류 경제학자들은 수십 년 동안 메도스의 관점이 어리석을 정도로 급진적이라며 간단히 무시해왔다. 하지만 이는 국민 소득 개념을 창시한 위대한 쿠즈네츠의 관점을 그대로 되풀이한 것이었다. 쿠즈네츠는 1960년대에 이미 이렇게 조언했다. '성장의 양과 질, 비용과 수익, 단기와 장기라는 구별을 명심해야 한다.… 그리고 목적을 분명하게 명시할 필요가 있다. 더 큰 성장이라는 목표를 내걸려면 무엇을 위해 무엇을 더 성장시킬지를 명확히 해야만 한다.'[17]

## 뻐꾸기 쫓아내기

2008년 금융 붕괴로 인한 충격, 2011년 점령Occupy 운동에 대한 세계적인 반향, 그리고 기후 변화에 대응하라는 압력까지, 간담이 서늘해진 정치인들은 사회적으로든 경제적으로든 좀 더 그럴 듯한 비전을 표현할 만한 말을 찾기 시작했다. 하지만 그래봐야 이들의 답은 제자리였다. 돌고 돌아 또다시 성장이라는. 물론 그 앞에 이런저런 열망과 희망을 담아 휘황찬란한 형용사를 붙이지만 결국은 항상 '…한 성장'으로 끝난다. 금융 위기의 여파로(빈곤, 기후 변화, 불평등 확대 등 다른 위기도 진행 중이다) 정치가들은 이런저런 비전을 제시하지 않을 수가 없었다. 그 비전이란 것들을 보자면 나는 마치 맨해튼의 샌드위치 가게에 들어온 기분이다. 사고 싶은 건 단순한 샌드위치이건만 점원은 이걸 넣겠느냐, 저걸 넣겠느냐며 끊임없이 질문을 늘어놓는다. 오늘은 어떤 성장을 원하십니까, 손님? 앙겔라 메르켈Angela Merkel은 '지속되는 성장sustained growth'을 이야기한다. 데이비드 캐머런David Cameron은 '균형 잡힌 성장balanced growth'을 이야기한다. 버락 오바마Barack Obama는 '장기적인 성장 지속long-term, lasting growth'을 이야기한다. 유럽의 조제 마누엘 바호주José Manuel Barroso는 '현명하고smart 지속 가능하며sustainable 포용적이고inclusive 회복 능력resilient을 갖춘 성장'을 이야기한다. 세계은행은 '포용적인 녹색 성장inclusive green growth'을 약속한다. 또 다른 샌드위치는 왜 없겠는가? 말 나온 김에 더 얹어보자. 공평하고, 선하고, 더욱 선명한 녹색이고, 저탄소에, 책임감 있고, 혹은 강력한 성장은 어떤가? 까짓것, 안 될 턱 있는가? 원하는 대로 골라잡으라, 어쨌든 성장은 성장이니까. 원하는 고명을 골라 원하는 만큼 얹으면 된다.

울어야 할까, 웃어야 할까? 우선 울어야 한다. 인류 역사에서 이렇게 큰 위기가 닥친 순간에 비전이 없다니, 정말 슬픈 일이다. 그다음에는 웃어야 한다. 왜냐면 정치가들이 온갖 미사여구를 붙여서라도 GDP 성장을 정당화하고 지탱하려 한다는 건 지금이 바로 뻐꾸기를 둥지에서 쫓아낼 때임이 분명하기 때문이다. 우리가 원하는 건 경제 성장 이상의 무언가라는 게 이제 자명해졌다. 그런데 정치가들은 그게 뭔지 아직 적당한 말을 찾지 못하고, 경제학자들은 오래도록 아무 정보도 제공하지 않고 있다. 지금은 울어야 할 때이기도 하고 웃어야 할 때이기도 하다. 하지만 무엇보다 지금은 정말 중요한 것이 무엇인지 다시 이야기할 때다.

앞에서 보았듯이 정치경제학 창시자들은 중요한 게 뭔지, 그리고 경제의 목적이 뭔지에 대해 거리낌 없이 의견을 표명했다. 하지만 정치경제학은 19세기 말 정치철학과 경제학으로 갈라졌고, 그러자 공공 정책 입안 과정의 핵심에 철학자 마이클 샌델Michael Sandel이 말한 '도덕적 공백moral vacancy'이 생겨나고 말았다. 오늘날 경제학자와 정치가는 경제적 효율성과 생산성, 성장 등을 들먹이며 아주 확신에 차 열띤 논쟁을 벌이지만 정의, 공정함, 권리 등에 대해 말하는 건 주저한다. 가치와 목표를 이야기하는 기술은 사라지고 말았으며, 아직 아무도 되살리지 못했다. 경제학자와 정치가─그리고 나머지 우리들도 마찬가지다─는 경제 성장보다 큰 경제적 목적에 대해 명확하게 말해야 하는(그리고 그림을 제시해야 하는) 순간이 오면 꼭 처음으로 감정 표현하는 법을 배우는 십 대마냥 어색하게 말을 더듬는다. 가치와 목표를 이야기하는 법을 어떻게 다시 배울 것인가? 그리고 그것을 어떻게 21세기에 적합한 경제적 사고방식의 중심에 돌려놓을 수 있을까?

희망적인 출발점 가운데 하나로, 인간을 경제사상의 중심으로 되돌려놓으려 했던 경제학자들, 그래서 지금까지 무시당해온 경제사상가들의 긴 계보를 살펴보자. 이미 1819년 스위스의 경제학자 장 시스몽디Jean Sismondi는 부 축적이 아니라 인간의 안녕을 목표로 한 정치경제학의 새로운 접근법을 정의하고자 했다. 1860년대에 시스몽디의 작업을 이어받은 영국의 사회사상가 존 러스킨John Ruskin은 당대의 경제사상에 욕을 퍼부으며 이렇게 선언했다. '부는 없다. 삶이 있을 뿐이다.… 가장 많은 사람을 고상하고 행복하게 살게 만드는 나라가 부유한 나라다.'[18] 모한다스 간디Mohandas Gandhi는 1900년대 초기에 러스킨의 저서를 발견했고, 그 사상을 인도의 집단 농장으로 갖고 와 인간을 도덕적 존재로 높이는 경제 운동을 전개했다. 20세기 후반에는 에른스트 프리드리히 슈마허Ernst Friedrich Schumacher—'작은 것이 아름답다'는 주장으로 널리 알려진—가 윤리와 인간이라는 척도를 경제사상의 중심에 놓고자 했다. 칠레 경제학자 만프레드 막스네프Manfred Max-Neef는 경제 발전은 생계유지, 사회적 활동, 창의적 활동, 사회에 대한 귀속감 등과 같은 인간의 기본적인 필요를 실현하는 데 집중해야 하며, 각 사회는 저마다 상이한 맥락과 문화에 맞춰 조정하는 방식으로 실행해야 한다고 주장했다.[19] 이렇게 큰 그림을 그린 사상가들은 여러 세기 동안 경제가 무엇을 위해 존재하는지 대안적인 비전을 제시했다. 하지만 이들의 사상과 개념은 경제학과 학생의 눈과 귀에서 너무 멀리 떨어져 있었고, 그저 감상주의에 탐닉하는 '인본주의적 경제학파'(그러면 '인간적이지 않는' 경제학은 도대체 무엇인지 궁금증이 생기지 않을 수 없다)로 무시당했다.

이들의 인본주의적 프로젝트는 갈수록 폭넓은 관심과 신뢰를 얻었다. 경제학자이자 철학자인 아마르티아 센Amartya Sen이 노벨 경제학상을 수상한 것은 이런 프로젝트가 주류로 침투하기 시작한 신호라고 볼 수 있다. 센은 경제 개발의 초점은 '인간이 살고 있는 경제를 풍요롭게 하는 것이 아니라 인간의 삶을 풍요롭게 만드는 데' 둬야 한다고 주장한다.[20] GDP 같은 척도를 앞세울 것이 아니라 건강, 능력, 창의력 등 사람들의 역량을 확장해 그들 스스로 삶에 가치를 부여하고, 또 그런 일을 할 수 있게 만드는 것을 목표로 삼아야 한다.[21] 그리고 이런 역량을 실현할 수 있는지의 여부는 사람들이 기본적인 삶의 요소에 쉬이 접근할 수 있는지에 달려 있다. 물론 사회마다 그 맥락에 따라 다르지만, 이런 요소의 예로는 영양가 높은 음식, 의료 서비스, 교육, 신체의 안전, 정치적 발언권 등을 들 수 있다.

2008년 프랑스 대통령 니콜라 사르코지Nicolas Sarkozy는 전 세계 경제사상가 스물다섯 명을 초빙했다. 이들은 센과 그의 동료 노벨 경제학상 수상자인 조지프 스티글리츠Joseph Stiglitz의 인도하에 현재 가이드인 정책 입안의 경제적, 사회적 진보 척도를 가치 평가하는 작업에 착수했다. GDP를 위시해 사용 중인 여러 지표의 상태를 평가한 뒤 이들은 단호하게 결론 내린다. '우리 사회와 경제를 인도하고자 하는 이들은 믿을 만한 나침반도 없이 길을 잡는 비행기 조종사 같다.'[22] 방향 없이 헤매는 제트기에 타고 싶은 승객은 아무도 없다. 21세기를 지혜롭게 통과하려면 정책 입안자, 활동가, 재계 지도자, 시민이 함께 힘과 지혜를 합쳐 나아갈 방법이 절실하다. 그래서 여기, 앞으로의 여정을 위한 나침반이 있다.


## 21세기의 나침반

첫째, 우리의 방향을 새로이 설정하기 위해 우선 GDP 성장은 옆으로 밀어놓고 근본적인 질문부터 다시 시작하자. 인간이 스스로 삶을 꽃피우기 위해서는 무엇이 필요한가? 모든 개개인이 존엄과 기회와 공동체를 향유하는 세계를 목표로 삼자. 지구가 허락하는 범위에서 우리는 얼마든지 그렇게 할 수 있다. 다른 말로 하자면 도넛 안으로 들어가야 한다. 이는 내가 옥스팜에서 일하던 2011년, 당시 최신 학문이던 지구 시스템 과학에서 영감을 얻어 착안한 시각적 개념이다. 지난 5년 동안 과학자, 활동가, 학자, 정책 입안자와 대화를 나누면서 계속 수정하고 업데이트해 세계 경제 개발 목표와 과학적 이해의 최신 흐름을 반영했다. 그리하여 우리 모두에게 실질적으로 도움이 될 도넛 하나를 소개하려고 한다.

이 도넛은 정확히 무엇인가? 간단히 말하면 21세기 인류의 길잡이가 되어줄, 근본적으로 새로운 나침반이다. 이는 우리가 의지하는 살아 있는 세계를 보호하면서 모든 사람의 필요를 충족시키는 미래를 지향한다. 이 도넛의 사회적 기초에 못 미치면 인간이 안녕할 수 없는 상황이 벌어진다. 식량, 교육, 주거 등 필수 요소가 결핍된 이들이 매일매일 직면하는 상황이다. 그리고 생태적 한계를 넘어가면 기후 변화, 해양 산성화, 화학적 오염 등 지구의 생명 유지 시스템이 압력을 받는다. 하지만 두 경계 사이에는 도넛과

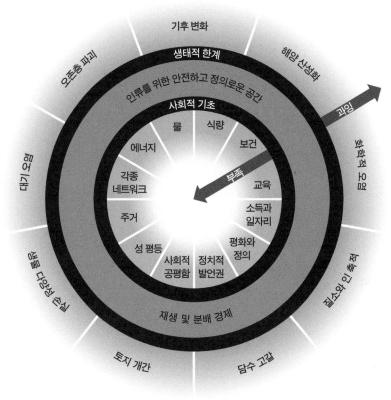

기후 변화

오존층 파괴

해양 산성화

생태적 한계

인류를 위한 안전하고 정의로운 공간

사회적 기초

물　식량

에너지　　보건

각종
네트워크　　교육

주거　　소득과
　　　　일자리

성 평등　　평화와
　　　　　정의

사회적　정치적
공평함　발언권

재생 및 분배 경제

과잉

화학적 오염

부족

질소와 인 축적

대기 오염

생물 다양성 손실

토지 개간

담수 고갈

21세기의 나침반이 되어줄 도넛:
사회적 기초와 생태적 한계 사이에 인류를 위한 안전하고 정의로운 공간이 펼쳐진다.

거의 비슷하게 생긴 최적의 지점이 있다. 생태적으로 안전하면서도 사회적으로 정의로운 공간이다. 21세기의 우리가 직면한 과제는 인류를 이 안전하고 정의로운 공간으로 데리고 가는 것, 실로 미증유의 과제다.

도넛의 안쪽인 사회적 기초는 그 누구에게도 부족해서는 안 되는 삶의 기초 요소들을 열거한다. 열두 가지 요소에는 충분한 식량, 깨끗한 물, 양질의 위생 시설, 에너지 접근권과 청결한 조리 시설, 교육과 의료 서비스 접근권, 제대로 된 주거, 최소 소득과 안정적인 일자리, 정보망과 사회적 지원망 등이 들어간다. 나아가 이를 달성하기 위해 성 평등, 사회적 공평함, 정치적 발언권, 평화와 정의 등이 지켜져야 한다. 1948년 이후 국제 인권 규범과 법률은 이런 기본 요소 대다수에 대해 돈이 있든 없든, 권력이 있든 없든 모든 개인의 청구권과 권리를 확립하고자 노력해왔다. 모든 사람에게 기본 요소를 모두 적용하겠다고 시한을 정하는 건 지나치게 야심 찬 꿈이라고 생각할 수도 있다. 하지만 이 목표는 이미 공식적인 것으로 천명되었다. 2015년, 193개 국가가 UN이 제시한 '지속 가능한 발전 목표'에 조인했거니와, 여기에는 이런 목표들이 모두 들어 있다. 그리고 그중 대부분을 2030년까지 달성하기로 약속했다.[23]

20세기 중반 이래 세계 경제 발전으로 이미 전 세계에 걸쳐 수백만 명이 빈곤에서 벗어났다. 이들은 가족 중에서 처음으로 교육도 받고 굶지도 않고 깨끗한 물을 마시고 전깃불도 켜고 주머니에 돈도 있고 건강하게 장수하는 세대가 되었다. 또 그중 다수는 성 평등과 정치적 발언권까지 함께 누리게 되었다. 하지만 세계 경제 개발은 자원 사용량을 어마어마하게 늘려놓았다. 처음에는 이렇게 자원을 많이 소비하는 생활 방식이 부자 나라에서만 나타났지만, 최근에는 세계적으로 중산층이 급속히 늘어나면서 자원 사용량이 다시 몇 배나 늘었다. 이 시기를 '거대 가속Great Acceleration'이라고 한다. 인간 활동이 특기할 만큼 크게 치솟았기 때문이다. 1950~2010년에 지구의 인구는 거의 세 배로 불어났으며, 전 세계 실질 GDP는 일곱 배로 늘었다. 전 세계 담수 사용량은 세 배 이상, 에너지 사용은 네 배, 비료 사용은 열 배 이상 불어났다.

이렇게 인간 활동이 극적으로 늘어난 결과 어떤 일이 벌어졌는지는 지구 생명 시스템의 몇 가지 지표가 확연하게 보여준다. 1950년 이후에는 대기권의 온실가스 축적부터 해양 산성화와 생물 다양성 손실에 이르기까지 생태적인 영향이 급증했다.[24] '그 변화의 규모와 속도는 아무리 측정해도 놀라운 수준이다.' 이 추세를 연구한 과학자 윌 스테펀Will Steffen은 말했다. '한 사람의 수명에 해당하는 기간 동안 인류는 지구 전체에 맞먹는 지질학적 힘이 되어버렸다.… 이는 새로운 현상이며, 인류가 이제 지구를 위해 전 세

계에 걸쳐 새로운 책임을 갖게 되었음을 말한다.'[25]

인간 활동의 '거대 가속'은 분명히 우리 지구를 크게 압박하고 있다. 그렇다면 압박을 견디다 못한 지구의 생명 유지 시스템이 무너지기 시작하는 지점은 정확히 어디일까? 다시 말해, 도넛의 바깥쪽 고리인 생태적 한계는 어디서 결정되는가? 이 질문에 답을 하려면 먼저 지난 10만 년 동안 지구의 생명체가 어떻게 살아왔는지를 돌아봐야 한다. 초기 인류는 아프리카 바깥으로 나와 여러 대륙을 횡단하는 긴 여정을 밟았다. 이 기간 동안 지구의 평균 기온은 급격하게 올라가기도 하고 내려가기도 했다. 하지만 지난 1만 2,000여 년간은 계속 따뜻해지고 변동 폭도 크게 줄었다. 이런 지구 역사의 최근 기간을 '홀로세Holocene epoch'라고 부른다. 이 말을 잘 알아둬야 한다. 왜냐면 이 기간이야말로 인류 진화사에서 가장 살기 좋은 기간이었기 때문이다.

홀로세 기간 동안 여러 대륙에서 동시다발적으로 농업이 개발되었으며, 과학자들은 이게 우연이 아니라고 믿는다. 지구의 기온이 안정되었다는 것을 발견하면서 수렵 채집 생활을 하던 이들이 정착해 계절에 맞춰 우기雨期를 준비하고, 씨앗을 골라 심고, 수확을 하는 등 여러 활동을 하며 살게 되었다.[26] 인더스 계곡, 고대 이집트, 중국 상나라에서 마야인, 그리스인, 로마인에 이르는 거대한 인간 문명이 이 지질학적 시기에 출현해 번성한 것도 우연이 아니라고 한다. 지구의 역사에서 유일하게 인류가 몇 십억 명 단위로 번성한 기간이다.

나아가 홀로세의 살기 좋은 상태는 외부 교란이 없다면 앞으로도 5만 년은 더 이어질 거라고 한다. 현재 지구의 공전 궤도가 특이한 원형을 이루기 때문인데, 이는 40만 년 만에 처음 있는 일일 정도로 아주 드문 경우라고 한다.[27] 가만히, 깊이 생각해볼 문제다. 알려진 바로는 우리는 생명체가 사는 유일한 행성에 있으며, 그것도 가장 친절하고 호의적인 시대에 태어났다. 이뿐만 아니라 지금 우리가 태양 주위를 아주 이상한 방식으로 도는 덕에 이런 시대가 앞으로도 계속된다는 것이다. 만약 우리가 이렇게 살기 좋은

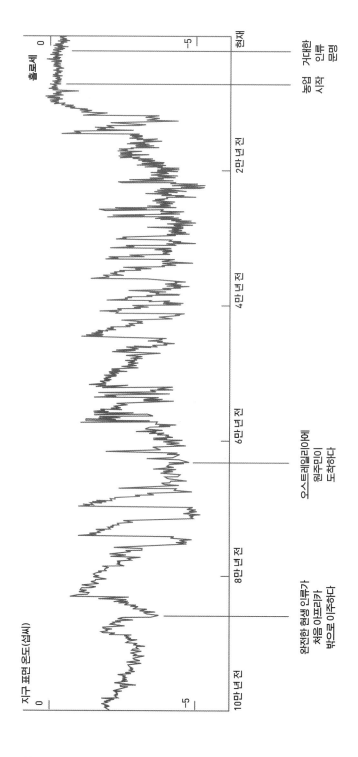

온화한 홀로세. 그린란드 빙하 해에서 가져온 자료를 근거로 지난 10만 년 동안 지구의 기온 변동을 그렸다. 최근 1만 2,0000여 년간은 특별히 안정적이다.[28]

지구 표면 온도(섭씨)

10만 년 전

완전한 현생 인류가
처음 아프리카
밖으로 이주하다

오스트레일리아에
원주민이
도착하다

8만 년 전

6만 년 전

4만 년 전

2만 년 전

홀로세

현재

농업
시작

거대한
인류
문명

0

−5

지구로부터 스스로 쫓겨난다면 이건 정말 미친 짓일 터다. 그런데 인류가 지금까지 해온 행동이 바로 그런 짓이다. 지구를 더 크게 압박한 탓에 이제 인류는 지구의 변화를 좌지우지하는 거의 유일한 최고 결정자가 되었다. 우리가 가한 여러 충격으로 이제 우리는 홀로세를 뒤로하고 인류의 활동으로 만들어진 최초의 지질학적 시대, 인류세Anthropocene라는 미지의 영역으로 들어서고 있다.[29] 이제 인류세로 들어선 우리가 홀로세 시절의 안락과 평안—안정된 기후, 풍부한 담수, 번성하는 생물 다양성, 건강한 해양 등—을 유지하려면 어떻게 해야 할까?

2009년, 요한 록스트룀Johan Rockström과 스테펀이 이끄는 지구 시스템 과학자 집단은 결정적인 아홉 가지 과정을 찾아냈다. 기후 시스템과 담수 순환 주기처럼 하나로 연결되어 지구를 홀로세와 같은 조건으로 안정되게 유지할 수 있는 과정들이다(아홉 가지 과정에 대해서는 다시 설명할 것이다). 이들은 이 과정 하나하나에서 수천 년간 인류가 누려온 안정성을 위협하는 지점이 정확히 어느 정도 압력을 받는 순간인가 찾아내고자 했다. 그 수준을 넘어서면 지구는 전혀 미지의 상태로 들어설 것이며, 완전히 새롭고 예측할 수 없는 변화들이 벌어질 것이다. 여기서 기억할 것이 있다. 정확히 어디에 위험이 도사리고 있는지 찍어내는 건 불가능하다. 그리고 변화의 상당수는 비가역적이므로 애초에 들어서지 않는 것이 현명하다. 그래서 과학자들은 위험 구간이 시작되는 곳에다 일종의 가드레일처럼 경계선을 긋자고 제안한다. 이를테면 강 상류에 아주 위험한 폭포들이 숨어 있는 경우 경고 팻말을 세우는 식으로 말이다.

그렇다면 경고 팻말에는 뭐라고 적을까? 예를 들어 기후 변화가 위험한 지경으로 들어서지 않게 하려면 대기 중 이산화탄소 농도를 350피피엠 이하로 유지해야 한다. 토지 개간 문제는, 기존 삼림 가운데 최소한 75퍼센트는 그대로 남아 있어야 한다. 매년 토양에 뿌리는 화학 비료는 질소는 6,200만 톤, 인은 600만 톤을 넘지 말아야 한다. 물론 이는 총량일 뿐이며 여기에는 불확실성이 여러 가지 내포되어 있다. 이 수치는 전 세계를 기준으로 한 것이므로 개별 지역에 적용하는 데는 문제가 있다. 또 과학은 계속해서 진화하고 있다. 하지만 본질적으로 이 아홉 가지 경계선은 홀로세가 우리에게 허락한 포근하고 안온한 환경을 인간이 지배하는 인류세 시대에도 유지하려면 무엇이 필요한지, 지금까지 나온 그림 가운데 가장 훌륭하게 보여주고 있다. 우리 도넛의 생태적 한계를 규정하는 것이 바로 이 아홉 가지 경계선이다. 우리의 집인 지구의 안정성을 지켜내고자 한다면 이 한계까지 지구에 압박을 가하는 일이 없어야 한다.[30]

이렇게 인간의 여러 권리를 보장하는 사회적 기초와 지구를 지켜내는 생태적 한계의 경계선을 동심원으로 묶으면 도넛의 안쪽 경계선과 바깥쪽 경계선이 된다. 물론 두 경계선은 연관성이 매우 깊다. 만약 도넛의 두 경계선이 서로 어떻게 영향을 미치는지 알아보려고 펜으로 화살표를 그려보면 도넛은 금세 스파게티 그릇처럼 보일 것이다.

예를 들어 숲을 베어버렸을 때 무슨 일이 벌어질지 생각해보자. 이런 토지 개간은 생물 다양성 손실을 가속화할 것이며, 담수 순환을 약화시킬 것이고, 기후 변화도 악화될 것이다. 그리고 이런 충격들은 남아 있는 삼림에 더 큰 압박을 가할 것이다. 게다가 삼림과 안전한 담수 공급이 사라지면 지역 공동체들은 질병 문제와 식량 감소로 더 취약해지고, 아동은 학교를 그만두는 결과가 벌어질 것이다. 그리고 아이들이 학교를 그만두면 온갖 형태의 빈곤이 곧 여러 세대에 걸쳐 치명적인 연쇄 반응을 일으킬 것이다.

물론 연쇄 반응이 긍정적인 보강으로 이어질 수도 있다. 다시 삼림을 조성하면 생물 다양성이 풍부해지고 토양 비옥도와 담수 유지도 개선될 것이며, 이산화탄소를 줄이는 데도 도움이 될 것이다. 지역 공동체가 삼림에서 얻는 편익도 여러 종류다. 삼림에서 더 다양한 식량과 섬유질을 얻고, 안전한 식수를 공급받고 영양과 건강이 개선되고, 생계수단을 한층 안정적으로 조달하게 될 것이다. 단순한 접근은 금물이다. 쉽게 생각하면 지구의 생태적 한계와 사회적 기초 경계를 하나씩 돌아가면서 해결책을 찾자고 할 수도 있지만, 그렇게 해서는 한마디로 전혀 효과가 없을 것이다. 두 경계선은

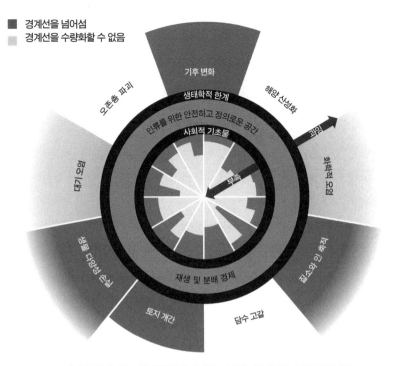

기후 변화
오존층 파괴
생태학적 한계
해양 산성화
인류를 위한 안전하고 정의로운 공간
사회적 기초물
대기 오염
과잉
부족
화학적 오염
생물 다양성 손실
질소와 인 축적
재생 및 분배 경제
토지 개간
담수 고갈

도넛의 두 경계선을 모두 침범한 현재 인류. 사회적 기초의 원 아래로 뻗어나간
짙은 쐐기는 전 세계적으로 삶의 기본 요소가 부족한 사람들의
비율을 보여준다. 생태적 한계의 바깥으로 뻗어나간 짙은 쐐기는
여러 경계선을 과도하게 넘어선 경우다(부록 자료를 보라).

서로 연결되기 때문에 단일한 복합 사회-생태계로 이해해야 하며, 더 큰 전체 안에서 문제를 해결해야 한다.[31]

이렇게 도넛을 가로질러 상호 연관 관계에 주목한다면 인간의 번영은 곧 지구의 번영에 의존한다는 것이 명확하게 드러난다. 모두를 먹일 식량을 충분히 얻기 위해서는 비옥한 토양, 충분한 담수, 다양한 작물, 안정적인 기후 등이 필요하다. 깨끗하고 안전한 식수를 확보하려면 지역과 전 세계를 연결하는 물 순환으로 강수량을 풍부하게 발생시켜 강과 대수층을 계속 채워야만 한다. 공기를 깨끗하게 하려면 폐를 망가뜨리는 미세 먼지 배출을 중단해야 한다. 우리가 마음 놓고 옷을 벗고 일광욕을 즐기려면 오존층으로 자외선을 걸러내야 하며, 온실 효과로 태양의 열기가 지구 온난화를 일으키지 않도록 해야 한다.

이렇게 도넛의 안쪽 원과 바깥 원 사이, 정의롭고 안전한 공간으로 모두 옮겨가는 것이 21세기의 도전이라면, 당연히 떠오르는 질문이 있다. 방법은 무엇인가? 인권에 대해서나 또 지구과학에 대해서나 엄청난 자료가 쌓인 덕에 우리는 이제 그 어느 때보다도 분명한 그림을 얻게 되었다. 지난 70년간 전례 없이 인류의 안녕이 증진되었음에도 우리는 여전히 도넛의 양쪽 경계선 모두를 한참 넘어선 지점에 살고 있다.

아직도 수백만 명이 사회적 기초에 한참 못 미치는 수준에서 생활한다. 세계적으로 아홉 명 중 한 명은 먹을 것이 충분치 못하다. 네 명 중 한 명은 하루 3.9달러 이하로 살아가며, 청년 여덟 명 중 한 명은 일자리가 없다. 세 명 중 한 명은 아직도 화장실이 없고 열한 명 중 한 명은 안전한 식수원이 없는 환경에서 산다. 12~15세 아동 여섯 명 가운데 한 명은 학교를 다니지 못하고 그 대다수는 여아다. 전체 인구의 40퍼센트가 소득 분배가 지극히 불평등한 나라에 산다. 세계 인구의 절반 이상은 정치적 발언권이 심하게 제한된 나라에서 살고 있다. 이렇게 삶의 필수 요소들을 박탈당해 잠재력을 제약받는 사태가 21세기에도 폭넓게 벌어지고 있다는 것은 참으로 놀라운 노릇이다.

동시에 인류는 지구의 생명 유지 시스템을 전례 없이 압박하고 있다. 우리는 이미 지구의 경계선 중 기후 변화, 토지 개간, 질소와 인 축적, 생물 다양성 등 최소한 네 가지에서 한계를 넘어선 상태다. 대기권의 이산화탄소 농도는 이제 350피피엠을 훌쩍 넘었다. 심지어 400피피엠이 넘어 계속 올라가고 있다. 더 덥고 더 건조하며 더 위협적인 기후로 바뀌고 있다. 또 해수면 상승으로 전 세계의 도서 지역과 해변 도시가 위기에 처했다. 토양에는 질소와 인을 함유한 화학 비료가 안전 기준의 두 배 이상 쏟아진다. 이 유독 물질이 물에 쓸려나가면서 이미 호수, 강, 해양의 수중 생태계가 붕괴되고, 멕시코만에는 아무 생명체도 살지 않는 지역이 코네티컷주 크기만큼 커졌다. 남아 있는 삼림 지역은 62퍼센트뿐이며, 이마저도 계속해서 줄어 지구의 탄소 흡수력을 크게 떨어뜨리고 있다. 생물 다양성 손실도 심각하다. 지금 생물 종이 멸종하는 속도는 안전 기준치의 최소한 열 배 속도다. 1970년 이래 지구상에서 포유류, 조류, 파충류, 양서류, 어류의 수가 절반으로 줄어든 것도 놀랄 일이 아니다.[32] 화학적 오염은 아직 측정되지 않았지만 과학자 다수가 우려를 표하고 있다. 담수 고갈과 해양 산성화 등 지구 시스템의 다른 요소들은 한계에 근접했으며, 그 결과 국지적으로 또 지역적으로 생태적 위기를 맞고 있다.

이렇게 21세기 초입에 우리가 처한 상태는 지구 환경 측면에서 보나 인류의 입장에서 보나 실로 살벌한 상황이다. 이는 오늘날까지 인류가 추구해온 세계 경제 개발 경로가 근본적으로 잘못되었다는 강력한 고발이기도 하다. 수십억 인구가 여전히 가장 기본적인 조건조차 충족하지 못하는 가운데 이미 전 지구적으로 생태 위기 지경에 들어서 지구의 안정성을 근본적으로 갉아먹고 있다. 그렇다면 진보란 도대체 어떤 모습일까?


## 무한 성장이 아니라 균형으로 피어나는 삶

'앞으로 또 위로'는 진보를 나타내는 아주 친숙한 메타포지만 우리가 아는 경제에서의 진보는 우리를 위험한 영역으로 끌고 온 주범이기도 하다. '인류는 생명 유지 장치의 기능에 영향을 미친다.' 해양과학자 캐서린 리처드슨Katherine Richardson은 말한다. '지금 우리는 임계점으로 치닫고 있다. 진보에 대한 정의를 어떻게 바꿔야 할까?'[33]

경제학은 60년이 넘도록 GDP 성장이야말로 진보를 나타내기 충분한 대리 지표이며 이는 계속 상승하는 곡선이라고 여겨왔다. 하지만 21세기가 요구하는 진보는 그 모습이나 방향이 전혀 다르다. 인류 역사의 현 시점에서 우리가 필요로 하는 진보를 가장 잘 묘사하는 움직임은 '역동적 균형 상태로의 진입'이다. 도넛의 부족한 부분과 넘치는 부분을 모두 없애고 우리 모두 그 도넛의 안전하고 공정한 공간으로 옮겨가는 것이다. 이는 우리가 사용하는 메타포로부터 근본적으로 방향을 틀어야 한다는 요구다. '앞으로 또 위로가 좋다'에서 '균형이 좋다'로 말이다. 그리고 경제적 진보의 의미를 GDP의 무한 성장이 아니라 도넛 안에서의 균형 잡힌 삶으로 대체하라고 촉구한다.

이 도넛 이미지, 그리고 이를 떠받치는 과학은 새로울지 몰라도, 그것이 제기하는 역동적 균형 개념은 지난 몇 십 년간 지속 가능한 발전이라는 사유로 여러 곳에서 울려 퍼졌다. 이미 1960년대에 자족적인, 살아 있는 캡슐이라는 의미에서 지구가 우주선과 같다는 생각이 널리 알려졌다. 경제학자 로버트 하일브로너Robert Heilbroner는 '모든 우주선과 마찬가지로, 여기서 생명이 지속되려면 우주선에 사는 이들의 여러 요구와 우주선의 생명 유지 능력이 아주 세심하게 균형을 유지해야 한다'고 지적하기도 했다.[34] 1970년대에 경제학자 바버라 워드Barbara Ward ─지속 가능한 발전 개념의 창시자─는 인간의 필요와 권리라는 '내적 한계'와 지구가 견뎌낼 수 있는 환경 스트레스의 '외적 한계'를 모두 해결하기 위해 전 지구적 행동이 필요하다고 호소했다. 워드는 그림은 아니지만 글로써 우리 도넛과 똑같은 모습을 그려냈다.[35] 1990년대에는 '지구의 벗 Friends of the Earth'이라는 운동 단체가 지구의 역량 안에서 물, 음식, 공기, 토지, 그 밖의 자원에 대해 모든 사람이 공평한 권리를 갖는다는 주장의 연속선상에서 '환경 공간environmental space' 개념을 옹호한 적이 있다.[36]

또 어떤 문화권에서는 먼 옛날로 거슬러 올라가 '균형으로 피어나는 삶' 의 흔적을 추적할 수 있는 곳도 있다. 고대 그리스인들은 균형이 전부라고 했다. 마오리 문화에서는 안녕 개념을 영적인 안녕, 생태적인 안녕, 친족의 안녕, 경제적 안녕이라는 네 가지 상호 연관된 결합으로 본다. 안데스 문화에서 '좋은 삶buen vivir'이란 공동체 안에서 타인, 자연과 더불어 삶을 충만하게 영위하는 것을 뜻한다.[37] 최근에는 볼리비아에서 이 '좋은 삶' 개념을

역동적인 균형 개념을 나타내는 고대 상징들:
왼쪽부터 도교의 음양, 마오리족의 타카랑기, 불교의 길상결, 켈트족의 쌍둥이 나선형.

헌법에 포함시켜 국가 윤리로 삼았으며, 에콰도르에서는 2008년 세계 최초로 헌법에 자연, 즉 대지의 어머니Pachamama●가 '존재하고, 지속하고, 유지하며 그 생명 순환을 재생할 권리를 갖는다'는 점을 인정했다.[38] 이렇게 인류의 안녕에 대한 통합적이고 균형적인 개념은 여러 고대 문화에서 내려오는 전통 상징으로도 나타난다. 도교의 음양, 마오리족의 타카랑기takarangi, 불교의 길상결吉祥結 그리고 켈트족의 쌍둥이 나선형 등은 모두 보완적인 힘 사이의 지속적이고 역동적인 춤 이미지를 환기시킨다.

하지만 GDP 성장이라는 뻐꾸기 같은 목표를 둥지에서 몰아내려는 서구 입장에서는 단순하게 안데스나 마오리의 세계관을 가져올 수만은 없는 노릇이니, 그와 동일한 비전을 명료하게 표현할 새로운 언어와 그림을 찾아내야 한다. 무엇이 있을까? 첫 번째로 제안하는 것은 '피어나는 생명의 망 속에서 번영하는 인간human prosperity in a flourishing web of life'이다. 그렇다. 이게 핵심이다. 이 말은 우리가 인류의 안녕에 너무나 기초적인 무언가를 말로 표현할 정확한 방법을 찾지 못했다는 것을 뜻한다. 그렇다면 새로운 그림에 대해서는 어떨까? 나는 우리 도넛이 중요한 역할을 한다는 것을 알게되었다.

2011년 말, 지속 가능한 발전을 논의하는 대규모 UN 국제회의를 앞두고 나는 각국 대표에게 도넛 이미지를 보이고 반응을 볼 목적으로 뉴욕 UN 본

● 파차마마, 안데스 지역에서 숭배하는 신. 대지와 계절의 생명력을 상징하는 모성의 여신.

부로 향했다. 우선 아르헨티나 대표들을 만났다. 당시 UN에서 가장 큰 개발도상국 협상단인 '77그룹'의 대표국이 아르헨티나였기 때문이다. 아르헨티나 대표에게 도넛 그림을 설명하자 그녀는 손가락으로 그림을 두드리면서 이렇게 말했다. "나도 항상 이런 방식으로 지속 가능한 발전을 생각했어요. 유럽 대표들도 설득해주면 정말 좋겠네요." 그다음 날 나는 반응이 어떨지 한껏 궁금한 채로 방을 가득 채운 유럽 대표들에게 그림을 설명했다. 도넛 그림을 화면에 띄우고 핵심 개념을 설명하자 영국 대표가 일어나 발언했다. "참 흥미롭군요. 라틴 아메리카에서 온 분들이 대지의 어머니 이야기를 해주었는데 너무 허황되고 모호해서 이해하기가 힘들었어요." 그는 허공에 그림을 그리듯 손을 흔들었다. "하지만 도넛 그림은 사실상 거의 같은 이야기를 과학에 기초해 설명한다는 걸 알겠습니다." 때때로 그림은 언어로 도저히 넘어설 수 없는 간극을 메워주곤 한다.

우리가 지금 얼마나 균형이 깨진 상태에서 살고 있고 그래서 도넛의 안팎을 모두 벗어나 살고 있다는 것을 고려한다면 다시 균형을 회복한다는 것이 쉽지 않은 과제임을 알 것이다. 록스트룀은 이렇게 말한다. '우리는 인간 발전을 뒷받침하는 지구 시스템 능력을 스스로 갉아먹고 있다는 사실을 자각한 첫 번째 세대다. 이는 심오하고 새로운 지혜이자 어쩌면 아주 무서운 깨달음이다.… 또 이는 엄청난 특권이기도 하다. 왜냐면 우리가 지속 가능한 미래를 향해 환골탈태의 여정을 떠나야 한다는 것을 깨달은 첫 번째 세대라는 뜻이기 때문이다.'[39]

그렇다면 상상해보자. 우리 세대가 인류를 전환시키는 이정표 역할을 한다면? 한 사람 한 사람이 도넛에 맞도록 삶을 바꿔나간다면? 그래서 쇼핑을 하고, 식사를 하고, 여행을 하고, 생활비를 벌고, 은행에 가고, 투표를 하고, 자원봉사 활동을 하는 동안 도넛의 사회적 경계와 지구적 경계를 고려해 최대한 올바른 방향으로 바꿀 수 있다면? 기업 하나하나가 모두 이 도넛을 중심에 놓고 경영 전략을 짠다면? 그래서 항상 '우리 기업의 핵심 사업이 인류를 안전하고 정의로운 공간으로 이끄는 도넛 브랜드라고 할 수 있는가'를 중심 과제로 설정한다면? 영향력 강한 나라들이 모인 G20 재무장관 회의에서 도넛 모양 원탁을 놓고 둘러앉아 인류를 최적의 지점으로 이끌 세계 금융 시스템을 디자인한다면? 이런 것이야말로 말 그대로 세계를 바꾸는 대화가 될 것이다.

국가, 기업, 공동체 일부에서 실제로 이런 대화를 나누고 있다. 영국부터 남아프리카공화국까지, 옥스팜은 매년 나라별 도넛 보고서를 발표해 각 나라가 사정에 맞게 정의한 안전하고 공정한 삶으로부터 얼마나 떨어져 있는지를 보여준다.[40] 중국 윈난에서는 핵심 수자원인 얼하이Erhai호 인근 산업과 농업이 사회적으로, 생태적으로 어떤 영향을 미치는지 해마다 이 도넛 개념으로 분석해왔다.[41] 미국 아웃도어 의류 제조업체인 파타고니아Patagonia부터 영국의 세인스버리Sainsbury's 슈퍼마켓 체인에 이르기까지 다양한 기업이 기업 전략을 재검토하는 데 이 도넛을 사용한다. 남아프리카공화국의 콰줄루나탈에서 가장 빨리 성장한 도시 코크스타트에서는 지방자치 정부가 도시 계획 전문가, 마을 만들기 활동가 그룹과 팀을 이뤄 도시의 지속 가능하면서도 공평한 미래를 그려내는 데 이 도넛 그림을 활용하고 있다.[42]

이런 시도는 경제 발전 방향을 다시 설정하려는 야심 찬 실험임에 틀림없다. 하지만 도넛은 지구 규모에서 논하는 것이니 경제학이 다루기에는 너무 야심 찬 것이 아닐까? 아니, 전혀 그렇지 않다. 경제학이 이만한 규모를 다룰 때가 온 것이다. 고대 그리스에서 크세노폰이 처음으로 '경제', 즉 가정 경제에서 어떻게 하면 자원을 잘 관리할지 문제를 제기했을 때 그는 정말 한 가정 단위를 생각했다. 크세노폰은 말년에 그보다 한 수준 높은 도시 국가의 경제학에 관심을 돌려 모국인 아테네를 위해 일련의 무역 정책, 조세 정책, 공공 투자 정책 등을 제안했다. 그로부터 거의 2000년이 지난 뒤 스코틀랜드에 애덤 스미스가 나타났고, 경제학의 초점은 어째서 어떤 나라는 경제가 번성하는 반면 다른 나라의 경제는 침체되는지 물으면서 확실하게 국민 국가 수준으로 올라간다. 스미스가 경제를 바라보는 렌즈로 사용한 국민 국가 단위는 오늘날까지 거의 250년 동안 정책 결정자들의 시야를 묶어놓았고, 일국의 GDP 지표는 매년 서로를 비교하는 통계 조사로 확실하게 자리를 잡게 되었다. 하지만 경제가 범세계적으로 연결된 오늘날, 우리 세대 경제학자들은 그다음 단계로 나아가지 않을 도리가 없다. 우리 시대는 전 지구가 하나의 가정 경제로 융합된 시대다. 그리고 우리의 공동 가정을 돌보는 가정 관리 기술은 그 어느 때보다도 절실하다.


## 우리는 도넛 안에서 살 수 있을까

이 도넛은 21세기를 헤쳐나갈 나침반 역할을 한다. 하지만 우리가 실제로 그 안전하고도 정의로운 공간으로 옮겨갈 수 있을지를 결정하는 요인은 무엇인가? 분명한 핵심 요소를 다섯 개 꼽아보자. 인구, 분배, 열망, 기술, 거버넌스다.

인구가 중요하다는 건 너무나 자명하다. 머릿수가 많을수록 모두의 필요와 권리를 충족시키는 자원이 더 많이 든다. 그렇기 때문에 세계 인구는 반드시 안정되어야 한다. 그런데 좋은 소식이 있다. 세계 인구는 여전히 늘고 있지만 1971년 이후 증가율이 급격하게 떨어지고 있다. 게다가 인류 역사상 최초로 기근, 질병, 전쟁 때문이 아니라 발전과 성공 때문에 일어난 일이다.[43] 수십 년에 걸쳐 영유아 보건, 여아 교육, 모성 보건, 여권 강화 등에 공공 투자가 이뤄졌으며 그 결과 마침내 여성에게 가족 수를 스스로 관리할 역량이 생겨난 것이다. 우리의 도넛 관점에서 본다면 그 메시지는 아주 명확하다. 인구의 규모를 안정시키는 가장 효과적인 방법은 개개인 모두에게 사회적 기초보다 나은 생활 수준과 빈곤 없는 삶을 보장하는 것이라는 사실이다.

분배 또한 인구만큼 중요하다. 불평등이 극에 달할 경우 인류는 도넛 안쪽과 바깥쪽 경계를 모두 넘어간다. 세계의 소득 불평등 규모가 커진 결과 지구 차원의 온실가스 배출 책임 배분도 크게 왜곡되었다. 온실가스를 많이 배출하는 상위 10퍼센트 배출국—모든 대륙에 퍼져 있는 '탄소꾼들carbonistas'—에서 전체 온실가스 배출량의 약 45퍼센트를 배출하는 반면, 하위 50퍼센트인 나라 사람들이 내놓는 배출량은 13퍼센트에 불과하다.[44] 식량 소비도 심하게 뒤틀려 있다. 세계 인구의 약 13퍼센트가 영양실조 상태다. 이들이 일용할 열량을 채워주려면 식량이 얼마나 필요한가? 세계 식량 공급의 불과 3퍼센트면 족하다. 어째서 이런 일이 벌어지는가? 전 세계에서 생산된 식량의 30~50퍼센트는 수확 후 세계 공급 사슬을 거치면서 버려지거나 음식물 쓰레기로 사라진다.[45] 먹지 않는 음식의 10퍼센트만으로도 굶주림 문제는 사라진다. 도넛 경제는 인류가 자원을 지금보다 훨씬 공평하게 분배하고 이용할 것을 요구한다.

세 번째 요소는 열망이다. 사람들이 '좋은 삶'에 꼭 필요하다고 여기는 것은 무엇인가다. 이런 열망에 가장 크게 영향을 미치는 것 중 하나가 우리가 생활하는 장소와 생활하는 방식이다. 2009년을 기점으로 역사상 처음으로 도시에서 사는 사람이 세계 인구의 절반을 넘어섰고, 2050년이 되면 인류의 70퍼센트가 도시 인구가 될 전망이다. 도시 생활은 우리를 둘러싼 군중이 생각하고 말하는 바의 영향을 크게 받는다. 그 속에서 그려지는 좋은 삶의 이미지란 계속 물건을 사들이는 것이다. 더 빠른 차, 더 얇은 노트북 컴퓨터, 이국적인 휴가, 그리고 최신 스마트폰에 대한 욕망을 부추긴다. 경제학자 팀 잭슨Tim Jackson이 아주 훌륭하게 표현했듯이, 우리는 '아무 관계도 없는 사람들에게 그리 오래가지도 않을 인상을 심어주려고 필요하지도 않는 물건을 사고, 갖고 있지도 않은 돈을 쓰도록 계속 설득당하'는 상태다.[46] 전 세계에서 중산층이 빠른 속도로 늘어나고 있다. 그들이 열망하는 라이프 스타일은 지구 한계에 집단적으로 압력을 행사하는 것이 분명하다.

도시화는 소비주의를 조장하는 동시에 주거, 교통, 식수, 위생, 식량, 에너지 등을 훨씬 효과적인 방법으로 충족시킬 기회를 주기도 한다. 2030년까지 도시화될 것으로 보이는 지역의 약 60퍼센트는 아직 개발이 시작조차 되지 않았다. 따라서 인프라를 만들 때 어떤 기술을 사용하느냐는 사회적, 생태적으로 실로 광범위한 영향을 미칠 것이다.[47] 도로를 점유하는 자가용 대신 빠르고 싼 대중교통으로 새로운 교통 시스템을 만들 수 없을까? 현대 도시의 에너지 시스템을 화석 연료 대신 지붕에 태양광 발전 네트워크를 설치하는 것으로 대체할 수 없을까? 냉방과 난방 에너지 대부분을 스스로 해결하도록 건물을 설계할 수는 없을까? 토지의 탄소 효율성을 높이고 더 좋은 일자리를 마련하는 방법으로 도시인을 위한 식량을 생산할 수 없을까? 이런 것들은 어떤 기술을 선택하느냐에 따라 크게 좌우되는 문제들이다.

거버넌스 또한 중심적인 역할을 한다. 마을, 도시, 국가, 지역, 지구 등 모든 곳에 다 해당되는 이야기다. 오늘날 우리가 직면한 여러 도전에 대응하기 적합한 거버넌스 구조를 어떻게 설계할 것인가? 이는 아주 근본적인 정치 문제다. 마을, 기업, 국가가 오래도록 주장해온 이해관계와 기대를 어떻게 조화시키는가 하는 어려운 문제이기 때문이다. 세계 차원의 거버넌스 구조가 필요하다. 예를 들어 지역별, 국가별로 나타나는 영향을 공평하게 나누면서 지구 한계의 압박을 줄일 수 있어야 한다. 또 식량, 물, 에너지 부문의 복합적인 상호 작용을 고려해야 한다. 지구 차원의 식량 위기 같은 예기치 못한 일에도 훨씬 효과적으로 대응해야 하고, 새로 출현한 여러 기술은 현명한 길로 나아가도록 방향을 선도해야 한다. 21세기에 한층 효과적인 거버넌스 형태를 창출하느냐 마느냐는 역사상 그 어느 때보다 인류의 운명에 크게 영향을 줄 것이다.

인구, 분배, 열망, 기술, 거버넌스라는 다섯 가지 요인 모두가 도넛의 안전하고 정의로운 공간으로 들어갈 가능성을 크게 좌우하며, 그래서 이 다섯 가지는 모두 끊임없이 정책 논쟁의 대상이 되고 있다. 더불어 우리의 경제학적 사유를 완전히 바꾸지 않으면 변화를 만들어낼 수 없다. 변화는 때 늦은 듯하며, 어떤 이들은 이미 너무 늦었다고 할 것이다. 그래도 오늘날 경제학을 배우는 학생은 21세기 목표를 달성할 기회가 아직 남아 있는 마지막 세대일 확률이 높다. 최소한 이들은 성공할 기회를 만들어줄 경제학적 사유를 배울 자격과 권리가 있다. 그리고 우리도 마찬가지다.

GDP 성장이라는 뻐꾸기는 대공황, 세계대전, 냉전 시대, 경쟁 시대에 급부상했고 지난 70년간 경제학의 사유를 지배해왔다. 하지만 멀지 않은 미래에 우리는 어떻게 GDP처럼 변덕스럽고 편파적이며 피상적인 척도로 복잡하기 이를 데 없는 우리 지구의 집안 살림을 관리하려 했는지 도저히 믿지 못하게 될 것이다. 여러 가지 위기가 벌어지고 있거니와, 그 위기들은 이제 우리에게 GDP와는 전혀 다른 목표를 설정하라고 요구하고 있다. 하지만 그 목표가 무엇이어야 하는지를 상상하고 명명하는 작업에서 우리는 아직 극히 초기 단계에 머물고 있다.

만약 그 목표가 피어나는 '생명의 망 속에서 번영하는 인간'이라면—도넛과 아주 닮았다—전체와의 연관 속에서 경제를 사유하는(그리고 그려내는) 최상의 방법은 무엇일까? 앞으로 논의하겠지만 경제학자들이 전통적으로 경제를 그려온 방식—이는 경제 이야기에 들어갈 것과 뺄 것을 결정한다—은 거기서 도출되는 모든 것에 근본적으로 영향을 미칠 수밖에 없다.

# 2
# 큰 그림을 보라
## 자기 완결적인 시장에서 사회와 자연에 묻어든 경제로

윌리엄 셰익스피어의 희곡은 잊을 수 없는 등장인물, 손에 땀을 쥐게 하는
전개, 빼어난 운문으로 지난 400년 동안 전 세계 연극 애호가들을 사로잡았
다. 셰익스피어는 배우들이 긴장 상태를 유지하도록 하려고 의도적으로 이
야기 전개에 대해 아무것도 알려주지 않은 채 배우들에게 개별적인 대사와
신호만 건넸다고 한다.[1] 하지만 셰익스피어가 죽고 나자 열성이 과도한 편
집자들이 등장인물 목록을 대본에 삽입했다. 『템페스트 *The Tempest*』의 경우
여러 등장인물이 나열되는 것을 넘어서 이야기가 펼쳐지면서 드러날 특징
까지 소개했다.[2]

**프로스페로**   밀라노 공작 지위를 이을 정당한 계승자
**앤토니오**   프로스페로의 동생, 밀라노 공작 자리를 찬탈한다
**곤잘로**   정직하고 늙은 신하
**캘리밴**   인간의 형상을 잃은 야만인 노예
**스테퍼노**   항상 술에 절어 있는 집사

**미란다**  프로스페로의 딸

**에어리얼**  공기의 정령

  '공작 자리를 찬탈한다'고 설명하면 배우는 이 이야기가 과거의 부당한 일을 바로잡는 이야기일 거라고 짐작한다. 또 '정직하고 늙은 신하'라고 하면 배우들은 그의 말은 다 믿을 만하다고 여기게 된다. 또 누군가를 '술에 절어 있는 집사'라고 소개하면 슬랩스틱 코미디를 기대한다. 이런 인물 목록과 함께 연극이 시작되고 이야기는 저절로 흘러간다.

  이게 경제학이랑 무슨 상관이냐고? 아주 크게 상관이 있다. 셰익스피어의 유명한 말처럼 '온 세상이 무대이며 모든 이는 배우일 뿐이다'. 그 말이 옳다. 오늘날 경제라는 무대에 등장하는 배우들은 국제 무대에서 각자 배역을 연기하고 있고, 이를 통해 우리 시대의 경제라는 드라마를 펼쳐 보인다. 그렇다면 이 무대를 세운 것은 누구이며, 주연 배우들의 성격과 이야기를 구성한 이는 누구인가? 그리고 우리가 이 이야기를 다시 쓰려면 어떻게 하면 될까?

  이번 장에서는 20세기를 지배하게 된 경제학 이야기의 배후인 극작가와 대본, 등장인물 등을 폭로하고자 한다. 지금 우리 모두를 붕괴 직전으로 내몬 것들이니 말이다. 더불어 21세기의 경제 드라마를 준비할 것이다. 대본과 등장인물 모두가 함께 피어나면서 자연과 균형을 이루는 세계로 우리를 데려다줄 것이다.

  경제학은 일종의 연극이지만, 여느 희곡과는 달리 경제학 교과서의 앞부분에 주요 배역을 명시한 일람표가 없다. 다만 핵심 인물은 거시경제학에서 가장 상징적인 다이어그램인 경제 순환 모델을 통해 암묵적으로 지명된다. 새뮤얼슨이 최초로 그린 이 그림은 본래 경제 내부에서 소득이 어떻게 흘러가는지를 보여줄 단순한 목적에서 고안되었다. 하지만 이는 곧 경제 그 자체를 규정하는 지위에 올랐고, 어떤 경제 행위자, 혹은 배우가 이 무대에 설 것이며 아니면 주변으로 밀려날지를 결정하게 되었다. 의도했든 하지 않았던 새뮤얼슨은 결국 20세기 경제학에서 등장인물 목록을 작성한 셈이다. 그런데 경쟁자인 신자유주의자 하이에크와 프리드먼이 셰익스피어의 편집자처럼 새뮤얼슨의 등장인물에 사연과 묘사를 붙이면서 나머지 대본은 거의 저절로 완성되기에 이른다. 그 결과로 나온 '자유방임' 경제 이야기에서는 배우가 어떤 인물들인지, 이들이 맡은 역할을 어떻게 훌륭하게 수행하는지는 물론 줄거리가 처음부터 짜맞춰진다.

등장인물은 이미 다 알려졌다. 시장은 효율적이고 무역은 모두에게 이득이며, 코먼스는 비극이다. 그리고 우리는 금융 시장은 절대 오류를 범하지 않는다고 알고 있다. 하지만 2008년 금융 붕괴 사태 때 금융 시장은 대본 작가들마저도 거짓말이라고 인정했을 만큼 망가져버렸다. 그 뒤로는 엉뚱하게도 신자유주의 경제학 이야기가 마치 셰익스피어의 『템페스트』처럼 우리를 극심한 불평등, 기후 변화, 금융 붕괴 등이 한꺼번에 밀어닥치는 최악의 상황으로 밀어넣었다.

여러 위기가 중첩되면서 새로운 경제학 드라마의 대본을 완전히 처음부터 다시 쓸 귀한 기회가 찾아왔다. 옛날 경제 순환 모델의 주인공들을 다시 한 번 찾아보는 것을 시작점으로 하자. 지금이야말로 거시경제학에서 최고 자리를 차지하는 그림을 새로 그려 완전히 뒤흔들 때다. 필요한 건 연필 한 자루뿐이다.


## 무대를 만들다

1948년, 새뮤얼슨이 쓴 『경제학』 교과서에는 그가 기여한 모든 것이 담겨 있었다. 그중에서도 무엇보다 대성공한 것이 경제 순환 모델 다이어그램이었다. 이 그림은 이후 학생들에게 경제학을 최고로 잘 가르치는 장치로 판명되었다. 심지어 무수히 많은 모조품을 낳으면서 조금씩 모습을 바꿔가며 거의 모든 경제학 교과서에 실리고 있다. 다이어그램은 세월이 지나면서

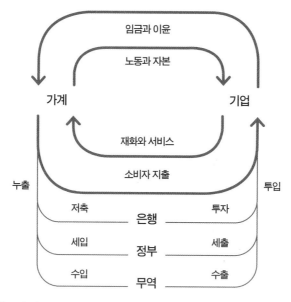

경제 순환 모델. 처음 나온 이래 오늘날까지 70년 동안 거시경제를 규정하는 역할을 하고 있다.

진화했고, 오늘날 경제학 교과서에 나오는 전형은 위 그림과 같다.

이 다이어그램은 모든 경제학과 학생이 가장 처음 만나는 거시경제 모델로, 새뮤얼슨이 자랑스러워했듯이 아직 백지상태인 신입생의 머릿속에 '침을 발라' 자기 것으로 만들어버리는 특권을 누려왔다. 그렇다면 이 그림은 경제 분석에서 중요하게 봐야 할 행위자와 무시해도 좋은 행위자가 누구인지에 대해 어떤 메시지를 전파하고 있을까? 중심 무대는 가계와 기업 사이의 시장이다. 가계는 노동과 자본을 공급하고 그 대가로 임금과 이윤을 얻는다. 그리고 기업으로부터 재화와 서비스를 사들이는 데 소득을 지출한다. 이렇게 생산과 소비가 상호 의존 관계를 맺으면서 소득이 순환한다. 그런데 이 흐름을 교란시키는 외적 고리 세 개—은행, 정부, 무역—때문에 소득의 흐름은 여러 다른 용도로 바뀐다. 이 모델에서는 은행이 소득을 저축으로 빨아들여 투자로 되돌려주는 것으로 그렸다. 정부는 세입으로 소득을 뽑아가지만 공공 지출로 다시 주입한다고 되어 있다. 해외 무역상은 그 나

빌 필립스와 모니악.

라가 수입한 물품의 대금을 지불받아야 하지만 또한 그 돈을 그 나라가 수
출한 물품의 대금으로 다시 지불한다. 시장에서 소득의 순환 흐름은 이 세
가지 요소의 방향 전환에 따라 누출되었다가 다시 투입되는데, 전체로 보
자면 이 시스템은 닫혀 있는, 완결된 것이다. 그런 점에서 새뮤얼슨이 직접
말했듯이 배관을 따라 계속 물이 순환하는 것과 다르지 않다.

실제로 새뮤얼슨의 교과서가 출간된 바로 다음 해, 엔지니어 출신의 천
재 경제학자 빌 필립스Bill Phillips가 여기서 영감을 얻어 이 원리대로 물
이 흘러가는 기계를 조립했다. 그의 기계 장치는 '모니악MONIAC: Monetary
National Income Analogue Computer, 통화 국민 소득 아날로그 컴퓨터'이라고 불렸는데,
속이 보이는 물탱크 여러 개를 관으로 연결해 분홍색 물이 흘렀다. 모니악
의 물탱크와 관은 경제 순환 모델의 다이어그램을 구현한 것으로, 영국 경
제에서 소득이 어떻게 흘러가는지를 나타내는 것이었다. 이는 최초로 한 경
제를 컴퓨터 모델로 구현한, 실로 천재성이 빛나는 작품이었고, 필립스는

그 덕에 런던 정경대학 교수가 됐다.[3] 하지만 머지않아 이 장치는 완전히 잘 못되었다는 사실이 드러났다.

엔지니어들은 이 배관 장치에 한없이 매료되었을지 모르지만 이 경제 순환 모델 다이어그램이 고전이 된 데는 다른 이유가 있었고 이는 충분히 그럴 만했다. 경제학 공부를 시작하는 이에게 이 다이어그램은 처음으로 경제 전체를 눈앞에 그려보는 시도이며, 이에 거시경제 모델 연구의 영역을 확립하는 데 크게 도움이 된다. 새뮤얼슨이 이 그림을 고안한 의도는 경제가 나선형으로 하강하면서 침체로 떨어지는 과정에 대한 케인스의 통찰력을 보여주려던 것이었다. 만약 가계가 경기 침체가 다가올 거라는 두려움에 사로잡혀 지출을 줄이면 기업도 노동자 고용을 줄일 것이고, 노동자가 해고를 당하면 가계 소득도 줄 것이니 가계의 수요는 더욱 줄어들 것이다. 그 결과 애초에 가계가 두려워한 그 경기 침체가 현실이 되는 것이다. 케인스는 이런 사태를 막을 최선책이 바로 정부 지출이라고 주장했다. 상황이 호전되어 사람들이 자신감과 믿음을 회복할 때까지 정부가 계속 지출을 늘려나가야 한다는 것이다. 게다가 이 다이어그램은 하나의 회계 틀 안에서 국민소득을 측정하는 여러 방법의 기초가 되었으며, 그 틀은 오늘날에도 여전히 세계적으로 사용되고 있다. 분명히 아주 편리한 그림으로, 거시경제학의 여러 핵심 아이디어를 훌륭하게 시각화했다.

하지만 문제는 이 그림에 그려지지 않은 것들이다. 시스템 이론 사상가인 존 스터먼John Sterman에 따르면 '한 모델의 가장 중요한 가정들은 그 모델을 이루는 방정식 안에 있지 않고 방정식 밖에, 기록된 문서가 아니라 기록되지 않은 곳에, 또 컴퓨터 화면의 여러 변수에 있지 않고 그 변수들을 에워싼 빈 공간에 있다'.[4] 경제 순환 모델을 소개할 때는 이런 단서를 분명히 달아야 한다. 이 모델은 경제 활동이 의존하는 에너지와 자원에 대해 아무것도 언급하지 않고 그런 활동이 일어나는 사회에 대해서도 전혀 언급하지 않는다. 한마디로 연극의 등장인물에서 빠진 것이다. 새뮤얼슨이 일부러 이렇게 했을까? 그랬던 것 같지는 않다. 따지고 보면 그의 의도는 그저 소득의 흐름을 보여주려던 것이니, 이런 것들은 이 그림에 들어올 이유가 없었을 뿐이다. 하지만 이 상태가 그대로 굳어 경제학의 무대가 되어버렸고 주요 등장인물도 그대로 굳어지고 말았다.


## 연극 대본을 쓰다

새뮤얼슨이 경제 순환 모델 다이어그램을 공표하기 한 해 전인 1947년, 하이에크, 프리드먼, 루트비히 폰 미제스Ludwig von Mises, 프랭크 나이트Frank Knight 등 이 경제학 드라마의 극작가가 되지 못해 안달이던 소규모 자유방임주의자 집단이 스위스 휴양지인 몽펠르랭에 모여 각본을 짜기 시작했다. 이들의 꿈은 자기들이 짠 드라마가 언젠가 경제학을 지배하는 것이었다. 이들은 시장을 지지한 애덤 스미스와 데이비드 리카도David Ricardo 같은 고전파 자유주의 경제학자의 저작에서 영감을 얻어 자기들이 '신자유주의적neoliberal'이라고 지칭한 의제들을 확고히 다졌다. 소련 공산주의가 확장되면서 전 세계에 확산되는 국가전체주의의 위협에 강력하게 반격을 가하려는 목적이었다. 하지만 그 목적은 점차 시장근본주의를 강하게 밀어붙이는 것으로 변형되었고 '신자유주의적'이라는 말의 의미도 함께 달라졌다. 게다가 새뮤얼슨의 다이어그램은 경제라는 드라마에서 누가 주인공이고 누가 단역인지를 서술하고 있었으니, 그 자체로 '신자유주의자들'에게 그들의 드라마를 펼칠 완벽한 무대와 등장인물을 제시하고 있었다.

1940년대 말, 지금도 현존하는 몽펠르랭 소사이어티가 출범했을 때부터 경제학이라는 대본 작업이 시작된 셈이다.[5] 하지만 프리드먼, 하이에크, 그 밖의 극작가 지망생들은 연극이 상연되려면 수십 년을 기다려야 할지도 모른다는 걸 잘 알고 있었다. 그래서 길게 내다보기로 했다. 먼저 사업가와 억만장자를 조직해 금전 문제를 해결했고, 이를 통해 대학 교수 자리와 각종 장학금을 마련한 뒤, 미국 기업 연구소AEI: American Enterprise Institute, 워싱턴

DC의 카토 연구소Cato Institute, 런던의 경제 문제 연구소Institute of Economic Affairs 등 전 세계에 '자유 시장' 싱크 탱크들의 네트워크를 구축했다.[6]

그리고 때가 왔다. 1980년 마거릿 대처Margaret Thatcher와 로널드 레이건Ronald Reagan이 팀을 이뤄 신자유주의 대본을 국제 무대에 올리기 시작한 것이다. 두 사람 모두 새로 선출된 국가수반이었으며, 몽펠르랭 소사이어티가 그들을 철저하게 둘러싸고 있었다. 레이건의 선거 캠프에 몽펠르랭 소사이어티 회원이 스무 명 이상 포진했고, 대처의 첫 번째 재무장관 제프리 하우Geoffrey Howe도 회원이었다. 롱런하는 브로드웨이 공연처럼 이 신자유주의 연극 또한 그때 이후 30년간 연속 상연되면서 오늘날까지 경제 논쟁의 틀을 강력하게 규정해왔다.[7] 이제 이야기를 빛내줄 출연자들을 만나보자. 이들은 저마다 어떤 사연으로 어떤 역할을 하게 되는지 진짜 셰익스피어 스타일로 요약해보려 한다.

# 경제학
## (우리를 파멸의 벼랑 끝으로 몰고 간)
20세기의 신자유주의 이야기

연출: 폴 새뮤얼슨 | 극본: 몽펠르랭 소사이어티

## 등장인물(등장 순)

**시장** 효율적이므로 완전히 자유롭게 작동하게 할 것.

애덤 스미스의 유명한 말대로 '우리가 저녁상을 차릴 수 있는 것은 정육점 주인, 맥주집 주인, 빵집 주인이 호의를 베풀어서가 아니라 그들이 이익을 추구해서다'.[8] 시장의 보이지 않는 손은 효율적으로 자원을 배분하는 마술을 부리니, 그 재주를 마음껏 피우도록 자유롭게 풀어줄 일이다. 그렇게 되면 가계와 기업은 각자 자기 이익을 추구하는 과정에서 필요한 일자리와 재화를 모두 공급하게 될 것이다.

**기업** 혁신적이니 주도권을 줄 것.

'기업의 주된 업무는 돈을 버는 것이다 The business of business is business.'
1970년대에 프리드먼이 내놓은 영향력 있는 철학을 압축하는 말이다. 기업
은 이윤을 극대화하고 새로운 재화와 서비스를 생산하려고 노동과 자본을
결합시킨다. 기업이 합법적인 게임 규칙을 준수하는 한, 이들이 거느린 공
장과 농장 내부에서 무슨 일이 벌어지는지 들여다볼 필요는 없다.

**금융** 오류를 범하는 법이 없으니 무조건 신뢰할 것.

은행은 사람들의 저축을 받아들여 이를 성실하게 이윤이 남는 투자로 전환
시킨다. 게다가 1970년대에 큰 영향력을 발휘한 유진 파마 Eugene Fama의 '효
율적 시장 가설'에 따르면, 금융 자산의 가격은 언제나 모든 관련 정보를 완
전히 반영한다.[9] 따라서 각종 금융 시장은 항상 달라지지만 언제나 '옳다'.
그리고 이 금융 시장들이 순조롭게 작동하는 것을 절대 규제 따위로 왜곡
시켜서는 안 된다.

**무역** 당사자 전부에게 이익이 되는 일이니 모두 국경선을 개방할 것.

리카도가 19세기에 내놓은 비교 우위 이론은 모든 나라가 각자 잘하는 것
에 집중해 이를 교역하는 것이 이익이라는 것을 증명한다. 두 나라의 경제
력이 아무리 차이가 난다 해도 무역을 통해 양쪽 모두 이득을 얻게 되어 있
다는 것이다.[10] 따라서 무역 장벽은 해체되어야 한다. 이는 국제 시장의 효
율적인 작동을 왜곡시킬 뿐이다.

**국가** 무능한 존재이니 간섭하지 못하게 할 것.

정부가 시장에 개입하려 들면 일을 그르치는 게 보통이다. 사람들의 동기
부여를 왜곡시키는 데다 돈만 많이 들어갈 뿐 현실에는 쓸모없는 것만 잔

뜩 만들어놓기 때문이다. 이 때문에 진정 능력 있는 이들은 빛을 보지 못하게 된다. 국가가 케인스주의 경제학 식으로 개입해 경기 순환에 대처하려 해봐야 그 타이밍은 항상 빗나가며, 시장은 그런 정책의 효과를 모두 미리 예측해 무용지물로 만들어버린다.[11] 그러니 국가는 나라의 국경선과 시민들의 사적 소유를 지키는 것에만 집중해야지, 시장에 개입하고 간섭하려들지 않는 게 최선이다.

무대에 오를 필요가 없는 등장인물도 있다.

**가계** 집안 문제이니 여성들에게 맡겨둘 것.

가계는 노동과 자본을 시장에 공급하는 존재지만, 그렇다고 해서 굳이 가정집 지붕을 열고서 네 벽 안에서 어떤 일들이 벌어지는지를 따질 필요는 없다. 부인과 아이들은 집안일을 살뜰히 돌볼 것이고, 이들은 모두 집안에 속한 존재들이기 때문이다.

**코먼스** 비극으로 끝날 것이니 빨리 팔아버릴 것.

1960년대에 개릿 하딘Garrett Hardin은 '코먼스의 비극'을 묘사했다. 목초지와 바다 어장 같이 여럿이 공유하는 자원은 개인 사용자들이 과도하게 사용해 결국 고갈된다는 것이다.[12] 따라서 이런 자원은 정부가 규제해야만 지속 가능하고, 그보다 더 좋은 해법은 사유화다.

**사회** 존재하지 않는 것이니 무시할 것.

'사회라는 것은 존재하지 않습니다.' 1980년대에 대처가 이렇게 선언했다. '남성과 여성 개개인이 존재하며, 또 여러 가족이 존재할 뿐입니다.'[13] 그리고 노동자와 소비자로 이들을 연결하는 것은 시장이다.

**지구** 영원히 고갈되지 않는 것이니 가져가고 싶은 만큼 가져갈 것.

1980년대에 자유방임 경제학자 줄리언 사이먼Julian Simon은 시장이 알아서 작동하게만 한다면 자원 부족 현상 따위는 나타나지 않을 거라고 주장했다. 예를 들어 구리나 석유가 부족해지면 가격이 올라가 사람들로 하여금 아껴 쓰고, 새로운 유전과 광산을 찾아내고, 대체물을 찾아내도록 자극할 것이기 때문이다.[14]

**권력** 경제와 무관하니 언급하지 말 것.

프리드먼의 주장에 따르면 우리가 걱정할 유일한 경제적 권력은 국가가 시장에 간섭해 마음대로 부여하는 독점적 권력, 그리고 시장을 왜곡시키는 노동조합의 권력이다. 이것과 싸우는 '최상의 방법은 (당연히) 자유 시장과 자유 무역이다'.[15]

실로 빛나는 출연진에다 참으로 그럴듯하게 꿰어맞춘 이야기다. 신자유주의 대본은 시장이야말로 자유로 가는 길이므로 감히 여기에 반대하는 일은 있을 수 없다고 주장한다. 하지만 시장에 맹목적인 신앙을 바친 결과—동시에 생명 세계, 사회, 은행의 통제 불가능한 권력 등을 무시한 결과—우리는 생태적, 사회적, 금융적 붕괴의 절벽에 내몰리게 되었다. 신자유주의 연극을 무대에서 내릴 때다. 이제 전혀 다른 이야기가 등장하고 있으니 말이다.


## 새로운 세기, 새로운 공연


새로운 이야기를 하려면 먼저 전체 경제에 대한 새로운 그림에서 시작해야 한다. 새뮤얼슨은 경제학의 우상 자리를 차지한 다이어그램을 1940년대 말에 그렸다. 대공황과 제2차 세계대전의 여파가 아직 남아 있던 때였으므로 소득이 경제 전체로 다시 순환하게 만드는 방안에 초점을 둔 것을 충분히 이해할 수 있다. 따라서 그의 다이어그램은 경제를 오로지 화폐의 흐름

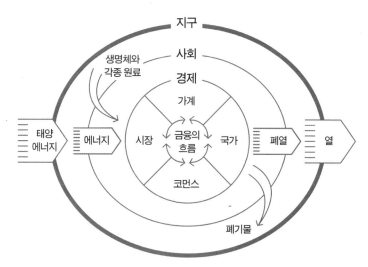

묻어든 경제. 사람들의 여러 필요와 욕구를 충족시킬 수 있는 상이한 방식을 인정하면서도
경제가 사회 내부, 또 세계 내부에 안정적으로 둥지 틀게 만든다.

하나만으로 규정할 수밖에 없었을 것이다. 하지만 그러는 바람에 경제적
사유의 무대는 너무나 좁아지고 등장인물도 최소한으로 축소되고 말았다.
그러니 이제 우리 시대에 적합한 질문으로 새롭게 시작해보자. 우리가 필요
를 충족하기 위해 의지하는 것은 무엇인가? 이 질문에 나는 그림으로 대답
하겠다. 이는 다양한 경제사상 학파로부터 얻은 주요 혜안을 그림 하나로
종합한 것으로, 내가 '묻어든 경제The Embedded Economy'라고 명명한 다이어
그램이다.[16]

이 그림은 무엇을 보여주는가? 첫 번째로 우리의 생명 세계인 지구는 태
양에서 에너지를 얻는다. 지구에는 인간 사회가 있으며, 그 안에 경제 활동
이 있고, 그 안에는 다시 가계, 시장, 코먼스, 국가 등이 있어서 인간의 필요
와 욕구를 충족하는 데 필요한 것을 조달하는 중요한 기능을 한다. 그리고
이들을 돌아가게 만드는 금융의 흐름이 있다. 만약 이런 다이어그램으로
새로운 경제 드라마의 무대를 만들 수 있다면, 거기에 나올 등장인물 목록
도 새로 만들 수 있다.

# 경제학
## (균형을 유지하면서 번영할 수 있는)
## 21세기 이야기

연출과 극본: 경제학을 근본적으로 다시 수립하려는

세계 곳곳의 사람들이 계속 작업하는 중

**등장인물(등장 순)**

**지구**  생명의 근원이니 그 한계와 경계선을 존중할 것.

**사회**  생활의 기초이니 그 안에서 여러 관계가 풍성히 자라게 할 것.

**경제**  다양한 시스템을 내포하고 있으니 그 모두를 지원할 것.

**가계**  핵심이니 이들의 기여에 가치를 부여할 것.

**시장**  강력한 것이니 사회와 자연에 지혜롭게 어우러지게 할 것.

**코먼스**  창조적인 것이니 그 잠재력을 한껏 풀어둘 것.

**국가**  필수적인 것이니 명확히 책임지게 할 것.

**금융**  하인 역할을 하니 사회에 복무하게 할 것.

**기업**  혁신적인 존재이니 목적을 부여할 것.

**무역**  양날의 칼이니 공정하게 이뤄지도록 할 것.

**권력**  어디에나 속속들이 침투하니 남용되지 않게 할 것.

이제부터는 배역 하나하나의 인생 이력이다. 20세기 경제학 드라마의 등장인물보다 사연이 길 수밖에 없다. 새로운 배역들이 아직 20세기 드라마 주인공만큼 익숙하지 않으므로 자세히 설명해야 하기 때문이다. 자, 이제 21세기 경제학 드라마에 나올 배역들을 만나보자.

**지구**  생명의 근원이니 그 한계와 경계선을 존중할 것.

경제는 백지를 배경 삼아 둥둥 떠 있는 존재가 아니다. 경제는 땅, 물, 대기로 이뤄진 실로 섬세한 생명 지대, 즉 생물권biosphere 안에 존재한다. 경제는 지구가 내놓는 각종 원자재와 생명 시스템에서 에너지와 물질을 계속 끌어다 쓰는 한편, 폐기물과 폐열을 지구에 토해놓는다. 벽돌에서 레고 조각까지, 웹사이트에서 건설 현장까지, 파테liver pâté 요리에서 야외용 가구까지, 싱글 크림에서 더블 글레이즈에 이르기까지, 우리가 생산하는 모든 것은 이렇게 생물 연료biomass와 화석 연료는 물론 철광석과 각종 광물에 이르는 에너지와 물질의 흐름에 의존하고 있다. 이미 너무나 잘 알고 있는 이야기다. 하지만 경제가 생물권에 묻어든 존재라는 것이 이토록 자명하거늘, 어떻게 경제학은 오랜 세월 동안 이 사실을 그토록 뻔뻔스럽게 무시하는 것일까?

초기 경제학자들은 경제에서 지구가 차지하는 중요성을 자명하게 받아들였다. 18세기에 케네와 그의 동료들은 농지야말로 경제적 가치를 이해하는 열쇠라고 믿었기에 중농주의자라는 이름을 얻게 되었다. 물론 이 초기 경제학자들의 생태적 사유는 오로지 농지라는 협소한 기초에 머물렀지만, 그래도 최소한 생명 세계가 언급된 것만큼은 사실이다. 하지만 이후 일이 이상한 방향으로 흘러갔다. 그 이유는 여러 가지로 설명된다.

고전파 경제사상의 아버지인 애덤 스미스는 중농주의자들의 저작에 의지했고, 한 나라가 부유해질 수 있는 잠재력은 궁극적으로 기후와 토양에 달려 있다고 믿었다. 그는 또 생산성의 비밀은 노동 분업에 있다고 여겼기에 여기에 주의를 집중했다. 리카도도 마찬가지로 '토양의 원초적이며 파괴 불가능한 힘'으로 인해 부족한 농지야말로 경제적 가치의 핵심적인 결정 요인이 된다고 믿었다.[17] 하지만 영국이 새로운 식민지를 건설하고 그 땅을 경작하면서 토지 부족은 더 이상 위협이 되지 않는다고 보아 스미스처럼 노동으로 관심을 돌렸다. 존 스튜어트 밀도 모든 경제 활동에서 각종 원자재와 에너지가 차지하는 중요성을 분명히 알았다. 하지만 사회과학을 자연과학과 구별하고자 했으므로 정치경제학 분야는 물질의 법칙이 아니라 정신의 법칙에 초점을 둬야 한다고 주장했고, 따라서 그도 자연에 대한 무시

를 극복하는 데 큰 도움이 되지 못했다.[18]

1870년대에는 미국의 급진파 사상가 헨리 조지Henry George가 나타나 지주들은 토지를 개량하고 개간하는 일을 전혀 하지 않아도 이득을 취한다는 사실을 지적하면서 토지 가격세land-value tax를 주장했다. 그런데 이것이 오히려 반대자(영향력 큰 지주)들이 이후 경제 이론에서 토지의 중요성을 폄하하는 계기가 되고 말았다.[19]

결과는 어땠을까? 스미스와 리카도가 이끈 고전파 경제학은 노동, 토지, 자본을 생산의 3대 요소로 명확히 인정했다. 하지만 20세기 말 주류 경제학자들은 노동과 자본 두 가지로만 초점을 국한한다. 어쩌다가 토지가 언급된다 해도 이는 그저 다른 형태의 자본으로 다뤄질 뿐, 따라서 다른 모든 자본과 전환 가능한 것으로 취급된다.[20] 그 결과 오늘날에도 주류 경제학은 우리가 살고 있는 지구와 우리에게 에너지를 공급해주는 저 작렬하는 태양을 거의 무시한 채 교육되고 있다.[21] 이 때문에 기후 변화, 삼림 파괴, 토양의 질적 저하 등과 같은 생태적 관심사는 경제적 사유의 주변부로 밀려나고 있다. 생태 문제가 너무나 심각해져 경제에 큰 손상을 입히고 말 때까지 이런 경향은 계속될 것이다.

그러니 처음부터 상식을 회복해, 경제라는 것이 폐쇄된 순환 고리가 아니라 에너지와 물질이 끊임없이 드나드는 '열린 시스템'이라는 사실을 인정하기로 하자. 경제는 근본적으로 지구라는 '원천'에 의존한다. 석유, 점토, 코발트, 구리처럼 유한한 자원을 추출할 뿐만 아니라 목재, 작물, 어류, 담수 등 재생 가능한 자원을 수확한다. 경제는 또 지구를 쓰레기 폐기장으로도 의지하고 있다. 온실가스 배출, 강과 바다로 쓸려나가는 화학 비료, 폐플라스틱 등이 그 예다. 그런데 지구 자체는 일종의 폐쇄된 시스템이다. 이 행성으로부터 밖으로 나가는 물질도, 또 밖에서 들어오는 물질도 거의 없다. 에너지는 태양으로부터 유입되지만, 물질의 재료는 내부에서 계속 순환할 뿐이다.[22]

1970년대에 허먼 데일리Herman Daly 등 생태경제학자들이 지구라는 닫힌 시스템에서 경제를 그 하부의 열린 시스템으로 다시 그려내면서● 주요한 개념 전환이 일어났다. 또 경제의 규모가 갈수록 커지는 상황에서 이런 패러다임 전환은 점점 더 중요해졌다. 애덤 스미스가 1776년 『국부론 *The Wealth of Nations*』을 발표했을 때 지구의 인구는 10억 명이 채 되지 않았다. 세계 경제 규모는 달러 단위로 계산할 때 오늘날의 300분의 1 정도였다. 새 뮤얼슨이 1948년 『경제학』을 출간했을 때도 세계 인구는 30억에 채 미치지 못했고 세계 경제 또한 여전히 오늘날의 10분의 1 수준이었다. 그런데 지구의 자원으로서의 역량, 또 폐기장으로서의 역량에 비해 세계 경제를 관통하는 에너지와 물질의 흐름이 작았던 '텅 빈 세계'는 21세기에 들어 끝나고 말았다. 데일리에 따르면 오늘날 우리가 사는 세상은 '꽉 찬 세계'다. 여기서 경제는 이미 어류와 삼림 등 자원을 남용했을 뿐만 아니라 대기권과 대양 등 폐기장도 과용했기 때문에 지구의 재생력과 흡수력을 한참 초과하게 되었다는 것이다.[23]

여기에 다시 두 번째 패러다임 전환이 추가된다. 경제의 가장 근본적인 자원의 흐름은 화폐 순환이 아니라 에너지의 일방통행이며, 이 에너지를 사용하지 않으면 그 어떤 노동도, 이동도, 성장도 불가능하다는 것이다. 필립스가 구축한 모니악 장치의 근본적인 결함도 이 부분에 있다. 이는 한 경제 안에서 화폐 소득의 순환을 보여주는 데는 성공했지만, 경제와 사회를 관통하는 에너지의 흐름은 완전히 간과했다. 필립스는 물의 흐름으로 작동하는 이 컴퓨터를 돌리기 위해 모터 펌프를 가동시켜야 했다. 다른 모든 현실 경제와 마찬가지로 이 기계 또한 외부의 원천으로부터 에너지를 갖고 와야만 돌아가는 장치였다. 하지만 필립스도, 또 동시대인 누구도 이 기계의 동력원이야말로 그 모델이 작동하게 만드는 결정적인 부분이라는 사실을 집어내지 못했다. 모니악에서 우리가 얻은 교훈은 거시경제학 전체에 적용된

---

● 허먼 데일리, 박형준 옮김, 『성장을 넘어서: 지속 가능한 발전의 경제학』(열린책들, 2016).

다. 사람들의 경제 활동을 추동하고 돌아가게 만드는 게 뭔지 설명하려는 경제학 이론이라면, 에너지의 역할에 훨씬 중요한 자리를 부여하고 마땅히 그 중요성을 부각해야 한다.

오늘날 세계 경제의 동력이 되는 에너지는 대부분 태양에서 온다. 태양 에너지의 일부는 태양열과 풍력처럼 실시간으로 우리에게 도달한다. 그중 일부는 작물, 가축, 나무 등에 결부된 에너지처럼 근자에 축적된 것들이다. 또 일부는 특히 석유, 석탄, 가스 등 화석 연료처럼 오래전에 저장된 것이다. 태양 에너지의 이런 원천들 가운데서 경제가 어떤 것을 얼마만큼씩 사용하느냐는 아주 중요한 문제다. 이유는 이렇다. 지구가 홀로세 기간 동안 인간에게 우호적인 기온을 안정적으로 유지한 것은 지구에 실시간으로 들어오는 태양 에너지와 지구로부터 우주로 빠져나가는 열이 균형을 이룬 덕이었다. 하지만 지난 200년 동안, 특히 1950년대 이후로 인류가 오래전에 축적된 화석 연료 에너지를 사용하면서 이산화탄소와 여타 온실가스들이 대기에 방출되었으며 그 속도는 과거와 비교할 수조차 없다. 그리하여 대단히 위험한 결과들이 나타났다. 공기 중에 퍼진 가스 대부분은 물 입자와 엉겨 담요처럼 지구를 따뜻하게 덮고 있다. 여기서 공기 중으로 풀려나는 이산화탄소 양이 늘어나면 담요는 더 두꺼워지고 그에 따라 기온도 상승한다. 그렇게 되면 다시 수분 증발을 촉진해 대기 중 물 입자의 양도 늘어나며, 이에 담요가 더욱 두꺼워진다. 그 결과가 지구 온난화다.[24]

이렇게 넓게 에너지와 물질이 관통해 흐른다는 관점에서 보면 경제는 모종의 초유기체super-organism•가 된다. 지구로부터 자원과 에너지를 끊임없이 취하면서 쓰레기 물질과 쓰레기 열을 끊임없이 그 폐기장으로 흘려 내보내는 초유기체―거대 민달팽이를 상상하라―인 것이다. 우리 지구는 여러 생

---

• 생명체들이 모여 집단으로서 단일 유기체를 형성한다는 개념. 예를 들어 개미 때는 무리 지어 이동하는 과정에서 장애물을 만나면 개체가 희생해 전체를 움직이게 한다. 이는 개미 군집이 개체를 뛰어넘는 차원의 초유기체라는 단서다.

태계가 불가분으로 엮인 구조이며 기후는 대단히 섬세한 균형으로 유지되므로, 이제 당연히 다음과 같은 질문이 뒤따를 수밖에 없다. 우리의 안녕이 의존하는 지구의 생명 유지 시스템이 무너져 세계 경제까지 붕괴하는 지경을 미연에 방지하려면, 관통해 흐르는 에너지와 물질의 양은 과연 어느 정도여야 하는가? 우선은 앞에서 논의한 아홉 가지 경계선이 답이 될 것이다. 그리고 이 아홉 가지 경계 안에서 생명의 여러 순환주기가 파괴되지 않도록 조화를 이루려면 어떻게 다시 설계해야 하는지를 6장에서 알아볼 것이다.

**사회** 생활의 기초이니 그 안에서 여러 관계가 풍성히 자라게 할 것.

대처 전 영국 총리가 사회라는 것은 존재하지 않는다고 선언했을 때, 이 발언에 많은 이가 충격을 받았다. 로버트 퍼트넘Robert Putnam 같은 정치이론가들은 여러 사회 집단이 다양한 네트워크를 만들어 그 결과로 창출되는 신뢰와 호혜성이 부의 원천이라고 지적하면서, 이를 '사회적 자본social capital'이라는 용어로 묘사하기도 했다.[25] 축구 동호회든 국제 축제든, 종교 집단이든 사교 클럽이든, 우리는 항상 규범, 규칙, 관계를 설정하고 이를 통해 비로소 서로 협동하고 또 의존하게 된다. 이런 관계는 사회적 응집력을 키워줄 뿐만 아니라 참여, 여가, 보호, 귀속감 등 인간의 근본적인 필요들을 충족시키는 데도 도움이 된다. '공동체와의 관계성이라는 것은 공공 생활의 미덕으로 모호하게 뭉뚱그리는 미사여구가 아니다. 사회적 자본은 측량 가능하며 문서로 충분히 뒷받침되는 것으로서, 우리를 더 똑똑하고 건강하고 안전하고 부유하게 해줄 뿐 아니라 더 정의롭고 안정된 민주주의가 자리 잡게 해준다.'[26]

한 경제의 활력이 내부의 신뢰, 규범, 사회적으로 조성된 호혜성 정서 등에 좌우되는 것은 분명하다. 어떤 경기든 선수들이 서로 합의한 일정한 규칙을 준수해야 경기답게 진행되는 것과 마찬가지다. 하지만 사회의 생기 또한 그 경제가 사회적 관계를 구축하느냐 아니면 약화시키느냐, 경제가 공덕심을 장려하느냐 침식하느냐, 또 5장에서 보겠지만 경제가 창출한 부가 어떻게 분배되느냐 등 경제의 모양과 구조에 따라 결정되는 것이다.

덧붙여, 삶이 피어나는 사회에서는 그 성원들의 정치 참여도 한층 강화될 가능성이 높다. 마을 모임, 풀뿌리 조직, 투표 참여, 대의제 정치에 책임을 묻는 사회적, 정치적 운동 참여 등이 모두 왕성해진다. 미국 역사가 하워드 진Howard Zinn은 미국에서 벌어진 19세기 노예제 폐지 운동과 20세기 인권 운동을 논하면서 이렇게 말했다. '정치가들은 항상 현상을 유지하려는 경향을 보이므로 사회 운동이 이 겁 많은 정치가들로 하여금 그 한계를 넘어서게 만들어야만 중대한 변화가 일어난다.'²⁷ 사회와 경제에 대한 민주적 거버넌스는 공적 논쟁에 참여하는 시민의 권리와 역량에 달려 있다. 그래서 우리가 그린 도넛의 사회적 기초에서는 '정치적 발언'이 중요한 위치를 점한다.

**경제** 다양한 시스템을 내포하고 있으니 그 모두를 지원할 것.

풍부한 사회 망은 경제도 포괄한다. 경제는 사람들이 필요와 욕구를 충족시킬 재화와 서비스를 생산하고, 분배하고, 소비하는 영역이다. 이런 경제의 너무나 기본적인 특징 중에는 대학에서 거의 지적하지 않는 것이 있다. 경제가 다시 네 가지 조달 행위 영역으로 이뤄진다는 사실이다. 우리의 '묻어든 경제' 다이어그램에 나오는 가정 경제, 시장, 코먼스, 국가다. 네 가지 모두 사회에 필요한 것들을 생산하고 분배하는 수단이지만, 이에 접근하는 방식은 각각 다르다. 가정 경제는 성원들을 위해 핵심 재화를 생산하며, 시장은 돈을 지불할 의사와 능력이 있는 이들을 위해 사적인 재화를 생산한다. 코먼스는 관련 공동체를 위해 함께 재화를 생산하고, 국가는 전체 국민을 위해 공공재를 생산한다. 이 네 가지 조달 영역은 각각 독특한 성질을 갖고 있으며, 각각의 가치는 상호 작용에서 생겨난다. 그렇기 때문에 만약 네 가지 영역 중에서 하나라도 빠진 사회가 있다면 나는 그 사회에서는 절대 살지 않을 것이다.

게다가 경제 순환 모델 다이어그램은 사람들을 노동자, 소비자, 자본 소유자로 규정하지만 '묻어든 경제' 다이어그램은 그 네 가지 이외에도 무수히 얻게 되는 사회적, 경제적 정체성을 아우른다. 가정 경제에서 우리는 부모, 보육 교사, 이웃일 수 있다. 국가와의 관계로 보면 공중의 일원으로 공공 서비스를 이용하고 그 대가로 세금을 내는 이들이다. 코먼스에서 우리는 협동하는 생산자이며 공유하는 부의 관리자다. 사회에서 보자면 우리는 시민, 투표자, 활동가, 자원봉사자 등의 정체성을 갖는다. 우리는 매일같이 여러 다른 역할과 관계 사이를 오가며 살고 있다. 고객이었다가 생산자로, 시장에 갔다가 집회 장소로, 물건 값을 흥정하다가 자원봉사 활동으로 등등. 그러니 이 영역들을 하나씩 살펴보기로 하자.

**가계** 핵심이니 이들의 기여에 가치를 부여할 것.

경제 순환 모델 다이어그램에서는 노동자들이 매일같이 순식간에 생생하게 일할 준비를 하고 사무실이나 공장 문 앞에 나타나는 것으로 그려진다. 그러면 음식은 누가 하고 옷은 누가 빨고 집 청소는 누가 하는 걸까? 애덤 스미스는 시장의 힘을 높이 찬양하면서 이렇게 말했다. '우리가 저녁상을 차릴 수 있는 것은 정육점 주인, 술집 주인, 빵집 주인이 우리에게 호의를 베풀어서가 아니다.' 하지만 그의 저녁상이 차려지는 과정에는 그가 까맣게 잊어버린 요소가 들어 있었다. 그를 낳고 키워준 홀어머니 마거릿 더글러스Margaret Douglas의 호의였다. 스미스는 결혼을 하지 않아 아내가 없었다(따라서 양육할 아이도 없었다). 그는 마흔네 살에 역작『국부론』을 쓰기 시작하면서 노모가 살던 집으로 들어가 매일 어머니에게 저녁밥을 얻어먹었다. 하지만 그는 이론에서 노모의 역할에 대해서는 언급조차 하지 않았으며, 이후 몇 세기가 흐르도록 경제학에서는 이런 역할이 언급되는 법이 없었다.[28]

그 결과 주류 경제학 이론은 임노동의 생산성에만 집착했고, 근본적으로 임노동의 존재를 가능케 해주지만 임금조차 받지 못하는 노동을 등한시했다. 지난 몇 십 년간 여성주의 경제학자들이 명확히 밝혀낸 내용이다.[29] 이렇게 임금을 받지 못하는 노동을 무보수 돌봄 노동unpaid caring work, 재생산 경제reproductive economy, 사랑의 경제love economy, 2차 경제second economy 등으로 부른다. 하지만 경제학자 네바 굿윈Neva Goodwin이 지적했듯이, 이는 결코 2차적인 경제가 아니라 사실상 '핵심 경제core economy'이며 일상생활에서도 최우선 순위를 차지한다. 시간, 지식, 기술, 돌봄, 공감, 교육, 호혜성 등 보편적인 인적 자원으로 가족생활과 사회생활의 필수 요소들을 지탱해주는 게 바로 이런 활동이다.[30] 만약 이런 생각을 한 번도 해본 적이 없다면 이제 당신 안에 숨어 있는 주부의 본성을 마주할 때다(내면에 주부로서의 면모가 없는 사람은 없으니까). 누군가는 아침을 만들고, 설거지를 하고, 집을 치우고, 장을 보고, 아이들에게 걸음마와 나누는 법을 가르치고, 빨래를 하고, 나이 든 부모를 돌보고, 쓰레기를 치우고, 학교에서 아이들을 데려오고, 이웃을 돕고, 밥상을 차리고, 걸레질을 하고, 식구들의 하소연을 들어준다. 이 모든 과제를—어떤 것은 아주 기꺼이, 또 어떤 것은 이를 악물고—수행하며, 이는 개인과 가족의 안녕을 떠받치고 사회의 삶을 지탱해준다.

모두가 이 핵심 경제 활동에 참여하지만 어떤 이(예를 들어 애덤 스미스의 엄마)는 다른 이보다 여기에 시간을 더 많이 쓴다. 시간은 아주 보편적인 인적 자원이지만 개인이 경험하고 사용하는 방식, 뜻대로 통제할 수 있는 정도, 가치를 매기는 정도 등은 사람마다 엄청나게 차이가 난다.[31] 사하라 사막 이남의 아프리카 대륙과 남아시아에서는 이 핵심 경제에 특히 많은 시간을 쓴다. 국가가 제대로 해주는 것이 없고 시장은 너무 멀어 접근할 수가 없는 상황에서는 가정 경제를 꾸리는 이들이 대부분을 직접 조달하는 수밖에 없기 때문이다. 수백만 여성과 소녀가 물, 식량, 땔감을 머리에 이고서 또 종종 아이까지 등에 업고서 매일 수 킬로미터를 걸으며 몇 시간씩 보낸다. 이런 노동은 돈 한 푼 받지 못한다. 그런데 모든 사회에서 이렇게 돈을 지불받는 노동과 지불받지 못하는 노동이 남성과 여성으로 갈리고 있다. 비록 그렇게까지 뚜렷이 눈에 보이지 않는 것이 있다 해도 말이다. 그리고 이 핵심 경제의 노동은 지불받지 못하는 노동이므로 항시 가치 절하당하고 착취당하며, 남성과 여성 사이에 사회적 지위와 일자리 기회와 소득과 권력 모두에서 일생에 걸쳐 끊임없이 불평등을 야기한다.

주류 경제학은 대개 이 핵심 경제를 무시한다. 그 때문에 화폐 경제가 핵심 경제에 얼마나 깊이 의존하고 있는지를 간과하게 된다. 요리, 빨래, 돌봄, 걸레질 등이 없다면 건강하고 좋은 영양 상태로 매일 아침 일할 준비가 된 노동자란 현재에도 미래에도 있을 수 없다. 미래학자 토플러는 기업 최고 경영자 워크숍에서 이렇게 묻곤 했다. '만약 여러분의 직원들이 배변 훈련이 안 됐다면 과연 생산성이 얼마나 되겠습니까?'[32] 핵심 경제의 규모 역시 가볍게 무시할 만한 수준이 아니다. 2002년 스위스의 부유한 도시 바젤에서 진행한 연구 결과, 이 도시의 각 가정에서 행해지는 무보수 돌봄 노동의 가치는 그 지역의 모든 병원, 탁아소, 학교에서 일하는 모든 사람―원장, 소장, 교장부터 청소부에 이르기까지―의 봉급을 합친 것보다도 컸다고 한다.[33] 2014년 미국에서도 어머니 1만 5,000명을 대상으로 이들이 행하는 역할 하나하나를 개별 직업―가정주부, 어린이집 보육 교사, 운전수, 청소부 등―으로 나눠 시간제 임금으로 환산했더니 전업주부 어머니의 연봉은 연간 약 12만 달러 정도라는 결론이 나왔다. 심지어 매일 직장에 나가는 어머니가 퇴근하고 집에 와서 행하는 노동만 계산해도 7만 달러의 가치가 있다고 한다.[34]

경제학에서 이 핵심 경제를 가시화하는 것이 중요한 이유가 있다. 가정 경제의 돌봄과 살림이 인간의 안녕에 필수적이며, 화폐 경제에서의 생산성 또한 거기에 직접적으로 의존하기 때문이다. 긴축과 공공 부문 축소라는 명분으로 어린이집, 각종 동네 시설, 보육 휴가, 청소년 동아리 등에 대한 정부 지원이 삭감되는 경우가 있지만 그렇다고 해서 돌봄의 필요성이 사라지는 것은 당연히 아니며, 그 압력은 모두 가정으로 돌아간다. 특히 이 압력을 감당하는 이는 여성이므로 시간에 쫓기는 여성들은 억지로 일을 그만두라는 사회적 압력에 노출된다. 이렇게 되면 여성들은 안녕에 있어서나 역량 강화에 있어서나 큰 난관에 부닥치며, 사회와 경제 모두 이 때문에 다중적인 연쇄 반응을 겪게 된다. 요컨대 우리 경제의 그림 안에 가정 경제를 분명하게 표시하는 것이야말로 이 핵심 경제의 중심성을 인정하고 또 여성들의 무보수 노동을 줄이고 재분배하는 첫걸음이다.[35]

**시장** 강력한 것이니 사회와 자연에 지혜롭게 어우러지게 할 것.

애덤 스미스의 위대한 통찰력은 시장이 사람들의 욕구와 이를 충족하는 비용에 대한 흩어진 정보를 끌어모으며 세계적인 가격 체제로 수십억 판매자와 소비자를 조화시킨다는 것을 보여주었다. 중앙 집권화된 거대한 계획도 없이 말이다. 이렇게 분산된 시장의 효율성은 실로 놀라운 것으로, 시장 없이 경제를 운영하면 공급 부족 현상이 벌어져 상점마다 기다란 줄이 늘어서게 된다. 신자유주의 극작가들은 이런 힘을 깊이 이해했기에 시장을 연극의 중심 무대로 삼은 것이다. 그런데 이런 시장에는 어두운 면도 있다. 가격이 붙은 것만 소중히 하고, 돈을 낼 수 있는 이들의 욕구만 충족시켜준다는 것이다. 이는 불과 같아서 작동할 때는 지극히 효과적이지만 일단 통제권을 벗어나면 위험하기 이를 데 없다. 시장이 모든 제약에서 풀려나면 지구의 각종 자원과 폐기물 수용 능력은 과도한 압력을 받게 되고, 이에 우리 생명 세계는 더 끔찍해질 것이다. 또 교육과 백신에서 도로와 철도에 이르기까지 필수적인 공공재마저 제대로 공급하지 못할 것이다. 그리고 4장에서 보겠지만, 시장의 본질적인 역동성은 온갖 사회적 불평등을 악화시키고 경제적 불안정성을 발생시키곤 한다. 그렇기 때문에 한계선을 넘지 않게 하려면 시장의 힘을 여러 공적 규제 내에 자리 잡게 하고 더 큰 경제 안에서 작동하게 만들어야만 하는 것이다.

이런 이유 때문에 나는 누군가가 '자유 시장'을 찬양할 때마다 제발 나를 그리로 데려다달라고 조르곤 한다. 왜냐하면 내가 가본 그 어느 나라에서도 자유 시장이 작동하는 걸 본 적이 없기 때문이다. 소스타인 베블런Thorstein Veblen부터 칼 폴라니Karl Polanyi에 이르는 제도학파 경제학자들은 시장(따라서 모든 시장 가격)은 각종 법률, 제도, 규제, 정책, 문화 등 사회적 맥락에 의해 강력하게 규정되는 것이라고 오래도록 지적해왔다. 장하준이 말했듯이 '시장의 근저에는 여러 제약이 존재하며, 시장은 오로지 그 위에서만 작동할 수 있다. 그런데도 시장이 자유로워 보이는 이유는 단지 우리가 그 근저의 여러 제약을 보지 못하기 때문이다'.[36] 여권에서 의약품, 그리고 AK47 소총에 이르기까지, 공식적인 허가증 없이는 합법적으로 사고팔 수 없는 물품은 대단히 많다. 노동조합, 이민 정책, 최저 임금법 등은 모두 한 나라의 시장 임금에 영향을 미친다. 기업의 회계 규칙, 주주 지배 문화, 공적 자금을 투입한 구제 금융 등은 모두 기업의 이윤에 크게 영향을 미친다. 자유 시장 따위는 잊자. 대신 시장이란 것은 사회에 담겨 있다고 생각해야 한다. 그리고 의아하게 들릴지 모르겠으나, 이는 곧 탈규제deregulation란 있을 수 없다는 의미가 된다. 오로지 재규제reregulation, 즉 여러 정치적, 법적, 문화적 규칙의 조합 안에 시장을 담아두는 재규제만 있을 뿐이다. 그리고 이렇게 규제가 바뀔 때마다 리스크와 비용을 누가 짊어질지, 그리고 그런 변화에서 오는 이득을 누가 챙길지가 달라지는 것이다.[37]

**코먼스**  창조적인 것이니 그 잠재력을 한껏 풀어둘 것.

코먼스란 공유 가능한 자연 혹은 사회의 자원으로서, 사람들이 시장이나 국가에 기대는 대신 함께 모여 스스로 조직해 사용하고 관리하는 것들이다. 어떤 촌락 공동체에서 하나뿐인 우물과 숲을 어떻게 관리하는지를 생각해보라. 또 전 세계 인터넷 사용자가 힘을 합쳐 만들어낸 위키 백과를 생각해보라. 목초지, 어장, 샘물, 삼림 등 지구에는 '공동으로' 관리해야 할 자원이 있으며, 공동체 안에는 전통적으로 자연 코먼스들이 출현해왔다. 문화 코먼스는 한 공동체의 언어, 전통, 의례, 신화, 음악, 전래 지식과 관행 등이 살아 있도록 보존한다. 그리고 오늘날 빠르게 성장하는 디지털 코먼스는 오픈 소스 소프트웨어, 여러 사회적 네트워크, 정보, 지식 등을 담고 있으며, 사람들은 서로 협업해 이를 관리한다.

하딘은 코먼스를 가리켜 '비극적'이라고 했는데, 이는 신자유주의의 대본과 아주 잘 맞아떨어진다. 그는 만약 목초지, 삼림, 바다 어장 등을 누구나 사용하게 개방하면 필연적으로 남용되어 금방 고갈될 거라고 믿었다. 논리 자체는 옳을지 모르지만, 성공적으로 관리되는 사례들을 보면 코먼스란 '누구나 사용하도록 개방'되는 것이 전혀 아니다. 1970년대 당시 거의 이름이 알려져 있지 않았던 정치학자 엘리너 오스트롬Elinor Ostrom은 현실 세계에서 잘 관리되는 자연 코먼스 사례들을 찾아내 그것들이 잘 작동하는 이유를 조사했고, 이 발견에 힘입어 이후 노벨 경제학상까지 받았다. 성공적인 코먼스들은 '누구나 사용하도록 개방'된 채 방치되는 것이 아니라, 명확히 규정된 공동체가 나서서 집단적으로 합의한 규칙과 위반자 처벌 조항을 가지고 다스리고 있다는 것이었다.[38] 오스트롬에 따르면 코먼스는 비극이기는커녕 국가도 시장도 능가하는 놀라운 실적으로 여러 자원을 지속 가능하게 관리하고 공평하게 거둬들이는 찬란한 승리로 이끌어줄 수도 있다고 한다. 5장과 6장에서 이를 더 자세히 살펴볼 것이다.

코먼스의 성과는 지금 세계 경제에서 가장 역동적으로 성장하는 디지털 코먼스 영역에서 특히 빛을 발한다. 경제 분석가인 제러미 리프킨Jeremy Rifkin에 따르면 한창 진행 중인 디지털 통신, 재생 에너지, 3D 프린팅 등이 합쳐져 그가 '협업 코먼스collaborative commons'라고 부른 것을 만들어내면서 이런 변화가 일어났다고 한다. 여러 기술의 수렴이 강력한 파괴력을 갖는 이유는 소유권 분산, 네트워크를 통한 협업, 운영비 최소화 등의 잠재성 때문이라는 것이다. 따라서 장차 태양광 발전, 컴퓨터 네트워크, 3D 프린터 등이 자리를 잡으면 에너지 1단위 생산 비용, 다운로드 1회 실행 비용, 3D 프린터 1회 출력 비용 등이 거의 0으로 떨어지면서 리프킨이 '한계 비용 제로 혁명'이라고 부른 상황으로 이어질 거라고 한다.[39]

이렇게 되면 거의 공짜나 다름없는 생산물과 서비스의 폭이 갈수록 넓어져 오픈 소스 디자인, 무료 온라인 교육, 분산 제조의 잠재적 가능성이 실현된다. 21세기 경제의 일부 핵심 부문에서는 이미 협업 코먼스가 시장을 보조하기 시작했고, 시장과 경쟁하거나 심지어 시장을 대체하는 경우도 생겨났다. 게다가 여기서 발생한 가치는 화폐로 전환되는 일 없이 코먼스에서 공동으로 창조 활동에 참여한 이들이 직접 향유할 수 있다. 이는 GDP 성장의 미래에 대단히 흥미로운 함의를 담고 있으며, 7장에서 더 자세히 살펴보려 한다.

코먼스는 이렇게 창조적인 잠재력을 지녔음에도—때로는 그 이유로—수세기 동안 울타리 치기, 노동자와 소유자 분리, 시장 대 국가의 경쟁 구도 등으로 시장과 국가 모두에게 똑같이 침식당했다. 이런 침식의 배후에는 코먼스란 결국 실패할 수밖에 없는 것임을 증명했다고 우기는 경제학 이론이 있었다. 하지만 오스트롬은 코먼스가 얼마든지 성공할 수 있다는 것을 방대한 문헌으로 증명했고, 그 덕에 이제 코먼스에 대한 관심이 되살아나고 있다. 따라서 우리의 '묻어든 경제' 다이어그램에도 코먼스의 위치를 똑똑히 그려 넣어야만 한다.

**국가**  필수적인 것이니 명확히 책임지게 할 것.

신자유주의 경제학 극본의 대표 저자인 프리드먼은 국가의 경제적 역할을 국방, 치안, 법 집행으로 제한해야 한다고 단호하게 말한다. 국가의 정당한 목적은 그저 사적 소유와 법적 계약—시장이 순조롭게 작동하기 위한 전제 조건이라고 그는 보았다—을 확실히 보호하는 것이라는 게 그의 믿음이었다.[40] 이렇게 해서 프리드먼은 사실상 국가를 경제라는 연극에서 대사 한마디 없는 엑스트라로 만들고자 했다. 이야기 전개상 언급되기도 하고 또 무대에 잠깐 나오기도 하지만 이렇다 할 대사나 연기는 없는 배역인 것이다. 경쟁자 새뮤얼슨은 이런 관점에 강력하게 반대했다. 새뮤얼슨은 『경제학』 교과서 개정판에서 '정부는 경제생활의 방대한 영역에서 창조적인 역할을 맡으며, 지금처럼 상호 의존도가 높고 인구가 많은 세상에서는 그 역할이 필수 불가결하다'고 말하기도 했다. 하지만 국가를 '제자리로 후퇴'시키려고 혈안이 된 이들 사이에서는 프리드먼의 입장이 아직 지배적이다.[41]

21세기의 경제학 드라마에서는 국가라는 배역을 근본적으로 다시 생각할 필요가 있다. 이렇게 표현할 수 있을 것이다. 국가는 이제 전력을 기울여 아카데미 조연상을 노려야 한다고. 그래서 가정 경제, 코먼스, 시장이 제각각 빛날 수 있도록 고르게 지원하는 조력자 역을 맡아야 한다고.

첫째, 사회와 경제를 꽃피우기 위해 국가는 돈을 내는 이들뿐만 아니라 모두가 함께 향유하도록 공교육과 건강 보험, 도로와 가로등 등 광범위한 공공재를 제공해야 한다. 둘째, 정책적으로 어머니와 아버지 모두에게 육아 휴직을 장려해 부모 노릇을 제대로 하게 하고, 취학 전 아동 교육에 투자하고, 노인 돌보기를 지원하는 등 가정 경제의 핵심적인 돌봄 역할을 지지해야 한다. 셋째, 코먼스가 침식당하지 않으면서 협업의 잠재력을 발현하도록 여러 법률과 제도를 마련해 코먼스의 역동성을 활성화해야 한다. 넷째, 공공선을 장려하는 여러 제도—유독 물질 사용 금지, 내부자 거래 금지, 생물 다양성 보호, 노동자 권리 보호 등—로 시장의 힘을 통제해야 한다.

최고의 조연 배우들이 그러하듯 국가도 중심 무대에 설 수 있으며, 또 시장과 코먼스가 떠맡을 의사가 없거나 능력이 없는 영역에서는 국가가 과감하게 혁신 기업가의 리스크도 떠안을 줄 알아야 한다. 애플 같은 기업의 놀라운 성공을 두고 흔히 시장의 역동성을 보여주는 증거라고 말하지만, 정부 주도 혁신의 경제학을 전문적으로 연구한 마리아나 마추카토Mariana Mazzucato에 따르면 스마트폰을 '스마트'하게 만들어준 모든 기술 혁신—GPS, 마이크로칩, 터치스크린, 인터넷 자체—의 배후에는 미국 정부의 자금 지원이 있었다고 한다. 즉 리스크를 떠안아 혁신을 앞당겨준 동반자는 시장이 아니라 국가였으며, 국가는 민간 기업에 '역동성을 불어넣는' 존재라는 것이다. 그리고 이런 추세는 의약품이나 생물공학 같은 하이테크 산업에서도 마찬가지라고 한다.[42] 장하준의 말대로 '민간 부문에 의한 승자 선출 방식만이 옳다고 외치는 자유 시장 이데올로기에 눈먼 채 계속 있다 보면 공공 부문의 지도력, 혹은 공공과 민간의 협력으로 발전시킬 수 있는 광활한 영역을 보지 못하게 된다'.[43] 공공, 민간, 코먼스, 가정 경제 모두가 미래형 재생 에너지에 대한 투자를 간절히 바라는 오늘날, 세계적으로 그런 투자를 촉진하는 국가의 강력한 지도력이 필요해지고 있다.

이렇게 다른 배역들에게 힘과 능력을 불어넣는 조연으로서의 국가, 참 듣기 좋은 말이다. 그런데 이는 달콤한 이상론일 뿐 현실성은 없는 게 아닐까? 경제학자 대런 에이스모글루Daron Acemoğlu와 정치학자 제임스 로빈슨James Robinson에 따르면 이는 개별 국가의 정치와 경제가 포용적인가, 배타적인가에 달렸다고 한다. 단순하게 이야기하면 포용적인 제도에선 더 많은 사람이 의사 결정에 참여하는 반면, 배타적인 제도는 소수의 목소리에만 특권을 부여하며 그들이 남을 착취하고 지배하는 것을 허용한다는 것이다.[44] 현실적으로 국가는 권위주의적인 권력체가 될 위험성이 크지만, 시장 근본주의 또한 마찬가지다. 국가의 폭정이든 시장의 폭정이든, 해결의 열쇠는 똑같이 민주주의 정치에 있다. 시민이 공공의 삶과 정치에 적극적으로 참여해 국가의 책임accountability을 명확히 하는 것이 사회의 역할이니, 민주 정치로 이 역할을 강화해야 한다.


**금융**　하인 역할을 하니 사회에 복무하게 할 것.

전해 내려오는 금융 이야기가 있다. 오래도록 진리인 양 굳어진 세 가지 신화다. 첫째는, 상업 은행은 사람들의 저축을 투자로 전환시킴으로써 작동한다. 둘째는, 금융 거래는 경기의 거친 등락폭을 완화시키는 역할을 한다. 셋째는, 따라서 금융 부문은 산업 경제에 가치 있는 서비스를 제공한다. 세 신화 모두 2008년 금융 위기로 거짓임이 만천하에 드러났다. 은행은 단순히 저축으로 들어온 돈을 대출해주는 것이 아니라 신용을 통해 화폐를 창조하는 마술을 부리는 존재임이 밝혀졌다. 또 금융 시장은 경기 안정성은커녕 오히려 본질적으로 등락을 만들어낸다는 것도 드러났다. 그리고 금융은 산업 경제에 가치 있는 서비스를 제공하기는커녕 본말을 전도해 오히려 산업 경제를 하인으로 부려왔다는 것도 드러났다.

첫째, 경제학 교과서에 나오는 이야기나 경제 순환 모델 다이어그램과는 반대로, 은행은 단순히 예금자가 저축한 돈을 대출해주는 존재가 아니다. 이들이 대출을 승인하는 건 허공으로부터 화폐를 창조하는 것이다. 즉 장부상으로는 부채인 동시에(대출받은 사람이 은행에서 돈을 인출하려면 은행은 그 돈을 내줘야 하니까) 획득한 자산이기도 하다(시간이 지나면 이자까지 붙어 돌아올 테니까). 이런 신용 창조 행위는 전혀 새로운 게 아니다. 이미 수천 년 전에 시작되어 가치 있는 역할을 할 수도 있는 제도지만, 1980년대 이후 규모가 엄청나게 확대되었다. 팽창을 촉발시킨 것은 금융 탈규제(사실은 재규제라고 봐야 한다)였다. 1986년 영국의 '빅뱅'과 1999년 미국의 글래스-스티걸법Glass-Steagull Act 철폐가 그 예다. 이런 과정에서 은행은 자기들이 자체적으로 행하는 투기성 투자와 고객과 주고받은 저축이나 대출을 분리해야 한다는 규제가 사라지고 말았다.

둘째, 금융 시장에는 경제 안정성을 높여주는 경향성이 없다. 경제학자들은 그런 경향이 있다고 주장하지만 사실은 변하지 않는다. 2004년, 미국 연방준비제도US Federal Reserve Board 이사회 의장 앨런 그린스펀Alan Greenspan은 이렇게 말했다. 금융 탈규제 덕분에 '개별 금융 기관도 기본 위험 요소에 덜 취약해졌을 뿐만 아니라 금융 시스템 전체의 회복 탄력성이 한층 높아졌다'고.[45] 그로부터 불과 4년 뒤 금융 붕괴 상황이 벌어지면서 그의 주장은 아주 민망할 만큼 처참하게 거짓으로 판명 나고 말았다. 그와 동시에 파마의 효율적 시장 가설―금융 시장은 본질적으로 항상 효율적이다―도 신뢰를 잃었고, 4장에서 살펴볼 하이먼 민스키Hyman Minsky의 금융 불안정성 가설도 역풍을 맞았다.

마지막으로 금융은 산업 경제를 지지한 게 아니라 오히려 지배자로 군림했다. 많은 나라에서 실로 한 줌도 안 되는 소수 은행과 금융 엘리트가 화폐 창출과 거기서 나오는 이윤의 화수분을 독점하고 통제했으며, 그 과정에서 전체 경제가 심각한 불안정성에 휘말리는 일이 대단히 잦았다. 이제 이렇게 위아래가 뒤바뀐 말도 안 되는 시나리오를 바로잡고 다시 설계해 금융의 흐름이 경제와 사회에 기여하게 할 때다. 금융을 다시 설계하기 위해서는 화폐 창출 문제 자체를 다시 생각해야 한다. 즉 시장뿐만 아니라 국가와 코먼스도 화폐를 창출하게 하는 것이다. 5, 6, 7장에서 그 가능성들을 이야기할 것이다.

**기업** 혁신적인 존재이니 목적을 부여할 것.

영리 기업은 시장 영역 안에서 작동하는 존재이며, 사람, 기술, 에너지, 자원, 금융을 결합시켜 뭔가 새로운 것을 만들어내는 데 놀라울 정도로 효과적이다. 신자유주의는 시장 메커니즘이 기업을 효율적으로 만든다고 한다. 따라서 신자유주의 경제학은 가정 경제에 그랬듯이 기업 내부에서 벌어지는 일도 무시해버린다. 하지만 기업도 블랙박스의 뚜껑을 열고 안쪽에서 벌어지는 생산 과정을 반드시 살펴야 한다.

기업의 임금 노동자와 주주 사이에는 엄청난 불평등이 존재하며, 따라서 항상 권력 관계가 작동하게 되어 있다. 이것이 프리드리히 엥겔스Friedrich Engels와 카를 마르크스Karl Marx가 빅토리아 시대 영국의 끔찍한 공장 노동 현장에서 목격한 바였다. 오늘날에도 세계 곳곳에서 열악한 노동 환경이 수시로 발견된다. 경영자는 이윤 논리를 내세워 노동자를 감금하고, 화장실 가는 휴식 시간도 없애고, 임신한 여성 노동자를 해고하는 등 무자비한 짓을 마구 저지른다. 설령 기업이 법의 테두리 안에서 노동자를 대한다 하더라도 노동자의 고용 상황은 아주 불안정하다. 심지어 비정규직의 일종인 '0시간 계약제'가 시행되는 나라도 많다. 그리고 법정 최저 임금을 준다 해도 그 수준이 빈곤선 이하인 나라도 많다.[46]

노동자들이 노동조합을 만들고 단체 협상을 벌일 권리를 보장하는 것이 권력 불균형을 근본적으로 바로잡는 방법 가운데 하나다. 또 다른 방법은 기업의 소유 구조를 바꿔 노동자와 기업 소유자의 해묵은 분열을 종식시키는 것으로, 이는 5장에서 설명하겠다. 더욱이 '기업의 주된 업무는 영리 활동'이라는 프리드먼의 편협한 관점은 이제 설득력을 잃고 있다. 6장에서 이야기하겠지만, 21세기에 여러 도전에 직면하면서 기업은 단순히 주주들의 가치를 극대화하는 것보다 훨씬 큰 영감을 불어넣는 또 다른 목적이 필요해졌다. 그리고 스스로 그런 목적을 찾는 기업도 갈수록 늘어나고 있다.

**무역**  양날의 칼이니 공정하게 이뤄지도록 할 것.

'묻어든 경제' 다이어그램은 한 나라의 경제를 묘사하는 데도 쓰이지만 세계 경제를 묘사하는 데도 사용되며, 이때는 국제 무역이 여기에 포함된다. 지난 20년간 국경을 넘나든 재화와 서비스의 흐름은 급속히 팽창했고, 선적용 컨테이너와 인터넷 덕분에 국제적인 교통·통신 비용은 크게 내려갔다. 그리고 1995년 이후에는 국제무역기구 WTO가 추진한 무역 자유화도 큰 몫을 했다.

무역을 하면 양측 모두 이득을 본다는 리카도의 이론은 큰 영향력을 행사해왔다. 하지만 그의 이론에서 상정한 상품은 포도주와 옷감 같은 것들이었다. 또 노동, 토지, 자본 등의 생산 요소들이 국경을 넘어 이동하지 못한다는 전제가 깔려 있었다. 그런데 오늘날에는 토지를 빼고는 모든 것이 국경을 넘나든다. 신선한 과일부터 법률 자문에 이르는 온갖 재화와 서비스, 무역, 기업과 부동산에 대한 해외 직접 투자, 은행 대출은 물론 주식 거래에 이르는 금융의 흐름, 살 방도를 찾아 이동하는 이주민 등이 모두 포함되는 것이다.

국경을 넘는 흐름에는 이득만큼 리스크도 잠재한다. 쌀과 밀 같은 주요 곡물을 재배하는 것보다 수입하는 쪽이 싸게 먹힌다면, 소비자 입장에서 볼 때는 무역으로 식료품 가격을 크게 낮출 수 있어서 좋다. 하지만 이렇게 되면 국내 식량 생산은 큰 타격을 입게 되며, 언젠가 국제 곡물 가격이 크게 오를 경우 아주 위태로운 처지에 몰리게 된다. 2007~2008년의 세계 식량 위기 당시 밀, 옥수수, 쌀의 국제 가격은 세 배가 올랐고, 이로 인해 이집트에서 부르키나파소에 이르는 광범위한 지역에서 빵 값 인상에 항의하는 봉기가 일어났다. 고숙련 노동자들이 이민을 가버리는―가령 사하라 남쪽의 아프리카 의사와 간호사가 유럽으로 이주하는―경우, 이들은 도착한 나라에 가치 높은 기술을 가져가고 또 떠나온 본국 가족에게 절실히 필요한 돈을 송금한다는 점에서 장점도 있지만 본국의 의료 서비스에는 숙련 인력 부족 문제가 발생한다. 마찬가지로 금융 자금이 신흥 경제국으로 유입되면 아직 초창기인 그 나라의 주식 시장에는 활황이 올 수 있지만 한꺼번에 국제 자금이 빠져나갈 경우에는 통화가 붕괴되는 사태가 벌어지기도 한다. 이것이 1990년대 말 아시아 금융 위기로 태국, 인도네시아, 한국 등이 배운 교훈이었다. 이렇게 국경을 넘는 다양한 흐름들은 양날의 칼로 작동하며, 따라서 조심스럽게 관리할 필요가 있다.

여러 나라가 무역으로 모두 이익을 볼 수 있다는 리카도의 주장은 옳지만, 여기서 각국의 비교 우위에는 자연적인 것만이 아니라 인위적으로 조성하고 구축하는 것도 있다. 하지만 장하준이 말했듯이 고소득 국가들은 자기들이 타고 올라온 '사다리를 걷어차고' 있으며, 자기들이 경제 성장 초기 단계일 때는 의도적으로 개방 정책을 회피해놓고 오늘날의 중위 소득 국가나 저소득 국가에게는 이를 강권하고 있다. 이들—특히 영국과 미국—은 무역 협상 때마다 '자유 무역'이라는 수사학을 휘두르지만 정작 자기들이 과거에 산업화 성공을 확보하기 위해 취한 경로는 정반대였다. 이들은 자유 무역은커녕 철저히 자국의 이익에 따라 보호 관세, 산업 보조금, 국유 기업 설립 등의 방법을 사용했다. 게다가 지식 재산 같은 핵심적인 무역 자산에 대해서는 여전히 단단한 통제력을 유지하고 있다.[47]

자유 시장이라는 것 자체가 존재하지 않는 것처럼, 자유 무역 또한 존재하지 않는다는 게 입증되었다. 국경을 넘는 모든 흐름은 해당국의 역사, 현행 제도, 국제적 권력 관계 등을 배경으로 정해진다. 세계 식량 위기 이후 2008~2010년에 금융 위기가 따라온 경험을 보듯이, 다양한 국경 간 흐름에서 발생하는 이득이 더 널리 공유되도록 보장하려면 각국 정부가 반드시 효과적으로 협력해야 한다.

**권력** 어디에나 속속들이 침투하니 남용되지 않게 할 것.

오늘날 영어로 된 경제학 교과서의 '찾아보기'에서 권력에 해당하는 'power'

를 찾아보면—아예 그 단어가 없을 수도 있다—아마도 전력 산업 같은 엉뚱한 이야기가 나올 것이다. 하지만 권력은 경제와 사회 전체에 걸쳐 도처에서 작동하고 있다. 가정 경제에서는 날마다 누가 아이들을 돌볼지 결정해야 하는데 여기서 권력이 작동한다. 기업에서는 노사 간 임금 협상이 벌어지고, 여기에도 권력이 작동한다. 국제 무역과 기후 변화 회의에서도 권력이 작동한다. 인간이 지구상의 다른 생물 종에게 행사하는 지배력에도 권력이 작동한다. 사람들이 있으면 반드시 권력 관계가 나타난다. '묻어든 경제' 다이어그램 전체에 각종 권력 관계가 관철되고 있다고 보아야 한다. 그것을 이루는 각각의 영역 내부는 물론 그들끼리의 접촉면에서도 마찬가지다.

이런 모든 권력 관계 가운데 경제 작동과 관련해 특별히 관심을 요하는 것이 있다. 부유한 자들이 자기들에게 유리하도록 경제 규칙을 바꿀 수 있는 권력이다. 새뮤얼슨의 경제 순환 모델 다이어그램은 가정 경제를 마치 동질적인 한 가지 집단처럼 그려 이 문제를 묵살해버리는 데 일조했다. 자본을 내놓고 이윤의 한몫을 챙겨가는 가정 경제와 노동을 내놓고 임금을 벌어가는 가정 경제가 같을 수는 없다. 또 이윤과 임금을 지불하는 기업들도 하나의 동질적인 집단처럼 묶어놓았다. 하지만 점령 운동의 구호에 나온 1퍼센트와 99퍼센트라는 말처럼 이런 식으로 정형화된 그림은 우리가 깨달은 현실과는 너무나 거리가 멀다. 가정 경제 사이에, 또 기업 사이에 존재하는 불평등은 최근 수십 년 동안 대단히 극심해졌다. 그리고 소득과 부는 억만장자와 기업 임원의 손에 극단적으로 집중되었으며, 이는 다시 경제가 누구를 위해 어떻게 작동하느냐를 결정하는 권력으로 급속히 전환되고 있다.

정치는 돈이 지배한다. 어쩔 수 없을 때는 정치 자금이 오가는 것을 투명하게 공개해야 하지만, 돈을 내는 쪽이나 받는 쪽이나 사적으로 거래하는 쪽을 선호하게 마련이다. 그래서 보이지 않는 곳에서 악수를 하고, 밀실에서 만남이 이뤄지고, 비밀리에 리베이트가 돌아다닌다. 미국의 정치 자금 조달 문제를 오랫동안 분석한 정치학자 토머스 퍼거슨Thomas Ferguson에 따르면, 이런 관계를 지배하는 일종의 강력한 '황금률'이 있다고 한다. 기업은 선거에 출마한 후보자들에게 효과적으로 투자하려 하며, 그 대가로 자기들에게 유리한 정책 형태로 수익을 기대한다는 것이다. '진정한 지배자가 누구인지 찾아내려면 황금의 흐름을 쫓으라'고 그는 조언한다. 주요 선거 운동 본부의 운영 자금이 어디서 나오는지를 쫓아가면 그 진영이 펼치는 정책을 누가 추동하는지 알 수 있다는 것이다.[48]

미국에서는 1976년 이후 개인과 기업의 정치 후원금이 20배 이상 늘어났고, 2012년 오바마-롬니 대통령 선거전에서는 25억 달러를 넘어섰다.[49] 2005년 이래 미국의 화석 연료 산업계가 로비와 선거 자금으로 쓴 돈만 17억 달러에 달하며, 이를 보면 어째서 화석 연료 산업의 이익이 정치적으로 확고하게 관철되는지 쉽게 이해할 수 있다. 유럽에서는 대기업의 강력한 영향 아래 범대서양 무역투자동반자협정 TTIP—미국과 유럽 기업들이 서로의 정부를 민간 중재로 끌고 갈 권리를 약속하는 무역 협정—초안이 마련되었다. 이 논의가 진행되던 2012~2013년에 유럽 연합EU이 연 회의의 90퍼센트, 그러니까 560회 가운데 520회가 대기업 로비스트들과의 회의였다.[50]

이런 예까지 더해보면, 21세기의 경제학에서는 엘리트 권력을 견제하기 위해서라도 소득뿐만 아니라 부의 분배를 더 적극적으로 설계해야 한다는 것을 알게 된다. 5장에서 더 살펴보기로 하자.


## 21세기 경제학 드라마의 막을 올리자

자, 이제 한 걸음 뒤로 물러서서 앞에서 소개한 새로운 출연진과 새로 꾸민 무대를 훑어볼 때다. 무엇이 바뀌었는가? 경제 순환 모델 다이어그램만 '묻어든 경제' 다이어그램으로 바꾸었을 뿐인데 경제 분석의 출발점이 완전히 달라졌다. 자족적이고 자립적인 시장의 신화는 끝이 났으며, 그 대신 가정 경제, 시장, 코먼스, 국가라는 네 가지 영역을 통한 조달 개념이 들어왔다. 네 영역은 모두 사회 안에 담겨 있고 또 사회에 의존한다. 그리고 사회는 다시 생명 세계에 담겨 있다. 이 새로운 그림으로 우리는 단순히 소득의 흐름만 추적하는 것이 아니라 안녕의 근간이 되는 여러 부의 원천—자연, 사회, 인간, 물질, 금융—을 이해하는 쪽으로 관심을 돌리게 되었다.

이렇게 새로운 시야는 새로운 질문을 낳는다. 시장을 더욱 효율적으로 작동하게 만드는 데만 초점을 두는 대신, 이제 이런 질문을 고찰하는 것으로 시작해보자. 가정 경제, 코먼스, 시장, 국가라는 네 가지 조달 영역은 각각 어떤 경우에 인류의 다양한 필요와 욕구를 가장 잘 충족시키는가? 이 영역들이 최상으로 작동하게 하려면 기술, 문화, 사회적 규범은 어떻게 변화해야 할까? 이 네 영역이 함께—이를테면 시장과 코먼스가 함께, 코먼스와 국가가 함께, 국가와 가정 경제가 함께—작동하는 가장 효과적인 방법은 무엇일까? 더불어, 무작정 경제 활동을 증가시키는 방법에만 몰두할 것이 아니라 그런 경제 활동의 구조와 내용에 따라 사회, 정치, 권력이 어떻게 바뀔 것인가를 물어야 한다. 더불어 지구의 생태적 한계를 고려할 때 인류의 경제가 커지는 상한선이 어디인지도.

셰익스피어의 희곡 『템페스트』에서는 결국 억울하고 부당한 일이 모두 바로잡힌다. 아버지 프로스페로 공작과 함께 섬에 고립되어 살아온 딸 미란다는 모략을 꾸미다가 배가 난파해 그 섬에 오게 된 밀라노 귀족들을 처음 보게 된다. 그리고 감탄한다. '오, 놀라워라! 멋진 사람이 이렇게나 많다니! 인간은 얼마나 아름다운 존재인가! 오, 멋진 신세계여, 거기에는 이렇게 멋진 사람들이 살고 있구나!' 21세기의 경제학자들도 미란다처럼 놀랄 수는 있겠지만 그렇다고 해서 정치적으로 천진난만할 수는 없다. 새뮤얼슨의 고립된 섬 같은 경제 순환 모델 다이어그램과 몽펠르랭 소사이어티의 편협한 신자유주의 극본에 갇혀 70년이나 현실 세계와 떨어져 살아온 우리는 이제 연필 한 자루를 들고 '묻어든 경제'의 다이어그램을 그려보는 것으로 새로운 이야기를 써나갈 것이다. 이제는 이런 큰 그림을 통해 경제 전체를 더 큰 맥락에서 보게 되었으므로, 21세기 경제학이 맞붙어야 할 굵직한 문제들도 한층 선명해졌다. 하지만 그 전에 한 가지, 아직 빠진 논의가 있다. 이 연극의 주인공인 인간에 대한 논의다.

# 3
# 인간 본성을
# 피어나게 하라

## 합리적 경제인에서 사회 적응형 인간으로

역사상 가장 유명한 초상화 하나를 꼽아보자. 분명 〈모나리자〉일 것이다. 레오나르도 다빈치가 그린 이 수수께끼 같은 그림은 엽서로, 또 냉장고 자석으로 온 세계에 퍼져 있다. 다빈치는 유화의 대가였지만 펜 스케치의 개척자이기도 하다. 밀라노 길거리를 지나는 사람들을 바라보다가 그는 캐리커처라는 화법을 발명해냈다. 이는 어떤 사람의 가장 눈에 띄는 특징─딸기코 혹은 주걱턱─을 잡아 이를 의도적으로 과장해, 그 모델과 분명히 닮기는 했으나 우스꽝스럽거나 그로테스크한 느낌으로 '왜곡된' 초상화를 그리는 것이다.

유명한 초상화라는 점에서 보면 그 첫 번째 자리를 〈모나리자〉가 차지할지 모르지만, 세상에 미친 영향력으로 보자면 그보다 더 높은 영광이 돌아가야 할 초상화가 따로 있다. 〈모나리자〉와 마찬가지로 수수께끼 같지만 전혀 성격이 다른 초상화로, 오히려 다빈치가 발명한 캐리커처에 훨씬 가깝다. 말할 것도 없이 그것은 바로 '합리적 경제인', 즉 경제학 이론의 핵심에 있는 자기 중심적 인류로 '호모 이코노미쿠스homo oeconomicus'(라틴어로 부르면 생물학적 학명 같은 느낌이라 과학적인 분위기를 풍긴다)라는 이름으로도 알려졌다. 지난 두 세기 동안 경제학자들은 이런 초상화를 그리고 또다시 그리기를 반복했고, 그러는 과정에서 캐리커처의 과장과 꾸밈도 갈수록 더 심해졌다. 그리하여 처음에는 초상화로 시작한 것이 캐리커처를 지나 이제는 완전히 만화 캐릭터가 되어버렸다.[1] 그런데 이렇게 말도 안 되는 합리적 경제인 초상화가 냉장고에 붙은 〈모나리자〉와 달리 온 세상에 과도한 영향력을 행사하고 있다. 합리적 경제인은 모든 주류 경제학 교과서에서 주인공 자리를 꿰찼다. 합리적 경제인은 세계 곳곳의 정책 결정 과정에서 핵심 축이 되며, 우리 본질을 탐구하는 방식에 결정적으로 영향을 미치고, 또 한마디 말도 없이 결국 우리에게 어떻게 행동할지를 명령한다. 합리적 경제인이라는 것이 대단히 중요해지는 이유다.

호모 이코노미쿠스는 경제학 이론의 최소 분석 단위로, 뉴턴 물리학의 원자에 맞먹는 개념이다. 하지만 원자처럼 호모 이코노미쿠스도 어떻게 구성되었는지가 아주 중대하다. 2100년이 되면 세계 인구는 100억 명이 넘을 것이다. 만약 인류가 스스로 고독하고 계산적이고 경쟁적이며 만족을 모르는 호모 이코노미쿠스로 행동한다면, 그런 존재라고 정당화한다면 지구는 우리를 충족시킬 수 없게 될 것이다. 따라서 이제는 완전히 새로운 우리를 만날 때이며, 경제학 미술관에서 엽기적인 만화 캐릭터를 떼어내고 그 자리에 새로운 초상화를 걸어야 한다. 이는 21세기에 탄생한 가장 중요한 초상화가 될 것이고, 경제학자뿐만 아니라 인류에게 대단히 중요할 것이다. 새 초상화의 밑그림 작업은 이미 시작되었다. 다빈치의 작업실처럼 수많은 화가가 협업해 각자 맡은 부분을 그리고 있다. 심리학자, 행동과학자, 신경학자는 물론 사회학자, 정치학자, 그리고 경제학자도 당연히 참여하고 있다.

이 장에서는 우리의 경제적 자아인 '합리적 경제인'이 어떻게 진화했는지를 추적하고, 그것이 근본적으로 어떤 영향을 미쳤는지도 밝혀내려 한다. 또 이제 드러나는 새로운 인간의 초상화를 전망하면서 인간 본질 묘사에 나타나는 변화 다섯 가지를 알아보려 한다. 그런 변화 하나하나가 인간의

합리적 경제인: 주류 경제학 이론의 핵심에 있는 인간상.

본성의 중요한 측면을 잘 드러내고, 이를 통해 우리가 인간 본성을 더 잘 이해한다면 인류를 도넛의 안전하고 정의로운 공간으로 데려가는 방식으로 그 본성을 계발할 수 있을 것이다.

## 우리의 자화상

합리적 경제인은 주류 경제학 이론의 핵심에 자리한다. 하지만 어떻게 그런 인간이 나타났는지는 교과서에서 깨끗이 지워졌다. 이 초상화는 개념과 방정식으로 그린 그림이다. 그런데 이런 방식으로 인간을 그리려면 우리는 다음과 같은 존재여야 한다. 혼자 살아가고, 손에 쥔 건 돈뿐이며, 머릿속은 온통 계산뿐인 데다, 마음속에는 오로지 자기밖에 없는 존재.

이 악명 높은 인물은 도대체 어디서 나타났을까? 가장 자세한 초기 그림은 애덤 스미스의 두 주요 저작에 등장한다. 하나는 1759년에 출간한 『도덕감정론Theory of Moral Sentiments』이고, 다른 하나는 1776년에 출간한 『국부론』이다. 오늘날 스미스는 인간이 '교역, 물물 교환, 교환'하는 성향이 있으며 따라서 시장을 작동하게 만드는 것은 인간의 이기심이라고 말했다고 알려졌다.[2] 실제로 그는 '이기심이 다른 어떤 미덕보다 개인에게 큰 도움이 된다'고 믿었지만, 그것이 우리의 여러 특징 중에서 가장 경탄할 만한 것이라고는 생각하지 않았다. 그 최고 자리는 우리의 '인간성, 정의, 아량, 공덕심 등… 다른 이들에게 아주 유용한 성질들'이 차지해야 한다고 여겼다. 스미스는 인류가 오로지 자기 이익이라는 동기만으로 움직인다고 생각한 것일까? 절대로 그렇지 않다. '인간을 제아무리 이기적인 존재라고 여긴다 해도, 인간 본성에는 다른 이들의 운명에 관심을 갖도록 만들고 남들의 행복을 자기에게 꼭 필요한 것으로 여기게 만드는 일정한 원리들이 분명히 존재한다. 그렇게 해서 얻는 것이 남들의 행복을 지켜보는 즐거움뿐이더라도 말이다.'[3] 게다가 스미스는 자기 이익과 남들에 대한 염려가 다양한 재능, 동기부여, 선호 등과 결합해 복잡한 도덕을 이루기 때문에 개인이 어떻게 행동할지 쉽게 예견할 수 없다고 보았다.

하지만 이렇게 되면 정치경제학에서는 예측 가능한 주인공이 없어지고, 그렇게 되면 정치경제학은 과학이 되지 못한 채 그저 기술 수준에 머물게 된다. 이런 좌절감 때문에 존 스튜어트 밀은 다빈치의 뒤를 따라 스미스의 인간 묘사를 깎아내 경제적 인간이라는 캐리커처를 만들었다. 정치경제학은 '인간의 본성 전부를 다루는 것이 아니며… 사회 안에서 인간이 보여주는 행위 전체를 다루지도 않는다'. 그는 1844년 저작에서 이렇게 주장한다. '정치경제학은 오로지 부를 욕망하는 존재로서의 인간에게만 관심을 둔다.' 밀은 부에 대한 욕망에다 과장된 특징 두 가지를 추가했다. 근본적인 노동 혐오와 사치에 대한 애호였다. 밀 또한 이렇게 해서 나온 인간 묘사가 '전혀 근거 없는 추측들'에 기초한 '자의적인 인간 규정'이며, 따라서 정치경제학이 내리는 여러 결론이라는 것도 '오로지 추상적인 차원에서만… 진리'가 된다는 점을 인정했다. 하지만 그럼에도 자기 캐리커처를 정당화하는 논리가 있었다. '그 어떤 정치경제학자도 실존하는 인류를 이런 존재로 생각할 만큼 정신 나가지는 않았을 것'이라고 확신했기 때문이다. 대신 그는 이렇게 덧붙인다. '이는 그저 과학적 작업에서 필요에 따라 어쩔 수 없이 취하는 방식일 뿐'이라고.[4]

모두가 여기에 동의한 건 아니다. 1880년대에 정치경제학자 찰스 스탠턴 데바스Charles Stanton Devas는 밀이 '말도 안 되는 호모 이코노미쿠스라는 생물을 만들어내고 버젓이 옷을 입혀 사람처럼 만들'었으며 오로지 '돈만 좇는 짐승'으로서의 인간만 탐구한다고 조롱했다. 그 과정에서 악명 높은 별명도 생겨났다.[5] 그럼에도 밀의 캐리커처는 단순화되고 예측 가능한 존재였으므로 경제학 이론의 지평을 열어주었을 뿐만 아니라 과학적 방법의 외양을 갖추게 해주었다. 그렇게 해서 이 초상화는 그대로 벽에 걸리게 되었다.

이렇게 경제적 인간이라는 캐리커처를 만들어내고자 한 밀의 노력을 열정적으로 심화시킨 이가 제번스였다. 그는 물리적 세계를 무수한 원자로 환원한 뒤 그 원자 낱낱으로부터 운동 법칙을 도출하는 데 성공한 뉴턴에게서 큰 영감을 받았다. 그래서 마찬가지 방법으로 한 나라의 경제 모델을 만들려고 했는데, 그 첫 번째 단계는 경제를 그가 '평균적 개별 인간, 인구의 최소 단위'라고 부른 존재의 경제 활동으로 환원하는 것이었다.[6] 제번스는 인간 행위를 수학적으로 묘사하기 위해 밀의 캐리커처를 더욱 왜곡하고 과장했다. 이런 묘사야말로 과학적인 신뢰성의 궁극적인 기준이라고 본 것이다. 그는 철학자 제러미 벤담Jeremy Bentham이 효용 개념을 세세하게 설명하느라 공들였던 데 주목했다. 인간이 느끼는 쾌락을 열네 가지로, 또 고통은 열두 가지로 분류한 '행복의 미적분학felicific calculus'에 기초해, 법과 도덕에서 보편적인 규율을 수량화하는 기준을 마련하자는 것이었다. 제번스는 이 개념에서 수학의 잠재성에 착목했고 '계산하는 인간' 개념을 만들어냈다. 이 인간은 자신의 효용을 극대화하는 데 모든 생각을 집중하므로, 모든 선택지의 조합에서 끌어낼 수 있는 소비 만족의 양을 끊임없이 비교한다는 것이 그의 생각이었다.[7]

제번스는 이렇게 효용 개념을 경제학 이론의 중심에 놓았고, 그 자리는 오늘날에도 변함없이 유지되고 있다. 그리고 여기서 그는 한계 효용 체감 법칙을 도출한다. 물건(바나나건 샴푸건)을 사면 살수록 더 갖고 싶은 욕망은 줄어든다는 것이다. 그런데 욕망 하나하나는 그런 포만감 법칙을 따르지만 이 경제적 인간은 전체적으로는 포만감을 느끼지 못하는 존재다. 마셜은 크게 영향력을 미친 1890년 교과서 『경제학 원리』에서 이를 아주 생생하게 서술했다. '인간의 욕구와 욕망은 무수하고 종류도 다양하다. 물론 문명화되지 않은 인간은 야생동물에 비해 욕구와 욕망이 그다지 크지 않다. 하지만 상향 진보할 때마다 인간은 더 다양한 것을 원하게 된다.… 인간은 새로운 욕구를 만족시킬 물품을 더 널리 선택할 수 있는 상태를 욕망하게 되었다.'[8] 그리하여 19세기 말 이 경제적 인간의 캐리커처는 고독한 상태로, 끊임없이 자신의 효용을 계산하며, 포만감을 모르는 인간의 모습으로 뚜렷하게 그려지게 되었다.

이는 실로 강력하고도 간명한 묘사로, 새로운 경제학의 논리를 가능케 하는 길을 보여주었다. 하지만 여전히 충분치 않았다. 19세기에 마련된 경제적 인간 모델은 끊임없이 계산하는 인간이긴 하지만 모든 것을 알지는 못했으며, 또 본질적으로 미래를 확신할 수 없는 인간이므로 객관적 지식이 아니라 주관적인 판단에 따라 행동할 수밖에 없는 존재였다. 이런 존재를 두고 수학적 모델화 작업을 완결할 수 있는 방법은 없었다. 그래서 1920년대에 오면 시카고학파 경제학자 프랭크 나이트가 경제적 인간에게 신과 같은 특징을 두 가지 부여한다. 바로 완벽한 지식과 완벽한 예견 능력이다. 이 능력으로 경제적 인간은 시대를 넘나들면서 모든 재화와 가격을 비교할 수 있다. 이전 초상화와 비교하면 결정적인 비약이었다. 이전 경제적 인간은 특징을 심하게 과장했을 뿐 여전히 현실 속 인간으로 볼 수 있었다. 하지만 나이트는 자기의 호모 이코노미쿠스에 초인간적인 권능을 부여해 새로운 존재로 꾸며냈다. 그리고 그의 손을 거치면서 이제 경제적 인간 개념은 캐리커처를 넘어서 아예 만화 캐릭터가 되고 말았다. 그 역시 이 사실을 잘 알았고 자기의 묘사가 심히 왜곡되었음을 인정했다. 이는 작위적인 추상화를 수없이 늘어놓은 '무시무시한 잡동사니a formidable array'이며, 그 결과물인 경제적 인간은 '다른 사람을 슬롯머신 대하듯 하는' 존재라는 것이었다.⁹ 하지만 과학으로서 경제학에 필요한 건 이렇게 현실이 아니라 이상화된 경제 세계에 사는 이상화된 인간이라고 그는 주장한다. 그래야만 수학적 모델의 잠재력을 충분히 경제학에 활용할 수 있다는 것이었다. 나이트는 세계 최초의 경제학 만화가가 되었다.

밀턴 프리드먼은 1960년대에 들어 나이트가 정당화한 논리를 한층 강화했고, 만화 캐릭터가 되어버린 경제적 인간 개념을 옹호했다. 그의 주장은 이랬다. 현실 세계에서 사람들은 '마치' 모든 지식과 정보를 갖추고 철저하게 자기 이익에 입각해 계산하는 합리적 경제인인처럼 행동하므로, 이렇게 단순화된 가정들은 물론이고 그 가정들을 통해 인간을 만화 캐릭터로 그려내는 것도 다 정당하다는 것이었다.¹⁰ 비슷한 시기에 아주 결정적인 일이 벌어졌다. 지도적 위치에 있던 경제학자 다수가 이 만화 캐릭터를 전범으로 여겨, 현실에서 인간이 마땅히 행동해야 할 바를 보여주는 모델로 보기 시작한 것이다. 경제사가 메리 모건Mary Morgan에 따르면 합리적 경제인은 급기야 거꾸로 합리성이 무엇인지를 규정하기에 이르렀고, 곧 '현실의 경제 행위자들이 마땅히 따라야 할 규범적인 행동 모델'로 전환했다는 것이다.¹¹

### 인생은 예술의 모방이다●

1770년대에서 1970년대에 이르는 두 세기 동안 경제적 인간은 그저 특색이 강조된 정도의 초상화로 묘사되기 시작해 갈수록 변모하더니 결국 조잡한 만화가 되었다. 시작은 인간을 그려낸 모델이었으나 이제는 인간이 따라야 할 모델이 된 것이다. 경제학자 로버트 프랭크Robert Frank에 따르면

---

● 오스카 와일드의 말로 유명하다. 그는 예술이 현실과 인생의 모사라는 고전적인 모사 이론mimesis theory에 반대해 '예술이 인생을 모방하는 것보다 인생이 예술을 모방하는 게 훨씬 많다'는 말로 에세이를 시작했다.

이 문제는 '우리가 어떤 생각과 믿음을 갖느냐에 따라 본성이 만들어지기' 때문에 매우 중요하다고 한다. 프랭크와 다른 학자들이 연구한 바로는 무엇보다 경제학과에 이기적인 인간들이 몰려드는 추세라고 한다. 예를 들어 독일에서 실험한 결과 다른 학생들보다 경제학과 학생들은 보수가 주어진다면 기꺼이 편향된 대답을 내놓을 의향이 큰 것으로 나타났다. 부패할 가능성이 더 높다는 것이 증명된 것이다.[12] 미국에서 있었던 연구에서도 경제학 전공 학생들이 본인이나 남의 이기적 행태를 더 긍정적으로 바라보는 경향을 보였으며, 경제학과 교수들은 연봉이 훨씬 적은 다른 학과 교수들보다 기부금도 훨씬 적게 내는 것으로 나타났다.[13]

이는 원래부터 이기적인 인간이 경제학과로 몰려오기 때문만은 아니다. 평범하던 사람도 호모 이코노미쿠스 개념을 공부하다 보면 그렇게 바뀌고, 자신이 어떤 사람이고 어떻게 행동해야 하는가에 대한 생각이 완전히 달라진다. 이스라엘에서의 연구에 따르면 봉사 정신, 정직, 충직 등 이타적인 가치가 인생에서 갖는 중요성에 대해 경제학과 3학년 학생들은 1학년 학생들보다 훨씬 낮은 점수를 매겼다. 미국 대학생들은 경제학의 게임 이론(이기적인 개인을 가정해 모델을 짜고 거기서 어떤 전략을 취할지 연구하는 학문) 과목을 듣고 나면 더 이기적으로 행동하게 되며 남들도 그럴 거라고 예상하게 된다고 한다.[14] 프랭크는 이렇게 결론 내린다. '이기적 개인 이론이 얼마나 해로운 결과를 가져오는가는 실로 충격적이다. 이는 타인을 최악으로 짐작하게끔 유도하며 그 결과 실제로 우리 내면으로부터 최악의 모습을 끌어낸다. 우리는 내면의 고상한 본능들을 끄집어낼지 말지 주저할 때가 많다. 행여나 호구가 될까 두려워서다.'[15]

이는 경제학을 공부하는 모든 학생과 연구자가 깊이 명심하고 경계해야 하는 바다. 그런데 합리적 경제인 개념이 우리 행동에 미치는 영향은 결코 강의실에 국한되지 않는다. 시카고 옵션 거래소CBOE: Chicago Board Options Exchange에서 매우 놀라운 일이 벌어졌다. 1973년 문을 연 시카고 옵션 거래소는 전 세계에서 가장 중요한 금융 파생 상품 거래소 가운데 하나다. 그런

데 이 거래소가 거래를 시작한 바로 그해에 영향력 있는 경제학자 피셔 블랙Fischer Black과 마이런 숄스Myron Scholes가 머지않아 블랙-숄스 모델로 유명해질 논문을 발표한다. 이 모델은 공개된 시장 데이터를 가지고 시장에서 거래되는 여러 옵션의 예상 가격을 계산해낸다. 처음에는 이 모델의 예측과 시카고 옵션 거래소의 실제 시장 가격이 30~40퍼센트나 차이가 났다. 하지만 불과 몇 년 지나지 않아 모델을 수정하지 않았는데도 모델의 예측 가격은 실제 시장 가격과 평균 2퍼센트밖에 차이가 나지 않았다. 블랙-숄스 모델은 곧 '금융뿐만 아니라 경제학 전체에서 가장 성공한 이론'으로 극찬을 받았고 두 창시자는 노벨 경제학상을 수상했다.

그런데 경제사회학자 도널드 매켄지Donald MacKenzie와 유발 밀로Yuval Millo가 이 문제를 좀 더 깊이 파헤쳐보기로 결심하고, 시카고 옵션 거래소의 파생 상품 거래자를 만나 인터뷰했다. 이들은 뭘 알게 됐을까? 블랙-숄스 모델이 시간이 지나면서 정확해진 이유는 거래자들 스스로 마치 이 이론이 진리인 양 이 모델에서 산출된 예상 가격을 기준 삼아 호가를 정했기 때문이었다. 결론은 이렇다. '금융경제학은 이론적으로 정립해온 시장을 현실에서 만들어내는 데 도움을 준다.'[16] 그리고 그런 이론들이 결함이 있다고 판명 나는 날에는 실로 지독한 대가를 치러야 한다는 것을 훗날 금융 시장은 깨닫게 된다.•

만약 합리적 경제인이 금융 시장에서 우리 행동을 새롭게 만들어낸다면 이는 삶의 다른 영역에서도 비슷하게 작용할 가능성이 크다. 특히 우리가 우선성을 부여하는 것들이 언어로 파고들 때 그렇다. 미국에서 있었던 실험에 따르면, 기업 임원들에게 '이윤' '비용' '성장' 같은 단어가 들어간 간단한 수수께끼를 풀라고 한 뒤 관찰한 결과 이들은 동료들의 여러 필요에 덜

---

• 예가 여러 가지 있겠으나, 마이런 숄스가 이사진으로 참여하고 파생 상품 가격 계산 모델을 갖고 운영되던 헤지펀드 롱텀 캐피털 매니지먼트LTCM는 1998년 채무 46억 달러를 남기고 파산해 미국은 물론 전 세계 금융 시장을 일대 혼란으로 몰아넣었다.

시카고 옵션 거래소. 여기서는 시장이 시장 이론을 따라 한다.

공감하는 방식으로 대처하는 경향을 보였으며, 심지어 일터에서 다른 이를 걱정하면 직업 정신이 투철해 보이지 않을까봐 두려워하기까지 했다.[17] 또 다른 실험에서는 '소비자 반응 연구'에 참여한 대학생들이 이후에 더 강력하게 부, 지위, 성공 등의 관념에 동화되는 반면, '시민 반응 연구'에 참여한다고 들은 학생들은 그런 경향이 적게 나타났다.[18] 단어 하나만 바꾸었는데도 세계관과 행동 양상이 미묘하게, 하지만 근본적으로 변화하는 것이다. 20세기에는 '소비자'라는 단어가 공공 생활, 정책 결정, 미디어 등에 꾸준히 확산되었고, 이제는 마침내 '시민'이라는 말보다 더 많이 쓰이고 있다. 영문 서적과 신문에서 이런 현상이 일어난 것은 1970년대 중반이다.[19] 이게 왜 중요할까? 미디어·문화 분석가 저스틴 루이스Justin Lewis는 이렇게 설명한다. '소비자라는 말은 시민과 달리 표현 수단이 제한된다. 시민은 문화적 삶, 사회적 삶, 경제적 삶의 모든 측면에 대해 발언하고 참여할 수 있지만… 소비자는 그저 시장터에서의 지불 행위로 자신을 표현할 뿐이다.'[20]

## 21세기의 초상화

우리가 스스로 그리는 초상화가 장래의 우리 모습을 분명하게 결정한다. 그렇기 때문에 경제학이 그리는 인류의 모습도 반드시 바뀌어야 한다. 우리가 매우 복잡한 존재임을 스스로 더 잘 이해한다면 인간 본성을 더욱 풍부하게 피워낼 수 있을 뿐만 아니라, 도넛의 안전하고 정의로운 공간에서 모두 함께 피어나게 해주는 경제를 만들 가능성도 훨씬 높아질 것이다. 이렇게 업데이트된 인류 초상화의 밑그림 작업이 진행 중이며, 우리의 경제적 자아를 제대로 묘사하는 과정에서 혁신적인 발견 다섯 가지가 있었다. 첫째, 우리는 협량하게 자기 이익 때문에 움직이는 존재가 아니라 사회적인 존재이며 호혜성으로 움직이는 존재다. 둘째, 우리는 선호하는 것이 고정되지 않고, 우리가 가진 여러 가치는 모두 유동적이다. 셋째, 우리는 고립된 개인이 아니라 서로 의존해 살아간다. 넷째, 우리는 악착같이 계산하는 존재가 아니라 대충 근사치를 구하면 만족하는 존재다. 다섯째, 우리는 자연 위에 군림하는 지배자가 아니라 생명의 망 속에 포함된 존재다.

하나하나가 지극히 흥미롭지만 주의해야 할 것이 있다. 이 화가가 '어떤 모델을 선택해 이 그림을 그렸을까' 하는 문제다. 지난 40년간 벌어진 행동 심리학 실험들은 사람들이 실제로 어떻게 행동하는지에 대해 많은 것을 밝혀주었다. 하지만 '사람들'이라는 게 누구인가? 이런 실험 연구는 대부분 미국과 캐나다, 유럽, 이스라엘, 오스트레일리아 등에서 진행됐고, 이들은 순전히 편의상 대학 학부생을 대상으로 했다. 그 결과 2003~2007년에 시행된 행동 실험 연구의 96퍼센트는 세계 인구의 불과 12퍼센트를 대상으로 한 것이었다. 물론 피험자들이 전 세계 인류를 대표할 수 있다면 문제가 되지 않는다. 하지만 그렇지 않다는 것이 곧 드러났다. 다른 나라 그리고 다른 문화권에서도 적은 숫자지만 마찬가지 사례가 있었으니, 이와 비교한 결과 서구권 대학생들은 피험자로 삼기에 편리할지는 몰라도 그 행동 양상은 다른 대부분의 사람들과 대단히 상이하다는 것이 밝혀졌다. 이유가 무엇일까? 이들이 인류 대다수와는 달리 대단히 '이상한WEIRD' 사회에 살기 때문일 가능성이 높다. 서구Western의, 교육받은educated, 산업화되고industrial, 부유한rich, 민주적인democratic 사회 같은 것 말이다.[21]•

새로이 그리려는 경제적 인간의 초상화에서 이런 표본 편향은 중요한 의미를 갖는다. 문화와 사회에 따라 인간 행동에 나타나는 차이와 범위, 이유를 이해하는 것 자체가 아주 절실한 연구 주제임이 분명하다. 하지만 그런 연구가 완결되기를 기다릴 수만은 없으니, 지금으로서는 두 가지 전제를 깔 수밖에 없다. 첫째, 사회에 따라 인간의 행동 양상은 천양지차지만 한 가지만큼은 공통적이다. 어느 누구도 해묵은 합리적 경제인이라는 옛날 모델과는 닮지 않았다는 것이다. 둘째, 좀 더 풍부하고 다채로운 인간 스케치를 얻을 때까지는 이제부터 말할 다섯 가지 혁신상이 그 '이상한' 사회의 인간들과 비슷할 수밖에 없다는 점이다.


## 이기적인 인간에서 호혜적인 인간으로

애덤 스미스는 사리 추구가 곧 시장을 작동하게 만드는 효과적인 인간의 특징이라는 점을 찾아냈다. 하지만 그것만으로는 더 넓은 의미의 경제와 사회가 제대로 작동할 수 없다는 것을 잘 알고 있었다. 그런데 『국부론』에서는 워낙 시장에서 개인의 사욕이 차지하는 역할을 강조하다 보니 그가 풍부하게 관찰하고 기록한 인간의 도덕과 동기는 무색해졌고, 후대 사람들은 그의 책에서 오로지 사욕 부분만 뜯어내 이를 경제적 인간의 DNA로 삼았다. 그래서 스미스의 책이 나온 뒤 두 세기에 걸쳐, 자기 이익을 추구해 경

---

• 열거한 형용사 다섯 개의 머리글자를 따면 '이상한'이 된다. 동시에 다섯 가지 특징이 있다는 뜻도 된다.

쟁하는 것이 인류의 자연 상태일 뿐만 아니라 또한 인류 전체가 풍요에 도달할 수 있는 최적의 전략이라는 명제가 경제학을 구축하는 근본 전제가 되고 말았다.

하지만 한 걸음 물러나 현실 세계 사람들이 어떻게 행동하는지를 유심히 살펴보라. 그 전제의 허술함이 금세 눈에 띌 것이다. 우리는 자기 이익을 살피는 동시에 남의 이익도 살피는 존재다. 낯선 사람이라도 무거운 짐을 지고 있으면 돕고, 문을 열고 나갈 때는 뒷사람을 위해 문을 잡기도 하며, 술과 음식이 있으면 다른 사람과 함께 먹고 싶어 하고, 전혀 만날 일 없는 사람들을 위해 자선 기관에 돈을 내거나 헌혈을 하고 심지어 신체 일부를 내놓기까지 한다. 생후 14개월밖에 안 된 기저귀 찬 아기들도 손에 닿지 않는 물건을 집어주면서 서로 돕는다. 그리고 세 살짜리 아이들도 사탕을 다른 아이들과 나눠 먹는다. 물론 어른이나 애들이나 이렇게 나눠 먹는 대신 싸움을 벌일 때도 많고, 게다가 남의 것을 빼앗거나 몰래 숨겨두는 능력도 분명히 갖고 있다. 하지만 정말 충격적인 것은 우리가 서로 나눈다는 사실이다.[22] 호모 사피엔스는 지구의 모든 생물 종 가운데서 가장 협동적인 종이다. 인간은 혈연관계가 아니어도 함께 살 줄 안다. 그리고 이 점에서는 개미도, 하이에나도, 뒤쥐도 인간을 따라오지 못한다.

요컨대 우리에겐 타산적으로 거래하려는 성향만 있는 게 아니다. 그와 나란히 우리에겐 베풀고, 나누고, 또 답례하는 성향도 있다. 아마도 그 이유는 협동할 때 자기 집단의 생존 가능성이 더 커진다는 것을 알기 때문일 것이다. 아주 간단하게 말하자면, 우리는 서로 아주 명확하게 메시지를 보낸다. 살아남기를 원한다면 사랑하는 법을 배우라고. 그리고 아주 독특한 방식으로 서로 사랑하고 잘 지내는 법을 배운다. 경제학자 샘 볼스Sam Bowles와 허브 긴티스Herb Gintis에 따르면, 서구라는 '이상한' 지역 사람들은 이른바 '강력한 상호성'이라는 전형성을 보인다고 한다. 즉 우리는 조건부 협동가(남들이 협동하는 한 나도 협동하는 경향이 있다)지만 이타적 처벌자(배신자나 무임승차자는 개인적으로 비용을 치르더라도 반드시 처벌하려든다)이기도 하다. 그리고 이 두 가지 특징이 결합해 사회적인 대규모 협동이 성공한다는 것이다.[23] 온라인 쇼핑몰에 드나드는 이들은 다른 데서는 익명성 뒤로 숨으려 하면서 유독 제품의 별표 평가와 댓글 평가만큼은 활발하게 한다. 이베이eBay에서 엣시Etsy에 이르기까지 모든 인터넷 쇼핑몰은 참여자 하나하나의 거래 기록을 추적해 그들의 평판을 만들어내고 누가 믿을 만한 거래자인지 밝혀낸다. 그리하여 비록 무임승차자가 있다 해도 이 조건부 협동자들은 서로를 발견하고 풍부하게 경제 행위를 펼쳐나간다.[24]

우리에게 협동하려는 성향과 배신자를 처벌하려는 성향이 있다는 점을 증명한 가장 유명한 예가 최후통첩 게임Ultimatum Game이다. 서구의, 교육받은, 산업화되고, 부유하고, 민주적인 사회 이외에도 여러 다른 사회에서 이 게임을 시행했다. 두 사람이 있는데 한 사람은 제안을 하고 다른 사람은 거기에 응답을 한다. 둘은 서로 정체를 모른다. 이 둘에게 일정한 금액─보통 이틀 치 임금일 때가 많다─을 내놓는다. 여기서 제안하는 사람은 그 돈을 어떻게 나눌지 비율을 제안하고, 응답하는 사람이 찬성하면 양쪽 모두 각자의 몫을 갖고 떠난다. 하지만 만약 응답하는 사람이 거절한다면 두 사람 모두 빈털터리로 떠나야 한다. 그리고 이 게임은 단 한 번에 끝난다. 만약 주류 경제학 이론이 가정하는 것처럼 사람들이 순전히 자기 이익에만 근거해 행동한다면, 제안하는 이가 어떤 비율을 내놓든 응답하는 사람은 이를 받아들여야만 한다. 이를 거절했다가는 공짜 돈이 생길 기회를 스스로 걷어차는 꼴이 되기 때문이다. 하지만 현실에서는 어떤 일이 벌어질까? 응답하는 사람들은 비율이 부당하다고 생각되면 제안을 거부한다. 돈을 전혀 얻지 못한다는 걸 알면서도 말이다.[25] 우리 인간은 다른 이가 이기적으로 굴면 이를 벌하려는 성향이 있다. 설령 비용이 든다 해도 그렇게 한다.

가장 흥미로운 건 각 사회마다 게임 방식이 얼마나 달라지는지다. '이상한' 사회의 전형인 미국과 캐나다 대학생을 보면 제안하는 이는 보통 상대방에게 45퍼센트를 주겠다고 하는 경향이 있고, 20퍼센트 이하를 주겠다고 하면 받는 사람은 거절하는 경향이 나타났다. 하지만 페루 아마존 지역에 사는 마치겡가Machiguenga 부족은 25퍼센트를 제안하는 경향이 있고 받는 사람은 그 몫이 적더라도 거의 늘 받아들인다. 이와는 대조적으로 인도네시아의 라멜라라 마을 사람들은 거의 항상 60퍼센트를 제안하는데 받는 사람이 거부하는 경우는 극히 드물다.

이렇게 문화마다 상호성의 규범이 크게 다른 이유를 어떻게 설명할까? 대개는 우리가 살고 있는 경제와 사회의 다양성으로 설명한다. 미국과 캐나다 사람들은 시장에 기초한 경제에서 지극히 개인적으로 살고, 그런 경제가 작동하려면 반드시 상호성 문화가 필요하다. 반면 수렵 채집 생활을 하는 마치겡가족은 소가족 집단으로 살면서 필요한 것 대부분을 가정 경제 안에서 해결하므로 교역하는 법이 거의 없다. 이들이 공동체의 상호성에 의존하는 일도 상대적으로 드물다. 한편 라멜라라 사람들은 집단으로 고래를 사냥해 생계를 꾸린다. 열두 명이 넘는 남자들이 큰 카누를 타고 바다로 나가며, 날마다 잡은 것을 나눠 갖는다. 이들 집단이 성공하려면 강력한 규범이 반드시 필요하고, 이것이 게임에서 제안자들이 높은 비율을 제안하는 이유다.

상호성이라는 사회 규범은 사회마다 서로 다른 경제 구조에 따라 확연하게 다른 모습을 보인다. 특히 사회 전체의 필요를 조달할 때 가정 경제, 시장, 코먼스, 국가 네 가지 중 어느 것이 더 중요한지는 모두 다르다.[26] 상호성은 경제 구조의 진화 방향과 함께 진화하는 것으로 보인다. 이는 실로 흥미로운 발견으로, 어떤 사회에서든 가정 경제, 시장, 코먼스, 국가의 역할을 다시 조정하려는 이들에게는 아주 중요한 의미를 갖는다.


## 고정된 선호로부터 유동적 가치로

흥미롭게도, 경제학 이론은 18세가 넘은 성인을 기본으로 해 출발한다. 우리가 경제학 이론에서 처음 맞닥뜨리는 대상은 합리적인 경제적 소년소녀가 아니라 합리적인 경제적 어른이다. 왜일까? 경제학 이론은 경제 상황이 어떤지와 상관없이 사람들의 기호가 이미 정해져 있다고 가정해야만 성립하기 때문이다. 하지만 어릴 때 아이들을 광고에 길들여 부모를 조르게 만드는 것이 오늘날의 구매력으로 이어지는 취향과 욕망의 씨앗이라는 것을 모르는 사람은 없을 것이다. 그럼에도 불구하고 성인들은 줏대 있는 소비자인 양 묘사되며, 기업은 단지 소비자들의 선호에 맞춰 제품과 서비스를 내놓는 존재로 그려진다. 이렇게 설정해놓고 보면 사람들의 쇼핑 습관에 변화를 가져오는 요인은 주로 새로운 상품 정보, 상대 가격의 변동, 소득 변동 등일 수밖에 없다.

물론 이런 이야기는 전혀 믿을 것이 못된다. 성인도 아이와 마찬가지로 장사꾼들이 주입하는 메시지에 휩쓸리게 마련이다. 지크문트 프로이트Sigmund Freud의 조카인 에드워드 버네이스Edward Bernays가 1920년대에 깨달았듯이 '우리를 통치하고, 우리의 마음을 결정하고, 우리의 취향을 형성하고, 우리의 생각을 만들어내는 이들은 대개 우리가 이름조차 들어본 적 없는 이들일 때가 많다'. 그의 저서 『프로파간다Propaganda』에 나오는 이야기다. '이런 자들이 마음대로 줄을 잡아당겨 대중의 마음을 조종하는 것이다.'²⁷ 버네이스는 '대중 홍보public relations' 산업을 창안했고, 금세 미국 최대의 대중 조작 대가가 되었다. 버네이스는 미국 담배 회사들을 대신해 여성들로 하여금 담배야말로 '자유의 횃불'이라고 확신하게 만들었고, 비치넛Beech-Nut 포장육 업체의 돼지고기 부서를 대신해 베이컨과 달걀이 모든 미국인의 '건강한' 아침식사라고 구워삶았다.²⁸ 그는 인간의 정신이 어떻게 작동하는지에 대해서는 삼촌의 지혜에 의지했으며, 사람들의 선호에 영향을 주는 비법은 제품의 특징(더 크다, 더 빠르다, 더 반짝인다!)을 홍보하는 게 아니라 제품에 깊이 간직된 가치들—자유와 권력 등—과 연결시키는 데 있다는 것을 잘 알고 있었다.

버네이스가 활용한 가치들에 대해서는 이후 체계적인 연구가 뒤따랐고, 곧이어 의미 깊은 결과들이 나왔다. 1980년대 이후 사회 심리학자 셜롬 슈워츠Shalom Schwartz와 동료들은 80개가 넘는 나라에서 모든 연령과 배경의 사람들을 대상으로 조사해, 문화를 초월해 널리 인정되는 기본적인 가치들을 열 개 집합으로 분류했다. 자기 주도, 자극, 쾌락주의, 성취감, 권력, 안전, 순응, 전통, 자비, 보편주의 등이었다. 특히 인간 본성을 풍부하게 하는 문제와 관련해 세 가지 사항이 중요하게 드러났다.

첫째, 열 가지 가치 모두 모든 사람에게 나타나며, 모든 가치가 한 사람 한 사람에게 동기를 부여하지만 그중 어떤 것이 특별히 크게 작용하는지는 문화와 개인에 따라 크게 다르다. 예를 들어 어떤 이에게는 권력과 쾌락주의가 지배적인 가치지만 어떤 이들에게는 자비와 전통이 지배적인 가치다. 둘째, 이 가치 하나하나는 촉발 계기가 있을 때 우리 내면에서 '발동'된다. 예를 들어 안전이라는 가치를 상기시키면 리스크를 감수하려는 경향이 줄어들고, 권력과 성취를 상기시키면 타인의 필요에 관심을 덜 둔다는 것이다. 셋째는 가장 흥미로운 발견으로, 이렇게 누군가에게 어떤 가치가 가장 큰 힘을 갖는지는 그 사람의 일생에 걸쳐 변할 뿐만 아니라 하루에도 여러 번 달라진다. 즉 일터에서 사교 공간으로 옮겨갈 때, 식탁에서 회의실로 옮겨갈 때, 코먼스에서 시장으로, 또 시장에서 집으로 옮겨갈 때마다 달라진다. 그리고 이 가치들도 근육처럼 많이 발동될수록 힘이 더 강해진다고 한다.

나아가 슈워츠는 열 가지 기초 가치를 두 축으로 묶어낼 수 있다는 사실을 발견하고 원형 모델로 그려 보였다. 첫 번째 축은 변화에 대한 '개방성(독립성과 새로운 것에 관련된다)'을 '보수성(자기 제한 그리고 변화에 대한 저항과 관련된다)'으로 대립시키는 것이다. 두 번째 축은 '자기 향상(사회적 지위와 개인적인 성공에 초점을 둔다)'과 '자기 초월(모든 이의 안녕에 대한 관심이다)'을 대립시키는 것이다. 특히 두 번째의 자기 향상과 자기 초월 축은 외적인 동기 부여(사회적 지위, 돈, 그 밖의 이익 등을 더 많이 성취하도록 유도하는 것들)와 내적 동기 부여(그 자체로 만족을 주거나 몰두시키는 힘이 있다)의 대조로 나타난다.[29] 더욱이 이 열 가지 가치는 두 축을 넘나들면서 서로 다른 가치를 강화하기도 하고 약화시키기도 한다. 예를 들어 자극이라는 가치 하나가 발동된다면 이는 인근에 있는 쾌락주의와 자기 주도 등을 활성화하는 대신 그 상

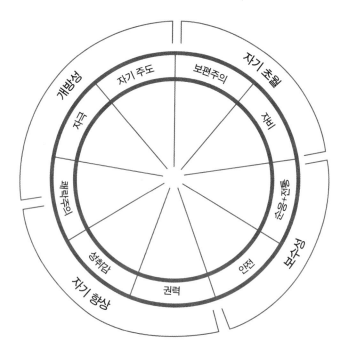

슈워츠의 가치 원형 모델. 문화를 초월해 공통적으로 나타나는 기초 가치 열 가지를 나타낸다.

극에 놓인 안전, 순응, 전통 등은 억누르는 성향을 띤다는 것이다.[30]

이렇게 우리에게 동기를 부여해 행동으로 이끄는 가치들이 유동적이고 서로 반응한다는 사실을 알면, 이제 새롭게 그려낼 인류의 초상은 지금처럼 이미 선호가 결정된 호모 이코노미쿠스보다 훨씬 풍부하고 미묘한 차이를 지니게 될 것이며, 인간 본성을 풍부하게 피어나게 할 방법에도 더욱 많은 의미를 함축하게 될 것이다.

### 고립된 존재에서 상호 의존적인 존재로

합리적 경제인을 고립된 개인, 즉 다른 이들의 선택에서 아무 영향도 받지 않는 존재로 묘사하는 것은 경제를 수리 모델로 묘사할 때는 대단히 편리한 가정일 수 있지만, 심지어 경제학 내부에서조차도 많은 이가 오래도록 의문시해왔다. 19세기 말 사회학자이자 경제학자인 베블런은 경제학 이론이 인간을 '자기 완결적인 욕망 덩어리'로 묘사한다고 비판했고, 프랑스의 다재다능한 학자 앙리 푸앵카레Henri Poincaré는 '사람들이 양 떼처럼 행동하는 경향'을 간과한다고 지적했다.[31] 푸앵카레가 옳았다. 우리에겐 상상하는 것처럼 떼거리 근성이 있다. 우리는 사회적 규범을 따르며, 보통은 남들이 기대하는 대로 행동한다. 특히 마음속에 공포나 의심이 가득 찰 때는 군중과 함께 행동하는 경향을 보인다.

'이상한' 지역에 사는 십 대의 음악 취향에 대해 아주 흥미로운 실험이 있었는데, 이는 사회적 규범의 영향력이 얼마나 큰지를 잘 보여준다. 실험 대상(1만 4,000명)은 십 대들이 즐겨 찾는 웹사이트에서 모집했다. 이들은 노래 마흔여덟 곡(그들이 모르는 그룹의 모르는 노래들)을 듣고 점수를 매겨야 했는데, 좋아하는 노래는 내려받을 수 있었다. 통제 집단 참여자들은 오로지 각 그룹의 이름과 노래 제목만 아는 상태에서 노래를 듣고 점수를 매겼다. 다른 여덟 개 집단 참여자들은 자기 집단 사람들이 어떤 노래를 얼마나 많이 내려받는지 볼 수 있었다.

과연 결과는 어땠을까? 여덟 개 실험 집단 모두에서 각 곡의 인기는 부분적으로는 질(통제 집단에서 독립적으로 매긴 점수와 같이)에 따라 결정되었다. '가장 좋은' 노래는 어느 집단에서나 낮은 점수를 받는 법이 없었고 '가장 싫은' 노래는 어느 집단에서나 높은 점수를 받지 못했다. 하지만 인기의 상당 부분은 사회적인 영향력에 따라 결정되었다. 참가자들은 대체로 남들이 좋아하는 곡을 더 선호했다. 그리고 웹사이트에서 참여자들이 각자 매긴 점수를 더 잘 보이게 하면 그에 따라 집단마다 '대히트 곡'이 출현할 가능성이 더 높아진다는 것도 드러났다. 하지만 참으로 흥미로운 것은, 이 경우 그 히트 곡이 무엇이 될지는 예측하기가 어렵다는 점이었다.[32] 이런 떼거리 행동은 대단히 전염성이 강하고 대단히 불확실하다. 그리고 이는 다음 차트 1위에 오를 노래뿐만 아니라 내년 여름의 패션 경향을 예견하는 게 어째서 불가능한지를 설명해준다(주식 시장에서 활황과 거품 붕괴를 낳는 '동물적 본능animal spirits'●은 말할 것도 없다). 그리고 우리의 선호, 구매, 행동을 결정하는 데 각종 사회적 네트워크가 얼마나 큰 힘을 발휘하는지도 드러난다.

이런 종류의 사회적 영향력은 삶이 그 어느 때보다 긴밀하게 네트워크로 연결되면서 더욱 커졌지만 방식은 아주 새롭다. 네트워크 이론가 폴 오머로드Paul Ormerod가 지적하듯이, 우리는 그 어느 때보다도 다른 이들의 견해, 결정, 선택, 행동 등에 대해 잘 알게 되었다고 한다. 1900년에는 전 세계 인구의 약 10퍼센트만 도시에 살았지만 2050년이 되면 도시 인구 비율이 70퍼센트에 달할 거라고 한다. 이렇게 사람들이 좁은 도시에 밀집해 살아간다는 사실에다 전 세계에 뉴스와 반응, 데이터, 광고 등을 전송하는 커뮤니케이션 망을 더해보라. 이제 인류는 무수히 많은 네트워크로 이뤄진 역동적인 범세계적 단일 네트워크 안에 살게 된 것이다.[33]

베블런에 따르면 사회적 영향력 가운데서도 '과시적 소비conspicuous consumption'가 가장 해악이 크다. 이는 '옆집 사는 수준 따라 하기'라는 욕망으로 남에게 과시하려고 사치품과 서비스를 사들이는 행위다. 스티글리츠는 이런 효과가 특히 한 나라 안에서, 또 나라와 나라의 심한 불평등이라는 맥락 속에서 나타난다는 점을 지적한다. 그에 따르면 '상위 1퍼센트가 안 되는 이들이 경제력을 넘어서는 생활 수준을 즐기려는 경향이 갈수록 커지고 있다'는 문헌 증거가 많다. 낙수 효과라는 것은 현실에 존재하지 않는 상상의 산물에 불과하지만, 무작정 부자를 따라 하려는 낙수 행위trickle-down

---

behaviourism는 대단히 현실적인 현상이다'.[34]

이는 우리의 행동에 영향을 미치도록 경제 정책을 설계할 때 중요한 의미를 갖는다. 경제학자들이 전통적으로 사람들의 행동 양상을 바꾸려고 사용한 방법은 여러 가지 품목의 상대 가격을 바꾸는 것이었다. 설탕에 세금을 매겨 가격을 올린다든가, 태양 전지판에 보조금을 줘 가격을 내린다든가 하는 정책들이다. 하지만 이렇게 가격 신호를 줘봐야 기대한 결과가 나오지 않을 때가 종종 있으니, 그 이유는 훨씬 강력한 네트워크의 효과가 가격 변동 효과를 잡아먹고 사람들은 네트워크 안에서 다른 이들이 기대하는 바와 사회적 규범을 따르기 때문이다.[35] 동시에 그런 상호 의존 관계를 사람들의 행동을 바꾸는 방법으로 사용할 수도 있다. 이는 앞으로 논할 것이다.


## 계산적 사고에서 근삿값 사고로


절대로 오류를 범하는 법 없는 합리적 경제인 앞에 호모 사피엔스는 분명 적수가 되지 못한다. 1950년대 이후 허버트 사이먼Herbert Simon은 동료 경제학자들과 달리 사람들이 실제로 어떻게 행동하는지를 연구하기 시작했고, 사람들의 합리성이란 심각하게 '제한되어' 있다는 사실을 발견했다. 그의 발견 이후 1970년대에 심리학자인 대니얼 카너먼Daniel Kahneman과 아모스 트버스키Amos Tversky의 발견이 합쳐져 오늘날 행동경제학behavioral economics이라 불리는 새로운 분야가 탄생했다. 사람들로 하여금 이상적인 합리성 모델로부터 벗어나게 행동하도록 체계적인 원인을 제공하는 갖가지 '인지 편향cognitive bias'을 연구하는 학문이다.

예는 차고 넘치도록 많다. 우리(최소한 '이상한' 지역에 사는 이들)는 결정을 내릴 때 좀 더 최근에 얻은 정보와 좀 더 얻기 쉬운 정보에 의존하는 가용성 편향availability bias을 보이며, 같은 크기라면 이득을 얻는 쪽보다는 손실을 피하는 쪽을 더 선호하는 손실 회피성loss aversion을 갖는다. 또 우리의 기존 사고 틀과 맞아떨어지는 사실과 주장에 의존하는 선택적 인지selective cognition도 지니고, 극단적인 사건이 벌어질 가능성은 과소평가하면서 그런 일이 벌어졌을 때 대처하는 능력은 스스로 과대평가하는 위험 편향risk bias 도 보인다. 이 밖에도 예가 많다. 실제로 위키 백과의 관련 항목을 찾아보면 인지 편향이 60개 이상 나열되는데, 합리적 경제인과 오류를 저지르게 마련인 현실의 인간을 나란히 놓고 마치 거대한 다른 그림 찾기 퍼즐을 하는 것 같다.[36]

실제 인간에게는 이렇게 비합리적인 결함이 잔뜩 있으니, 이런 현실을 직시한다면 과연 무엇을 해야 할까? 리처드 탈러Richard Thaler와 캐스 선스타인Cass Sunstein은 사람들의 행동을 넌지시 유도하는 것, 즉 '넌지nudge'를 소개한다. 넌지는 '어떤 선택도 막지 않으면서 경제적 보상에 큰 변화를 주지 않고 사람들의 행동을 예측 가능한 방식으로 바꾸는 모든 측면'이라고 한다.[37] 앞서 말한 버네이스 덕에 무수한 기업과 소매업자가 암시적인 광고, 가게와 텔레비전 방송의 제품 진열, 판매의 심리학 등의 넌지를 이용해 우리에게 개입한 역사가 이미 한 세기가 되어간다. 그런데 공공 정책도 넌지로 설계할 수 있다. 학교 구내식당에서 눈높이에 과일을 진열해 학생들의 식습관이 건강해지도록 유도할 수 있다. 회사에서 운영하는 연금도 일단 모두 가입한 뒤 원치 않는 사람만 탈퇴하는 쪽으로 설계하면 장기적인 소득 안정성을 추구하도록 넌지시 유도하는 결과가 나온다. 넌지를 활용한 정책의 본질은, 우리가 경제적 인간만큼 합리적이라면 마땅히 취할 행동을 따라 하도록 장려하는 데 있다.

넌지를 사용한 정책은 분명히 효과를 내지만 이런 인지 편향 목록이 늘어날수록 인간은 무능한 존재로 보이기 시작했다. 어떻게 보면 인류가 살아남았다는 것 자체가 기적일 지경이다. 그런데 진화심리학자 게르트 기거렌처Gerd Gigerenzer는 진실은 정반대라고 말한다. 인류가 살아남아 번성한 것은 인지 편향을 극복했기 때문이 아니라 바로 그 인지 편향 덕이라는 것이다. 편향이라는 것들은 알고 보면 '어림짐작 발견 방법take-the-best heuristics'이라고 한다. 인간은 어떤 결정을 내릴 때마다 무의식적으로 생각의 지름길을 찾아 적당히 들어맞는 '주먹구구 계산법'을 사용한다는 것이다. 항상 빠르게 바뀌고 또 불확실하기 짝이 없는 세계에서 살아남아야 했던 인류의 두뇌는 수백만 년 동안 재빨리 결정을 내리는 능력에 의존하도록 진화했으며, 이를 위해서는 정밀한 계산보다 '어림짐작 발견 방법'이 더 나은 상황이 많았다는 것이다.

예를 들어 어림짐작 발견 방법이야말로 불확실한 상황에서는 최선의 의사결정을 내리는 '신속하고 간소한fast and frugal' 방법이다. 기거렌처는 병원 의료진과 함께 작업하면서 응급환자에게 심장마비의 위험이 있는지, 그래서 관상 동맥 치료에 들어가야 하는지를 의사들이 재빨리 판단하게 해주는 간단한 3단계 질문지를 만들었다. 첫 번째 질문은 '심전도에 부정맥이 잡히는가?'다. 만약 그렇다면 관상 동맥 치료를 받는다. 아니라면 두 번째 질문으로 넘어간다. 두 번째 질문은 '가장 주요한 증상이 흉통인가?'다. 만약 그렇다면 관상 동맥 치료로 들어간다. 아니라면 세 번째 질문으로 넘어간다. 세 번째 질문은 '다음 다섯 가지 증상 가운데 하나라도 나타나는가?'다. 그렇다면 관상 동맥 치료로 들어간다. 아니라면 일반 병동으로 보낸다. 참으로 흥미로운 사실은, 이 방법이 환자별로 각각 약 50가지 정보를 수합해 종합하는 의학 컴퓨터 프로그램보다 예후를 더 정확하게 짚어냈다는 점이다.[38] '신속하고 간소한' 어림짐작 발견 방법에는 이런 가치가 있으므로 우리는 합리적인 인간이 아니라 어림짐작하는 인간이라는 데 자부심을 가져야 할 것이다. 얼핏 보면 합리성이 부족해 보이지만, 알고 보면 진화라는 게임에서 당당히 승리자가 된 더 나은 사고방식일 수도 있다.

어림짐작 발견 방법의 위력 때문에 기거렌처는 행동경제학자들의 다음과 같은 처방에 동의하지 않는다. 기거렌처의 말에 따르면 행동경제학자들은 '리스크를 이해하는 데서 인간은 기본적으로 가망이 없는 존재이며, 따라서 인간은 태어나서 죽을 때까지 넛지로 계속 유도해야 하는 존재'라고 생각한다는 것이다. 하지만 그는 주먹구구 계산법을 넛지로 억누를 것이 아니라 어림짐작 발견 능력을 더욱 계발하고, 이를 리스크 평가의 기본 기술들로 보충해야 한다고 주장한다. '우리는 21세기에 살고 있으며, 고도의 복잡한 기술에 둘러싸여 있고, 우리가 도저히 예측할 수 없는 것들이 도처에 깔려 있다.' 그는 이렇게 주장한다. '우리에게 필요한 건 더 좋은 기술, 더 큰 관료 조직, 더 엄격한 법률뿐만이 아니다.… 리스크에 대한 실전 지식과 지혜를 가진 시민이 필요하다.' 그리고 그는 실제로 우리가 리스크에 대해서도 실전 지식과 지혜를 배울 수 있다는 사실을 증명했다. 독일 의사, 미국 판사, 중국 초등학생 모두에게 일상적인 통계 추론 기술을 가르치는 데 성공한 것이다. 현명하게 행동하도록 넛지시 유도한다는 명목하에 사람들을 수동적인 존재로 만들 것이 아니라, 주먹구구 계산법이라도 써서 리스크에 대한 실전 지식과 지혜를 깨우치게 할 수 있으며, 그렇게 되면 이들은 알아서 지혜로운 방법을 선택할 거라는 것이다.[39]

아주 호소력이 있고 또 우리 한 사람 한 사람에게 힘을 주는 접근법이지만, 어림짐작 발견 방법에 의존할 때 뒤따를 수밖에 없는 문제가 있다. 이 방법은 진화해온 맥락 속에 있을 때 가장 효과가 크다는 점이다. 하지만 인류가 살아가는 맥락과 환경은 지난 1만 년 동안 크게 달라졌고 특히 지난 200년간 우리는 아주 극적인 변화를 맞았다. 한 예로 기후 변화라는 파괴적인 결과를 생각해보라. 처음에는 눈에 보이지도 않고, 한참 시차를 두고 나타나며, 점진적이고, 먼 곳에서 일어난다. 이 네 가지 특징은 어림짐작 발견 방법을 가장 무력하게 만드는 것으로 악명 높은 것들이다. 그렇다면 사람들의 행동 변화를 독려하려는 정책 입안자라면 리스크에 대한 실전 지식과 지혜를 얻을 어림짐작 발견 방법과 행동경제학의 넛지를 적절히 섞어서 장려하는 것이 현명할 것이다. 적절한 배합 비율을 찾아내기 위해서는 각각 어떤 경우에 가장 큰 효과를 내는지를 이해하는 것이 우선이다.

## 지배하는 존재에서 의존하는 존재로

새로운 경제적 인간의 초상화는 우리 인류가 지구에서 차지하는 위치를 스스로 어떻게 이해하는지를 반영해야만 한다. 서양에서는 전통적으로 인간이야말로 자연을 밟고 선 지배자이며 따라서 자연을 마음대로 처분할 수 있는 존재라고 묘사해왔다. 17세기 철학자 프랜시스 베이컨Francis Bacon은 '인류는 신으로부터 자연을 넘겨받아 이를 소유했으니, 마땅히 자연에 대해 그 권리를 되찾아야 한다'고 했다.[40] 이런 관점은 개발경제학의 창시자 아서 루이스Arthur Lewis가 1949년에 출간한 『경제학: 인간과 물질적 수단Economics: Man and His Material Means』에서도 되풀이된다. 이 책은 '희소한 자원을 가장 효율적으로 활용'함으로써 '인류가 지구로부터 생계 수단을 뜯어내는 방식들을 탐구하는 것'이 과제라고 밝혔다. 이렇게 인간이 자연의 지배자 위치에 있다는 가정은 서양 문화에 아주 오래전부터 있었으며, 『성경』 첫 구절에도 명확히 드러나 있다. 이는 또 환경경제학의 기초이기도 하다. 우리의 생명 세계를 '천연자원' 저장고라는 틀로 보기 때문이다. 마치 산더미 같은 레고 조각마냥 자연을 인간에 의해 인간을 위한 유용한 뭔가로 변환되기를 기다리는 것이라고 보는 것이다.

하지만 인류는 자연이라는 피라미드의 꼭대기에 군림하는 존재가 아니라 자연의 망의 일부이면서 그 속에 깊이 묻혀 있는 존재다. 우리는 생명 세계에 포함된 존재지, 그것과 별개로, 혹은 그 위에 군림하며 존재하는 게 아니다. 우리가 삶을 영위할 수 있는 것은 단순히 지구라는 별이 아니라 그 내부의 생물권 안에 살고 있기 때문이다. 미국 생태학자 알도 레오폴드Aldo Leopold의 훌륭한 말처럼 이제 우리는 스스로를 다르게 바라보아야 한다. '더 이상 이 땅의 공동체를 지배하는 정복자로 보지 말고 그 안의 평범한 성원이자 시민의 하나로 봐야 한다.'[41] 40년간의 지구 시스템 연구 조사 덕에 이제 우리는 이 홀로세—기후는 안정되고, 담수가 풍부하고, 오존층이 두꺼운 보호막이 되고, 생물 다양성이 뛰어난 시대—에 인류가 어떻게 번성할 수 있었는지, 그리고 반대로 어째서 지구가 지속적으로 융성할 때만 우리가 비로소 생존할 수 있는지를 훨씬 잘 알게 되었으며, 그 이해 속도도 계속 빨라지고 있다.

이렇게 자연을 피라미드가 아닌 넓은 망으로, 인간을 꼭대기에 앉은 지배자가 아니라 평범한 참여자로 바라보게 되면서 우리는 이제 인간 중심적인 가치들을 넘어 이 생명 세계에 내재한 본질적 가치를 존중하는 법을 배우고 있다. 사상가인 오토 샤머Otto Scharmer는 이렇게 말한다. '정말로 필요한 건 우리가 우리 자신이나 다른 이해관계자뿐만 아니라 경제 활동을 포괄하는 지구 전체의 생태계를 위해 행동하고 돌보도록 의식 자체가 변하는 것이다.'[42] 특히 우리의 '이상한' 사회에 이런 의식 변화가 절실하다. 예를 들어 미국 도시 아이들은 시골의 북아메리카 원주민 공동체에서 자라는 아이들보다 생명 세계를 훨씬 단순하고 인간 중심적으로 이해하고 있다.[43] 이 문제를 실질적으로 해결하는 방법은 모든 학교에서 '생태 문해eco-literacy'를 가르치고 학교 조직의 운영 원리로 삼는 것이다. 이렇게 하면 이제부터 자라날 세대는 지구의 생명 현상을 가능케 해주는 생명 세계의 상호 의존 시스템을 이해하고 여기에 기초해 세계관을 발전시킬 것이다.

이 세계에서 우리가 차지하는 위치에 대한 생각을 바꾸려면 우리 세계를 더 적절히 묘사할 말들을 찾아내는 것도 매우 중요하다. 정치이론가인 한나 아렌트Hannah Arendt는 길 잃은 개에게 이름을 붙여주면 생존 확률이 훨씬 높아진다는 데 주목했다.[44] 아마도 오늘날 주류 환경경제학자들이 이 생명 세계를 '자연 자본'이라는 재산 가치와 이것이 제공하는 '생태계 서비스'라는 용어로 묘사하는 것도 바로 이런 맥락일 것이다. 그렇다고 해서 아무 이름이나 붙여도 된다는 것은 절대 아니다. 길 잃은 개를 '악동scamp'이라고 부를 경우와 '챔피언champ'으로 부르는 경우는 글자 한두 개 차이일지라도 그 개가 세상에 표상되는 방식을 완전히 바꿔놓는다. 그렇기 때문에 '자연 자본'이니 '생태계 서비스'니 하는 말을 쓰면 양날의 칼과 같은 결과가 나온다. 이 이름들은 단순히 우리 생명 세계를 인간의 물적 자원이라는 지위에서 빼내 인간의 대차 대조표에서 자산 쪽으로 옮겨놓은 것에 불과하다. 북아메리카 원주민인 이로쿼이 오논다가 부족의 추장 오렌 라이언스Oren Lyons가 버클리 대학교의 천연자원대학College of Natural Resources에서 초청받아 강연을 하면서 바로 그런 위험성을 강조했다. "여러분이 '자원'이라고 부르는 것을 우리는 '친척'이라고 부릅니다. 상호 관계라는 관점에서 생각한다면 그 대상을 더욱 잘 대접할 수 있지 않겠습니까?… 관계라는 관점으로 돌아갑시다. 그것이야말로 우리 생존의 기초니까요."⁴⁵

따라서 새로운 경제학을 생각하는 이들이 우리가 속한 세계를 한층 잘 표현할 수 있는 말을 찾는 게 당연하다. 생체 모방biomimicry 전문가인 재닌 베니어스Janine Benyus—6장에서 그의 사상을 더 살펴볼 것이다—는 지구를 가리켜 '우리 집이지만 우리만 사는 건 아닌 집'이라는 훌륭한 말을 내놓았다. 생태 작가 찰스 아이젠스타인Charles Eisenstein은 이제 우리가 '지구와 창조의 협력 관계로 연결된 생명의 자아'로 스스로를 인식할 때라고 말한다.⁴⁶ 이런 언어를 쓰면 분명 어떤 이는 손발이 오그라든다고 할 것이다. 아마도 가장 가까운 혈육임에도 제일 무시해온 누군가를 대면해 그 이름을 부를 때 느끼는 어색함과 비슷할 것이다. 또 우리가 스스로 이런 방식으로 이야기하는 데 얼마나 익숙지 않은지를 잘 보여주는 것으로, 물고기더러 물을 뭐라고 부르는지 대답해보라고 묻는 것과 비슷하다. 우리가 이 세상에 속해 있다면 우리 역할은 무엇인가? 그걸 설명할 어휘를 찾아내는 일이야말로, 인류라는 종이 과연 다른 생물 종과 더불어 번성하는 법을 배울 수 있을지를 결정하는 데 생각 이상으로 중요하다는 것이 입증될 것이다.

이 다섯 가지 관점 변화를 이룬다면 21세기에 걸맞은 인류의 초상을 최소한 밑그림 정도는 그릴 수 있을 것이다. 물론 그림을 완성하려면 갈 길이 한참 멀다. 우선, 우리의 경제적 자아에 대해 더 많이 알아야 한다. 특히 화폐를 중심으로 한 행동을 훌쩍 넘어 이해의 지평을 넓혀야 한다. '이상한' 지역 학생들이 바깥세상 사람들과 사뭇 다르게 행동한다는 것이 입증되었듯,

돈이 우리 행동에 미치는 영향은 돈 이외에 우리가 소중히 여기는 다른 것들이 영향을 미치는 방식과는 크게 다르다는 게 입증될 것이다. 만약 앞에서 이야기한 최후통첩 게임에서 참여자에게 돈 대신 음식, 물, 건강 보험, 시간, 정치적 발언권 등을 나누라고 한다면 게임은 어떻게 달라질까? 돈 말고도 우리가 크게 가치를 부여하는 것들이 많다. 돈과 그 밖의 것들에 우리가 적용하는 공정성의 의미가 똑같을 거라고는 도저히 생각되지 않는다. 나아가 우리는 '이상한' 지역에 사는 이들만이 아니라 인류 전체가 누구인지에 대해서도 더 많이 이해해야 한다. 물론 실험 연구를 다변화하고 다양한 지역에서 시행한다면 민족별, 문화별로 흥미로운 차이점이 더 많이 밝혀지겠지만, 궁극적으로는 이제 고인이 된 영국 국회의원 조 콕스Jo Cox의 말대로 '우리를 가르는 차이점보다 공통점이 훨씬 많다'는 것을 알게 될 것이다.[47]

이렇게 다섯 가지 관점 이동으로 우리의 새로운 경제 초상화를 그리는 여러 지혜를 얻을 수 있었다. 그렇다면 인류를 도넛으로 이끄는 데 도움이 되도록 이 지혜를 사용하려면 어떻게 해야 할까? 이 질문은 앞으로 이어지는 이야기에서 계속해서 등장할 것이다. 그런데 특히 주의를 기울일 문제가 있다. 인류의 빈곤과 생태 악화를 끝내기 위해 마련한 정책들이 금전적 보상을 갈수록 많이 활용한다는 사실이다. 이에 관한 초기 연구들을 보면 금전적인 보상은 인간의 내면적인 가치가 아니라 외적인 가치를 활성화시키면서 종종 돈 이외의 동기들을 퇴출시키곤 한다. 앞으로 사례 연구를 보겠지만, 인간 본성이 도넛의 안전하고 정의로운 공간을 지향하게 만들 훨씬 현명한 방법들이 있을 것이다. 이를 위해 우리는 우리가 알고 있는 가치, 넛지, 네트워크, 상호성 등을 총동원해야 할 것이다.

## 시장과 성냥의 공통점: 조심해서 다룰 것

전통적인 경제 정책은 상대 가격을 변화시키는 것이 사람들의 행동을 바꾸는 믿을 만한 방법이라고 가정한다. 새로운 시장을 창출하거나, 개개인에게 재산권을 부여하거나, 여러 규제를 단행하는 등의 방법이다. 경제학자들은 이렇게 말할 것이다. '가격만 제대로 매겨라!' 그러면 나머지 문제는 저절로 해결된다는 것이다.

물론 가격은 중요하다. 말라위, 우간다, 레소토, 케냐 등지에서는 1990년대 말, 극빈 가정 아동을 대상으로 공립 초등학교 학비를 완전히 폐지했더니 취학률이 극적으로 높아졌고, 덕분에 의무 교육이라는 목표에 훨씬 가까워질 수 있었다. 2004년 독일 정부는 재생 에너지 발전 시설을 갖춘 가정과 기관을 대상으로 발전 차액 지원feed-in tariff* 제도를 도입해 전기 소매가를 상회하는 금액을 지급했다. 그러자 온 나라의 투자가 풍력, 수력, 태양 에너지, 생물 연료 등으로 집중되는 변화를 불러왔고, 그 결과 불과 10년 만에 독일 전체 전력의 30퍼센트는 재생 에너지로 충당하기에 이르렀다.[48]

이렇게 가격은 중요하다. 하지만 가격을 '제대로' 매기는 건 경제학자들이 장담하는 것처럼 쉬운 일이 아니며 따라서 손쉬운 해법도 아니다. 20세기의 경제학 이론으로 경제학자들은 변화를 촉발하는 가격의 힘을 과대평가하고, 대신 그 밖의 여러 가치, 상호성, 네트워크, 어림짐작 발견 방법 등의 역할은 과소평가하곤 했다. 그리고 아주 결정적으로, 어떤 것은 가격을 매기는 순간 바로 위태로운 상태에 내몰린다는 사실을 완전히 간과했다. 이는 특히 우리가 전통적으로 도덕과 윤리 영역으로 다뤄온 여러 관계에 적용되는 이야기다. 이렇게 말하는 이유가 있다. 가격을 정한다는 것은 성냥을 긋는 것과 비슷해 강렬한 관심과 이익을 불꽃처럼 일으키지만, 그 불꽃은 권력과 위험도 함께 촉발시킨다. 2장에서 보았듯이 시장은 불과 비슷하다. 그래서 자신이 하는 일에는 지극히 큰 효과를 내지만, 한편으로는 일

---

● 기존 에너지 생산에서 나오는 에너지 단가와 대안적 재생 에너지 생산 시 에너지 단가에 차이가 있으면(특히 후자가 더 비쌀 경우) 그 차액을 메워주는 제도.

정한 한도로 억제해야 한다는 도전장을 우리에게 던지기도 한다. 그리고 모든 것을 집어삼킬 만큼 커지면 그 토대가 되는 터전까지 깡그리 태워 잿더미로 만들어버린다.

리처드 티트머스Richard Titmuss는 1970년에 출간한『증여 관계The Gift Relation ship』에서 이런 우려를 처음 제기했다. 미국에서는 사람들이 헌혈을 하면 돈을 주지만 영국에서는 헌혈이 순수한 자원봉사 활동일 뿐이었다. 하지만 캠페인이 성공적인 건 영국으로, 훨씬 건강하고 훨씬 많은 혈액을 심지어 무료로 모으고 있다.[49] 금전적 보상이라는 것이 과연 내면의 동기를 강화시킬까? 아니면 돈이라는 외적인 동기가 내면의 동기를 밀어내버릴까? 티트머스의 연구 이후 이 의문은 한층 타당해졌다. 사회적 변화와 생태적 변화를 이루는 방법으로써 현금 장려책과 지불 제도 도입이 세계적으로 늘어나는 추세이기 때문이다.

예를 들어 콜롬비아에서는 아이들을 중학교에 보낸다는 조건으로 가정에 직접 현금을 지급하는 교육 제도를 실험한 적이 있다. 2005년 보고타 지역 저소득 가정에서 무작위로 선별된 십 대 청소년들이 실험에 참여했고, 이 아이들이 출석률 80퍼센트를 넘기고 학년말 실험을 통과하면 부모에게 월 3만 페소(약 15달러)를 현금으로 지급한 것이다. 이 제도를 설계하고 실험을 진행한 건 세계은행 경제학자들이었다. 실험 결과 이 제도에 참여한 아이들은 그렇지 않은 아이들에 비해 정기적으로 학교에 출석하는 비율이 3퍼센트 늘었으며, 그다음 해 등록 비율도 1퍼센트 늘었다고 한다. 세계은행 경제학자들이 기대한 대로 분명히 긍정적인 변화가 있었다. 비록 아주 적은 정도였지만.

하지만 경제학자들은 이 실험에서 전혀 예측하지 못한 이면을 발견하고 당황했다. 실험 참가자의 형제자매 중에서 여기에 선발되지 못한 아이들은 선발된 형제자매가 없는 아이들에 비해 학교 출석률이 크게 낮아졌고 자퇴율은 더 높아졌다는 사실이다. 가장 충격적인 점은 이것이 특히 여학생들에게 해당되더라는 것이다. 형제자매 중에 실험 참여자가 있는 여학생들은 그렇지 않은 가정에 비해 자퇴율이 10퍼센트나 높았다고 한다.[50] 게다가 의도치 않은 자퇴의 부정적인 효과가 너무 커서 애초에 이 제도가 목표로 한 출석률과 재등록률의 증가분을 완전히 압도해버렸다. 연구를 수행한 세계은행 경제학자들은 이 연구에서 부수적으로 나타난 발견들로 인해 도저히 설명할 수 없는 방식으로 이론과 예측 모두 도전받았기 때문에 '우려스럽다', 또 '대단히 흥미롭다'고 말했다.

우연찮게 발견한 이런 사실은 바로 화폐가 사회적 규범을 침식한다는 사실을 설명해준다. 학생의 자부심과 노력, 부모의 책임감 같은 사회적 규범을 금전 지급과 보상이라는 시장 규범으로 대체했으므로 사회적 규범은 침식당하지 않을 수 없는 것이다. 철학자 샌델은 현금 지급이 이렇게 우리의 내면적인 동기와 이를 떠받치는 가치를 해칠 수 있다고 주장하면서 우려를 표명한다. 그가 든 예를 보자. 미국 텍사스주의 댈러스에서 실적이 좋지 않은 초등학교들이 '배워서 돈 벌자Earning by Learning'라는 프로그램을 시행했다. 여섯 살짜리 아이들에게 책 한 권을 읽을 때마다 2달러씩 주는 제도였다. 연구자들은 이 제도로 1년간 아이들의 문해력이 좋아졌다는 결과를 얻었다. 하지만 이런 식으로 돈을 주면 아이들의 학습 동기에 장기적으로는 어떤 결과가 나타날까? 샌델은 이렇게 말한다. '시장은 유용한 도구지만 아무나, 아무 데나 쓸 수 있는 도구가 아니다. 당연히 걱정할 수밖에 없는 게, 이런 식으로 돈을 주다 보면 아이들이 독서를 일종의 돈벌이 방법으로 생각하게 되고, 독서에 대한 애정과 욕구는 밀려나거나 퇴색해버리고 만다'는 것이다.[51]

이런 걱정에도 불구하고 금전적인 보상은 사회의 모든 영역에 도입되었고, 소비자, 고객, 서비스 공급자, 노동자 등 시장의 정체성이 우리 관심의 전면에 등장하게 되었다. 시장 규범이 사회적 규범을 대체해버리면 이는 돌이키기 힘든 결과를 불러올 것이다. 1990년대에 이스라엘 하이파에서 있었던 실험 연구가 이를 잘 보여준다. 어린이집 열 군데에서 시행한 실험으로, 부모가 아이를 데려갈 시간에서 10분 늦을 때마다 벌금을 조금씩 물리는 것이었다. 부모들은 어떻게 대응했을까? 더 빨리 오기는커녕 지각하는 부모가 두 배로 늘었다. 돈으로 계산되는 벌금을 도입하자 부모들의 마음속에서는 지각에 대한 죄의식이 완전히 사라졌으며, 벌금을 초과 시간에 대한 값으로 여기기 시작한 것이다. 석 달이 지나 실험은 끝났고 벌금 제도도 사라졌지만 지각하는 부모는 더 늘어나고 말았다. 가격표가 사라졌다고 해서 죄의식이 되돌아오는 건 아니었던 것이다. 일시적으로도 시장이 생겨나면 본질적으로 사회 계약은 깨끗이 사라진다.[52] 샌델은 이렇게 경고한다. '전통적으로 비시장적 규범으로 지배되던 삶의 영역에 시장이 도달하면서, 시장은 재화를 교환하는 장치일 뿐 그 재화 자체를 건드리거나 오염시키지는 않는다던 생각은 잘못된 것으로 밝혀지고 있다. 시장은 단순한 메커니즘이 아니다. 시장은 고유 가치들을 구현한다. 그리고 그런 시장 가치들이 우리가 마땅히 소중히 해야 할 비시장적 규범들을 몰아낼 때가 있다.'[53]

시장에서의 역할만 언급해도 사람들의 내면적인 동기가 내몰리는 결과가 벌어질 수도 있다. 한 온라인 여론 조사에서 참여자들에게 이렇게 물은 적이 있다. 네 집이 우물을 공유하는데 가뭄으로 그 우물이 말라 네 집 모두 물이 부족해지고 말았다. 당신이 네 집 중 하나라면 어떻게 하겠는가? 참여자 절반에게는 이 시나리오 전체를 '소비자'라는 용어로, 나머지 절반에게는 '개인'이라는 용어로 묘사했다. 단어 하나를 바꾼 결과 어떤 차이가 생겨났을까? '소비자'라고 들은 참가자들은 '개인'으로 호명된 참가자들에 비해 스스로 뭔가를 하겠다는 개인적인 책임감이 훨씬 적게 나타났다.[54] 소비자로 생각하라는 한마디만으로 이기적인 행태가 촉발되며, 함께 가뭄을 겪는 공동체를 단합시키는 게 아니라 오히려 분열시킨 것이다. 21세기 들어 담수와 어류, 대양과 대기권까지 지구의 자원과 폐기물 소화력이 압박받는 현실에서, 우리 모두가 직면한 도전들을 어떻게 묘사할 것인가를 논할 때 이런 통찰이 핵심이 될 수 있다. 이렇게 보면 갑자기 '이웃' '공동체 성원' '여러 국가 공동체' '세계 시민'이라는 표현이 우리 경제의 안전하고 정의로운 미래를 확보하는 데 대단히 소중한 것들로 보일 것이다.

가치 평가, 가격, 지불, 시장 등 사람들의 생태적 행동을 만드는 용어 사용에 대한 연구 결과도 거의 비슷하다. 탄자니아의 모로고로 근처 촌락에서 공동체 성원들에게 각자 마을에 있는 학교의 풀을 깎고 나무를 심으라고 요청했다. 어떤 마을에서는 참여한 이들에게 돈을 조금 지급했고 다른 마을에서는 아예 돈 이야기를 꺼내지 않았다. 그런데 돈을 준 마을의 참여율이 20퍼센트나 낮았다고 한다. 게다가 돈을 받은 이들(액수는 평균 일당 정도였다)은 일이 끝나자 작업 내용에 대해서나 지급 액수에 대해서나 대부분 불만을 터뜨렸지만, 반면 돈 이야기가 전혀 없었던 마을 참가자들은 압도적으로 마을을 위해 좋은 일을 했다는 만족감을 표했다고 한다.[55]

멕시코의 치아파스에서도 삼림 보존 제도의 일환으로 비슷한 실험을 했다. 농부들에게 벌목, 수렵, 덫 놓기, 가축 늘리기 등을 삼가도록 유도하면서 이에 응한 이들에게 현금을 지급했다. 그런데 해가 가면서 농부들이 삼림을 보존하는 동기는 내적 가치가 아니라 금전적 가치로 바뀌었으며, 앞으로도 삼림 보존 노력에 기꺼이 참여할지 묻자 보상 액수가 얼마인지에 달렸다는 답이 많아졌다. 그런데 치아파스의 다른 지역에서는 삼림을 공동체의 계획과 프로젝트로 관리하고 있었다. 처음에는 농부들을 삼림 보존 사업에 참여시키는 데 시간이 오래 걸렸지만, 이들이 구축한 사회적 자본은 훨씬 클 뿐만 아니라 그 동기도 장기적 삼림 보존이라는 내적 가치에 기반하고 있었다.[56] 이렇게 금전으로 동기를 부여하면 생명 세계에 대한 우리 시선에도 중대한 변화가 일어날 수밖에 없다.

이런 예들은 결코 일부 예외가 아니다. 사람들에게 생태 보존 행위—쓰레기를 덜 버리고 나무를 더 심는다든가, 벌목과 고기잡이를 줄인다든가—를 장려하는 데 금전이 어떤 영향을 미치는지에 대해 지금까지 나온 조사 가운데 가장 폭넓은 조사가 있다. 이 조사에 따르면 지불 제도는 대부분 자발적인 행동을 촉발할 내면의 동기를 자극하는 게 아니라 도리어 없애버린다.[57] 일부 제도는 문화유산에 대한 자부심, 생명 세계에 대한 경외감 등 내면에 이미 존재하는 헌신성을 강화하기는커녕 이런 것들을 금전적 동기로 바꿔 본의 아니게 침식하고 만다는 것이다. 이 조사서를 쓴 에리크 고메스바게툰Erik Gomez-Baggethun은 '금전으로 동기 부여하는 것은 실로 놀라운 결과를 야기한다'고 말한다. '우리 마음에 있는 가치와 동기가 무엇이고 그것들이 어떻게 복잡한 상호 작용을 맺는지에 대해 우리는 아직 충분히 알지 못하고, 따라서 어떤 결과가 나올지 예측할 수 없을 때가 많다. 조심성을 갖고 주의를 기울여야 한다.' 시장이 이렇게 정말 불 같은 고로, 지금까지의 이야기에서 다음과 같은 교훈을 얻을 수 있을 것이다.

> 성냥을 긋거나 시장을 시작할 때는 일단 조심해야 한다.
> 있던 세간마저 잿더미로 변할지 모르기 때문이다.

아이들을 학교에 보내도록 장려하는 일부터 삼림 보존에 이르는 다양한 정책 시도까지, 사회적 공간에서 현금 장려책을 도입하는 데 대한 경고음이 울리고 있다. 더 심각한 부작용에 대해서는 이미 많이 알려졌으며, 지금까지 나온 증거들만 봐도 아주 잘못된 방향으로 가는 경우가 많다는 것을 똑똑히 알 수 있다. 게다가 사람들의 행동을 변화시키는 수단은 얼마든지 있다. 상호성, 여러 가치, 넛지, 네트워크 등은 금전적인 면에서나 결과 면에서나 비용이 훨씬 적게 든다.


## 넛지, 네트워크, 규범을 활용하라

새롭게 그리는 초상화가 보여주듯, 우리 행동에 동기를 부여하는 것은 비용과 가격 말고도 다른 요인이 얼마든지 있다. 따라서 사회적, 생태적 관계를 구축할 때는 무조건 시장에 먼저 의지하려 할 게 아니라, 이미 작동하고 있는 사회적 역학 관계가 어떤 것인지부터 따져보고 시작하는 것이 21세기 경제학이 나아갈 방향일 것이다. 현재 상황에서 사람들의 행동 양상을 형성하는 네트워크, 규범, 가치, 어림짐작 발견 방법은 어떤 것들이 있는가? 어떻게 이런 것들을 무시하거나 침식하지 않고 장려하면서 넌지시 유도할 수 있을까? 이런 질문에서 시작한다면 경제학자들은 시장의 무지막지한 힘과 도덕의 미묘한 힘을 잘 조화시키는 데 훨씬 유용한 지혜를 얻을 것이다. 그리고 경험적 증거로 보더라도 이런 전략이 우리를 도넛으로 인도하는 데 훨씬 효과적일 가능성이 높다.

넛지는 적은 비용으로 큰 효과를 거둘 수 있으며, 디지털 기술을 활용하면 그 어느 때보다도 저렴하게, 스마트한 방식으로 쉽게 사람들의 행동을 유도할 수 있을 것이다. 예를 들어 의사의 약 처방 사례를 보자. 사람들은 제시간에 약 먹는 것을 잊을 때가 많고, 이 때문에 건강이 나빠질 뿐만 아니라 장기적으로는 약의 효과도 떨어진다. 영국에서는 이렇게 복용되지 않는 처방약으로 매년 3억 파운드를 허비한다고 추산한다. 그런데 연구 결과, 약 먹을 시간에 맞춰 문자 메시지를 보내는 것만으로도 환자들이 제시간에 약을 먹는 비율이 크게 올라갔다.[58] 케냐의 AIDS 환자들과도 비슷한 실험을 했다. 매주 문자 메시지를 보내니 항레트로바이러스 치료 과정을 더 충실하게 따르는 이들의 비율이 25퍼센트나 증가했다.[59] 돈을 쓸 필요도 없다. 그저 문자만 한 줄 보내면 된다.

환경 문제에서도 넛지가 효과를 발휘할 수 있다. 덴마크 넛지 네트워크Danish Nudging Network 의장 펠레 한센Pelle Hansen에 따르면 '우리는 별생각 없이 불필요하게 샤워를 오래 하고, 가전제품을 켜두고, 쓰레기를 그냥 버린다'. 이런 습관을 고치기 위해 고안된 장치로 기본적인 넛지를 설계할 수 있다. 이를테면 일정 시간 뒤에 저절로 물이 멈추는 수도꼭지, 샤워 타이머, 움직임이 없으면 꺼지는 조명 등을 설치하면 전기와 에너지 사용량을 현저히 줄일 수 있다. 이런 것들은 공공장소에서도 효과를 발휘한다. 한센과 학생들은 코펜하겐 길거리에서 사람들에게 사탕을 나눠주고 그 포장지가 도로에, 쓰레기통에, 혹은 타인의 자전거 바구니에 얼마나 떨어지는지를 관찰했다. 그다음 그들은 도로에 쓰레기통까지 이르는 녹색 발자국을 그렸고,

이로써 쓰레기통 밖에 아무렇게나 버려지는 쓰레기를 46퍼센트나 줄일 수 있었다. 사람들이 규율을 따르게 만드는 데 벌금이나 보상금은 한 푼도 들지 않았다. 작은 녹색 발자국만 보기 좋게 그려도 기존 사회적 규범을 크게 증폭시킬 수 있는 것이다.[60]

네트워크 효과 또한 사회적 행태에 크게 영향을 미치며, 그 힘을 잘 보여주는 예들이 있다. 2011년 10월, 브라질 전 대통령 룰라 다시우바Lula da Silva는 후두암을 앓고 있다고 공개하면서 흡연 때문인 것 같다고 말했다. 이후 4주 동안 전국에서 구글의 금연 정보 검색량이 폭발적으로 늘었으며, 사람들이 금연을 많이 결심한다는 세계 금연의 날이나 심지어 1월 1일보다도 검색량이 많았다고 한다. 마찬가지로 2009년에 영국의 리얼리티 쇼 스타인 제이드 구디Jade Goody가 자궁경부암을 앓고 있다고 공표했을 때도 자궁경부암 검사를 예약하는 여성이 43퍼센트나 증가했다고 한다.[61] 이런 사례들은 유명인의 경고가 작용했지만 네트워크를 통해서도 영향을 미칠 수 있다. 파키스탄의 교육운동가 말랄라 유사프자이Malala Yousafzai●에 힘입은 전세계 소녀 수백만 명이 '말랄라 효과'에 영감을 얻어 교육받을 권리를 요구하고 나선 바 있다. 이런 효과는 규모가 작아도 유효하다. 인도 서벵골에서는 처음으로 여성 마을 회의 의장을 임명했더니 동네 십 대 소녀들의 교육에 대한 열정과 꿈이 커졌으며 부모들에게서도 마찬가지의 효과가 나타났다고 한다. 가격 체계를 바꿀 필요도, 돈을 지급할 필요도 없었다. 그저 자부심을 갖게 하면 되는 것이다.[62]

넛지와 네트워크의 효과가 작동하는 이유는 사람들의 의식을 떠받치는 기본적인 규범과 가치―의무, 존중심, 돌봄 등―와 연결되기 때문일 때가 많다. 그런 가치들은 직접적으로 활성화시킬 수 있다. 이는 미국 연구자

---

● 2012년, 파키스탄의 15세 소녀 유사프자이는 여성도 교육받을 권리가 있다고 주장하다가 버스에서 탈레반의 공격을 받고 머리에 총격을 당했다. 하지만 회복 후 전 세계를 돌면서 계속해서 여성의 교육받을 권리를 주장하는 인권 운동을 펼치고 있다.

들이 환경 친화적인 행동을 장려하는 방법을 연구하면서 발견한 사실이다. 이들은 주유소마다 무료 타이어 검사를 권장하는 간판을 여러 개 세우면서 각각에 그 이유를 돈 문제, 안전 문제, 환경 문제로 구분해 적었다. 그 결과 '주머니 사정이 걱정되십니까? 무료로 타이어 검사를 받으세요!'라고 적힌 간판은 아무 관심도 끌지 못한 반면 '환경이 걱정되십니까? 타이어 압력을 확인해보세요!'라는 간판은 가장 많은 반응을 끌어냈다. 사람들의 마음속에 적절하고 올바른 가치를 활성화시키는 것으로도 분명히 행동 변화를 불러올 수 있다.[63]

소득은 낮지만 사회적 자본은 높은 공동체들이 있다. 이런 경우에는 사회적 규범을 활성화시키는 것이 폭넓은 효과를 가져오곤 한다. 우간다의 연구자들은 농촌 주민의 사회 계약 관념을 새롭게 확립하는 것만으로 보건 상태를 개선할 수 있었다. 병원 수준이 좋지 못한 50개 지역에서 연구자들은 지역 공동체 성원과 의료진을 모아 현재의 의료 상태를 함께 평가하고 공동체가 기대하는 진료 기준에도 합의했다. 그리고 공동체마다 지역 병원들을 감독하는 시스템을 만들었다. 이를테면 의료진 당번표, 의견함, 대기표 같은 것들이다. 그리고 매월 말 그 결과를 공시하는 게시판도 걸어놓았다. 1년이 지나자 1차 진료의 질과 양 모두 크게 개선되었다. 환자 20퍼센트가 진료를 더 받았고, 대기 시간도 줄었다. 의사나 간호사가 자리를 비우거나 출근을 하지 않는 일도 급격히 줄어들었다. 가장 충격적인 것은 5세 이하 아동 사망률이 33퍼센트나 줄었다는 것이다. 이 모든 과정에는 벌금도, 수수료도 없었고 예산도 크게 들지 않았다. 오직 그 사회 전체가 한 가지 계약을 맺고 이에 근거한 기대를 공적인 책임감으로 뒷받침한 것뿐이었다.[64]

이렇게 사람들이 내면에 품은 가치로 성공한 소규모 사례는 호소력이 크지만, 어떤 이들은 성공이라는 결과가 너무 천천히 나타나며 인류가 처한 거대한 도전들에 비해 주변적일 뿐이라고 무시할 수 있다. 하지만 환경 문제와 관련한 가치와 태도, 행동 양상 등을 전문적으로 연구한 톰 크럼프턴Tom Crompton과 팀 캐서Tim Kasser는 그렇게 생각하지 않는다. 사회적, 생태적 문제와 관련해 지속적이고도 근본적인 변화를 만드는 데 가장 효과적인 접근법은 바로 여러 가치나 정체성과 연결하는 것이지, 사람들의 지갑이나 가계부와 연결하는 게 아니라고 이들은 말한다. 자기 향상에 관련된 가치와 외적인 동기 부여에 크게 지배되는 사람은 부, 소유, 지위를 추구하는 경향이 있다는 것이다. 이들은 생명 세계를 돌보는 문제, 이른바 생태 발자국을 줄이고 지우는 문제, 대중교통 활용, 쓰레기 재활용 등에 대해서는 신경을 덜 쓸 확률이 높다. 게다가 기후 변화 같은 환경 위협 문제에 직면하면 주의를 돌리려고 딴짓하기 십상이고, 그런 이유로 환경은 더 나빠지는 악순환이 일어난다. 반면 자기 초월적인 가치와 내적인 동기 부여에 지배되는 사람들은 상대적으로 생태 문제에 관심이 크며, 이에 관련된 세계적인 운동이나 지역 활동에 적극적으로 참여하게 되는 동기 부여도 더 잘된다고 한다.[65] 이제 우리가 맞이할 도전은, 사탕 포장지 실험이나 문자 메시지 실험같이 길거리 실험에서 얻은 교훈을 온 도시, 온 나라, 심지어 국제 협상까지 확장해 넛지와 네트워크를 활용해 도넛 영역으로 밀고 갈 방법을 찾는 일이다.

## 완전히 새롭게 우리 자신과 다시 만나자

만약 그림 한 장이 수천 마디 말을 할 수 있다면 경제적 인간의 새로운 초상화를 어떤 식으로 스케치할 수 있을까? 나는 여러 나라에서 도넛 경제학 토론을 주재하면서 학생, 기업 중역, 정책 입안자, 활동가 등에게 농담 반 진담 반으로 물었다. 그다음에는 항상 합리적 경제인이라는 만화 주인공을 가장 잘 대체할 캐릭터를 그려보게 했다. 물론 쉽고 재밌게 접근하려는 의도였지만, 나름대로 진지한 뜻도 있었다. 그런데 그때마다 항상 나오는 세 가지 이미지가 있었다. 공동체로서의 인간, 씨를 뿌리고 수확하는 인간, 그리고 서로 의지하는 곡예사로서의 인간 이미지였다.

인류의 새로운 초상화: 밑그림.

공동체 이미지는 우리 인간이야말로 모든 생물 종 가운데서도 가장 사회적이며 인생의 모든 주기에 걸쳐 서로 의지해 살아간다는 사실을 상기시킨다. 씨를 뿌리고 거두는 이미지는 우리가 생명의 망에 포함된 존재임을 되새기게 하고, 우리 사회가 그 기초가 되는 생명 세계와 함께 진화한다는 사실을 인식하게 해준다. 곡예사 이미지는 우리가 서로 믿고 주고받으면서 협동함으로써 혼자서는 할 수 없는 일을 이뤄내는 기술을 상징한다. 물론 스케치 방법은 그 외에도 무수히 많을 것이며, 지금 말한 초상화는 결코 완성된 것이 아니다. 하지만 최소한 이것만으로도 이미 우리는 기존 초상화로부터 크게 벗어났다. 우리는 지난 200년 동안 전혀 빗나간 초상화를 뚫어지게 노려보느라 시간을 허비하고 말았다. 돈을 손에 쥐고, 머릿속으로는 계산기를 돌리며, 충족을 모르는 탐욕이 마음에 가득한 가운데 자연을 짓밟고 선고독한 존재, 저 호모 이코노미쿠스가 바로 그 잘못된 초상화다. 이제 우리는 인간을 서로 관계 맺는 존재로, 그리고 우리 말고도 여러 생명체가 살고 있는 이 지구라는 터전과 새롭게 관계 맺는 존재로 다시 그릴 때다.

인간이 생각보다 양 떼와 아주 많이 닮았다고 처음 말한 사람은 푸앵카레다. 만약 푸앵카레가 다시 살아난다면 그에게 행동심리학의 지혜를 속성으로 익히게 한 다음 스노클과 오리발을 건네고 싶다. 내 생각에 그는 자신의 동물 비유를 확장하려 할 것 같다. 우리가 다양한 가치와 동기로 움직인다는 점은 문어와도 소름 끼칠 만큼 닮았다. 문어의 촉수는 하나하나가 독자적인 인격체에 가깝다. 우리도 문어처럼 경제에 관해서는 직원, 시민, 기업가, 이웃, 소비자, 투표자, 부모, 협력자, 경쟁자, 자원봉사자 등 여러 역할을 맡는다. 또 문어는 자기 상태와 계속 변하는 환경을 반영해 색깔, 모습, 질감을 바꾸는 놀라운 능력이 있다. 우리는 하루에도 여러 번 서로 다른 경제의 풍경 앞에 서게 되며, 그 속에서 협상과 흥정을 할 때도 있고, 남에게 뭔가를 그냥 줄 때도 있고, 경쟁을 할 때가 있고, 공유를 할 때도 있다. 그때마다 우리도 아주 광범위하게 다양한 가치를 품고서 문어와 똑같은 유동성을 발휘해 무수히 다른 것들로 옮겨다닌다.[66]

이렇게 호모 이코노미쿠스라는 이름에 안녕을 고한다면 대신 그 자리에 어떤 이름을 놓아야 할까? 새로운 이름이 여러 가지 제안되었다. 어림짐작으로 발견하는 인간homo heuristicus, 주고받는 인간homo reciprocans, 이타적 인간homo altruisticus, 사회적 인간homo socialis 등이다. 하지만 이 여러 정체성 가운데 단 하나로 우리의 성격을 고정시킨다는 건 합리적이지 못하다. 우리는 이 모든 특성을 동시에 갖고 있다. 인간에게는 교환, 교역, 물물 교환하는 성향이 있다는 애덤 스미스의 말은 분명 옳지만, 우리와 우리 사회가 인간성, 정의, 너그러움, 공덕성 등을 보일 때 가장 크게 번영할 수 있다는 그의 말 또한 옳다. 여러 이름 중에서 하나만 선택할 것이 아니라 이 모두를 본성으로 품어 안는 것이 옳다. 합리적 경제인 캐릭터를 미술관 벽에서 떼어낸 이상, 이제 우리가 해야 할 가장 옳은 일은 조명에 따라 달라 보이는 홀로그램으로 인간 본성을 그려 그 자리에 거는 것이다.

경제의 무대가 이제 마련되었고, 출연 배우들의 배역도 결정되었고, 이 연극의 주인공인 인류의 성격도 풍부하고 다양하게 마련되었다. 그렇다면 이제는 이 무대에서 우리의 집단적 행위가 펼쳐지는 여러 방식, 그리고 그것이 경제의 동학에 어떻게 반영되는지를 탐구할 때다. 이런 지혜를 얻기 위해서는 사과나무 한 그루만 응시하면 된다.

# 4
# 시스템의
# 지혜를 배워라

## 기계적 균형에서 동학적 복잡성으로

뉴턴의 사과는 많은 의문에 답을 주었다. 전해오는 이야기에 따르면[•] 1666년, 젊은 천재 과학자가 링컨셔에 있는 어머니 집 정원에 앉아 있다가 갑자기 사과가 땅에 떨어지는 것을 보고 궁금증이 발동했다고 한다. 왜 위도 아니고 옆도 아니고 항상 아래쪽인가? 여기에 답하려다 보니 그 유명한 중력과 운동 법칙에 대한 혜안이 나오게 되었고, 이것이 과학 전체에 혁명을 가져왔다는 이야기다. 하지만 뉴턴의 운동 법칙은 두 세기가 지난 뒤 이를 따라 하려는 질투심을 경제학에 불어넣었다. 결국 경제학은 뉴턴의 운동 법칙을 고스란히 베꼈을 뿐만 아니라 맥락에 맞지도 않는 그것을 메타포로 삼아 억지로 경제학에 이식했으며, 결국 경제 문제에 대한 사유로서는

---

[•] 이미 알고 있듯이 사과 일화는 사실과 다르다는 것이 과학사가들의 오래된 의견이다. 저자가 이를 모르고 사과 이야기를 하는 것 같지는 않으며, 뉴턴과 근대 초기의 기계적 세계관과 오늘날의 생태적 유기적 세계관을 대비시키는 문학적 장치로 '떨어지는 사과'와 '자라나는 사과'를 사용하는 것으로 보인다.

실로 뼈아플 정도로 협소한 사고방식을 싹틔우고 말았다. 만약 젊은 뉴턴이 사과가 어떻게 떨어지는지를 궁금해 하기 전에 사과나무가 어떻게 자라는지를 궁금해 했다면, 다시 말해 나무와 벌, 태양과 잎사귀, 뿌리와 비, 꽃과 씨앗 사이의 끊임없이 진화하는 상호 작용에 관심을 가졌다면 이야기는 아주 달라졌을 것이다. 그랬다면 뉴턴은 여러 시스템이 얽힌 자연의 복잡계에 혁명적인 통찰을 불러일으켰을 것이며, 과학사의 흐름도 바뀌었을 것이다. 그리고 경제학의 운명 또한 완전히 바뀌었을 것이다. 뉴턴을 흠모한 경제학자들은 더 풍성한 메타포를 영감의 원천으로 삼았을 것이고, 오늘날 우리는 시장 메커니즘이 아니라 시장 유기체market organism를 이야기하고 있을 것이며, 더불어 훨씬 지혜로워질 수 있었을 것이다.

하지만 상상의 나래는 여기서 접기로 하자. 뉴턴의 관심을 사로잡은 것은 떨어진 사과였고, 거기서 획기적인 발견들이 나오게 된다. 과학의 권위를 둘러쓰는 데 눈이 먼 경제학자들은 뉴턴의 이론에 나오는 운동 법칙을 그대로 베껴왔으며, 경제를 마치 안정된 기계 장치인 양 묘사했다. 하지만 우리는 이제 경제란 역동적인 생명 세계 안에서 서로 의존해 살아가는 인간으로 구성된 복잡적응계complex adaptive system로 이해해야 한다는 것을 알게 되었다. 인류 스스로 도넛 영역으로 들어갈 가능성을 조금이라도 높이려면 경제학자들은 떨어지는 사과가 아니라 자라나는 사과, 즉 선형 역학linear mechanics에서 복합적 동학complex dynamics으로 관심을 옮겨야 한다. 시장 메커니즘에는 이제 이별을 고하자. 엔지니어의 철모도 벗어버리자. 철모 대신 정원사의 장갑을 낄 때다.


## 물려받은 것들을 극복하자

지난 10만 년의 진화 과정은 호모 사피엔스의 구석구석까지 규정했으며, 이 때문에 우리는 복잡계 사고방식을 낯설고 서먹서먹해 할 수밖에 없는 존재가 되고 말았다. 수백만 년 동안 인간의 수명은 아주 짧았고 군집 크기도 작았다. 인간이 알게 된 인과 관계의 사슬은 아주 즉각적이고 단순했고 (불에 너무 가까이 대면 손을 덴다든지), 인간이 주변 환경에 미치는 영향력도 크지 않았다. 따라서 우리 두뇌는 단기적인 시간 지평을 전제로 그저 가까운 거리에서 즉각적으로 반응하는 것들만 주로 다루는 방향으로 진화해왔다. 또 변화에 대해서도 점진적이고 선형적으로 예측하는 성향을 띠게 되었다. 게다가 인간의 정신은 균형 상태를 원하고 문제에는 해답을 갈구한다. 우리가 아는 모든 동화는 '그래서 오래오래 행복하게 살았습니다'로 끝나며, 음악은 화성학에 입각한 선율로 진행되다가 또 화성학적으로 모든 모순이 해소되면서 끝난다. 하지만 이 세계가 역동적이고 불안정해지고 예측 불능인 순간이 찾아오면 인간의 정신은 이런 특징으로 인해 어쩔 줄을 모르게 되고, 상황을 제대로 다룰 방법을 찾아 이리저리 헤매게 된다.

물론 우리는 현실에서 직관에 어긋나는 일들이 벌어진다는 것을 분명히 알고 있다. 그래서 이를 경고하는 속담도 있다. '지푸라기가 낙타의 등을 부러뜨린다'(점진적인 변화가 계속되면 전체가 붕괴할 수 있다), '달걀을 한 바구니에 전부 담지 마라'(다양성이 부족하면 변화에 취약해진다), '때맞춘 한 땀이 아홉 땀 수고를 덜어준다'(가속적인 상승효과를 조심하라), '행한 대로 돌아온다'(만물은 연관되어 있다) 같은 것들이다. 모두 현명한 조언이지만, 우리에게 다가올 복잡한 세상을 제대로 예측하고 해석하기에는 한없이 부족하다.

이렇게 10만 년에 걸친 진화 과정에서 인류는 가뜩이나 복잡성을 이해하는 데 장애를 안게 되었는데, 여기에 지난 150년간의 경제학 이론까지 뒤집어쓰면서 기계적 모델과 메타포 편향은 더욱 강해졌다. 19세기 말경 수학적 사고방식으로 무장한 소수 경제학자는 경제학을 물리학만큼 권위 있는 학문으로 만드는 작업에 착수했다. 그리고 이들은 미분학—이것이야말로 떨어지는 사과와 공전하는 위성의 궤도를 깔끔하게 묘사하는 방법이다—을 사용해 한 묶음의 공리와 방정식으로 경제를 묘사하려 했다. 뉴턴이 원자 한 개 규모에서 출발해 행성 운동까지 설명해내는 운동 법칙을 발견한 것처럼, 이들은 개인 소비자에서 시작해 이를 국민 총생산 규모로까지 키워가면서 시장을 설명하는 경제 운동 법칙을 발견하고자 한 것이다.

영국 경제학자 제번스가 1870년대에 본격적으로 움직이기 시작했고, 그 이후 눈덩어리처럼 굴러가면서 계속 탄력을 받았다. '경제 이론은 정태 역학statical mechanics과 흡사하며, 교환 법칙은 시소의 균형 법칙과 닮았다는 사실이 발견됐다.'[1] 멀리 떨어진 스위스에서도 공학자 출신 경제학자 레옹 발라가 비슷한 비전을 갖고 다음과 같이 천명했다. '순수 경제학 이론은… 모든 면에서 물리-수학physio-mathematical science을 닮은 과학이다.' 그리고 이를 증명이라도 하려는 듯 그는 시장 교환을 '경쟁 메커니즘'으로 부르기 시작했다.[2] 두 사람 말고도 여러 경제학자가 진자를 움직이는 중력의 역할과 시장을 균형으로 끌고 가는 가격의 역할을 비슷한 것으로 보았다. 제번스는 이렇게 말했다.

진자 운동의 효과로 중력을 측정하는 것과 마찬가지로, 사람들이 저마다 느끼는 감정이 동일한지 아닌지는 그들이 각자 마음속에서 어떤 결정을 내리는지로 짐작해볼 수 있다. 의지가 우리의 진자이며, 이 의지가 흔들리는 것은 시장에서 나타나는 가격 목록으로 세세하게 기록된다. 우리가 언제 완벽한 통계 시스템을 갖추게 될지는 모르지만, 그렇게만 된다면 경제학을 정밀과학으로 만드는 데 넘지 못할 장애는 없을 것이다.[3]

당시에는 시소니, 진자니 하는 기계적인 메타포가 아주 새롭고 신선했다. 그러니 이들은 개인과 기업이 어떻게 행동하는지에 대한 자기들 이론의 핵심에 당연하게 그런 메타포를 박아 넣은 것이며, 이렇게 해서 미시경제학이라는 분야의 토대를 닦았다. 하지만 이 새로운 이론에 뉴턴의 법칙에서 이어받은 미분학의 엄밀함을 녹여 넣기 위해 제번스, 발라 그리고 그 동료인 수학적 경제학의 개척자들은 시장과 인간이 어떻게 작동하는지에 대해 지독하게 단순화된 가정들을 취해야만 했다. 그중에서도 막 생겨나는 경제

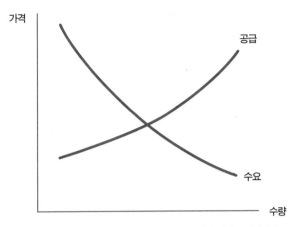

수요와 공급: 수요와 공급이 일치하는 지점의 가격이 시장 균형점이다.

학 이론의 성격을 결정적으로 규정한 핵심 가정이 있었다. 소비자 각자가 원하는 것들의 조합이 결정되어 있을 때, 팔려고 하는 모든 이와 사려고 하는 모든 이가 원하는 만큼 팔고 또 원하는 만큼 사면서 함께 만족에 도달하는 가격은 단 하나뿐이라는 것이다. 다른 말로 하면 모든 개별 시장에는 안정된 균형점이 하나씩 존재한다는 것이며, 이는 진자의 평형점이 단 하나뿐인 것과 마찬가지라는 것이다. 그리고 이런 조건이 유지되는 한 시장의 구매자와 판매자는 모두 '가격 수용자'가 될 수밖에 없고(그 어떤 개인 행위자도 가격을 마음대로 바꿀 수 있을 만큼 크지 않다는 전제하에), 이들은 모두 수확 체감 법칙을 따르게 되어 있다는 것이다. 이런 가정들은 모든 거시경제학 이론에서 가장 널리 받아들여지는 다이어그램의 기초가 된다. 경제학에 입문한 학생은 그 첫 번째 다이어그램을 반드시 숙지해야 하는데, 이것이 바로 수요와 공급 다이어그램이다.

경제학의 영원한 전범이라 할 두 곡선의 배후에는 무엇이 있을까? 재화가 어떻게 작동하는지를 생각해보라. 파인애플을 예로 들어보자. 수요 곡선은 파인애플 가격이 변할 때마다 고객(효용 혹은 만족을 극대화하려 한다고 가정한다)들이 몇 개를 더 사거나 덜 사는지를 보여준다. 이 곡선은 우하향한다. 고객 한 사람이 파인애플을 더 많이 살수록 하나 더 살 때 얻는 추가 효용의 양은 줄어들 가능성이 높기 때문(소비의 한계 효용 체감이라고 알려진 가정이다)이며, 따라서 파인애플 하나를 더 살 때마다 지불하려는 액수도 줄어든다. 반면 공급 곡선은 가격이 주어졌을 때 판매자(이윤을 극대화하려는 자들이라고 가정한다)가 파인애플 몇 개를 넘겨줄 용의가 있는지를 보여준다. 어째서 이 곡선은 우상향하는가? 경제학 이론에 따르면, 파인애플 농부 개개인은 농사짓는 땅뙈기 크기가 정해져 있으므로 파인애플을 더 많이 기르려면 비용도 늘어난다(이른바 한계 수확 체감 법칙이다)는 것이고, 따라서 판매자는 과일 한 개를 더 내놓을 때마다 가격을 더 높게 부른다는 것이다.

1870년대에 이 다이어그램의 최종판을 그려낸 사람이 마셜이다. 그는 이 교차하는 곡선 두 개를 가윗날 한 쌍에 비유해(이번에도 기계적인 비유다) 시장 가격이 결정되는 수수께끼를 설명했다. 종이를 자르는 것은 가위의 윗날도 아랫날도 아니며, 두 날이 교차하는 자리에서 종이가 잘린다는 것이다. 따라서 시장 가격은 공급자의 비용만으로 결정되거나 소비자의 효용만으로 결정되는 것이 아니라 비용과 효용이 만나는 지점에서 결정된다고 한다. 그리고 그 지점이 시장 균형점이라는 것이다.

발라는 이 가위에다 야심 찬 목표를 설정했다. 그는 이 분석을 개별 상품에 머물 것이 아니라 모든 상품을 포괄하는 규모로 키울 수 있다고 확신했고, 그리하여 전체 시장 경제에 대한 단일 모델을 만들어낼 수 있다고 믿었다. 그리고 만약 그 시장들이 완전한 정보를 갖춘 소규모의 경쟁적 판매자와 구매자로 구성된다면 전체 경제가 총 효용을 극대화하는 모종의 균형점에 도달할 것이라는 논리를 전개했다. 달리 말해, 시장은 모든 주어진 소득 분배에 대응하는 최상의 결과를 사회에 가져다준다는 것이다. 그 당시에는 발라의 직관을 증명해줄 수학적 기법이 없었지만, 훗날 케네스 애로Kenneth Arrow와 제라르 드브뢰Gerard Debreu가 이 생각을 방정식으로 구성해 1954년 일반 균형 모델을 작성했다. 이들의 작업은 거시경제학의 분석에 미시경제학적 기초를 제공함으로써, 외양상 통일된 듯 보이는 경제학 이론을 출발시킴과 동시에 이후 '현대 거시경제학modern macroeconomics'이라고 알려지는 것의 기초를 제공했다.[4] 그야말로 현대 경제학 발전에 이정표가 되는 업적이었다.

완벽해 보이는 이 이론은 물리학과 아주 비슷하게 들리는 데다 누구도 반박할 수 없는 방정식들로 구성되어 있다. 하지만 여기에는 아주 근본적인 결함이 있다. 한 경제 안에서 시장들은 상호 의존 관계이기 때문에, 단순히 개개인의 수요 곡선을 모두 더해 전체 경제의 신빙성 있는 우하향 수요 곡선을 얻는다는 건 한마디로 불가능하다. 그리고 전체 경제의 우하향 수요 곡선이 없다면 일반 균형의 가능성도 있을 수 없다. 경제학자들이 몰랐던 새로운 이야기가 아니다. 최소한 마땅히 알았어야 하는 이야기다. 왜냐면 이미 1970년대에 똑똑한 경제학 이론가 몇몇이 일반 균형 이론의 기초가 성립할 수 없다는 것을 깨달았기 때문이다(그러고는 공포에 빠졌다). 하지만 이들의 각성이 경제학 이론 전체에 미치는 함의가 너무나 파괴적(간단하게 조넨샤인-만텔-드브뢰 조건Sonnenschein-Mantel-Debreu conditions이라 불린다)이라서, 이런 반증은 경제학 교과서와 강의실에서는 은폐 내지는 묵살, 혹은 백안시되었다. 결국 그 이후에도 경제학과 학생들은 시장 메커니즘을 균형 상태로 갖다놓는 도르래와 진자라는 게 근본적으로 잘못됐다는 사실을 전혀 모르는 상태로 방치되었다.[5]

그 결과 일반 균형 이론은 20세기 후반 내내 거시경제학 분석을 지배하게 되었고, 2008년 금융 위기 때까지도 상황은 변하지 않았다. 일반 균형 이론의 '신고전파(이들은 시장에 충격이 오면 시장이 즉시 이에 적응한다고 가정한다)'는 '신케인스파(이들은 임금과 여타 가격에 '점착성stickiness'이 있어서 적응에 시간이 걸린다고 가정한다)'와 서로 관심을 끌려고 경쟁을 벌였다. 하지만 양쪽 모두 위기가 다가오는 것을 예견하지 못한 건 마찬가지였다. 왜냐면 이들 모두 일반 균형의 존재를 전제로 이론을 구축한 데다 동시에 금융 부문의 역할을 간과했기 때문에 시장에 나타나는 호황, 거품 붕괴, 불황의 순환을 예견할 능력이 없었고, 거기에 대응할 능력은 더욱 없었기 때문이다.

이렇게 전혀 들어맞지 않는 모델이 거시경제 분석을 지배하게 되자 그 내부의 거물들조차 자기들이 정당화에 일조한 바로 그 이론을 비판하기 시작했다. 폴 새뮤얼슨과 오래도록 함께 작업한, 신고전파 경제학 성장 이론의 아버지 로버트 솔로Robert Solow는 아주 공공연히 비판을 하고 나섰다. 2003년, 그는 '거시경제학의 덤 앤드 더머Dumb and Dumber'라는 아주 노골적인 연설로 첫 행보를 열었다. 그다음에는 이 이론의 지나치게 엄격한 가정들을 조롱하는 분석을 여럿 내놓았다.[6] 그가 지적하기로는, 일반 균형 모델은 사실 완벽한 예지 능력과 합리적 예측 능력을 갖고 영생을 누리면서 무한한 미래에 걸쳐 효용을 극대화하는 개인이 소비자이자 노동자이자 소유자의 역할을 다 하면서, 게다가 완전 경쟁 상태인 기업들 속에서 살아갈 때만 성립한다는 것이다. 도대체 어떻게 이토록 정신 나간 모델들이 거시경제학을 지배하게 되었을까? 솔로는 2008년에 의견을 피력한 적이 있다.

나는 여기서 수수께끼, 아니 심지어 도전과 마주한다. '현대 거시경제학'은 도대체 어떻게 저 명민하고 모험심 많은 경제학자들의 이성과 마음을 전부 장악할 수 있었을까? 이를 어떻게 설명할까?… 물론 경제학에는 '만약' '그리고' '하지만' 같은 말을 일절 허용하지 않고 모든 것을 탐욕, 합리성, 균형 개념으로 깔끔하게 도출하려는 순수주의의 흐름이 항상 존재했다.… 이런 이론은 깔끔하고, 배우기 쉽고, 별로 어렵지도 않지만 그럼에도 뭔가 '과학' 같은 느낌을 줄 만큼(딱 그만큼만) 기술적이다. 게다가 이 이론은 실천적 차원에서는 확실한 자유방임식 조언을 내놓았으며, 이는 1970년대에 시작되어 도대체 언제 끝날지, 아니 끝날지조차 알 수 없는 전반적인 정치적 우경화와 아주 잘 들어맞았다.[7]

한 가지 확실하게 끝난 것이 있다. 일반 균형 경제학의 신뢰성이다. 아무리 뉴턴 역학을 흉내 내 여러 메타포와 모델을 고안했다지만 가격이라는 진자, 시장 메커니즘, 균형점으로의 회귀 경향 등은 단언컨대 경제의 행태를 이해하는 데 전혀 적합하지 않다. 어째서인가? 한마디로 이론과 적용 대상이 전혀 조응하지 않으므로 과학이 될 수 없기 때문이다.

록펠러 재단의 자연과학 분야 책임자 워런 위버Warren Weaver가 1948년 논문 「과학과 복잡성Science and Complexity」에서 이런 논점을 가장 강력하게 제시했다. 논문에서 그는 지난 300년간의 과학 진보를 돌아보면서, 또 미래 세계에 다가올 도전들을 내다보는 가운데 과학의 도움이 필요한 문제 세 가지를 제시했다. 한쪽 극단에는 단순성simplicity 문제가 있다. 하나 혹은 두 개 정도의 변수가 선형적 인과율을 가진 문제―굴러가는 당구공, 떨어지는 사과, 궤도를 도는 행성 등―로, 뉴턴의 고전 물리학 법칙으로 설명할 수 있는 것들이다. 반대쪽 극단에는 무질서한 복합성disordered complexity 문제가 있다. 이는 변수 수십억 가지가 무작위로 운동하는 문제―예를 들어 기체 안에서의 분자 운동―로서, 이를 분석하는 데는 통계와 확률 이론이 가장 적합하다.

하지만 이 두 가지 과학 사이에는 광활하고도 흥미로운 영역이 펼쳐진다고 한다. 조직된 복잡성organized complexity 문제다. 이는 상당히 많은 변수가 '유기적 전체 안에서 상호 관계를 맺고' 복잡하지만 유기적인 시스템을 만들어내는 경우다. 위버가 든 예들은 뉴턴의 사과가 답하지 못한 문제들과 대단히 유사하다. '달맞이꽃이 피는 이유는 무엇인가?' '소금물은 어째서 갈증을 해소하지 못하는가?' '바이러스는 생명 유기체인가?'…. 그는 경제학의 질문들 또한 이런 영역에 속한다는 데 주목한다. '밀 가격은 무엇이 결정하는가?' '수요와 공급과 같은 경제적 힘들의 자유로운 상호 작용에 의지하는 것이 과연 안전한가?' '안전하다면 어느 정도까지 안전할까?' '경기가 호황에서 불황으로 크게 등락하는 것을 예방하기 위해 경제 통제 체제를 활용하는 범위는 어느 정도까지 허용되어야 하는가?' 등등. 사실상 위버는 생물학, 생태학, 경제학, 사회학, 정치학 영역에서 인류가 부닥친 도전 대부분이 조직된 복잡성 질문임을 인식했다. 하지만 이 영역이야말로 아직 우리가 이해하지 못한 영역이라는 것이다. '세계의 장래를 좌우할 문제 대다수가 바로 이런 문제들이며, 여기에 제대로 답하기 위해서는 과학이 세 번째로

크게 진보해야 한다'고 그는 결론을 내렸다.[8]

이 세 번째 거대한 진보가 1970년대에 복잡계 과학이 본격 출범한 이후 지금까지 진행 중이다. 복잡계 과학은 한 시스템 안에서 여러 부분이 맺는 관계들이 전체의 행태를 결정하는 방식을 연구한다. 복잡계 과학은 생태계 연구와 컴퓨터 네트워크에서 날씨의 규칙성과 질병 확산에 이르기까지 수많은 연구 분야를 완전히 탈바꿈해놓았다. 그리고 비록 복잡성이라는 문제를 다루긴 하지만 그 핵심 개념들은 대단히 파악하기 쉽다. 이는 곧 인간이 훈련과 경험으로 본능을 극복하고 얼마든지 더 나은 '시스템 사상가'가 되는 법을 배울 수 있다는 뜻이다.

갈수록 더 많은 경제학자가 여러 시스템으로 이뤄진 복잡계의 관점으로 사유하고 있으며, 이에 따라 복잡계 경제학, 네트워크 이론, 진화경제학이 경제학 연구에서 가장 역동적인 분야로 떠오르고 있다. 하지만 제번스와 발라의 영향이 지속되고 있으므로 경제학 교과서와 강의 대부분은 아직도 시장의 균형 메커니즘으로 요약되는 기계적이고 예측 가능한 선형으로 경제 세계의 본질을 소개하고 있다. 이런 교육이 계속된다면 지금 자라나는 경제학자들은 우리가 살아가는 세계의 복잡성을 다룰 만한 준비를 갖추지 못할 것이다.

경제학자 데이비드 콜랜더David Colander는 「2050년으로부터의 회상Look Back from 2050」이라는 재미난 글에서 2020년경에는 세계의 대부분을 이해하는 데 복잡계 사고방식이 필수라는 것을 물리학자는 물론 생물학자에 이르기까지 과학자 대다수가 깨달았다고 썼다. 하지만 경제학자들만은 이를 따라잡는 데 뒤처지며, 그들은 2030년에야 비로소 '경제라는 것이 복잡계 과학에 속하는 복잡계 시스템이라는 것을 깨닫는다'고 말한다.[9] 그가 쓴 미래의 역사가 현실이 된다면 우리는 기회를 전부 잃고 말 것이다. 애초부터 잘못 선택된 뉴턴 물리학의 메타포를 집어치우고, 여러 시스템이 복잡하게 얽힌 세계에 대해 지금 당장 실제적인 지식과 지혜를 얻어야 한다. 어째서 2030년까지 기다려야 한단 말인가?

## 복잡성의 춤

시스템적 사유의 핵심에는 스톡과 플로, 되먹임 회로, 지연이라는 세 가지 개념이 있다. 세 가지 모두 얼핏 우스울 정도로 단선적이고 쉬워 보이지만, 일단 상호 작용을 시작하면 실로 정신없이 복잡해진다. 세 개념의 상호 작용으로부터 이 세계의 놀라운, 특이한, 예측 불능한 사건들이 출현한다. 해 질 녘 황혼을 배경으로 찌르레기 수천 마리가 모여드는 장관('말문이 막히는 순간murmuration'이라는 시적 표현으로 알려진)에 넋을 잃어본 적이 있는가? 그렇다면 '창발성emergent properties'이라는 것이 얼마나 놀라운 현상을 빚는지도 쉽게 이해할 것이다. 새들은 옆 새와 날개 딱 하나 정도의 간격으로 하늘을 날면서도 놀랄 만큼 재빨리 맘대로 방향을 틀고, 몸을 기울일 때는 또 확실하게 기울이기도 한다. 수천 마리가 모두 똑같이 단순한 규칙에 따라 비행하면서 새 떼는 한 덩어리가 되어 갑자기 뚝 떨어지기도 하고 저녁노을 위에 황홀한 물결을 새기기도 한다.

그렇다면 시스템이란 무엇인가? 간단하게 정의하자면, 행동 패턴이 뚜렷하게 구별되는 방식으로 연결된 사물들의 단일 집합이다. 생명체의 세포, 시위대 속 개인, 떼를 지어 비행하는 새, 한 가족의 성원, 금융 네트워크의 개별 은행 같은 것들이다. 그리고 이 부분을 이루는 개체들의 여러 관계가 창발적 행태를 불러오며, 그 관계들을 형성하는 원리가 바로 스톡과 플로, 되먹임 회로, 지연인 것이다.

스톡과 플로•는 어떤 시스템에서든 가장 기초적인 요소다. 스톡이란 쌓아둘 물건이고, 플로란 흘러가는 물건을 말한다. 목욕탕의 물, 바다의 물고기, 지구의 사람들, 공동체 안의 신뢰, 은행에 예금된 돈 등을 생각해보자. 유

---

• 전통적으로 스톡은 '저량貯量', 플로는 '유량流量'이라고 옮겨왔으나 한글이 일상화된 지금의 젊은 세대에게는 한자어가 오히려 낯설 수도 있겠다는 생각에 영어 발음 그대로 쓴다.

입되는 플로와 유출되는 플로의 균형에 따라 시간이 지나면서 스톡의 수준이 변한다. 욕조에 물이 얼마나 있는가는 수도꼭지로부터 물이 얼마나 빨리 쏟아지는가와 구멍으로 얼마나 빨리 빠져나가는가로 결정된다. 닭장에 닭이 얼마나 있느냐는 닭이 태어나는 속도와 죽는 속도로 결정된다. 돼지 저금통에서 빼내는 돈보다 넣는 돈이 많으면 저금통은 꽉 차게 되어 있다.

각종 스톡과 플로가 시스템의 핵심 요소라면 되먹임 회로는 그 둘 사이의 상호 연관으로, 모든 시스템에는 두 종류의 되먹임 회로가 존재한다. 강화시키는(양의, positive) 되먹임 회로와 균형을 만드는(음의, negative) 되먹임 회로다. 전자의 경우, 이미 갖고 있는 게 많을수록 더 많이 흘러들어온다. 이는 이미 벌어지고 있는 것을 증폭시켜 악순환 혹은 선순환 고리를 만들고, 이런 고리들은 그냥 놓아두면 폭발적인 성장 혹은 붕괴로 치닫는다. 닭은 알을 낳고, 알은 부화되어 닭이 된다. 이렇게 해서 양계장에는 닭이 갈수록 불어난다. 놀이터에서 티격태격하는 싸움도 마찬가지다. 어쩌다 한 아이가 딱 한 번 다른 아이를 거칠게 밀치면 곧 그 아이도 더 세게 반격을 가하고, 싸움은 금방 난장판이 되고 만다. 저축은 이자를 낳고 복리일 경우엔 그 이자로 다시 원금이 불어나며, 그러면 장래의 이자는 더욱 불고 원금도 더 빨리 불어나 부가 계속 축적된다. 하지만 강화시키는 되먹임은 붕괴로 이어질 수도 있다. 가진 것이 적을수록 들어오는 것도 적어지는 것이다. 예를 들어 사람들은 은행에 신뢰를 잃으면 예금을 인출하고, 그러면 은행은 점점 현금이 떨어져 이로 인해 더욱 신뢰를 잃으면서 마침내 예금 인출 소동을 맞이하게 될 것이다.

어떤 시스템에 강화시키는 되먹임 회로들이 작동한다면 그 시스템은 변동을 겪을 것이며, 반면 균형을 만드는 되먹임 회로들이 작동한다면 그 시스템은 폭발 혹은 내파를 멈추게 된다. 후자의 경우, 지금 벌어지는 일들을 견제하고 상쇄시켜 시스템을 조절하는 경향이 있다. 우리 신체는 이 균형을 낳는 되먹임 회로들로 건강한 체온을 유지한다. 너무 더우면 피부에서 땀을 흘려 몸을 식히고, 추워지면 몸을 따뜻하게 유지하려고 몸을 부르르

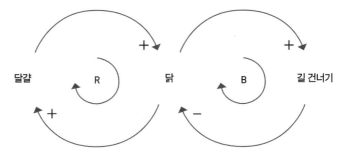

두 가지 되먹임 회로: 복잡계 시스템의 기초 요소들. 강화시키는 되먹임 회로(R)는
이미 벌어지고 있는 일들을 증폭시키는 반면 균형을 만드는 되먹임 회로(B)는 이를 견제한다.

떤다. 가정의 난방 시스템에 달린 온도 조절기도 방 온도를 안정시키는 데
비슷한 방식으로 작동한다. 그리고 놀이터 싸움은 다툼이 벌어지자마자 누
군가가 끼어들어 둘을 떼어놓으려 들 가능성이 높다. 이렇게 균형을 만드
는 되먹임 회로들은 시스템에 안정성을 가져다준다.

두 가지 되먹임 회로가 상호 작용을 맺는 방식에서 복잡성이 생겨난다.
둘이 한 쌍을 이뤄 보여주는 춤으로부터 그 시스템 전체의 행태가 출현하
며, 이는 예측할 수 없을 때가 많다. 시스템 이론의 핵심 아이디어들을 가장
간단하게 묘사한다면 이는 되먹임 회로 한 쌍으로 나타날 것이다. 위 그림
은 닭, 달걀, 길 건너기에 관한 간단한 이야기를 보여준다.[10]

화살표는 인과의 방향을 나타내며, 여기에는 플러스나 마이너스 기호가
붙어 있다. 플러스 표시는 곧 그 결과와 원인이 양의 관계(닭이 많아지면 길
을 건너는 닭도 많아진다)임을 나타내고, 마이너스 기호는 그 반대(길을 건너
는 닭이 많아지면 차에 치어 죽는 닭도 많아져 결국 닭 수가 줄어든다)를 뜻한다.
화살표 두 개가 한 쌍을 이루어 회로가 되며, 그 회로가 스스로를 강화시킨
다면 'R'이 붙고 스스로 균형을 만든다면 'B'가 붙는다. 왼쪽 회로를 보면 닭
이 많아지면서 달걀도 많아지고 또 달걀이 더 많이 부화하면서 닭도 더 많
아진다. 오른쪽 회로는 더 많은 닭이 길을 건너면서 죽는 닭도 많아지니 이
는 균형을 낳는 회로인 것이다. 이렇게 고도로 단순화된 시스템에서 두 되

먹임 회로가 모두 작동한다면 양계장의 닭은 시간이 지나면서 어떻게 달라질까? 두 회로의 힘의 비율(닭이 알을 낳는 속도와 차에 치어 죽는 속도의 비율)에 따라 닭의 수는 기하급수적으로 늘어날 수도, 급감할 수도 있다. 또 만약 달걀이 부화하고 그렇게 해서 나온 병아리가 찻길을 건너기까지 상당히 지연된다면, 그 수는 일정한 수를 중심으로 오르내리며 안정적으로 유지될 수도 있다.

이런 유입 플로와 유출 플로의 시간 차는 여러 시스템에서 공통적으로 나타나는 것으로, 때로 어마어마한 결과를 가져오기도 한다. 어떨 때는 시간 차 때문에 시스템에 아주 유용한 안정성이 생긴다. 스톡이 늘어나면서 충격을 흡수하는 것이다. 예를 들어 배터리에 축적된 에너지, 선반에 쌓아둔 음식, 은행에 넣어둔 저금 등을 생각해보라. 하지만 스톡-플로의 시간 차는 또한 시스템에 완고한 현상 유지를 가져올 수도 있다. 아무리 노력한다 해도 산림 조성, 공동체 내의 신뢰 조성, 학교의 평균 성적 올리기 등에는 꼼짝없이 시간이 들 수밖에 없다. 그리고 시스템이 반응하는 속도가 늦을 경우에는 지연으로 인해 등락 폭이 더 커질 수 있다. 샤워장에 들어갔다가 수도꼭지 다루는 방법이 낯설어 애먹은 경험이 있을 것이다. 차가운 물벼락을 맞고 온수가 나오는 쪽으로 수도꼭지를 돌리지만 물 온도가 올라가는 데는 시간이 걸린다. 조종 실패로 우리는 차가운 물벼락과 뜨거운 물벼락을 번갈아 맞기도 한다.

이렇게 스톡과 플로, 되먹임 회로, 지연 사이에 벌어지는 여러 상호 작용으로부터 복잡적응계가 생겨난다. 그 창발적 행태는 예측이 불가능하니 복잡하다고 할 수밖에 없고, 또 시간이 지나면서 계속 진화하므로 적응이라는 말을 붙이게 된다. 이를 이해하고 나면 시스템 이론의 사유라는 것이 끝없이 진화하는 우리 세계를 이해하는 데 얼마나 큰 힘을 발휘할지가 분명히 보일 것이다. 찌르레기 떼와 양계장의 닭, 욕조 물과 샤워기 물 온도만 설명하는 게 아니다. 이는 제국과도 같은 거대 기업의 탄생부터 생태계 붕괴까지 우리가 경제를 이해하는 데 큰 힘을 발휘할 수 있다. 얼핏 보면 아주 급작스럽고 외적인 것으로 보이는 사건들을 주류 경제학에서는 '외생적 충격'이라고 부른다. 하지만 이런 것들 중 다수는 내생적 변화에서 생겨난 것으로 이해하는 게 나을 때가 많다. 정치경제학자 오리트 갈Orit Gal은 이렇게 말한다. '복잡계 이론은 세상의 큰 사건들이라는 게 알고 보면 이미 저변에 흐르던 여러 흐름이 무르익고 수렴하면서 나타나는 현상이라고 가르친다. 이런 사건들은 시스템 내에서 이미 벌어진 변화를 반영하는 것일 뿐이다.'[11]

이런 관점으로 보면 1989년의 베를린 장벽 철폐, 2008년 리먼 브라더스 파산, 그리고 코앞에 닥친 그린란드 빙상 붕괴 등에도 공통점이 있다. 세 사건 모두 뉴스에서는 갑자기 벌어진 사건인 양 다루지만, 사실은 각각의 시스템 속에서 더디게 축적된 압력이 티핑 포인트를 맞아 우리 눈앞에 드러난 것뿐이다. 동유럽에서는 정치적 저항이 점진적으로 축적되었고, 한 은행의 자산 포트폴리오에서 서브프라임 주택 담보 대출이 계속 축적되었으며, 대기권 내부에 온실가스가 계속 축적된 것이다. 시스템 사고방식을 가장 먼저 적극 지지한 메도스의 말처럼 '이제는 직시하자. 우주는 엉망이다. 이는 비선형이며, 무질서하고, 혼란스럽다. 우주는 동태적이다. 우주는 잠깐 어떤 행태를 보이다가 또 어디론가 다른 방향으로 바쁘게 달려간다. 그래서 수학적으로 깔끔히 떨어지는 균형점들 따위에는 머물 겨를이 없다. 우주는 다양성을 창조할 뿐 획일성은 만들어내지 않는다. 세계는 그래서 흥미롭고, 그래서 아름다우며, 그래서 작동하는 것이다.'[12]

## 경제사상사의 복잡성 개념

경제학이 동학적 분석을 받아들여야 한다는 깨달음은 오래전부터 분명히 존재했다. 지난 150년 동안 모든 유형의 경제학자들이 뉴턴 물리학과 절연하려 했지만, 깔끔한 방정식들을 앞세운 일반 균형 이론이 지배하는 주류 경제학에 무지막지하게 뭉개질 때가 너무나 많았다. 제번스도 경제 분석이 동학적이어야 한다고 직감했지만 이를 구현할 수학적 기법이 없었기에 결국 두 시점에서의 정지 상태를 비교하는 비교 정학comparative statics으로 만족해야 했다. 그런데 이런 타협으로 그는 불행히도 궁극적으로 얻으려던 혜안에 가까이 가기는커녕 오히려 더 멀어지고 말았다.[13] 1860년대에는 마르크스가 생산량과 고용량의 영구적인 순환 주기와 함께, 그에 따라 노동자와 자본가의 소득 비율이 어떻게 변하는지를 보여주었다.[14] 19세기 말에는 베블런이 경제학을 가리켜 '진화하는 과학이 되기에는 절망적일 만큼 후진 상태'라면서 이 때문에 변화나 발전 같은 현상을 설명할 수가 없다고 비판했고,[15] 마셜은 기계적 메타포들을 반대하면서 경제학을 '넓은 의미의 생물학의 지류'로 보자고 주장하기도 했다.[16]

20세기에 들어와서는 상극인 여러 경제학 학파가 경제에 내재한 역동성을 인식하려 했는데 이들조차도 균형론적 사유를 완전히 떨쳐내지는 못했다. 1920년대에는 케인스가 비교 정학 사용을 비판하면서 경제학의 가장 큰 관심사는 바로 그 두 정지 상태 사이에 벌어지는 일들이라고 지적했다. '경제학자들이 스스로 부여한 과제는 너무나 쉽고 너무나 쓸모없는 것들이다. 폭풍우가 몰아쳐도 그들이 하는 말이라곤 그저 폭풍우가 지나가면 다시 바다가 잔잔해질 것이라는 것뿐'이라고 그는 말했다.[17] 1940년대에는 슘페터가 마르크스의 혜안에 의지해 자본주의에 본질적으로 내재한 '창조적 파괴' 과정이 어떻게 지속적인 혁신과 쇠퇴의 파동을 만들어내고 그 결과 경기를 순환시키는지를 묘사했다.[18] 1950년대에 필립스가 모니악을 만든 목적도 바로 비교 정학을 시스템 동학으로 대체하려는 것이었다. 물탱크에 파이프를 연결해 물이 드나들게 만들어 시간차와 등락 양까지 알아보려는 것이었다. 1960년대에는 조앤 로빈슨Joan Robinson이 균형론의 경제학적 사유를 맹공격하면서 '실제 역사에 적용할 모델이라면 균형 상태에서 빠져나와야만 한다. 사실상 균형 상태 안에 있어서는 안 될 일'이라고 강력히 주장했다.[19] 1970년대에는 신자유주의의 아버지 하이에크도 경제학자들이 '빛나는 성공을 거둔 물리학의 절차를 최대한 똑같이 모방하려는 성향'을 보이고 있는데, 이는 '우리 분야에서는 완전한 오류로 치달을 시도'라고 비판했다.[20]

이제 경제사상가들의 한결같은 조언에 귀를 기울여보자. 그리고 균형론적 사고방식을 밀쳐내고 대신 시스템 차원에서 사유를 시작해보자. 우선 기존 경제학의 우상 자리를 차지하는 수요 곡선과 공급 곡선 그림에서 시작하자. 두 곡선이 반드시 교차한다는 경직된 신념을 버리고 두 곡선을 그림에서 떼어내 한껏 비틀어 붙여서 되먹임 회로 한 쌍을 만들어보라. 또 경제학자들이 사랑하는 '외부성' 개념도 내다버리자. 외부성이란 어떤 것을 생산하는 바람에 그 생산 거래에 참여하지도 않은 이들이 겪는 부수적 효과를 말한다. 예를 들어 강 상류에 공장이 들어서는 바람에 하류에 있는 마을이 독성 물질로 오염된 강물로 고통받는 상황을 생각해볼 수 있다. 또 자전거를 타고 도심을 지나는 사람들이 마시는 자동차 배기가스도 예가 될 것이다. 생태경제학자 데일리에 따르면, 이렇게 부정적인 외부성이 '외부적' 비용으로 분류된 이유는 기존 경제학 이론이 전혀 다룰 준비가 되어 있지 않다는 이유뿐'이라고 한다.[21] 시스템 동학 전문가 스터먼도 동의한다. '부수적 효과란 없다. 그저 효과가 있을 뿐.' 그는 부수적 효과라는 개념 자체가 '우리 머릿속에 있는 모델의 경계선이 너무나 좁고 시간 지평 역시 너무나 짧다는 것을 보여주는 신호에 불과하다'고 말한다.[22] 20세기 경제학자라면 '외부성'으로 치부하고 넘어갔을 많은 것이 21세기 환경에서는 사회적, 생태적 위기를 낳는 결정적인 경제 효과가 되고 있다. 21세기에 지구적 경제가 본격화되면서 그 압도적인 규모와 상호 연관성이 크게 작용하고 있기 때문이다. 이런 경제 효과들과 씨름하는 일이 20세기 경제학자들에게는 경제 활동 '바깥'의 주변적인 관심사였는지 몰라도, 오늘날에는 우리 모두의 삶이 피어나는 경제 창출에서 핵심을 차지하는, 결정적인 관심사가 된 것이다.

이 관점에서 보자면 직관에는 어긋나는 이야기로 들리겠지만, 균형론에 입각한 경제학은 사실상 시스템 분석의 한 형태임이 드러난다. 단지 극단적으로 제한된 형태일 뿐이다. 이는 원하는 결과들을 얻어내려고 시장 시스템이 움직이는 방식에 강제로 엄격하게 제약된 가정들을 집어넣는다. 완전 경쟁, 수확 체감, 완전한 정보, 합리적 행위자 같은 것들이 그런 가정들이다. 그 덕에 가격 메커니즘이 시장 균형을 회복하는 되먹임 회로로 작동하는 능력을 그르칠 만한 효과 따위는 원천적으로 차단된다. 찌르레기를 생각해보자. 새 떼가 완전히 잠자코 있게 하려면 어떤 제약이 필요할까? 한 마리 한 마리를 모두 어둡고 조용한 새장에 가두면 된다. 하지만 그렇게 비자연적인 제약을 걸어내고 풀어놓으면서 새 떼가 가만히 있을 거라고 기대해서는 안 된다. 마구 요동치고 방향을 틀면서 새들은 실로 놀라운 복잡계 시스템을 하늘에 펼쳐보일 것이다. 완전 균형 모델이라는 협소한 족쇄에 갇힌 경제 행위자도 마찬가지다. 갖가지 제약이 있는 동안에는 이들도 경제학자들이 요구하는 대로 움직일 것이다. 하지만 그런 가정들을 없애고 현실 세계에 풀어놓는다면 모든 족쇄가 사라지면서 난리가 날 것이다. 말할 것도 없이 이미 자주 목격하는 일이다. 금융 시장의 거품이 터지면서 공황으로 치닫는 사건, 상위 1퍼센트의 발흥, 기후 변화의 티핑 포인트 등이 모두 그렇다. 하나씩 살펴보자.

## 거품, 호황, 거품 파열: 금융의 동학

금융 시장의 거래자들을 새에 비유한다면 그들이 벌이는 어처구니없는 광대 짓은 하늘을 신나게 누비는 찌르레기 무리와 닮았다(물론 중요한 차이가 있다. 새들은 절대 충돌하지 않으니까). 금융 시장에서 그렇게 어처구니없는 광대 짓이 벌어지는 원인은 조지 소로스George Soros가 말한 '시장의 재귀성reflexivity of markets' 때문이다. 이는 시장 참여자들의 관점이 시장에서 벌어지는 실제 사건들의 진행 방향에 영향을 주고, 또 사건들의 진행 방향 때문에 다시 참여자들이 영향을 받는 되먹임 패턴이 작동한다는 개념이다.[23] 금융 시장 거래자든, 십 대 소년소녀든(혹은 둘 다든) 선호가 고정된 고립된 개인은 아무도 없다. 이는 우리가 새로 그리려는 경제인의 초상화에도 뚜렷하게 나타난다. 우리는 주위에서 벌어지는 일들에 깊이 영향을 받고, 기꺼이 그런 일의 일부로 참여하려 할 때도 많다. 어떤 제품이 인기가 올라가면 이를 알게 된 상당수가 그것을 갖고 싶어 하고, 그러다 보면 올여름 가장 '핫한' 상품이 되어 구입 인증 사진을 올리지 못해 몸살을 앓고, 그러면 무조건 구입해야 하는 '어머! 이건 사야 돼!' 상품이 된다. 한번 대세가 형성되면 모두가 여기에 뛰어들면서 그 흐름을 강화시킨다. 영문도 모르면서 따라 춰야만 하는 춤이 나타나는 것이다(싸이의 〈강남 스타일〉을 어찌 잊으랴).

이런 현상만큼 재밌지는 않지만 빈도는 거의 비슷한 것이 바로 자산 시장에 나타나는 거품 현상이다. 주가가 오르고 또 오르다가 마침내 거품이 터져버리는 현상 말이다. '거품'이라는 명칭은 1720년에 있었던 '남대서양 회사 거품South Sea Bubble'●에서 나왔다. 이때의 투기 붐에 쓴맛을 본 뉴턴은 면전에서는 이 사건을 언급조차 하지 못하게 했다고 한다. 남대서양 회사는 영국 왕실로부터 남아메리카 지역과의 무역 독점권을 받았다. 1720년 3월, 이 회사가 해외에서 엄청난 성공을 거두었다는 잘못된 소문이 돌면서 주식 가격이 치솟았다. 뉴턴은 가지고 있던 남대서양 회사의 주식을 4월에 현금으로 바꿔 크게 이윤을 얻었다. 그런데 주식이 계속해서 급등하다가 온 나라가 그 주식을 사느라고 법석을 떠는 지경이 되자 뉴턴도 더 사고픈 유혹에 빠졌다. 그래서 이미 주식 가격이 한참 오른 6월에 다시 뛰어들었지만, 고작 두 달 뒤에 절정에 오른 거품이 터지고 만다. 그 결과 뉴턴은 일생 동안 모은 돈을 몽땅 잃고 말았다. 거품이 터진 뒤 뉴턴은 '별의 운동을 계

---

● 오늘날에는 'South Sea'가 남태평양이라는 뜻으로 쓰이며, 그래서 이 회사를 '남태평양 회사'라고 번역하는 경우도 자주 눈에 띈다. 하지만 당시에는 그런 용례가 없었고 이 회사의 주된 무역 지역은 남아메리카 지역이었다.

산하는 나도 인간의 광기는 헤아릴 길이 없다'는 유명한 말을 남겼다.[24] 기계 역학의 대가조차도 복잡성에 부닥치자 온통 헷갈리고 만 것이다.

우리도 삶과 생계에 기초가 되는 역동적 시스템들을 이해하지 못해 뉴턴처럼 값비싼 대가를 치르고 있다. 이는 2008년 금융 위기의 여파로 아주 분명해졌다. 이때 영국 여왕은 지체 없이 자국 경제학계에 물었다. '어째서 위기가 오는 것을 아무도 감지하지 못한 겁니까?' 위기가 터지기 전, 현대 주류 경제학의 기초인 균형론적 사고방식 때문에 경제 분석가 대부분은 거의 마취 상태에 빠져 있었고, 은행 부문이 구조나 행태에서 문제를 일으킬 가능성에도 관심을 두지 않았다. 돌이켜보면 참으로 믿기 힘든 일이지만, 유럽 중앙은행과 미국 연준과 영란 은행영국 중앙은행, Bank of England을 위시해 세계 주요 금융 기관에서 사용해온 거시경제 모델에서 민간 은행은 아무 역할도 맡지 않았다. 실로 치명적인 오류였다. 붕괴가 다가오는 것을 내다본 소수의 경제학자 가운데 스티브 킨Steve Keen이 이를 함축적으로 표현했다. '은행, 부채, 화폐를 빼놓고 자본주의를 분석하겠다는 건 새를 분석하면서 날개를 무시하는 것과 마찬가지다. 행운을 빌 뿐이다.'[25]

균형론적 사고방식이 지배하는 경제학으로 인해 미몽에 빠진 이들은 경제 분석가뿐만이 아니다. 정책 입안자들도 대부분 경제 자체의 동학으로부터 불안정성이 생겨날 수 있다는 생각 자체를 회피했다. 붕괴로 치닫던 10년 동안 영국 재무상이던 고든 브라운Gordon Brown은 이미 그런 시스템 차원의 리스크가 축적되는 중이었는데도 까맣게 모른 채로 거품 경제와 불황이 완전히 종식되었다면서 샴페인을 터뜨렸고,[26] 이후 미국 연준 의장이 된 벤 버냉키Ben Bernanke는 태평성대가 왔다면서 '거대한 안정the Great Moderation'이라고 이름 붙이기도 했다.[27] 그러다가 2008년, 호황 자체가 완전히 박살 나자 많은 이가 오래전에 잊힌 경제학자 민스키의 저작에서 지혜를 얻으려 들었다. 특히 그가 1975년에 제출한 금융 불안정성 가설이 각광을 받았다. 이 가설은 동학적 분석을 거시경제학의 핵심에 두고 있었다.

사람들의 직관과는 정반대로 들리겠지만, 민스키는 금융 문제에서만큼은 안정성이 불안정성을 낳는다는 사실을 깨달았다. 어째서일까? 말할 것도 없이 강화시키는 되먹임 회로 때문이다. 경제 상황이 좋은 시절에는 기업, 은행, 차입자 모두 수익성에 자신감을 갖고서 더 큰 리스크를 향해 나아가고, 이에 주택과 여타 자산 가격이 치솟는다. 그리고 자산 가격 상승으로 차입자와 대부자 모두 자산 가격이 계속 오를 것이라는 기대에 들떠 한층 대담해진다. 민스키의 말을 들어보자. '자본주의는 경제 행위자들의 실적이 좋으면 그 사실을 기초 삼아 금방 투기 붐을 만드는 경향이 있다. 이것이 자본주의 경제의 기초에 도사리고 있는 불안정성이다.'[28] 그런데 궁극적으로는 자산 가격 상승이 사람들이 기대하는 속도에 미치지 못하는 순간이 올 수밖에 없으며, 이렇게 되면 주택 담보 대출 파산 사태가 시작되면서 '민스키 모멘트'라는 것이 작동한다. 자산 가치는 더 떨어지고, 이에 금융 부문 전체가 지급 불능의 절벽으로 추락하면서 폭락 사태가 나타난다는 것이다. 그렇다면 폭락 뒤에는 무엇이 오는가? 서서히 자신감이 되살아나면서 방금 말한 과정이 처음부터 다시 시작되고, 이에 동태적 불균형의 순환 주기가 생겨난다는 것이다. 다른 병아리가 찻길을 건너다가 차에 치어 죽는 것을 뻔히 보고도 병아리들은 교훈을 얻지 못한다.

이렇게 시장의 본질에 내재한 불안정성에서 기인한 2008년 사태를 더욱 복잡하게 만든 것이 있었다. 금융 규제 당국이 은행 네트워크에 본질적으로 내재한 역동성을 전혀 이해하지 못했다는 사실이다. 붕괴 이전에 규제 당국은 은행 네트워크라는 것이 항상 리스크를 분산시키는 효과를 보인다고 가정해왔고, 그래서 이들이 만들어낸 규제는 항상 그 네트워크의 '노드nodes'인 개별 은행들을 감시할 뿐 그들의 상호 관계는 관찰하지 않았다. 하지만 금융 붕괴 사태로 네트워크의 구조는 튼튼하면서도 쉽게 깨질 수 있다는 것이 아주 분명해졌다. 네트워크는 보통 충격을 흡수하는 튼튼한 장치로 기능하지만, 그 네트워크의 성격 자체가 변화하면서 오히려 충격을 증폭시키는 불안한 장치로 전환될 수도 있다는 것이다. 영란 은행의 앤디 홀데인Andy Haldane에 따르면, 네트워크에서 소수의 거대 노드가 핵심 허브 역할을 하고, 이들 사이에 연결선이 지나치게 많고, 또 이 때문에 본래는 거리가 먼 노드 사이에 최단거리 연결선이 생기는, 이른바 '좁은 세상small-world'●의 특징이 나타나면 불안한 장치로 전환될 가능성이 높아진다고 한다. 1985~2005년에 세계 금융 네트워크는 이런 세 가지 특징의 촉발을 모두 보이면서 진화했지만, 규제 당국은 시스템 차원의 관점이 없었으므로 의식조차 하지 못했다.[29] 훗날 고든 브라운이 인정했듯이 '우리는 개별 기관만 살피는 감독 시스템을 만들었다. 큰 실수였다. 리스크가 어떻게 시스템 전체로 확산되는지를 이해하지 못했고, 여러 기관이 서로 어떻게 얽히는지도 이해하지 못했고, 지구 차원의 문제라는 데 대해서도 이야기만 했을 뿐 그게 무엇인지는 이해하지 못했다'.[30]

2008년 위기를 통해 금융 시장에 대한 새로운 동학적 모델들이 구축되고 있다. 스티브 킨은 컴퓨터 프로그래머 러셀 스탠디시Russell Standish와 팀을 이뤄 최초의 시스템 동학적 컴퓨터 프로그램을 발전시키고 있다. '민스키'라는 딱 맞는 이름의 이 프로그램은 진지하게 은행, 부채, 화폐가 낳는 되먹임 현상들을 다루는 불균형 경제 모델이다. 킨이 특유의 문체로 말했듯이 '민스키가 마침내 경제학이라는 새에 날개를 달아주었으니, 이제 경제학이 어떻게 하늘을 나는지 이해할 수 있는 기회가 왔다'.[31] 이 밖에도 거시경제에서 금융 시장이 어떤 효과를 내는지 이해하려는 복잡계 이론의 접근법은 몇 가지가 더 있다.


## 성공한 자가 또 성공한다: 불평등의 동학

일반 균형 경제학의 세계에서 불평등이라는 건 그저 주변적인 관심사일

---

● 네트워크 이론에서 이야기하는 여러 네트워크 유형 중 하나.

뿐이다. 이론에 따르면 시장이란 사람들에게 적절한 보상을 돌려주기에 아주 효율적인 기제이므로 넓은 의미로 볼 때 재능, 선호, 타고난 자원 등이 비슷한 이들은 결국 동등한 보상을 받는다고 한다. 그런데도 차이가 생긴다면 이는 노력 차이에서 기인한 것이며, 또 그런 불평등은 뒤처진 이들이 더 많이 혁신하고 노력하도록 자극한다고 한다. 하지만 실제 세계는 본질적으로 불균형하고 또 강화시키는 되먹임 회로가 실로 강력하게 작동한다. 그래서 부유한 자들에겐 더 부유해지는 선순환 고리가, 가난한 이들은 더욱 가난해지는 악순환 고리가 작동해서, 재능과 능력 등에서 엇비슷한 사람들을 갈라 소득 분배의 반대쪽 극단으로 팽개치는 결과를 가져올 수 있다. 시스템 전문가들이 '성공한 자가 또 성공한다'고 일컫는 함정이 작동하기 때문에 게임 한 판에서 승리를 거둔 이가 판돈을 싹쓸이하고, 이로써 다음 게임에서도 승리를 거둘 확률이 높아진다.

균형론에 입각한 기존 경제학 이론 또한 이렇게 강화시키는 되먹임 회로가 영리 활동을 지배하는 경우를 인정하면서, 이것이 소수가 지배하는 과점oligopoly 상태가 나타나는 이유라고 설명한다. 그래도 이런 상태는 어디까지나 일반적인 규칙의 예외일 뿐이라고 본다. 하지만 일찍이 1920년대에 이탈리아 경제학자 피에로 스라파Piero Sraffa는 반대 주장을 펼쳤다. 기업의 공급 곡선을 보면 수확 체감이 아니라 오히려 수확 체증 상태가 정상으로 여겨질 때가 많다는 것이다. 스라파가 지적한 대로, 일상 경험으로 보더라도 여러 산업에서 기업은 생산을 확장하면 제품 단위 비용이 오히려 하락하기 때문에 완전 경쟁이 아니라 과점 상태, 심지어 독점 상태로 가는 경향이 있다는 것이다.[32] 오늘날 우리가 아는 기업들을 보면 스라파의 관점이 분명히 맞다. 식품 분야만 보더라도 이른바 ABCD 집단이라고 불리는 기업 네 개—ADM, 번지Bunge, 카길Cargill, 루이 드레퓌스Louis Dreyfus—가 전세계 곡물 무역의 75퍼센트를 장악하고 있다. 또 다른 네 기업이 전 세계 종자 매출을 50퍼센트 이상 점유하며, 비료와 살충제 시장의 75퍼센트는 농화학 기업 여섯 군데가 휘두르고 있다.[33] 2011년 당시 미국 금융 산업에서 파생 상품 거래의 95퍼센트는 제이피 모건 체이스J.P. Morgan Chase, 시티그룹Citigroup, 뱅크 오브 아메리카Bank of America, 골드만 삭스Goldman Sachs 등 월스트리트 은행 네 곳이 차지하고 있었다.[34] 이런 구조는 미디어와 IT를 넘어 슈퍼마켓 유통업에 이르기까지 다른 산업에서도 지배적인 것으로 나타난다.

모노폴리 게임을 해본 적이 있다면 '성공한 자가 또 성공한다'는 동학을 잘 이해할 것이다. 게임 초장에 값비싼 토지를 운 좋게 차지한 이는 다른 토지도 다 살 수 있고, 호텔도 지을 수 있고, 옆 사람들에게서 고액 지대를 뜯어낼 수도 있으며, 이렇게 해서 다른 이들을 파산시키면서 계속해서 재산을 불릴 수 있다. 여기에 아주 흥미로운 지점이 있다. 이 게임은 본래 이름이 '지주 게임Landlord's Game'이었고, 토지 집중 소유를 찬미하려는 게 아니라 그 부당함을 폭로하려는 의도로 탄생했다는 것이다.

게임을 창안한 엘리자베스 매기Elizabeth Magie는 헨리 조지의 사상을 공공연히 지지했는데, 1903년 처음 게임을 만들 때는 전혀 다른 규칙 두 개를 가지고 번갈아 게임을 하게 했다. 우선 '번영Prosperity' 규칙 게임에서는 참여자 모두 누군가가 새로운 토지를 얻을 때마다 이득을 보게 되고(이는 헨리 조지의 토지 가치세land value tax [●]를 반영한 것이다), 처음에 가장 적은 돈으로 시작한 참여자가 그 돈을 두 배로 불렸을 때 게임이 끝나면서 모두 승자가 되도록 했다. 그리고 '독점자Monopolist' 규칙 게임에서는 참여자 모두 운수 사납게 자기 땅에 둥지를 튼 이들에게 지대를 물려 이득을 취하게 했다. 그리고 다른 이들을 모두 파산으로 몰아붙이는 한 사람이 승자가 된다. 매기에 의하면 이렇게 게임 규칙을 이중으로 만든 이유는 참가자들이 '현재의 토지 강탈 시스템이 낳을 수밖에 없는 통상적인 결과들을 직접 체험해보

● 헨리 조지는 다른 생산 활동에 부과되는 세금을 폐지하고 오로지 토지의 가치에만 세금을 부과해 이를 모든 성원이 공유하자고 제안했다.

는' 데 있으며, 이를 통해 토지 소유에 다르게 접근할 경우 사회적으로 크게 다른 결과들이 나온다는 것을 이해시키려 했다고 한다. '따라서 이 게임은 인생 게임이라고 부를 수도 있다. 왜냐면 여기에는 현실 세계에서 벌어지는 성공과 실패 요소가 모두 들어 있으니까.' 하지만 이를 보드 게임으로 제작한 파커Parker 형제가 1930년대에 매기로부터 특허권을 사들이면서 '모노폴리'라고 이름 붙여 규칙을 하나로 만들어버렸다. 모든 이가 승리를 거둔 한 사람을 찬양하는 게임으로 말이다.[35]

이 보드 게임에서 나타나는 분배의 동학은 경제를 모방한 컴퓨터 시뮬레이션에서도 나타난다. 현대 거시경제학을 소리 높여 비판하는 솔로는 일반 균형 경제학 모델들을 조롱하는 방법으로 다음을 증명했다. 이들이 기초로 삼는 시장은 여러 참여자로 구성된 시장이 아니라 각각의 '대표적 행위자'로 이뤄졌다는 것이다. 즉 무수히 다양한 행위자로 이뤄진 현실 경제를 '외부적' 충격에 어떤 식으로 대응할지 충분히 예측할 수 있는 단 한 명의 전형적인 소비자-노동자-소유자로 바꿔놓는다는 것이다. 1980년대 이후 복잡계 경제학자들은 대안적인 접근법들을 발전시켜왔으며, 그중 하나가 '행위자 기초' 모델화 방법이다. 다양한 행위자로 출발하되 모두 단순한 일련의 규칙을 따른다고 가정하고 이들이 환경에 어떻게 지속적으로 대응하고 적응하는지를 추적하는 것이다. 일단 컴퓨터 모델이 완성되면 프로그램을 짠 이들은 '시작' 버튼만 누르면 된다. 그러면 여러 행위자가 행동을 시작하고, 이들의 여러 상호 작용으로부터 어떤 동학적 규칙성이 나타나는지를 지켜보기만 하면 된다. 그리고 여기서 우리가 배울 많은 교훈이 나온다.

1992년에는 '슈거스케이프Sugarscape'라는 컴퓨터 시뮬레이션 모델이 나오면서 이정표가 되었다. 이 모델을 만든 조슈아 엡스타인Joshua Epstein과 로버트 액스텔Robert Axtell은 실제 세계의 축소판이라 할 가상 세계를 구축해 시간이 지나면서 부의 분배가 어떤 양상을 띠는지를 알아보았다. 슈거스케이프는 거대한 장기판 형태로, 가로와 세로 각각 50개씩 줄을 그은 격자 벌판에 큰 산 두 개가 있는 모습이다. 산 위에는 설탕이 많지만 그 사이 들판에는 설탕이 귀하다.[36] 그리고 들판 곳곳에 설탕에 굶주린 행위자들이 흩어져 있다. 어떤 이는 남보다 더 빨리 움직이고, 어떤 이는 더 멀리 볼 수 있으며, 어떤 이는 설탕을 더 빨리 소화한다. 이들은 모두 설탕이라는 연료가 잔뜩 쌓인 격자를 찾아가려고 경쟁을 벌인다. 처음에는 설탕 스톡이 행위자들 사이에 무작위로 분포된다. 더 많이 갖거나 혹은 적게 가진 사람도 있지만, 대부분은 대략 중간 값에 가까운 몫을 갖는다. 그런데 시뮬레이션이 진행되면 오래지 않아 설탕 중독자들은 두 집단으로 완전히 갈라진다. 하나는 설탕을 잔뜩 쌓아둔 소수 엘리트들이고, 다른 대다수는 설탕을 거의 갖지 못한 가난뱅이들이다. 물론 이들의 속도, 시력, 신진대사 등 여러 속성이 서로 다르고 또 그 때문에 출발점도 달라지지만, 중요한 것은 그런 속성만으로는 이후에 생겨나는 충격적일 만큼 극단적인 불평등을 도저히 설명할 수가 없다는 것이다.

불평등이 생겨나는 큰 원인은 '슈거스케이프' 사회의 본질적인 동학에서 기인한다. 설탕은 부이고, 설탕이 많으면 많을수록 설탕을 더 많이 가질 수 있다. 그야말로 '성공한 자가 또 성공한다'의 고전적인 예다. 하지만 가장 충격적인 사실은 행위자들 사이의 아주 작은 우연의 차이들—초장에 운이 좋았다든가 아니면 첫 번째 이동 방향이 좋지 못했다든가—이 곧 큰 차이로 증폭된다는 점이다. 이렇게 되면 설탕 소유가 사람의 지위를 결정해버리는 사회에서 개인의 운명은 완전히 달라진다.[37] 물론 슈거스케이프는 컴퓨터 속 세상일 뿐 현실이 아니다. 하지만 그 동학은 아주 익숙하다. 이는 소득 불평등이 대개 개개인의 재능과 능력을 반영한다는 주장이 얼마나 큰 거짓인지를 유감없이 폭로한다.

'성공한 자가 또 성공한다'는 원리는 이미 모노폴리 게임과 슈거스케이프 모델이 나오기 오래전부터 모두가 널리 인지하고 있었다. 이미 2,000년 전 『성경』에도 '부자는 더욱 부자가 되고 가난한 자는 더욱 가난해진다'고 적혀 있으며, 이는 이후 '마태 효과'로 불리고 있다. 누적되는 이익의 규칙성은 급증하는 불이익과 직결되면서 아이들 교육, 어른들의 구직 기회, 그리고 당연히 소득과 부의 불평등으로 모습을 드러낸다. 그리고 이러한 동학은 오늘날에도 확실히 살아 움직이고 있다. 1988~2008년에 전 세계 대부분의 나라에서 불평등이 증가했고 그 결과 중산층이 무너졌다. 20년간의 평균치를 보면 세계적인 불평등은 그저 약간 악화된 정도로 나온다. 하지만 중국의 빈곤율 감소에 힘입은 착시일 뿐, 양극단의 차이는 확연히 커졌다. 세계 소득 증가량의 50퍼센트 이상을 부유층 최상위 5퍼센트가 독식하고 있으며, 가난한 50퍼센트가 차지하는 몫은 11퍼센트에 불과하다.[38] 우리가 말하는 도넛으로 들어가려면 부와 소득의 양극화 경향을 역전시켜야만 하며, 이를 위해서는 '성공한 자가 또 성공한다'는 되먹임 회로를 상쇄하고 약화시키는 것이 핵심이다. 이를 5장에서 더욱 깊이 살펴볼 것이다.

## 욕조에 담긴 물: 기후 변화의 동학

경제적 외부성은 그 이름 덕에 주류 경제학의 틀에서는 주변적인 관심사로만 다뤄졌다. 하지만 만약 우리가 똑같은 현상을 필연적인 결과물로 다시 정의한다면, 또 2장에서 주장했듯이 경제라는 것이 생물권 내부에 묻어든 것임을 인정한다면 그 결과들이 되먹임 회로를 구축해 경제 시스템 자체를 흔들 수 있다는 점이 분명해진다. 이른바 환경의 외부성에서는 분명히 그렇다. 그중에서도 기후 변화라는 파멸적 결과를 촉발하는 대기권의 온실가스 축적 현상이 여기에 해당한다. MIT의 스터먼 같은 이들이 정책 입안자들로 하여금 시스템 차원에서 문제를 인식하게 할 방법을 찾는 것도 당연한 일이다. 은행 위기와 달리 기후 변화는 마지막 순간에 공적 자금 투입으로 해결할 수 있는 일이 아니며, 미리 준비해 반드시 미연에 방지해야 하는 일이기 때문이다.

기후 시스템에 어떤 압력이 쌓이고 있는지를 이해하려면 이산화탄소 배출 플로와 대기권에 집중된 스톡이 어떻게 변하는지를 이해해야만 한다.

스터먼은 최고라 불리는 MIT 학생들조차도 스톡-플로 동학을 직관적으로 파악하는 능력이 몹시 떨어진다는 것을 알고 크게 놀랐다. 학생 대부분이 지구의 이산화탄소 배출량이 지금보다 늘지 않도록 막으면 대기권에 축적된 이산화탄소 증가도 충분히 막을 수 있다고 여겨 스터먼은 고전적인 비유에 의지할 수밖에 없었다고 한다. 우선 거대한 욕조를 대기권으로 가정하고, 수도꼭지를 틀고 물마개도 열어둔다고 하자. 새로운 이산화탄소가 배출되어 대기권으로 밀려들기도 하지만 이산화탄소는 식물의 광합성으로 소화되기도 하고 또 해양에 녹아들면서 대기권으로부터 빠져나가기도 한다. 이 비유는 무엇을 뜻하는가? 물이 줄어들기 시작하는 시점은 수도꼭지에서 물이 들어오는 속도가 물구멍으로 빠져나가는 속도보다 떨어지는 순간이다. 이산화탄소도 마찬가지다. 대기권으로 이산화탄소가 배출되는 속도가 대기권에서 빠져나가는 속도 아래로 떨어질 때 비로소 대기권에 집중된 이산화탄소의 양이 줄어드는 것이다. 스터먼이 처음 이산화탄소 욕조를 그린 2009년 당시 전 지구의 이산화탄소 유입량은 연간 90억 톤이었고 유출은 50억 톤에 불과했다. 대기권에 집중된 이산화탄소 양이 줄어들려면 이산화탄소 배출량의 속도를 무려 절반으로 떨어뜨려야 한다는 의미다. 스터먼은 MIT 공대생들도 이를 이해하기 어려워할진대 하물며 정책 입안자들이라면 오죽할지를 생각했다. '그들은 온실가스를 안정시키고 지구 온난화를 막는 과업이 얼마나 어려운지 제대로 이해하지 못하고 실상보다 만만하게 볼 것이 틀림없었다.'[39]

그리하여 스터먼과 동료들은 엘리자베스 매기의 선례를 따라 기후 변화의 동학을 체험하는 게임을 고안했다. 이들은 각국 정부가 자기네 정책 계획이 궁극적으로 지구에 어떤 충격을 가져올지를 예측하게 해주는 사용자 친화적 컴퓨터 시뮬레이션을 개발했다. C-ROADSClimate Rapid Overview and Decision Support, 기후 관련 문제의 신속한 개괄과 결정 지원 체제라는 이 프로그램은 모든 나라가 서약한 온실가스 감축분을 즉각 합산해 지구 전체 배출량, 대기 오염 물질 농도, 온도 변화, 해수면 상승 등이 장기적으로 어떻게 변하는

지를 보여준다. 미국, 중국, EU, 그 밖의 나라에서 온 협상 팀들이 이 프로그램을 사용했으며, 전 세계적으로 어떤 규모와 속도로 감축해야 하는지에 대한 이해와 사고방식을 완전히 바꿔놓았다. '이런 도구들의 도움이 없다면 이해관계자 집단에서는 아무도 기후를 이해하고 시스템적 사고 능력을 개발할 가능성이 없다'고 스터먼은 설명한다.[40]

C-ROADS는 지난 10년간 국제 기후 협상에서 각국 대표가 가상 역할 놀이를 하게 하는 아주 값진 역할을 했고, 특히 실제 정책 입안자들이 이 놀이에 많이 참여했다. C-ROADS 팀은 현실 세계의 권력 동학을 놀이에도 그대로 반영하기 위해 강대국 대표들에게는 탁자 앞 의자를 내주고 과자와 먹을거리도 수북이 쌓아놓았다. 반면 가장 개발이 덜 된 국가의 대표들은 아예 바닥에 앉혔다. 그래서 2009년에 미크로네시아 대통령은 이 놀이에서 당연히 바닥에 앉겠다고 고집을 피웠다. 모의 협상이 진행되면서 주요 강대국들이 여느 때처럼 턱없이 부족한 정도만 감축하겠다고 고집을 피우면 시뮬레이션에서 해수면은 1미터씩 올라갔다. 그리하여 나중에는 바닥에 앉은 모든 나라의 대표들―미크로네시아 대통령 포함―이 커다란 푸른 천에 덮이고 말았다. 스터먼은 이렇게 회상했다. '그는 아주 흥분했다. 왜냐면 온도가 오를 때마다 해수면이 상승한다는 게 어떤 의미인지를 처음으로 똑똑히 보았으니까.'[41] 스톡과 플로의 동학이 어떤 효과를 낳는지 이해하거나 체험하지 못하면, 기후 변화의 확실한 안전선 안쪽으로 돌아가는 데 필요한 에너지 전환의 규모와 속도가 얼마나 되는지를 인식할 가능성도 없다고 할 것이다.


## 붕괴를 피하자

시스템 관점에서 보면 오늘날의 경제 발전 방향은 사회적 불평등 증가와 생태 위기라는 쌍둥이 동학의 포로가 되었다는 것이 분명하게 나타난다.

거칠게 말하자면 이 두 추세야말로 이스터섬 사람들부터 그린란드에 온 바이킹에 이르기까지 초기 문명이 붕괴할 수밖에 없었던 조건들을 그대로 보여주는 것이다. 어떤 사회가 기초 자원을 파괴하기 시작했을 때, 만약 그 사회가 소수 엘리트와 대중으로 심하게 서열화된 사회라면 삶의 방식을 바꿀 역량이 훨씬 떨어진다고 환경사가 재러드 다이아몬드Jared Diamond는 말했다. 그리고 그 의사 결정권을 쥔 엘리트들의 단기적인 이익이 사회 전체의 장기적 이익과 차이가 있다면 이야말로 '파국을 설계하는 청사진'이라고 경고한다.[42] 붕괴 사태는 인간의 진보 경로에서 아주 드문 일탈이라고 여기는 사람들이 있지만, 의외로 그런 예는 놀랄 만큼 흔하다. 실제로 로마 제국과 중국의 한나라, 마야 문명에 이르는 여러 문명의 붕괴를 보면 아주 복잡하고 창의적인 문명들도 얼마든지 몰락할 수 있다는 사실을 분명히 알 수 있다.[43] 그렇다면 시스템적 사유는 그런 붕괴가 다시 일어날지 예측하는 데 도움이 될까?

이를 탐구한 가장 유명한 사례가 1972년 출간된 연구서 「성장의 한계」일 것이다. MIT에 자리 잡은 이 책의 저자들은 세계 경제를 대상으로 최초의 동태적 컴퓨터 모델 '월드World 3'을 만들어냈다. 목적은 2100년까지 전개될 다양한 경제 시나리오의 양상을 추측하는 것이며, 그 가운데 생산 증가를 결정하는(그리고 결국 제한하는) 다섯 가지 요인, 즉 인구, 농업 생산, 천연자원, 산업 생산, 오염 추이를 추적한다. 이들이 상정한 '정상적인 세상business as usual'의 시나리오를 보자. 세계 인구와 총 생산량은 늘어나지만 석유, 광물, 금속 등 비재생 자원은 고갈되는 것으로 나타나며, 그 결과 산업 생산과 식량 생산이 감소해 결국 기근이 오고, 이에 따라 세계 인구도 줄고, 결국 인류의 생활 수준이 크게 떨어지는 것으로 되어 있다. 이 분석이 경종을 울리면서 시스템적 사고방식이 정책의 논점이 되는 효과도 있었지만, 경제 성장에 집착하는 이들로부터는 상당한 원성을 사기도 했다.[44]

주류 경제학자들은 이 모델 설계가 시장 가격 메커니즘으로 균형을 가져오게 마련인 되먹임 회로를 과소평가했다고 비웃었다. 만약 비재생 자원이

귀해진다면 가격이 올라갈 것이고, 그러면 효율성을 높이려고 한층 노력하게 될 뿐만 아니라 새로운 대체물을 탐색하게 될 거라는 것이었다. 하지만 이들은 '월드 3' 모델이 지적한 성장의 한계를 논박하는 데 바쁜 나머지, '오염'의 영향과 역할마저 성급하게 묵살해버렸다. 이는 금속, 광물, 화석 연료 등과 달리 보통은 가격이 없으므로 시장의 균형을 낳는 되먹임 회로와 직접 연결되지 않는데도 말이다. 이후 '월드 3'이 오염을 주제로 행한 작업에는 대단한 예지가 담겨 있었음이 드러났다. 기후 변화와 해양 산성화를 유발하는 화학적 오염, 생물 다양성 손실에 이르기까지 지구 차원의 경계선에 압력을 가하는 다양한 생태 악화가 나타나는 오늘날에는 이 오염 또한 훨씬 구체적인 방식으로 정의하고 명명하게 되었다. 게다가 1972년 모델을 최근 데이터와 비교해보면, 그동안 세계 경제가 그려온 궤적은 그 모델의 '정상적인 세상' 시나리오에서 예견한 바에 상당히 근접해 따라온 것으로 보인다. 물론 시나리오는 결코 해피엔딩이 아니었다.[45]

이쯤 되면 요란하게 경종이 울려야 마땅하다. 21세기 초입에 선 우리는 벌써 아홉 가지 경계선 가운데 최소한 네 개를 침범한 상태이고, 아직도 수십억 명이 극단적인 빈곤 상태에 있으며, 가장 부유한 1퍼센트는 전 세계 금융 자산의 절반을 거머쥐고 있다. 이야말로 모두를 붕괴로 몰아붙일 최적의 조건이다. 우리의 지구 문명이 그런 운명을 맞지 않도록 방지하려면 환골탈태 수준으로 변화해야만 하는 것이다. 이를 이렇게 요약해보자.

> 오늘날 경제를 그냥 둘 경우 사람들은 분열하고 또 퇴행으로 내몰리게 된다.
> 오늘날 경제는 의식적으로 분배적인 성격과 삶을 재생시키는 성격을 띠도록
> 설계해야 한다.

분배적인 경제란, 창출되는 가치가 소수의 손에 집중되지 않도록 막고 최대한 많은 이에게 확산되고 유통되도록 만드는 경제다. 삶을 재생시키는 경제란 지구의 여러 생명 순환 주기를 재생시키는 데 사람들이 온전히 참여

할 수 있는 경제이며 그 결과 지구의 한계선을 넘지 않으면서 모두의 삶이 피어나는 경제다. 이렇게 번영을 낳는 경제를 설계하는 것이 우리가 당면한 과제다. 이에 대한 여러 가능성을 5장과 6장에서 함께 보기로 하자. 그런데 이런 경제를 설계하는 데 시스템적 사고를 하는 경제학자들 중에서 특히 도움이 되는 경제학자는 어떤 부류일까?

## 스패너여, 잘 가라! 어서 오라, 전지가위!

시스템 차원에서 사고하면 경제를 바라보는 방식을 뿌리부터 바꿀 수 있으며, 경제학자들이 해묵은 메타포 보따리를 벗어던지도록 유도할 수 있다. 경제를 기계로 보는 개념에는 이제 작별을 고하고, 대신 경제는 유기체라는 개념을 포용할 때인 것이다. 시장의 균형을 맞출 수 있다고 약속하는 환상 속 통제 장치들은 이제 놓아버리고, 대신 지속적으로 진화하는 경제의 생명을 유지해주는 되먹임 회로들의 맥을 짚을 줄 알아야 한다. 이제는 경제학자들도 비유로나마 근본적으로 업종을 바꿔야 한다. 엔지니어의 철모와 스패너를 버리고 정원사의 장갑과 전지가위를 집어들 때인 것이다.

이런 업종 전환은 이미 오래전에 예고된 바다. 1970년대에 하이에크도 경제학자들에게 작품을 세밀하게 다듬는 숙련공을 꿈꾸지 말고 그저 자기가 기르는 화초를 돌보는 정원사로 만족할 줄 알아야 한다고 말했다. 어찌 보면 극단적인 자유방임 성향을 보인 하이에크였으니 이렇게 표현한 것도 자연스러울 수 있다. 하지만 잠깐만 생각해보면 이는 하이에크가 정원을 돌보는 힘든 일을 단 하루도 제대로 해본 적이 없다는 의미이기도 하다. 정말로 식물을 돌봐본 사람이라면 이 일이 자유방임과는 상극임을 모를 리 없기 때문이다. 에릭 리우Eric Liu와 닉 하나우어Nick Hanauer는『민주주의의 정원The Gardens of Democracy』에서 이렇게 주장한다. '기계 두뇌'에서 '정원 두뇌'로 전환하려면, 사물이 자기 조정 메커니즘을 갖고 있다는 믿음이 만물은 누군가가 돌봐야 한다는 깨달음으로 옮겨가야 한다고. '정원사가 된다는 건 자연이 그 흐름대로 가도록 내버려둔다는 뜻이 아니다. 이는 돌보는 활동이다. 정원사는 식물이 자라게 만들지는 못하지만 한껏 피어나도록 좋은 환경을 만들어주며, 정원에 있어야 할 것과 있어서는 안 될 것이 무엇인지를 적극적으로 판단하는 존재다.'[46] 그렇기 때문에 경제를 돌보는 정원사는 식물이 잘 자라도록 항상 돌보고, 비료도 주고, 시원치 않은 것은 솎아내고, 화분도 갈고, 접붙이기도 하고, 가지도 치고, 잡초도 뽑아야만 한다.

경제를 정원으로 보고 이를 돌보는 패러다임으로 전환하는 것은 진화의 원리를 품어 안는 방법이다. 이 분야의 지도적 사상가인 에릭 바인하커Eric Beinhocker는 경제학자들에게 경제의 움직임을 예측하거나 통제하려들지 말라고 충고한다. '경제와 사회를 통제하려 들 게 아니라, 경제와 사회가 진화한다는 사실을 받아들이면서 정책이란 그 진화를 돕는 적응 실험 포트폴리오라고 생각해야 한다'고 한다. 이는 자연 선택natural selection 과정을 모방하려는 접근법으로 '다변화diversify—선별select—증폭amplify'으로 요약되곤 한다. 다양한 개입 조치를 시험하기 위해 소규모로 정책을 실험한다. 효과가 좋지 않은 것은 중지하고, 효과를 보이는 것은 규모를 키워나가는 것이다.[47] 이런 적응형 정책 입안은 오늘날처럼 생태적, 사회적 도전에 대처하는 데 결정적인 역할을 한다. 왜냐면 오스트롬이 말했듯이 '오늘날 사회는 전지구적 차원으로 연관되어 있으며, 우리는 이런 규모의 문제를 다뤄본 적이 없다. 따라서 무엇이 효과를 보일지 확실히 아는 사람은 아무도 없고, 그렇기 때문에 빠른 속도로 진화하고 적응할 수 있는 시스템을 구축하는 일이 무엇보다 중요하다'.[48]

이 말에는 고무적인 속뜻이 담겨 있다. 복잡계 시스템이 여러 혁신과 이탈로 진화하는 것이라면, 새로운 사업 모델, 보조 통화, 오픈 소스 디자인 같은 창의적인 시도들이 더욱 중요해진다. 이런 실험들은 결코 사회 구석빼기에서 벌어지는 주변적인 활동이 아니다. 우리에게 필요한, 분배하는 동시에 재생하는 동학을 지향하는 경제 입장에서 보자면 그 최첨단(진화의 최

경제학자들은 엔지니어에서 정원사로 업종을 바꿔야 한다.
스패너와 컴퍼스는 버리고 정원사의 장갑과 전지가위를 집어들 때다.

전선이라고 하는 게 낫겠다)에 선 활동인 것이다.

경제가 쉬지 않고 진화한다면 그 과정을 돌볼 최선책은 무엇인가? 메도스는 모든 복잡계 시스템에는 작은 변화로 큰 변화를 이끌 수 있는 지점들이 있으니, 이 효과적인 '개입 지점leverage points'을 찾는 법을 공부하라고 조언한다. 경제의 되먹임 회로들을 정리해 균형을 잡는다든가 심지어 경제의 목적을 바꾸는 것(메도스는 경제학의 둥지에 밀고 들어온 GDP 성장이라는 뻐꾸기에는 전혀 관심이 없었다는 것을 기억하라)까지 방법으로 삼아 훨씬 크게 개입할 수 있음에도, 경제학자 대부분은 가격 조정(이는 그저 플로의 속도를 바꾸는 정도로 기능할 뿐이다) 같은 수준 낮은 '개입 지점'에다 시간을 허비하고 있다고 메도스는 생각했다. 여기에 더해 곧장 변화를 향한 계획에 뛰어들 것이 아니라 먼저 겸손하게 자세를 낮추고 시스템의 박자와 흐름을 읽어야 한다고 충고한다. 설령 그 대상이 병을 앓는 경제이거나, 죽어가는 삼림이거나, 깨져가는 공동체 같은 것일지라도 말이다. 우선은 지금 어떻게 작동하는지를 관찰하고 이해해야 하며, 흘러온 역사도 배워야 한다는 것이다. 당연히 어디가 잘못되었냐고 물어야 하며, 어쩌다가 이런 상황이 되었는지, 나아갈 방향은 무엇인지, 아직 제대로 작동하는 것은 무엇인지 등도 물어야 한다. 메도스는 경고한다. '생각 없이 마구 개입하는 짓을 삼가고, 그 시스템의 자기 유지 능력을 파괴하지 말아야 한다. 상황을 개선한답시고 무턱대고 들이닥치기 전에 먼저 이미 존재하는 것들의 가치에 주의를 기울여라.'[49]

이런 의미에서 메도스는 숙달된 정원사였다. 인생의 상당 시간을 사회-생태계가 작동하는 요지경 세상을 관찰하고 또 거기 존재하는 것들의 가치를 관찰하는 데 보낸 사람이다. 그는 효과적인 시스템에는 세 가지 속성이 있다는 데 주목했다. 건강한 위계질서, 스스로를 조직하는 능력, 신속한 회복 능력이다. 따라서 시스템마다 이런 특징들이 출현할 수 있도록 돌봐야 한다는 것이다.

첫째, 건강한 위계질서란 둥지를 튼 시스템들이 자기가 소속된 전체에 기여할 때 달성된다. 간세포는 간에서 활동하지만 간은 다시 인간의 신체에 포함된다. 간세포가 너무 빨리 증식하면 암이 되어 존재의 기초인 인간 신체에 기여하기는커녕 오히려 파괴하게 된다. 경제 관점에서 보자면 금융 부문이 산업 경제―이는 다시 공동체의 삶이라는 더 큰 목적에 기여하는 것이다―에 복무하게 만드는 것이 건강한 위계질서의 예일 것이다.[50]

둘째, 스스로 조직하는 능력은 어떤 시스템이 제 구조를 더욱 복잡하게 만들 수 있는 역량이다. 세포 분열, 사회 운동의 성장, 도시 팽창 등이 그 예다. 애덤 스미스가 통찰했듯이 시장의 가격 메커니즘을 자기 조직화의 예로 들 수 있을 것이다. 하지만 오스트롬을 비롯해 여러 세대의 현명한 여성주의 경제학자들이 꿰뚫은 것처럼, 이는 시장뿐만 아니라 가정 경제와 코먼스에서도 일어난다. 세 가지 조달 영역 모두 필요와 욕구를 충족하기 위해 효과적으로 자기 조직화할 수 있으며, 국가는 이렇게 되도록 지원해야 한다.

마지막으로 신속한 회복 능력은 어떤 시스템이 스트레스를 견디거나 튕겨내는 능력이다. 젤리가 꾹 눌려도 탱글탱글한 원래 형태로 되살아난다든가, 폭풍우가 몰아쳐도 거미줄이 끊어지지 않는다든가 하는 경우다. 다음 장에서 보겠지만, 균형론에 입각한 경제학은 효율성을 극대화하는 데 집착하는 바람에 그로 인해 생겨나는 취약성은 간과했다. 여러 경제 구조에 여분의 중복과 다양성을 불어넣으면 회복 능력도 향상된다. 그리하여 장래에 충격과 압력이 가해진다 해도 훨씬 효과적으로 적응할 수 있게 된다.


## 윤리적이 되자


경제라는 것이 본질적으로 복잡성을 내포하고 있다는 사실을 인식하면 의미 있는 결과를 하나 더 얻게 된다. 경제 정책 입안에서 윤리가 차지하는 위치에 관한 것이다. 의학 같은 직종에서는 윤리 문제가 핵심을 차지한다. (인간의 신체 같은) 복잡계 시스템에 개입할 때 필연적으로 수반되는 불확실성과 다른 사람의 삶과 목숨에 중대한 영향을 미치는 책임이 결합된 직종이라면 비단 의학만이 아니더라도 항상 윤리가 핵심에 있을 수밖에 없다. 의술의 아버지로 칭송받는 히포크라테스는 오늘날에도 의사들이 외치는 선서문의 윤리적인 원칙에 영감을 주었다. 첫째, 환자에게 아무런 해도 끼치지 말 것. 둘째, 환자를 그 어떤 것보다 우선시할 것. 셋째, 증상만이 아니라 사람 전체를 치료할 것. 넷째, 치료와 관련된 정보를 미리 환자에게 알리고 동의를 얻을 것. 다섯째, 필요할 때는 다른 전문가에게 도움을 청할 것.

경제학의 아버지인 크세노폰은 가정 관리를 집안 살림 문제로 보았으며, 여기에 어떤 윤리적 원칙도 시사한 바가 없다. 왜냐면 그는 이미 여성과 노예를 어떻게 다뤄야 하는지 잘 안다고 믿었으니까. 하지만 오늘날 경제학은 나라 경영은 물론 우리 모두의 가정인 지구 관리 방향까지 인도하며, 이에 우리 모두의 삶에 심대한 영향을 미치고 있다. 그렇다면 경제학자들도 윤리 문제를 진지하게 생각할 때가 아니겠는가? 덴버 대학교의 경제학자 조지 더마티노George DeMartino는 분명 그렇게 여기고 있다. '다른 직군에 영향을 미치는 전문 직종은 반드시 여러 윤리적 책무를 짊어지게 되어 있다. 그 직종에 종사하는 이들이 인지하건 못하건 이 사실은 바뀌지 않는다.' 그는 이렇게 주장하고 나서 다음과 같이 덧붙였다. '내가 아는 바로는, 이런 여러 책임에 대해 이토록 거만하게 굴어온 직종은 없었다.'[51]

더마티노가 믿기에 경제 정책 자문가들은 그가 '최대 극대화maxi-max' 원칙이라 부르는 것을 따를 때가 너무나 많다고 한다. 가능한 모든 선택지에서 정책을 고려할 때 '만약 효과를 낸다면 가장 좋은 효과를 낼' 만한 선택지만 추천할 뿐, 실제로 효과를 발휘할 가능성에 대해서는 충분히 검토하지 않는다는 것이다. '최대 극대화는 지난 30년간 경제학이 가장 중대한 현실에 개입할 때마다 가장 으뜸가는 결정 원칙이었다'고 그는 주장한다. 그러면서 1980~1990년대에 라틴 아메리카, 사하라 사막 이남 아프리카, 옛 소련 등에서 실행된 사유화와 시장 자유화의 충격 요법 정책들로 인해 얼마나 심각한 피해가 벌어졌는지를 지적했다.[52]

경제학은 스스로 직업상 마땅히 갖춰야 할 윤리적 원칙을 가다듬는 측면에서 의학보다 2,000년 이상 뒤떨어진다. 이를 따라잡으려면 할 일이 아주 많다. 따라서 그 초기 작업으로, 더마티노에게서 영감을 얻어 21세기 경제학자가 고려할 네 가지 윤리 원칙을 제시해보겠다. 첫째, 인간이 피어나는 생명의 망 속에서 함께 번영한다는 목적에 기여할 것이며, 인간의 번영에 기초가 되는 모든 것을 인정할 것. 둘째, 당신이 복무하는 공동체에 여러 불평등과 차이가 존재한다는 것을 항상 의식하면서 그 공동체가 경제 정책 결정에 적극적으로 참여하고 또 동의할 수 있도록 자율성을 보장할 것. 셋째, 정책을 입안할 때 불확실성에 직면할 경우 신중하게 피해 리스크(특히 가장 취약한 이들의)를 최소화할 것. 마지막으로, 당신이 사용하는 여러 모델에 깔려 있는 가정과 결함을 투명하게 알리고 이를 대체할 다른 경제학적 관점과 개념 도구 들을 인정함으로써 겸손하게 작업할 것. 언젠가는 경제학자의 선서에 포함될 원리들, 수련 과정을 마치고 꿈에 부풀어 경제학자로서 직업을 시작하는 모든 이가 암송하게 될 원리들이다. 하지만 선서 의식을 치르든 치르지 않든, 가장 중요한 것은 이 윤리적 원칙들이 모든 경제학과 학생의 훈련 과정과 경제 정책 입안자들의 실천 속에서 실제로 힘을 발휘하게 만드는 것이다.

메도스는 이렇게 말했다. '미래를 예측할 수는 없지만 미래를 그려내고 애정을 담아 현실로 만들어낼 수는 있다. 시스템은 통제될 수 없지만, 이를 설계하고 다시 설계하는 건 가능하다. 우리는 시스템이 들려주는 이야기에 귀 기울일 수 있고, 그 속성과 우리의 가치들이 어우러진다면 의지만으로 만들어지는 그 어떤 것보다 훨씬 좋은 뭔가를 만들어낼 수 있다.'[53]

만약 지금 지구 경제가 보이고 있는 동학이 계속된다면, 그래서 그 결과 사람들이 계속 분열하고 퇴행한다면 붕괴의 위험은 눈앞의 현실로 닥쳐올 것이다. 우리 세대가 직면한 이 절박한 도전을 생각한다면 21세기의 경제학자들은 작은 지역부터 지구 전체에 이르는 여러 차원의 경제를 완전히 바꾸기 위해 마땅히 복잡계 이론을 받아들이고 그 통찰력에 의지해야만 한다. 그리고 이를 통해 여러 차원의 경제를 분배적이면서도 재생적으로 설계해야 한다. 이것이 우리가 다음 두 장에서 살펴볼 문제들이다. 뉴턴이 살아 있다면 틀림없이 사과를 들고서 그 해법을 찾아 달려들었을 것이라고 나는 확신한다.

# 5
# 분배를 설계하라

**부자로 만들어주는 성장 신화에서 분배 설계로**

'고통이 없으면 얻는 것도 없다.' 온 시대를 통틀어 가장 위대한 보디빌더인 아널드 슈워제네거Arnold Schwarzenegger가 즐겨 한 말이다. 지금도 지구상에는 수백만 명이 이 구호를 가슴에 새기고 이를 북북 갈며 아령을 들어 올리고 있을 것이다. 1980년대에 슈워제네거가 고안한 고통스러운 운동 프로그램이 온 세계의 헬스장을 강타했고, 이 구호 역시 모든 헬스장에 울려 퍼졌다. 메시지는 아주 간명하다. 기가 막힌 체격을 만들고 싶다면 강렬한 고통도 참아내야 한다는 것이다. 그런데 우연찮게도 이 구호는 20세기 후반을 지배한 경제철학을 간명하게 요약하는 것이기도 하다. 어떤 나라든 더 평등하면서도 더 부유한 사회가 되려면 먼저 극도의 불평등이라는 사회적 고통을 감수해야 한다는 것이다.

'고통이 없으면 얻는 것도 없다'는 구호는 지금도 여전히 수많은 정책 입안자들에게 영감의 원천이 되고 있다. 특히 가장 가난한 이들에게 가장 심한 타격을 입히는 긴축 조치로 허리띠를 졸라매자면서 불평등을 심화시킬 때 정당화하는 용도로 자주 쓰인다. 하지만 경제에 관한 한 이 구호는 아무 증거도 없는 잘못된 신앙이었다. 근거라고는 완전히 잘못된, 하지만 아주 영향력이 큰 다이어그램 하나뿐이었다. 불평등은 진보를 위해 필수적으로 거쳐야 하는 단계가 아니라 그저 정책적인 선택지일 뿐이다. 그리고 이 선택지는 인간과 사회와 자연을 광범위하게 손상시키고, 그 반작용으로 인류는 도넛 공간에서 더욱 멀어지고 말았다.

21세기 경제학자들은 불평등 심화를 어쩔 수 없이 감내해야 할 불가항력이 아니라 경제 설계의 실패로 평가해야 하며, 경제에서 생겨나는 가치가 고르게 분배되는 경제를 만들려고 노력해야 할 것이다. 그전에는 근로 소득이 1차 재분배 대상이었지만, 이제부터는 자산도 재분배 대상으로 삼아야 한다. 특히 토지, 통화 창출, 기업, 기술, 지식 등을 통제해 얻는 자산이 대상이 될 것이다. 그리고 단지 국가와 시장만 해법으로 삼는 것이 아니라 코먼스의 힘도 활용하게 될 것이다. 말 그대로 근본적인 관점 변화, 이미 시작되어 눈앞에서 진행 중인 변화다.


## 롤러코스터가 된 경제

인류가 도넛 공간 안에서 함께 융성하려면 모든 개개인은 삶의 품격, 기회, 공동체를 스스로 주도하는 능력을 갖춰야만 한다. 하지만 1장에서 보았듯이 지구상에는 아직도 어마어마한 사람들이 기본적인 생활 수단조차 갖추지 못한 실정이다. 이들은 어디에 살고 있을까?

20년 전이라면 이 질문에 답하기 쉬웠을 것이다. 대부분은 최빈국들에 살고 있었으니까. 최빈국이란 세계은행의 분류로 연간 1인당 GDP가 1,000달러가 되지 않는 저소득 국가들이었다. 그 결과 세계 차원의 빈곤 퇴치는 원조의 흐름을 돌려 저소득 국가들에게 공공 서비스를 제공하고 경제 성장을 촉진하는 문제라고 여겼다. 하지만 오늘날에는 답이 바뀌었다. 얼핏 보면 직관에 어긋나는 것처럼 느껴지기도 한다. 오늘날 세계 인구 가운데 가장 가난한 4분의 3은 중위 소득 국가에 살고 있다. 가난한 사람들이 여기로 이민을 간 것이 아니라, 그들이 살던 나라가 전반적으로 부유해지면서 세계은행이 중위 소득 국가로 재분류했기 때문이다. 하지만 이런 나라 중 상당수(중국, 인도, 인도네시아, 나이지리아 등)는 갈수록 불평등이 심해지고 있으니, 이를 염두에 둔다면 어째서 이 나라들이 동시에 세계에서 가장 가난한 사람들의 거주지가 되는지도 이해할 수 있을 것이다.

불평등이 심화되면서 고소득 국가의 빈곤 문제도 심각해지고 있다. 부자와 가난한 이들의 격차가 지난 30년간 가장 큰 폭으로 벌어졌고, 놀랄 만큼 많은 사람이 생필품 부족으로 곤란을 겪고 있다.[1] 미국에서는 아동 다섯 명 중 한 명이 연방 정부가 정한 빈곤선 아래 수준으로 살고, 영국 푸드 뱅크는 2014년 이후 비상식량 꾸러미를 매년 100만 개 이상 나눠주고 있다.[2]

최빈국 데이터를 철저히 분석한 앤디 섬너Andy Sumner는 지금까지 주로 국제적 재분배 문제였던 빈곤이 이제는 한 나라 안에서의 분배 문제가 되었다고 말한다. '지구상의 빈곤을 근본적으로 새로운 틀에서 봐야 할 시점이며, 국내 분배가 곧 세계의 빈곤을 설명할 수 있는 핵심 변수가 되고 있으므로 이에 따라 한 나라의 정치경제학도 갈수록 중요해지고 있다.'[3] 물론 부유한 나라에서 가난한 나라로 흐르는 국제적인 재분배도 저소득 국가—주로 사하라 사막 이남 아프리카에 있다—의 3억 명에게는 여전히 필수적일 것이다. 하지만 새로운 빈곤의 지리학에서 국내의 불평등 문제는 세계의 빈곤 종식 과제보다 우선순위에 놓였다.

우리가 도넛 영역으로 들어가기 위해 나라별 불평등 문제를 반드시 해결해야 한다면 경제학 이론은 이에 대해 어떤 해법을 내놓을까? 경제학 창시자 다수가 불평등에 크게 관심을 기울였지만, 시장 경제 성장에 따른 노동자, 지주, 자본가의 소득 분배에 대해서는 이들의 생각은 크게 달랐다. 마르크스는 부자가 더 부자가 되는 한편 노동자는 계속 가난해지면서 소득 격차가 더 심해질 것이라고 주장한 반면, 마셜은 정반대 주장을 내놓았다. 경제가 팽창하면서 사회 전반에 걸쳐 사람들의 소득이 수렴하게 되리라는 것이었다. 하지만 1890년대에 이탈리아의 엔지니어 출신 경제학자 빌프레도 파레토Vilfredo Pareto는 이론 논쟁에서 한 걸음 물러나 데이터에서 일정한 규칙성을 찾으려 했다. 잉글랜드, 독일의 여러 주, 파리, 이탈리아의 도시들로부터 소득과 조세 관련 기록을 수집한 그는 이를 바탕으로 그래프를 그렸고, 여기서 매우 흥미롭고 충격적인 규칙을 발견했다. 모든 곳에서 국민 소득의 약 80퍼센트는 불과 20퍼센트의 사람들에게 집중되고, 소득의 나머지 20퍼센트가 주민 80퍼센트에게 분배되고 있었다. 파레토는 오늘날 '파레토의 80-20 법칙'이라고 알려진 이 경제 법칙을 발견하고 아주 기뻐했다. 나아가 그는 데이터가 반복해 드러내는 가파른 '사회적 피라미드'가 인간 본성에 기인한 불변 사항이며, 이 때문에 재분배를 향한 노력들은 모두 생산성을 갉아먹는 짓이 될 거라고 주장했다. 못사는 이들을 돕고 싶다면 경제 자체를 팽창시켜야 하며, 부자들이 경제를 팽창시키도록 놓아두는 것이 최선이라는 게 그의 결론이었다.[4]

수렴인가, 발산인가, 아니면 고정 불변인가? 소득 불평등이 이 가운데 어떤 경로를 밟아나갈지 논쟁이 계속되는 가운데, 이 논의는 1955년에 글자 그대로 아주 중요한 변곡점을 만나게 됐다. 국민 소득 회계를 발명한 천재 경제학자 쿠즈네츠가 미국, 영국, 독일에서 소득의 장기 추이 데이터를 수집해 조사하던 중 엄청난 발견을 한 것이다. 놀랍게도 세 나라 모두 세전 소득으로 측량한 불평등은 최소한 1920년대 이후 줄어들었고, 심지어 그 시점은 제1차 세계대전 이전일 수도 있었다. 쿠즈네츠는 파레토의 정태적인 사회적 피라미드에 반대되는 별개의 법칙을 발견했다고 믿었다. 경제가 성장하면서 처음에는 소득 불평등 폭이 증가하다가 그다음에는 증가 속도가 정체하고 결국 감소하는, 일종의 롤러코스터를 타게 된다는 것이었다.

대단히 흥미로운 발견이었지만 '성공한 자가 더 크게 성공한다'는 함정에 대해 쿠즈네츠가 직관적으로 이해하던 바와는 맞지 않았다. 부자는 저축이 더 많고 저축은 더 큰 부를 창출하는 법, 그렇다면 불평등은 시간이 지나면서 증가해야지 떨어져서는 안 된다. 그런데 어떻게 된 일일까? 그는 여기서 한 가지 가능성을 제시했다. 농촌 인구가 도시로 이주하는 과정 때문이라는 것이었다. 경제 발전의 초기 단계에는 노동자들이 도시로 유입되면서 상당히 평등한 대신 소득이 낮은 농촌 생활을 뒤로하고 불평등하지만 높은 도시 임금을 받게 되는데, 이로 인해 산업화가 진행될수록 불평등은 심화된다고 풀이했다. 하지만 산업화가 일정한 지점에 도달하면 도시에서 높은 임금을 받는 노동자 수도 충분히 늘어나고, 이에 따라 상대적으로 임금이 낮은 이들이 임금 인상을 요구하면서 불평등은 줄어든다. 그러면서 부유하면서도 평등한 사회가 나타난다는 것이다.[5]

이는 참으로 영리해 보이지만 잘못된 이론이었다. 오류의 상당 부분은 농촌 소득에 대한 오해에 있었다. 농촌 소득은 전혀 평등하지 않았기 때문이다. 완전히 그릇된 가정에 대해 쿠즈네츠는 '증거가 없다'고 고백했다.[6] 그나마 인정할 만한 점이라곤 그런 추측을 논문으로 발표하면서 데이터가 '불충분'하며 특정한 역사적 맥락을 고려한 것일 뿐이므로 '근거 없이 교조적으로 일반화하는 데' 사용해서는 안 된다고 그 스스로 조심스럽지만 분명하게 입장을 밝혔다는 것 정도다. 그는 이 설명이 '위험하게도 순전한 추측에 가깝다'는 말과 함께 자신의 결론은 '경험적 정보 5퍼센트와 추측 95퍼센트의 합일 뿐이며, 그중에서도 일정 부분은 순전히 희망 사항으로 오염됐을 가능성이 있다'고 결론 내렸다.[7]

경고와 단서 조항이 너무 많았다. 그의 주장 아래 깔려 있는 메시지, 즉 '불평등 악화는 만인의 성공으로 가는 여정에서 어쩔 수 없이 거쳐야 하는 단계'라는 생각은 너무나 훌륭한 이야기라서 의심의 여지가 없었다. 쿠즈네츠가 모든 경제학자의 마음에 심어준 밑그림은 곧 '쿠즈네츠 곡선'이라는 이름으로 경제학 교과서에 등장했다. 1인당 소득을 $x$축에, 그리고 국민 소득 불평등 척도를 $y$축에 그리면 뒤집힌 U자 모양 곡선이 나타나며, 이것이 경제 운동 법칙의 한 가지라는 것이었다. 이 그림은 우리의 무의식에 강력한 메시지로 자리 잡았다. 진보를 원한다면 불평등은 불가피하다. 좋아지기 전에는 우선 나빠지는 법이며, 성장하면 다 좋아지게 되어 있다. 그리하

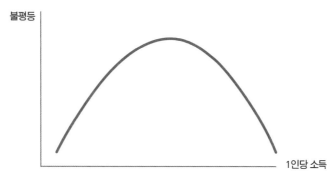

불평등

1인당 소득

쿠즈네츠 곡선: 나라가 부유해질수록 불평등이 늘어나지만 결국에는 줄어든다.

여 슈워제네거의 말처럼 '고통이 없으면 얻는 것도 없다'는 결론에 이르고, 오늘날에는 슈워제네거 경제학Schwarzenomics이라 불러도 될 법한 경제철학이 되어버렸다.

거꾸로 된 U자 곡선은 금세 경제학의 우상 자리를 차지했고, 특히 막 생겨나던 발전경제학 분야에서 그러했다. 가난한 나라일수록 부유층에 소득을 집중시키는 것이 저축과 투자를 늘려 GDP 성장에 박차를 가하는 유일한 길이라는 이론을 강력하게 지지하는 그림이었기 때문이다. 발전경제학을 창시한 이론가 아서 루이스가 단도직입적으로 말했듯이 '발전은 불평등주의자임이 틀림없다'는 것이었다.[8] 1970년대에는 쿠즈네츠와 루이스가 각각 성장과 불평등에 관한 이론으로 노벨 경제학상을 수상했다. 세계은행은 이 곡선을 경제 법칙의 한 종류로 취급했고, 이를 사용해 저소득과 중위 소득 국가에서 빈곤층 비율이 떨어지려면 얼마나 걸릴지를 예측해 발표하기도 했다.[9]

그런 가운데 경제학자들은 이런 롤러코스터의 등락이 현실 세계에 어떻게 나타나는지 사례를 찾아 헤매기 시작했다. 어떤 나라에서도 잘된 시계열 자료를 구하기는 힘들었으므로 이들은 대신 고정된 시점에서 광범위하게 여러 국가를 잡아 나라별 불평등이 얼마나 되는지를 근거로 자료를 만들었다. 그렇게 해서 나온 결과는 딱 맞지는 않지만 대략적으로는 쿠즈네츠 곡선과 일치하는 듯 보였다. 중위 소득 국가들은 저소득 국가와 고소득 국가 모두에 비해 더 불평등한 경향을 보인 것이다. 하지만 오르막길을 헉헉대며 고통스럽게 올라갔다가 휘파람 불면서 내리막길을 내려온 경우가 실제로 있는지는 여전히 증거를 찾지 못했다. 1990년대가 되어서야 비로소 충분한 시계열 자료를 얻게 되었고, 이에 쿠즈네츠 곡선도 철저하게 검증되었다. 결과는 어땠을까? 당시 지도적 위치에 있던 경제학자의 말을 빌자면 '아무 규칙성도 존재하지 않는다는 것이 지배적'이었다.[10] 어떤 나라는 저소득에서 중위 소득이나 고소득으로 옮겨가면서 불평등이 올라갔다가 떨어지고 그다음에 다시 오르는 흐름을 보였다. 또 어떤 나라는 불평등이 떨어졌다가 그다음에는 계속 올라갔으며, 계속 오르기만 하거나 아니면 계속 떨어지기만 하는 나라도 있었다. 불평등과 경제 성장의 관계에 관한 한 규칙성이 없다는 사실이 밝혀진 것이다.

국가를 넘어선 광역 차원의 충격적인 사건들은 이 곡선의 '법칙'이라는 것이 얼마나 잘못되었는지를 더욱 근본적으로 폭로했다. 1960년대 중반부터 1990년까지 나타난 '동아시아의 기적'으로 일본, 한국, 인도네시아, 말레이시아 등은 급속한 경제 성장에 불평등도 낮아지고 빈곤율도 감소했다. 이는 대개 소토지 소유자들의 소득을 늘리는 농지 개혁에 의료와 교육에 대한 강력한 공공 투자가 결합되고, 또 여기에 식료품 가격을 제한하면서 노동자의 임금을 올려주는 산업 정책까지 더해 얻은 성과였다. 결국 쿠즈네츠가 말한 과정은 절대로 불가피한 것이 아니라 얼마든지 피할 수 있는 것으로 판명된 것이다. 공평과 평등을 유지하면서도 얼마든지 경제 성장을 유지할 수 있었다. 게다가 이미 그 언덕을 넘어 평등과 번영의 경지로 들어서는 데 성공했다고 믿었던 고소득 국가 다수는 1980년대 초를 기점으로 소득 불평등 격차가 벌어지기 시작했고, 그 결과 악명 높은 소득 상위 1퍼센트의 수탈과 임금 정체, 심지어 임금 하락 사태까지 벌어졌다.

이런 내용을 명확하게 보여준 것이 바로 토마 피케티Thomas Piketty의 2014년 저서로, 이는 자본주의의 분배 동학을 장기적인 관점에서 분석하고 있다. 이 책은 '누가 무엇을 버는가'뿐만 아니라 '누가 무엇을 소유하는가'를 물음으로써 두 가지 가정 경제를 구별했다. 첫째는 자본을 소유한 가구로, 여기에는 지대, 배당금, 이자를 발생시키는 토지, 주택, 금융 자산이 모두 들어간다. 둘째는 소유한 것이 노동뿐이어서 임금만 발생시키는 가계다. 피케티는 그다음으로 유럽과 미국의 오래된 조세 기록을 살살이 뒤져 이상이 소득 원천의 증가 주체를 비교해, 서방 여러 나라(다른 나라도 마찬가지다)의 경제가 위험할 정도로 불평등한 수준에 이르렀다는 결론을 내렸다. 어째서일까? 자본에 돌아오는 수익이 전체 경제보다 빨리 증가해서 부가 계속 집중되기 때문이라는 것이다. 이런 동학은 대기업의 로비부터 선거 자금 모금에 이르는 자본 측의 정치적 영향력으로 한층 강화되며, 이미 부유한 이들의 이익을 더욱 증가시킨다. 피케티의 표현을 빌자면 '자본주의는 자의적이고 지속 불가능한 각종 불평등을 자동적으로 발생시키며, 이는 민주주의 사회가 기초로 삼는 능력주의의 가치를 근본적으로 침식한다'.[11]

그런데 따지고 보면 쿠즈네츠도 부분적으로는 옳았다. 20세기 전반기에는 미국과 유럽의 소득 불평등, 심지어 재산 불평등 지수가 분명히 낮아졌기 때문이다. 하지만 피케티는 쿠즈네츠가 연구를 수행한 시기가 경제적으로 대단히 예외적인 기간이었다는 사실을 밝혀냈다. 쿠즈네츠는 평등으로 수렴되는 추세가 자본주의 발전에 본질적으로 내재한 논리에서 기인한다고 보았지만 이는 사실 두 차례의 세계대전과 대공황으로 자본이 고갈된 데서 비롯됐으며, 여기에 전후 교육, 의료, 사회 보장 등 누진적 조세로 전례 없는 대규모 공공 투자가 결합하면서 일어난 일이라는 것이다. 쿠즈네츠가 애초에 가졌던 직관이 사실상 옳았던 셈으로, 부가 소수에 집중되면(그리고 자본 수익이 경제 자체보다 빨리 성장하면) 불평등 지수는 분명히 올라간다. 결국 정부가 나서서 행동을 취하지 않는 한 '성공한 자가 또 성공한다'는 규칙이 현실을 지배하게 되는 것이다.

쿠즈네츠 곡선은 틀렸다는 것이 밝혀졌고 또 진보에 불평등이 필수라는 주장도 반박에 부딪쳤다. 하지만 강렬한 그림들이 그러하듯 쿠즈네츠 곡선도 사람들의 뇌리에 남아 있을 것이며, 낙수 효과의 신화를 뒷받침하는 데 계속 사용될 것이다. 2014년에는 심지어 IMF의 경제학자들마저도 '반대되는 모든 증거에도 아랑곳하지 않고 재분배와 경제 성장은 한쪽을 취하면 다른 쪽을 잃는 관계라는 생각이 정책 입안자들의 의식에 깊숙이 묻혀 있다'고 한탄했다.[12] 2008년 금융 위기 이후에 찾아온 엄혹한 불황 한가운데서도 골드만 삭스 부회장인 브라이언 그리피스Brian Griffiths가 금융 상품 거래자들에게 거액의 보너스를 안겨주는 관행으로 돌아가면서 정당화한 이유도 이것일 것이다. '모두에게 번영과 기회를 더 많이 가져다주려면 불평등을 참아야 한다.'[13]

## 불평등이 왜 중요한가

설령 불가피한 게 아닐지라도 최근까지 불평등은 신자유주의 경제의 드라마에서 경각심을 가질 이유가 없고 또 적절한 정책으로 해결할 문제도 아니라는 관점이 지배적이었다. 신자유주의 시대에 가장 영향력이 큰 경제학자 로버트 루커스Robert Lucas는 2004년 이런 글을 썼다. '건전한 경제학을 해롭게 하는 경향은 여러 가지가 있지만 그중에서도 내가 보기에 가장 유혹적이고 해로운 것은 분배 문제에 초점을 두는 것들이다.'[14] 세계은행의 지도적 경제학자인 브란코 밀라노비치Branko Milanovic는 '지난 20년간 세계은행 내에서는 정치적으로 불평등이라는 말 자체가 용납되지 않았다. 왜냐면 뭔가 거칠고 심지어 사회주의적으로 여겨졌기 때문'이라고 회고했다.[15] 또 다른 이들에게는 사회적 불평등이 어느 정도까지 용납되어야 하는지에 대한 답이 개인적인, 혹은 정치적인 성향을 의미하게 되었다. 영국 전 총리 토니 블레어Tony Blair는 이렇게 말했다. "데이비드 베컴David Beckham의 소득을 줄이고야 말겠다는 불타는 욕망 따위는 내게 없다."[16] 하지만 지난 10년간 불평등에 대한 관점은 급격하게 변화했다. 불평등으로 인한 사회적, 정치적, 생태적, 경제적 결과들이 시스템에 얼마나 큰 손상을 불러오는지가 너무나 분명해졌기 때문이다.

소득 불평등은 사회의 뿌리까지 좀먹는다. 병리학자 리처드 윌킨슨Richard Wilkinson과 케이트 피켓Kate Pickett은 2009년 저서 『평등이 답이다 The Spirit Level』에서 여러 고소득 국가를 연구한 결과, 한 나라의 사회적 후생에 가장 크게 영향을 미치는 것은 '얼마나 부유한가'가 아니라 '얼마나 평등한가'라는 사실을 발견했다. 불평등이 심할수록 십 대 임신, 정신병, 약물 의존도, 비만, 수감자 수, 퇴학·자퇴생 수, 공동체 붕괴 등은 늘어나고 기대 수명, 여성 인권, 사회적 신뢰는 낮아진다는 것을 알아낸 것이다.[17] '불평등이 미치는 영향은 가난한 이들에만 국한되지 않는다. 불평등은 온 사회의 구조를 손상시킨다'는 것이 그들의 결론이었다.[18] 가난한 나라든 부자 나라든, 평등한 사회일수록 더 건강하고 더 행복하다는 것이 입증된 것이다.

불평등으로 소수의 손에 권력이 집중되고 시장의 정치적 영향력이 고삐 풀려 날뛰면 민주주의도 위협을 받는다. 아마도 이런 현상이 가장 뚜렷하게 나타난 곳이 미국일 것이다. 2015년경 미국에서는 억만장자가 500명이 넘었다. 이들이 벌이는 한심한 짓들을 연구해온 정치 분석가 대럴 웨스트Darrell West는 '우리는 지금 억만장자들이 선거에 영향력을 행사하려고 그 어느 때보다 적극적으로 움직이는 것을 지켜보고 있다'고 했다. '이들은 당파의 이익을 위해 수천만 달러, 심지어 수억 달러를 쓰는데, 이런 일은 대부분 공공이 알지 못하도록 비밀리에 이뤄진다.'[19] 미국의 전 부통령 앨 고어Al Gore도 동의했다. '미국 민주주의는 완전히 난도질당했다. 여기 쓰인 칼은 바로 선거 자금이다.'[20]

불평등 정도가 심한 나라는 생태 파괴도 더 심하다는 것이 입증되었다. 어째서일까? 일부에서는 사회적 불평등이 심화되면 지위 경쟁에 불이 붙고 과시적인 소비 풍조가 조장된다. 미국 사람들이 차량에 붙이는 농담처럼 '죽을 때 장난감을 제일 많이 갖고 죽는 자가 승자다'. 하지만 또 다른 이유도 있으니, 불평등이 심해지면 환경 보호 법률을 요구하고 입법하고 집행하는 데 필요한 집단행동을 떠받치는 사회적 자본—그 기초는 공동체의 유대, 신뢰, 규범 등이다—이 침식되기 때문이다.[21] 코스타리카 가계의 물 사용과 미국의 에너지 사용을 연구한 자료를 보면, 공동체의 규범에 맞게 소비를 줄여야 한다는 사회적 압력은 스스로 평등한 동료 집단이라고 여기는 공동체에서 훨씬 크게 작동한다고 한다.[22] 놀랄 일도 아닌 것이, 미국의 50개 주 전역을 연구한 결과에서도 소득과 인종 면에서 권력 불평등이 두드러지는 주에서는 환경 보호 정책도 미약하고 따라서 생태 악화 수준도 더 심하다는 결과가 나왔다.[23] 게다가 50개국을 다룬 어떤 연구에서는 국가 내 불평등이 심할수록 생물 다양성 또한 위험에 처했을 가능성이 높다는 사실이 밝혀졌다.[24]

마찬가지로 자원이 소수에게 집중되면 경제적 안정성도 위태로워진다. 2008년 금융 위기 당시 분명하게 드러난 사실이다. 저소득층에게 도저히 갚을 수 없는 주택 담보 대출을 주고서 이 부채를 묶어 고위험 자산을 만들어 고소득자들에게 판 결과, 시스템의 취약성이 노출되면서 금융 붕괴가 일어난 것이다. IMF의 경제학자 미카엘 쿰호프Michael Kumhof와 로맹 랑시에르Romain Rancière는 2008년 금융 붕괴까지의 25년을 분석해 그 과정이 1929년 대공황으로 가던 10년간의 과정과 소름끼칠 정도로 닮았다는 사실을 발견했다. 두 기간 모두 부자의 소득이 크게 늘어났고, 금융 부문이 빠르게 성장했으며, 나머지 인구의 부채가 크게 증가했고, 이 모든 것의 절정에서 금융 위기와 사회적 위기가 터졌다는 것이다.[25]

이렇게 소득 불평등이 심해지면 파괴적인 결과가 무수히 뒤따른다. 한때 저소득 국가에서는 불평등이 달갑지는 않지만 경제가 빨리 성장하기 위해 어쩔 수 없이 치러야 할 대가라고 여겼을지도 모른다. 하지만 이제는 이런 신화도 다 거짓임이 밝혀졌다. 이런 이론이 발전경제학의 주춧돌이 되었지만 실상 불평등은 경제 성장 속도를 늦추면 늦췄지 절대 더 빨리 성장하게 해주지 않는다. 인구 대다수의 잠재력을 아무짝에 쓸모없는 것으로 만들어 버리기 때문이다. 교사, 금융 거래자, 간호사, 소규모 사업가 등이 되어 나라의 부와 후생을 창출하는 데 적극적으로 기여할 수 있는 사람들이 그저 가족 입에 풀칠하느라 하루하루를 절망적으로 보내는 상태에 발목 잡히기 때문이다. 가난한 가정이 생필품조차 살 수 없는 사회라면, 그리고 가난한 노동자는 아예 먹고살 일자리조차 얻을 수 없는 사회라면 가장 역동적이어야 하는 시장도 침체할 수밖에 없다.

이렇게 직관적인 논리는 분석으로 충분히 뒷받침된다. IMF 경제학자들은 다양한 나라를 표본 삼아 조사한 결과 불평등이 GDP 성장마저 꺾어버린다는 강력한 증거를 찾아냈다.[26] 이 연구를 지휘한 경제학자 조너선 오스트리Jonathan Ostry는 이렇게 말한다. '사회 불평등이 심할수록 경제 성장은 취약해지고 속도도 느려진다. 따라서 경제 성장에만 집중하면서 불평등 문제는 저절로 해결되도록 내버려두는 건 큰 실수다.'[27] 강력하고도 중요한 메시지다. 특히 오늘날 저소득 국가와 중위 소득 국가의 정책 입안자들에게는 더욱 그렇다. 쿠즈네츠 곡선이 전하는 '고통이 없으면 얻는 것도 없다'라는 명제를 정면으로 논박하는 것이기 때문이다.


## 네트워크로 이뤄나가자

쿠즈네츠 곡선의 허구성도 밝혀졌고 또 불평등이 얼마나 큰 손상을 입히는지도 명확하게 드러난 오늘날 새로운 사고방식이 등장했다. 메시지는 아주 간명하다.

경제 성장이 불평등을 줄여주기를 기다리지 말라. 그런 날은 오지 않는다. 대신 분배를 설계하는 경제를 만들라.

모든 이를 도넛의 사회적 기초보다 높은 수준으로 끌어올려야만 한다. 그렇게 하면서 소득뿐만 아니라 재산, 시간, 권력 분배도 바꿔야 한다. 너

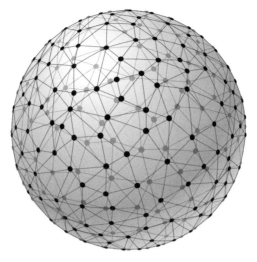

여러 플로로 이뤄진 단일 네트워크: 경제 구조를 모종의 분산 네트워크로 만든다면
거기서 생겨나는 소득과 재산을 더 공평하게 분배할 수 있다.

무 어려운 주문일까? 분명 그렇다. 하지만 우리가 시스템 이론으로 무장하
고 작업에 착수한다면 여러 가지 가능성이 떠오를 것이다. 아주 설득력 있
는 시작점은 새로운 이미지를 그려내는 것이다. 그렇다면 이 분배의 설계
원리를 가장 집약적으로 보여주는 그림은 어떤 것일까? 파레토의 피라미드
와 쿠즈네츠의 롤러코스터 대신 우리가 제시하려는 그림의 본질은 분산형
네트워크, 다시 말해 크고 작은 결절, 즉 노드들이 플로의 망 속에서 연결된
것이다.

　네트워크는 자연 설계의 수많은 성공 사례에서 보듯, 전체 시스템에서
믿을 만한 방식으로 자원을 분배하는 데 탁월한 구조다. 모두 함께 번영하
는 네트워크는 어떤 것일까? 이를 잘 이해하기 위해 네트워크 이론가 샐리
거너Sally Goerner, 베르나르 리에테르Bernard Lietaer, 로버트 울라노비치Robert
Ulanowicz는 자연 생태계에서 찾아낸 자원의 흐름, 그 흐름이 가지를 치는 규
칙성을 연구했다. 아이오와의 차가운 샘부터 플로리다 남부의 악어가 우글
거리는 늪지대까지, 이들이 발견한 답은 구조와 균형이었다(사실 답은 항상

그 두 가지다).

자연에서 찾아낸 네트워크는 프랙털 구조로 가지를 친다. 이는 소수의 큰 네트워크에서 수많은 중간 네트워크, 그리고 셀 수 없이 많은 작은 네트워크까지 모두 해당된다. 강 하류에서 나타나는 지류, 나뭇가지, 혈관, 나뭇잎의 잎맥 등이 모두 그러하다.[28] 에너지, 물질, 정보 등 자원이 이런 네트워크를 따라 흘러가면서 그 시스템의 효율성과 회복 능력이 정밀하게 균형을 이룬다. 효율성은 시스템 스스로 목적을 달성하기 위해 자원의 흐름을 단순화할 때 발휘된다. 예를 들어 여러 자원을 더 큰 노드들로 직접 흘려보내는 것이다. 하지만 회복 능력은 그 네트워크 안에 다양성이 얼마나 많으냐, 또 불필요한 중첩이 얼마나 존재하느냐에 따라 달라진다. 이런 것들이 많을수록 충격과 변화의 순간이 닥쳐 기존 방식이 작동하지 못하게 되더라도 대안적인 연결선과 선택지가 폭넓게 존재하기 때문이다. 지나치게 효율성을 추구하다 보면 시스템이 취약해지고(세계 금융 규제 당국은 2008년에 이를 깨달았지만 이미 너무 늦은 상태였다), 반면 회복 능력이 너무 커지면 시스템 전체가 정체된다. 힘찬 기력과 튼튼하게 버티는 힘은 이 두 가지가 어떻게 균형을 이루는지에 달려 있다.

우리가 번영하는 경제를 만들어내는 데 지침으로 삼을 만한 자연계의 원리는 어떤 것들이 있을까? 답은 두 가지다. 다양성과 분배. 만약 규모가 큰 행위자들이 중소 규모 행위자들을 포식해 그 수와 다양성을 줄이는 방식으로 경제 네트워크를 지배한다면, 경제는 대단히 불평등하고 깨지기 쉬운 상태가 될 것이다. 아주 익숙한 이야기다. 농업, 제약 산업, 미디어 산업은 물론 대마불사大馬不死를 외치는 거대 은행에 이르기까지 수많은 산업 부문에서 엄청난 규모로 대기업 집중 현상이 벌어지고 있으니 말이다.

거녀와 동료들이 지적했듯이, 이런 집중 때문에 시스템 전체가 깨질 수 있다는 인식이 확산되면서 네트워크에서 큰 비중을 차지하는 다양한 소규모 기업에 대한 관심과 이해가 되살아나고 있다. 이들의 결론은 이러하다. '지금까지 대규모 조직만 너무 강조해왔으므로, 이제 우리 시스템을 튼튼하게 회복시킬 최선책은 풀뿌리와 같은 소규모 기업의 공정한 시스템을 활성화하는 것이다. 경제 발전은 인적 자본, 공동체 자본, 소규모 기업 자본을 발전시키는 데 초점을 둬야 한다. 왜냐면 시스템의 다양한 규모와 이를 아우르는 장기적 생명력은 바로 이런 것들에 달려 있기 때문이다.'[29] 그렇다면 문제는 어떻게 더 공평한 방식으로 가치—물적 자재와 에너지, 지식과 소득에 이르기까지—를 분배하는 경제 네트워크를 설계하느냐.

## 소득 재분배와 재산 재분배

20세기 후반에는 한 나라의 재분배 정책이 크게 세 범주로 나뉘었다. 첫째는 누진 소득세와 소득 이전, 둘째는 최저 임금 같은 노동 시장 보호 장치, 셋째는 의료, 교육, 사회 주택 같은 공공 서비스였다. 1980년대부터 신자유주의 경제 드라마의 극작가들은 이 각각의 영역에서 모두 반격을 시작했다. 소득세를 높게 물리면 과연 고소득자들이 일을 덜하게 되는지, 복지 수급액이 높아지면 저임금 노동자들이 복지 함정에 빠져 일을 않으려드는지 등을 놓고 격렬한 논쟁이 벌어졌다. 최저 임금과 노동조합은 가난한 노동자를 보호하기는커녕 오히려 고용을 가로막는 장벽으로 묘사되었다. 그리고 질 높은 교육, 보편적인 의료 서비스, 저렴한 주택을 공급하는 국가의 역할은 의타심만 높이는 동시에 공공 지출을 방만하게 만드는 주범으로 지목됐다.

하지만 세계적으로 각종 불평등에 대한 분노가 치솟은 덕에 21세기 초입인 오늘날에는 재분배를 늘려야 한다는 의제가 되돌아왔다. 소득이 높은 나라의 주류 경제학자마저 한계 소득세 인상뿐만 아니라 이자, 지대, 주식 배당금 등에 대한 세금을 올려야 한다고 주장하고 있다. 세계의 사회 활동가들이 기업과 각국 정부에 생활 임금을 지불하라고 지속적으로 압력을 넣고 있다. 아시아 전역에서 의류 산업에 종사하는 노동자에게 생활 임금을 지급하라고 요구하는 최저 임금 아시아 동맹Asia Wage Floor Alliance이 그 예다.[30] 또 다른 이들은 최고 임금제를 외치기도 한다. 기업 경영진의 보수가 과도하니 이에 제동을 걸고, 기업 이윤을 분배할 때도 노동자의 몫이 더 커지도록 기업 내 최고 봉급과 최저 봉급의 차이를 대략 20~50배 사이로 묶자는 것이다.[31] 어떤 나라에서는 정부가 일자리 접근권을 보장하기도 한다. 예를 들어 인도에서는 일자리를 원하는 모든 농촌 가계에 1년에 100일간 최저 임금 일자리를 약속하는 제도를 전국적으로 시행했다.[32] 오스트레일리아와 미국, 남아프리카공화국과 슬로베니아에 이르기까지 많은 나라의 시민들이 모두에게 무조건 지급되는 기본 소득 운동을 펼치고 있다. 일자리 유무와 무관하게 모든 개인이 필수 욕구를 충족하는 데 충분한 소득을 보장하자는 운동이다.[33]

이런 재분배 정책은 혜택 받는 이들의 인생을 바꿀 수 있다. 하지만 이런 정책들은 소득 재분배에만 초점을 둘 뿐 그 소득의 원천이 되는 재산 재분배를 꾀하지는 않기 때문에 경제적 불평등의 뿌리를 건드리는 데는 실패할 수 있다. 불평등의 뿌리와 맞서기 위해서는 재산 소유를 민주화해야 한다고 역사가이자 경제학자인 거 앨퍼러비츠Gar Alperovitz는 주장한다. 왜냐면 '정치–경제 시스템이란 대부분 그 재산이 소유되고 통제되는 방식에 따라 규정되기' 때문이라는 것이다.[34] 따라서 경제학자들은 소득 재분배뿐만 아니라 부의 원천 또한 재분배하는 쪽으로 초점을 움직일 필요가 있다. 이런 이야기가 전혀 실현 가능성이 없는 개꿈으로 느껴진다면 조금 더 읽어주기를 바란다. 21세기는 분배 설계를 바꿔 재산 소유의 동학까지 완전히 바꿀 전례 없는 기회를 내보이고 있다. 이러한 기회를 다섯 가지로 풀어 이야기해보자. 첫째, 기업은 누가 소유하는가? 둘째, 토지는 누가 소유하는가? 셋째, 기술은 누가 소유하는가? 넷째, 지식은 누가 소유하는가? 다섯째, 화폐를 창출하는 권력은 누가 소유하는가? 이 다섯 가지를 하나씩 살펴보기로 하자.

여러 기회 중 일부는 국가가 주도하는 개혁에 따라 성패가 달라지므로 장기적인 변화 과정의 일부로 봐야 한다. 하지만 다른 것들은 풀뿌리 운동으로 시작해 아래에서 위로 확장되는 것이므로 지금 당장 시작할 수 있다. 그리고 말할 것도 없이 이미 많은 사람이 움직이기 시작했다. 이러한 혁신들은 부와 재산의 기초가 되는 동학을 완전히 바꿔놓음으로써 양극화로 분열되는 오늘날의 경제를 분배 경제로 전환시키는 데 도움이 되며, 그 과정에서 빈곤과 불평등도 감소시킨다.

## 누가 토지를 소유하는가

역사적으로 보면 토지 재분배야말로 국가적 차원의 여러 불평등을 줄이는 가장 직접적인 방법이었다. 제2차 세계대전이 끝난 뒤 일본과 한국이 이를 증명했다. 생계 수단 조달뿐만 아니라 문화까지도 토지에 기초를 두는 나라에서는 토지 소유권 확립이야말로 가장 본질적인 과제일 수밖에 없다. 농부는 땅을 담보로 대출을 받고, 수확량도 크게 늘릴 수 있으며, 가족과 공동체의 미래도 설계하고 준비하게 된다. 특히 여성 농민의 토지 상속권이 강화될 경우 소유권이 확실하지 않은 이들보다 소득을 거의 네 배나 많이 올릴 수 있다. 인도의 서벵골에서는 토지 소유권 조직 란데사Landesa가 주정부와 손잡고 농민을 위해 저렴하게 토지를 구매하는 제도를 마련했다. 그덕에 2010년 이곳의 산티나가르 마을에서는 토지가 없던 가정들이 자작농 공동체를 형성하게 됐다. 수치트라 데이Suchitra Dey의 이야기를 들어보자. 남편과 딸 하나를 둔 수치트라 데이는 이렇게 말한다. "사람들은 우리를 근본 없는 뜨내기라고 무시했습니다. 이제 우리도 주소가 있으니 뿌듯하고 자랑스러워요." 이들은 테니스장 크기쯤 되는 작은 땅뙈기에 집을 짓고 채소를 기른다. 먹고 남은 것을 팔아 소득이 두 배가 됐고, 남는 돈은 저축해 딸 교육비로 쓸 참이다.[35] 분명히 삶의 질이 좋아지기 시작한 것이다.

문제는 인구가 늘고 경제가 성장하면서 나타난다. 토지 가격은 오르지만 토지 공급을 늘릴 수는 없으며, 이에 토지 부족으로 지주들은 갈수록 지대를 많이 가져가게 된다. 마크 트웨인Mark Twain이 19세기 미국에서 직접 목격한 현상이다. 그는 이런 재담을 남겼다. '땅을 사세요. 아무도 더 만들어낼 수 없는 물건이니까요.' 동시대 사람인 헨리 조지도 1870년대 미국 전역을 여행하면서 이러한 흐름에 내재한 불공평함에 크게 충격을 받았다. 하지만 그는 마크 트웨인처럼 동료 시민들에게 땅을 사라고 장려하는 대신 땅에 세금을 물리라고 국가에 요구했다. 근거는 무엇인가? 토지의 가치는 대부분 그 땅에 세운 것들에서 나오는 게 아니기 때문이다. 땅의 가치는 지면과 그 아래 존재하는 물이나 광물질, 혹은 공동체 전체가 그 토지 주변에 조성해준 것들―도로, 철도, 지역 경제, 주민 화합, 좋은 학교와 병원 등―의 가치에서 나온다. 부동산 업체 사장들이 항상 외워대는 주문이 분명히 가르쳐준다. 집값을 결정하는 것은 무엇인가? 첫째도 입지, 둘째도 입지, 그리고 마지막으로 다시 한 번 입지다.

1914년, 조지를 지지한 페이 루이스Fay Lewis는 오늘날로 말하자면 일종의 정치적 퍼포먼스를 벌였다. 고향인 일리노이 록퍼드Rockford의 길가 공터를 사들여 이를 황폐하게 방치하고는, 그 앞에 커다란 간판을 세워 이유를 설명했다. 심지어 이를 사진엽서로 만들어 미국 방방곡곡으로 퍼뜨렸다.[36]

헨리 조지는 토지 가치세를 제안했다. 모든 부동산의 기초가 되는 토지 가치에 매년 세금을 매겨 정당한 세입 수단으로 삼자는 것이었다. 그보다 30년 전에 존 스튜어트 밀이 요구한 '노동하지도, 위험을 감수하지도, 알뜰하게 절약하지도 않고 그야말로 쿨쿨 잠만 자는 주제에 갈수록 더 부자가 되는' '지대를 수취하는 지주들'에게 세금을 매겨야 한다는 주장을 상기시킨 것이기도 했다.[37] 이런 논리에서 영감을 얻은 토지 가치세가 덴마크와 케냐, 미국, 홍콩, 오스트레일리아 등에서 희석된 형태로나마 시행되고 있다. 하지만 조지의 눈에 이는 여전히 대안일 뿐 더 체계적인 해결책은 따로 있었다. 그는 토지를 등기본 소유자가 아니라 공동체가 공동 소유해야 한다고 믿었다. '만인이 평등하게 토지를 사용할 수 있어야 한다는 것은 공기를

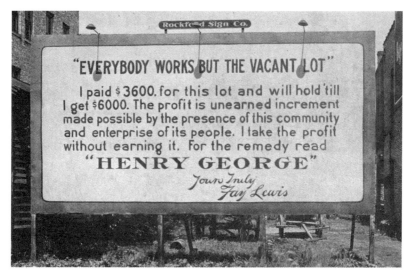

1914년 일리노이 록퍼드에서 페이 루이스가 보여준 퍼포먼스.●

호흡하는 권리가 평등한 것만큼이나 자명한 진리다.'[38] 이런 관점은 땅 주인이라는 자가 제 땅에 울타리를 치는 오랜 역사에 반항하는 것이었다. 울타리 치기의 역사는 영국의 헨리 8세가 수도원을 해체하고 그 토지를 팔기 위해 내세운 전략까지 거슬러 올라간다. 이후 두 세기에 걸쳐 등장한 지주 귀족들은 그전에는 공동체가 공동으로 가축을 방목하던 촌락 공유지에 담장을 세워 방대한 사유지를 확립했다. 그러자 이와 동시에 토지 없는 노동자 계급이 생겨났으며, 이들은 지주의 땅을 경작하든가 아니면 임노동 일자리를 찾아 산업 중심지로 향할 수밖에 없었다. 1960년대에 역사가 에드워드 파머 톰슨Edward Palmer Thompson이 단언했듯 '울타리 치기는 (그 모든

●  팻말에는 이렇게 적혀 있었다. '모두 일을 합니다. 이 공터만 빼고요. 저는 이 공터를 3,600달러에 샀고 6,000달러로 값이 오르면 팔 생각입니다. 제가 불로 소득을 챙기는 것은 이 공동체가 여기 있기 때문이며 또 그 공동체 성원들이 열심히 일하기 때문입니다. 저는 일을 하지 않고 이윤을 가져가는 겁니다. 이 문제의 해결책을 알고 싶으면 '헨리 조지'의 책을 읽으십시오. —페이 루이스'

정교한 세부 장치까지 감안한다 해도) 한마디로 계급적 강탈 행위라는 표현이 제일 정확하다'.[39]

잉글랜드 농촌사에서 벌어진 토지 강탈은 세계 각지에서 몇 세기에 걸쳐 국가와 시장이 공유 토지에 자행한 잠식 행위를 상징적으로 보여준다. 처음에는 식민화로, 그다음에는 대기업 팽창으로 진행되었다. 오늘날 이런 추세가 되살아나고 있다. 2007~2008년 세계 식량 위기로 국제 투자자들의 관심이 새삼스레 깨어났기 때문이다. 2000년 이후 저소득 국가와 중위 소득 국가에서 해외 투자자들이 벌인 대규모 토지 매매가 1,200건이 넘는다. 이들은 4,300만 헥타르 이상, 일본 국토보다도 넓은 면적을 사들였다.[40] 그런 거래는 대부분 토지 수탈land grab이다. 그 지역 토지에서 몇 세대에 걸쳐 삶을 영위하면서 공동으로 땅을 돌봐온 토착민들의 지역 공동체에게 사전에 정보를 충분히 주고 동의를 구하는 절차 따위는 완전히 무시한 계약이다. 투자자들은 새로운 일자리를 창출하고, 공동체의 인프라를 세워주고, 지역 농민을 숙련시킨다고 약속했지만 모두 빈말로 끝나고 있다. 오히려 공동체들은 그나마 갖고 있던 것마저 모두 빼앗기고, 뿔뿔이 흩어지고, 끔찍한 빈곤 상태로 전락하고 있다.[41]

이렇게 토지를 사적 소유로 바꾸는 짓을 정당화하는 데 쓰인 것이 '시장은 스스로 조직할 수 있다'던 애덤 스미스의 논리였다. 이는 훗날 코먼스는 본질적으로 비극으로 끝날 수밖에 없다는 하딘의 주장으로 더욱 힘을 얻는다. 하지만 2장에서 보았듯이 오스트롬은 코먼스에도 대안적인 자기 조직 능력이 있을 뿐만 아니라 이 또한 똑같이 강력한 힘을 갖고 있으며, 따라서 하딘은 틀렸다는 사실을 환기시켰다. 인도 남부에서 캘리포니아 남부에 이르기까지 '공동 소유common-pool' 자원 사용자들의 사례를 풍부하게 수집한 오스트롬과 동료들은 삼림, 어장, 수로를 관리하고 유지하고 또 수확물을 거두는 여러 공동체에서 몇 세대에 걸쳐 성공적으로 협동해온 방식을 분석했다.[42]

사실상 이런 공동체 다수는 토지와 공동 자원 관리에 시장보다, 또 국가가 운영하는 제도보다 더 뛰어난 성과를 보여주었다. 네팔에서 쌀농사를 짓는 농민들은 모든 논에 충분히 물을 댈 수 있도록 관개 시설을 마련하고 관리해야 했다. 여기서 오스트롬과 동료들은 국가가 세우고 운영하는 관개 제도와 농민 스스로 운영하는 시설을 비교했다. 그리고 이들은 농민이 직접 운영하는 관개 시설이 비록 구성은 기본적인 수준이지만 더 효과적으로 유지될 뿐만 아니라 물도 더 공정하게 배분하며, 결과적으로 쌀 수확량도 더 많아진다는 사실을 발견했다. 이렇게 자기 조직 시스템이 효과적으로 작동하는 이유는 농민 스스로 물 사용 규칙을 발전시키고, 논에서나 회합 장소에서 계속 만나 관리와 감시 체제를 만들고, 규칙을 어길 경우에는 함께 제재하기 때문이었다.[43]

우리가 발 디딘 땅과 그 땅이 품은 부를 현명하게 나누는 방법은 수없이 많다. 오스트롬은 토지와 자원을 잘 관리하는 데 대단한 만병통치약 따위가 필요한 게 아니라고 지적했다. 시장도, 코먼스도, 국가도 혼자서는 절대 무오류의 청사진을 낼 수 없다는 것이다. 토지 소유와 분배는 특정한 시간과 장소에 사는 구체적인 인간 집단의 상태에 맞춰 설계해야 하며, 아마도 시장, 코먼스, 국가라는 세 가지 조달 방법을 모두 결합시킬 때 가장 효과가 클 것이다.[44]

## 돈은 누가 만드나

우리는 화폐라는 단일 문화 속에서 살고 있다. 너무나 확고하고 너무나 익숙한 현실이기 때문에 거의 의식조차 하지 못하면서 살아간다. 마치 물고기가 물의 존재를 의식하지 못하는 것처럼 말이다. 하지만 통화 제도에는 여러 가지 설계도가 있고, 우리가 아는 달러, 유로, 루피, 엔 등의 화폐는 그중 한 가지 설계도에 기반을 둘 뿐이다. 이 점이 중요한 이유는, 화폐가 단지 금속판, 종잇조각, 전기 신호 등에 불과한 것이 아니기 때문이다. 화폐란 본질적으로 모종의 사회적 관계다. 신뢰를 기반으로 돈을 갚는다는 약속인 것이다.[45] 그리고 화폐를 창출하는 방법, 거기에 부여하는 성격, 사용법 등 화폐 제도를 어떻게 설계하느냐에 따라 분배도 광범위하게 영향을 받아 결과가 달라진다. 그렇다면 우리가 물고기처럼 헤엄치고 있는 화폐 바다의 물은 대체 무엇인가?

대부분의 나라에서 화폐를 창출하는 특권은 상업 은행이 갖고 있다. 상업 은행은 신용 대출을 해줄 때마다 화폐를 만들어낸다. 그 결과 우리는 이자까지 붙여 더 많은 돈을 갚겠다고 담보할 때만 화폐를 손에 넣을 수 있으며, 이렇게 빌린 돈은 주택, 토지, 주식 구매 등 더 큰돈을 벌 수 있는 활동으로 흘러 들어간다. 이런 종류의 투자는 새로운 부를 창출해 거기서 생겨나는 추가 소득으로 이자를 갚는 게 아니다. 투자 목적은 단순히 각종 기존 자산의 가격을 올려 수익을 벌어들이려는 것뿐이다.[46] 예를 들어 영국에서는 화폐의 97퍼센트를 상업 은행이 창출하며, 그 성격은 이자를 낳는 대출 형태다. 대출은 무슨 용도로 쓰이는가? 2008년의 금융 붕괴 이전 10년 동안 은행 대출의 75퍼센트는 주식이나 주택을 매입하는 데 쓰였고, 이에 주택 가격에 거품을 만들어냈다. 반면 소규모 생산업체로 간 비중은 13퍼센트에 불과했다.[47] 이렇게 부채가 늘어나면 국민 소득에서 점점 더 큰 몫이 투자자들에게 이자로, 또 은행의 이윤으로 빨려나가며, 생산적인 경제에서 일하는 사람들이 만들어낸 여러 제품과 서비스에서 얻는 소득은 크게 줄어든다. '지주들이 농업 사회의 원형적인 지대 수취자였던 것처럼 투자자, 금융가, 은행가는 오늘날의 금융화된 경제에서 가장 큰 지대 수취자'라고 마이클 허드슨Michael Hudson은 말한다.[48]

현존하는 화폐 제도의 설계도에서 화폐가 어떻게 창출되는지, 그 화폐의 성격과 용도가 무엇인지를 설명하면 화폐를 다시 설계하는 데도 선택지가 많아질 것이다. 그리고 새로운 화폐 설계도에는 시장뿐만 아니라 국가와 코먼스도 함께 들어갈 수 있다. 나아가 여러 종류의 화폐가 공존할 수 있으며, 단일 화폐가 지배하는 상태를 다른 종류의 금융 생태계로 전환시킬 잠재성도 있다.

준비 운동 삼아 상상해보자. 만약 중앙은행이 상업 은행들의 화폐 창출 권한을 거둬들인다면? 그래서 중앙은행이 화폐를 찍어 상업 은행에게 주고서 상업 은행이 이를 대출로 내줄 때는 항상 준비금을 100퍼센트 보유해야 한다고 요구한다면? 그래서 다른 누군가의 저축 혹은 은행의 자기 자본이 모든 은행 대출을 뒷받침하는 상태라면? 이렇게 되면 화폐를 공급하는 역할은 신용을 제공하는 역할과 확실하게 분리될 것이고, 신용이 과도하게 팽창해 부채에 근거한 거품이 되었다가 폭발해 엄청난 사회적 비용을 초래하는 사태를 방지할 수 있을 것이다. 낯설게 들릴 수 있겠으나 이는 새로운 제안도 아니며 주변적인 의견도 아니다. 1930년대 대공황 당시 어빙 피셔 Irving Fisher와 밀턴 프리드먼 같은 영향력 있는 경제학자들이 이미 제안한 것으로, 2008년 당시에도 새삼스럽게 지지를 얻기도 했다. IMF의 주류 금융 전문가와 영국 《파이낸셜 타임스 Financial Times》의 마틴 울프 Martin Wolf 등도 지지한 아이디어였다.[49]

나아가 국가가 소유한 은행들은 장기적인 변화를 위해 중앙은행으로부터 받은 화폐를 투자하거나, 상당한 규모의 저금리 대출, 심지어 제로 금리 대출이 이뤄지도록 자금 흐름을 만들어낼 수 있다. 이를테면 탄소를 배출하지 않으면서도 저렴한 주택과 대중교통을 개발하는 쪽으로 자금의 흐름을 돌릴 수 있는 것이다. 이렇게 되면 모든 나라의 경제가 지금 당장 필요한 변혁적인 자산을 구축하는 데 결정적인 힘이 될 것이며, 권력은 케인스가 '금리 수취자… 아무 기능도 없는 투자자'라고 한 이들의 손아귀에서 빠져나올 것이다. 케인스의 주장을 살펴보자.

국가가 의도적으로 금리를 아주 낮게 유지한다는 것은 곧 금리 수취자들의 안락사를 뜻하며, 그 결과 자본의 희소가치를 이용해먹는 자본가들의 누적된 억압적 권력 또한 안락사를 맞을 것이다. 오늘날의 이자라는 것은 토지 지대나 마찬가지로, 진짜로 무슨 희생을 치러 그에 대한 보상으로 주어지는 것이 아니

다. 토지 소유자가 지대를 얻는 이유는 토지가 희소하기 때문이다. 자본도 똑같
다. 자본 소유자가 이자를 얻는 것도 자본이 희소하다는 이유뿐이다.[50]

국가는 또 침체기에 사용되는 통화 정책이 분배에 미치는 충격도 완전히
바꿀 수 있다. 침체가 심하지 않을 때 중앙은행은 보통 이자율을 깎는 방법
으로 상업 은행의 대출을 자극하고, 이렇게 해서 화폐 창출을 유도해 통화
공급을 늘린다. 하지만 침체가 심할 때는 이자율이 이미 낮아진 상태이므
로 상업 은행들로부터 국채를 매입해 화폐 공급을 더욱 늘리려 하고('양적
완화'라고 알려진 관행이다), 이로써 은행들이 남아도는 돈을 생산 기업 확장
에 투자하게 될 거라고 기대하는 것이다. 하지만 2008년 금융 붕괴 이후 똑
똑히 경험했듯이, 상업 은행은 남는 돈을 자기네 대차 대조표를 재구성하
거나 원자재 상품과 주식 같은 투기성 금융 자산을 매입하는 데 써버렸다.
그 결과 곡물과 금속 등 원자재 상품 가격이 올랐고, 이에 토지와 주택 같은
고정 자산 가격도 올라갔다. 하지만 생산 사업에 대한 신규 투자는 늘지 않
았다.[51]

그렇다면 다른 방법을 쓰는 게 어떨까? 중앙은행은 깊은 경기 침체와 맞
서기 위해 신규 화폐를 발행하고, 이를 일종의 돈벼락처럼 모든 가계에 직
접 나눠줘 부채 상환에 쓰게 하는 것이다. '일반을 위한 양적 완화 People's
QE'라고 알려진 발상이다.[52] 은행들에게 돈을 넣어주려고 국채를 매입하면
국채 가격만 부풀고 부유한 자산 소유자만 혜택을 보는 경향이 있다. 이렇
게 하느니, 앞에 말한 접근법—일회성 세금 환급과 비슷하다—은 부채에 시
달리는 가계에 큰 혜택이 될 것이다. 나아가 중앙은행은 국내 투자 은행을
매개로 삼아 새로 찍어낸 화폐가 '친환경' 사회적 인프라로 들어가게 할 수
도 있다고 세금 전문가 리처드 머피Richard Murphy는 설명한다. 예를 들어 급
박한 장기적 인프라 전환의 일환으로 공동체 기반의 재생 에너지 시스템을
세우는 프로젝트에 돈이 들어가게 할 수 있다는 것이다. 이것이 이른바 '녹
색 양적 완화 Green QE'라는 것이다.[53]

이렇게 국가 주도로 통화 제도를 다시 설계하자는 제안은 얼핏 보면 아주 급진적인 것 같지만 시간이 흐를수록 현실적이고 타당한 것으로 여겨지고 있다. 경제의 안정성도 크게 높이고 또 은행과 자산 소유자가 아니라 저소득층과 부채를 진 가계에 유리하므로 평등성까지 크게 증진시키는 조치들이다.

코먼스에서도 화폐 제도를 다시 설계하고 있으며, 다양한 공동체가 국가의 공식 통화와 곁들여 자체적인 보조 통화를 만들고 있다. 금융경제학자 토니 그린넘Tony Greenham은 이렇게 말한다. '충족되지 않은 필요와 남는 자원이 있으면 언제든 화폐를 창조하는 새로운 방식을 찾아낼 수 있다.'[54] 보조 통화는 사용자 공동체가 발행하며, 보통 이자가 붙지 않고 전자 화폐 형태일 때도 있다. 공동체가 보조 통화를 만드는 의도는 지역 경제를 부양하고, 주변화된 공동체에 힘을 불어넣고, 전통적으로 임금이 없던 노동에 보수를 보장하는 것이다. 이런 통화 제도가 번성하면서 지역 통화 생태계의 회복 능력과 공평성이 높아진다.

방글라데시를 보자. 나라를 말하는 게 아니라 케냐의 몸바사 외곽 지역에 무질서하게 들어선 빈민가를 말하는 것이다. 이곳에는 유통되는 통화량 자체가 크지 않고 경기도 아주 불안정해 생필품을 살 현금조차 금세 바닥나는 가정이 많다. 2013년 이 공동체의 작은 사업체들 사이에 방글라 페사Bangla Pesa라는 보조 통화가 쓰이기 시작했다. 정부는 여기에 어떻게 반응했을까? 가장 먼저 이 제도의 창시자이자 미국의 공동체 개발 운동가인 윌 러딕Will Ruddick과 처음 그 통화를 사용한 다섯 명을 체포했다. 케냐의 공식 화폐인 실링Shilling을 몰아내려고 만든 게 아니냐는 두려움 때문이었다. 하지만 머지않아 관료들도 방글라 페사가 케냐 실링과 경쟁하는 게 아니라 오히려 도움을 준다는 사실을 깨닫고 이들을 풀어주었다. 그리고 나아가 제도가 확산되도록 지원에 나섰다.

지금은 빵집과 과일 가게, 목수와 양복점에 이르기까지 200명 이상이 이 네트워크에 가입했는데, 가입자 대다수는 여성이다. 방글라 이용권을 얻으려면 회원으로 가입해야 하고, 그러려면 기존 회원 네 명의 인증을 얻어야 한다. 이렇게 해서 방글라 이용권을 받으면 대가로 재화와 서비스를 내놓아야 하며, 제도를 유지하는 비용은 성원들 스스로 부담한다.[55] 제도가 시작된 지 2년이 지나자 방글라 페사를 쓰는 이들의 총 수입이 상당히 늘어났다. 이 제도 덕분에 회원들이 얻은 경제적 안정성과 유동성 때문이었다. 네트워크에 들어온 회원들은 자기들끼리 거래할 때는 방글라 이용권을 사용하고, 그 덕에 아껴둔 케냐 실링은 전기 요금이나 생필품 구입처럼 법정 화폐로 지급해야 하는 곳에 쓸 수 있었다. 게다가 마을에서는 전체적인 현금 지출액이 격감하는 경우가 빈번하던 터라, 그때마다 보조 통화가 이런 충격을 흡수하는 역할을 했다. 2014년에는 이 지역에 사흘 동안 전기가 들어오지 않은 적이 있었다. 그 바람에 이발소 주인 존 와차리아John Wacharia 같은 영세 사업자는 손님을 잃고 현금 수입마저 잃고 말았다. 하지만 네트워크 회원인 덕에 대안 수단에 의지할 수 있었다. '더 이상 일을 할 수 없었을 때도 방글라 페사 덕분에 가족이 굶지 않고 살아남았다'고 그는 말한다.[56]

보조 통화는 꼭 현금이 부족한 이들, 가난한 이들만을 위한 것이 아니다. 스위스의 부유한 도시 장크트갈렌에서는 노령 인구에 대한 돌봄 서비스를 확대하면서 2012년에 시간 은행time banking 제도를 도입했다. '자이트포르조르게Zeitvorsorge'라는 이름은 글자 그대로 '시간 조달'이라는 뜻으로, 60세 이상 모든 시민이 장보기나 요리, 말동무 되기 같은 일상적인 일로 동네 노인들을 도우면서 돌봄 시간 크레디트를 버는 제도다. 노인이라면 누구나 언젠가 필요해질 서비스로 미리 기회를 벌어두는 이상적인 '시간 연금' 방식인 것이다. 자이트포르조르게 제도는 도입 당시 돌봄 시간 크레디트의 스톡(이는 반드시 자체적인 통화 형태를 띤다)을 형편이 어려운 노령 거주자에게 배분하는 방식으로 사회적 재분배의 성격을 띠고 출발했다. 크레디트는 750시간까지 벌 수 있으며, 만의 하나 제도가 작동하지 않게 될 경우에는 보증자로 나선 시의회가 크레디트를 현금으로 상환하기로 약속했다.[57]

제도의 인기는 상승일로에 있다. 73세의 엘스페트 메설리Elspeth Messerli

는 일주일에 하루씩 다발 경화증으로 휠체어를 사용하는 70세의 야코프 브라셀베르크Jacob Brasselberg를 돌본다. 왜 이 일을 할까? 메설리의 답은 이렇다. "퇴직하고 나서 두 해는 그냥 즐기면서 보냈죠. 하지만 그다음에는 뭔가 목표가 필요하더라고요. 장래에 어찌 될지 모르니, 뭔가 줄 수 있을 때 맡겨놨다가 나중에 필요할 때 가져가기로 한 겁니다."[58] 물론 이렇게 남을 돌봄으로써 통화를 얻는 제도는, 아이들에게 책을 읽으면 돈을 주는 제도처럼 도덕을 화폐로 대체한다는 위험이 따른다. 화폐의 종류는 전혀 다르지만 결과는 마찬가지다. 이런 제도들이 확산됨에 따라 이 제도들이 사회에 미치는 파장도 총체적으로 연구 조사할 필요가 있다. 또 남을 돌보는 인간의 본성을 강화하는 쪽으로 제도를 설계하는 방안도 절실하다.

각종 보조 통화가 공동체를 풍요롭게 하고 힘을 더해줄 수 있지만, 블록체인 발명 덕에 아예 게임 자체를 바꿀 수 있는 통화도 출현하고 있다. 블록체인은 데이터베이스와 네트워크 기술을 결합시켜 사람들이 주고받는 모든 가치를 추적하는 탈중앙화된 디지털 P2P 플랫폼 기능을 한다. 블록체인이라는 이름은 데이터 블록―그 네트워크에서 일어난 모든 거래 상태를 찍어둔 사진 데이터라고 이해하자―에서 나온 것으로, 데이터 블록들을 연결해 사슬을 만들고 이것으로 그 네트워크 내에서 벌어지는 활동 기록을 분 단위로 쌓아나가는 것이다. 이 기록은 네트워크에 연결된 모든 컴퓨터에 저장되므로 바꿀 수도, 조작할 수도, 지울 수도 없는 공적 장부 역할을 하고, 전자 상거래와 투명한 거버넌스의 미래에 대단히 안전한 디지털 토대를 다지고 있다.

급성장하는 블록체인 기반 디지털 통화에 이더리움Ethereum이 있다. 이는 무수히 많은 곳에 적용할 수 있는데, 특히 재생 에너지의 P2P 거래 시스템을 구축해 소규모 독립형 전력망인 마이크로그리드를 만들 수 있다. 마이크로그리드는 가정, 사무실, 기관에 스마트 계량기, 인터넷, 태양 전지판 등을 달아 서로 연결해서 각각 생산한 잉여 전기를 사고팔 수 있게 하며, 모든 거래는 디지털 통화를 단위로 자동 기록된다. 이 네트워크는 작은 동네부터 온 도시에 이르기까지 완전히 탈중앙화되어 있으므로 정전 사태가 벌어져도 회복 능력이 좋을 뿐만 아니라 장거리 전력 송출에 따른 에너지 손실도 크게 줄여준다. 게다가 이더리움 거래에 담긴 모든 정보는 네트워크의 성원들이 마이크로그리드 시장에서 가치를 활용하는 데 도움을 준다. 예를 들어 가장 가까운 전기 공급자 혹은 가장 친환경적인 공급자에게서 전기를 사들일 수도 있고, 또는 오로지 공동체 소유의, 혹은 비영리 기구의 시설에서 생산한 전기만 매입할 수도 있다.[59] 이는 이더리움의 잠재성 가운데 한 가지 예에 불과하다. 암호 화폐 전문가인 데이비드 시먼David Seaman은 이렇게 말한다. '이더리움은 현대의 화폐다. 머지않아 대단히 중요해질 플랫폼이지만 아직은 그 방식을 예측조차 할 수가 없다.'[60]

이렇게 판이한 예들이 시장, 국가, 코먼스가 동참하는 금융 재설계의 무수한 가능성을 보여준다. 이런 사례들은 화폐의 창출, 성격, 용도 등을 설계하는 방식이 재분배에도 지대한 영향을 미친다는 점을 똑똑히 보여준다. 이 점을 인식하면 우리는 한 가지 화폐만 써야 한다는 획일성에서 벗어나고, 분배적인 설계의 잠재력을 새로운 금융 생태계의 핵심에 두게 될 것이다.


## 당신의 노동은 누가 소유하는가

임금이 더 이상 오르지 않는다는 애기를 흔히 듣는다. 지난 30년 동안 고소득 국가의 기업 임원들은 연봉이 어마어마하게 올랐지만 노동자 대다수의 임금은 거의 그대로였으며 심지어 줄어들기도 했다. 1980년 이후 영국에서는 GDP가 노동자 평균 임금보다 빨리 늘어났고, 임금 격차도 크게 벌어져 노동자 평균 소득이 2010년을 기준으로 예상 추세보다 25퍼센트나 떨어지고 말았다.[61] 미국에서 2002~2012년은 '임금에 있어서 잃어버린 10년'이라 불린다. 경제 생산성은 30퍼센트나 상승했지만 하층 70퍼센트 노동자의 임금은 정체하거나 오히려 감소했다.[62] 심지어 노동조합이 산업 정책에 영향력을 훨씬 크게 미치는 독일에서조차 국민 생산에서 임금이 차지하는 비율은 2001년에 GDP의 61퍼센트였다가 2007년에는 55퍼센트로 하락해 50년 만에 최저 수준이 되고 말았다.[63] 모든 고소득 국가에서 2009년부터 2013년까지 노동 생산성은 5퍼센트 이상 성장한 반면, 임금은 0.4퍼센트 오르는 데 그쳤다.[64]

이러한 불공평 문제의 핵심은 설계에 있다. 기업은 누가 소유하는가? 노동자들이 생산하는 가치는 누가 가져가는가? 노동자, 지주, 자본가 사이에 소득이 어떻게 분배되는지에 대해서는 경제학을 창시한 위대한 사상가들의 견해가 달랐지만 이들도 한 가지만큼은 동의했다. 세 집단은 분명 별개라는 것이다. 산업혁명의 복판을 지나던 시대에는 기술을 가진 이들이 주식을 발행해 부유한 투자자에게 판매하는 한편, 공장 문 앞에서 서성거리는 무일푼의 노동자들을 고용했으므로 충분히 납득할 만한 추정이었다. 하지만 각 집단의 몫은 어떻게 결정되는가? 경제학 이론에 따르면 생산성에 따라 결정된다고 한다. 하지만 실제로는 집단 각각의 상대적 권력에 따라 결정된다는 사실이 판명됐다. 주주자본주의가 발흥하면서 주주를 최우선으로 모시는 문화가 확고하게 자리를 잡았고, 기업의 으뜸가는 의무는 주주의 수익을 극대화하는 것이라는 믿음이 세상을 지배하고 있다.

여기에는 근본적인 역설이 도사리고 있다. 비가 오나 눈이 오나 꼬박꼬박 출근하는 직원들은 아웃사이더가 되는 것이다. 생산 비용은 최소화해야 하며 투입량은 채산성에 맞춰 해고되거나 고용된다. 반면 주주들은 회사에 발걸음조차 하지 않을 테지만 기업의 최고 내부자로 대우받는다. 이들의 이윤을 극대화하려는 그 협소한 이해관계가 기업 경영에서는 무엇보다 우선한다. 그러니 이런 환경에서는 일반 노동자들이 제 몫을 계속 빼앗기는 게 당연하다. 특히 1980년대 이후 많은 나라에서 노동조합의 협상력이 사라진 뒤로는 더더욱 그럴 수밖에 없었다.

이런 방식은 기업을 설계하는 여러 가지 방법 가운데 하나일 뿐이다. 어쩌다 보니 이런 기업 설계가 19세기와 20세기를 지배했지만, 그렇다고 해

서 21세기도 이래야 하는 건 아니다. 분석가 마조리 켈리Marjorie Kelly는《포
춘Fortune》이 선정한 500대 기업부터 비영리 지역 조직에 이르기까지 대안
적인 기업 설계 방식과 그 효과를 파악하는 데 투신해왔다. 기업이 만들어
낸 가치를 분배하는 데는 두 가지 설계 원칙이 있다. 성원들의 소속감과 이
해관계자의 자금 조달에 근거하는 것이다. 두 원칙을 결합시키면 현재의
지배적인 소유자 모델은 전복된다고 한다.[65] 노동자가 더 이상 소모품이나
아웃사이더가 아니라 궁극적인 내부자가 되고 기업에 튼튼히 뿌리박은 존
재가 된다고 상상해보라. 또 이런 기업이 외부 투자자에게 주식을 파는 대
신 채권을 발행하고, 투자자에게 소유권 조각이 아니라 공정한 고정 수익
을 약속한다고 상상해보라. 아니, 상상이 아니다. 이런 기업이 실제로 존재
하며, 빠른 속도로 성장하고 있으니까.

　직원 소유 기업과 협동조합은 오랫동안 분배적인 기업을 설계하는 데 주
춧돌 역할을 해왔다. 두 모델 모두 19세기 중반 잉글랜드에서 벌어진 협동
조합 운동에서 출발해, 성원들에게 더 나은 봉급과 일자리 안정성과 의사
결정 참여 기회를 제공했으며 오늘날에도 계속 성장하고 있다. 오하이오
클리블랜드에서 온실, 세탁소, 태양광 발전기 설치 서비스 사업을 하는 에
버그린 협동조합Evergreen Cooperatives, 질 좋은 커피를 경작하고 수목 묘포를
관리하는 탄자니아 롬보의 맘세라 농업 협동조합Mamsera Rural Cooperative 등
협동조합은 여러 지역에서 다양한 형태로 번성하고 있다. 두 형태 모두 위
세도 커지는 중이다. 2012년 현재 농업, 소매업, 보험업, 의료업 분야의 세
계 300대 협동조합을 보면 이들의 총 수입은 2조 2,000억 달러에 달한다.
세계 7위인 경제 대국의 수입과 맞먹는다.[66] 영국의 존 루이스 합자회사John
Lewis Partnership는 한 세기 가까이 소매업계를 선도해왔고, 9만 명이 넘는 정
규직 직원들을 동업자로 부르고 있다. 2011년 이 회사는 연 4.5퍼센트의 배
당금에 2퍼센트에 해당하는 상품권까지 얹어 직원과 고객에게 5년 만기 채
권을 판매함으로써 자본금 5,000만 파운드를 조성했다.[67]

　이밖에도 함께 어우러져 진정한 의미의 기업 생태계를 창조해나가기 위

해 새로운 방식으로 설계된 기업 유형이 여러 가지 있다. 혁신적인 기업가와 법률가가 팀을 이뤄 새로운 기업 설립 허가서와 정관을 마련한 덕이다. 한 회사의 실질적인 사용 설명서 역할을 하는 이 문서에는 기업의 목적과 구조, 직원 혹은 조합원의 권리와 의무가 담겨 있다. 이를 새롭게 설계하면 기업의 DNA가 바뀌는 것이다. 비영리 조직부터 공동체 이익 회사community interest companies에 이르기까지, 기업을 새롭게 설계하는 아래로부터의 실험으로 낡은 방식을 고수하는 재계 주류와 나란히 작동하는 대안 기업 네트워크가 생겨난다. 미국에서 기업 설립 허가서를 새롭게 쓰는 혁신적인 법률가 토드 존슨Todd Johnson은 이렇게 말한다. '소유권 혁명이 일어나고 있다. 그 핵심은 소수에게 집중된 경제 권력을 다수로 확장시키고, 또 사회적인 무관심을 사회적 혜택에 대한 관심으로 전환시키는 것이다.'[68] 이런 것들이 역동적이고 고무적인 운동의 기반이다. 비판자들은 여전히 주주우선주의가 재계를 지배하는 관행이라고 지적한다. 켈리도 인정한다. '궁극적으로는 주요 대기업의 작동 시스템도 바꿔야 한다. 하지만 거기서부터 시작하면 실패할 것이 분명하다. 우리가 출발점으로 삼아야 하는 것은 현실적으로 할 수 있는 일, 노력하는 만큼 힘이 커지는 일, 그러면서도 장래에 더 크게 성공할 수 있는 일이다.'[69]

## 로봇은 누가 소유할까

'디지털 혁명은 글쓰기나 인쇄술 발명보다 의미가 크다.' 인간과 컴퓨터의 상호 작용을 혁신해 명성을 얻은 더글러스 엥겔바트Douglas Engelbart의 말이다. 그 말이 맞을 것이다. 하지만 노동, 임금, 부에 대한 디지털 혁명의 중요성은 전적으로 각종 디지털 기술이 어떻게 소유되고 활용되는가에 달려 있다. 적어도 지금까지는 상극인 두 가지 경향이 생겨났고 그 각각의 의미가 무엇인지는 이제 겨우 드러나기 시작한 상황이다.

먼저, 우리가 2장에서 협업 코먼스의 역동적인 발흥을 보았듯이 디지털 혁명은 한계 비용이 거의 0에 가까운 협업 네트워크 시대를 열고 있다. 본질적으로 자본의 소유권을 분산시키는 혁명이 일어나고 있다. 인터넷만 있다면 누구든 전 세계를 대상으로 남을 즐겁게 할 수 있고, 정보를 줄 수 있고, 배울 수 있고, 가르칠 수도 있다. 모든 가정, 학교, 기업은 지붕에서 재생에너지를 생산할 수 있으며, 여기에 블록체인 통화가 결합된다면 남는 전력을 마이크로그리드에서 판매할 수도 있다. 3D 프린터만 있다면 누구든 설계도를 내려받거나 아니면 직접 설계해 도구와 장비를 만들 수 있다. 이런 수평적인 기술들은 분배를 특징으로 하는 경제의 본질에 부합하고, 생산자와 소비자 분리 현상을 극복하게 해주며, P2P 경제에서 모든 이를 생산자인 동시에 사용자인 프로슈머prosumer로 만들어준다.

여기까지는 아주 좋다. 우리 모두 큰 힘을 갖게 된다는 이야기니까. 하지만 이와 나란히 승자독식의 동학도 작동한다. 인터넷은 강력한 네트워크 효과(모든 사람은 다른 이들이 접속한 네트워크에 들어가고 싶어 한다)를 가져오므로 웹에 기초한 기업과 정보 제공자의 다양성을 높이는 것이 아니라 오히려 특정한 개별 공급자—구글, 유튜브, 애플, 페이스북, 이베이, 페이팔, 아마존 같은—가 그 네트워크 사회의 중심을 차지하는 디지털 독점체를 만들어버린다. 사실상 소수 기업이 세계가 공유하는 사회적 코먼스를 지배하고 자기네 상업적 이익에 맞춰 이를 운영한다. 또 이들은 그런 특권을 지키기 위해 갖가지 특허권으로 강력하게 무장한다.[70] 이렇게 분열을 일으키는 역학 관계를 규제할 지구적 거버넌스가 절실함에도 아직 해결책이 존재하지 않는다. 이런 기업들의 울타리 치기로 21세기의 가장 창조적인 코먼스들이 빠르게 희생되는 추세이므로, 이를 역전시키기 위해서는 지구 차원의 규제 거버넌스가 반드시 필요할 것이다.

이와 더불어 디지털 혁명은 집중화 경향을 불러왔다. 디지털 혁명은 한계 비용 0으로 사람들의 역량을 강화시키는 동시에 필요 인력 0인 생산으로 사람을 대체하고 있다. 인간을 흉내 내고 나아가 앞지르는 각종 로봇이 성장하면서 일자리 수백만 개가 위기에 처했다. 그렇다면 일자리를 빼앗기는 이들은 정확히 누구인가? 숙련도는 문제가 되지 않는다. 물류 창고 인부, 자동차 용접공, 여행사 직원, 택시 운전사, 법률회사 직원, 심장 수술 전문의에 이르기까지, 프로그래머가 소프트웨어를 만들어 수행할 수 있는 분야라면 누구든 일자리를 잃을 위험에 처한 것이다. 디지털 자동화의 물결은 아직 걸음마 상태지만 디지털 경제 전문가인 에릭 브린욜프슨Erik Brynjolfsson은 미국에서 이미 생산과 직업의 '거대한 분리Great Decoupling'가 명확해지는 추세라고 주장했다. 제2차 세계대전 이후 2000년까지는 미국의 생산성과 고용률이 밀접하게 연관되었지만 이후에는 크게 다른 방향으로 나아가고, 생산성은 계속 상승하는 반면 고용률은 정체되어 있다는 것이다.[71]

물론 기술이 노동자를 대체하는 것은 새로운 현상이 아니다. 오히려 이로써 자유로워진 사람들이 다른 생산적인 일을 할 수 있다는 점에서 이익이라고 할 수도 있다. 1900년에 미국의 노동력은 절반이 농업에 종사했고 이를 보조하는 말이 2,000만 마리가 넘었다. 그런데 불과 한 세기 만에 농업 종사자의 비율은 2퍼센트 수준으로 떨어졌고 말은 완전히 사라지다시피 했다.[72] 경제 분석가들은 지금 인간의 노동을 대체하는 로봇이 너무나 많은 분야에서 너무나 빨리 확산되고 있어서 설령 다른 분야에 일자리가 생긴다 해도 그 속도를 따라잡지 못할 거라고 우려한다. 2007~2009년의 경기 침체 기간 동안 사라진 중숙련 일자리 수백만 개는 지금까지 하나도 돌아오지 않았다. 소프트웨어가 그 자리를 채웠기 때문이다. 경기 침체 이후 새로 생겨난 일자리들이 분명 있긴 하다. 하지만 보통 아주 하찮은 자리라서, 노동 시장은 전반적으로 극소수의 고숙련 노동자와 대다수의 저숙련 노동자만 있고 중간이 없는 모래시계 형태가 되어가고 있다. 분석가들에 따르면 2020년까지 주요 경제국 15개국의 자동화 설비로 일자리 500만 개가 사라질 거라고 한다.[73] 이는 세계적인 추세이며, 로봇 시장이 가장 빨리 성장하는 곳은 바로 중국이다. 노동자 100만 명을 고용한 중국 전자 제조업계의 거인 폭스콘Foxconn은 '로봇 백만 대군' 창설 계획을 세워 이미 한 공장에서 만 노동자 6만 명을 로봇으로 대체했다.[74]

기술은 이렇게 인간을 두 경제 집단으로 분리시킨다. 그렇다면 분배적인 경제 설계가 이런 경향을 막는 데 어떤 도움이 될까? 무엇보다 먼저 노동에 세금을 물리는 대신 비재생 자원 사용에 세금을 물리는 쪽으로 전환해야 한다. 지금은 기업이 기계에 투자하면 세금 감면을 받는 반면 사람에 투자하는 인건비 지출은 그렇지 않으므로 전자가 부당하게 이득을 보고 있지만, 세제를 개편한다면 그런 부당 이득도 사라질 것이다. 동시에 사람이 로봇을 앞서는 분야에서 숙련도를 올리는 데 훨씬 많이 투자해야 한다. 로봇에 비해 사람은 창의성, 공감 능력, 통찰력, 교감 등이 뛰어난데, 이는 초등학교 교사, 예술 감독, 심리 치료사, 사회 복지사, 정치 평론가 등 수많은 직종의 필수 덕목이다. 브린욜프슨과 공저자 앤드루 매커피Andrew McAfee가 말한 것처럼 '인간에게는 오로지 다른 인간만이 충족시켜줄 수 있는 욕구들이 있다. 그렇기 때문에 인간이 농촌의 말처럼 사라질 가능성은 낮다'.[75]

위안이 되긴 하나 부분적으로만 맞는 이야기다. 지금처럼 노동자 대부분이 오로지 노동력을 팔아 먹고사는 상태가 계속된다면 이들의 소득은 분명 부족해질 것이다. 분석가들은 경제의 파이가 커진다 해도 늘어난 몫을 공정하게 나누기는커녕 모두의 임금이 오르는 일조차 없을 거라고 예측한다. 유급 노동 시장은 심각한 불평등으로 깊이 갈라지고 있다. 그리고 이런 전망이 많은 나라에서 벌어지는 기본 소득 요구 운동을 한층 합리적으로 뒷받침하고 있다.

로봇이 침범할 수 없는 노동과 기본 소득 보장이 로봇 발흥에 대처하는 지혜로운 출발점일 것이다. 하지만 이렇게 되면 저임금 노동자와 실업자 들은 매년 받는 재분배를 지켜내기 위해 영원히 로비 활동을 벌여야만 할 것이다. 이보다는 로봇 기술 자체를 소유하는 것이 훨씬 확실한 해결책이다. 어떻게 하면 될까? 어떤 사람들은 '로봇 배당금'을 주장한다. 알래스카 영구 기금Alaska Permanent Fund에서 착안한 아이디어다. 알래스카에서는 주법을 개정해 석유와 천연가스 산업에서 생기는 주정부 소득의 일부를 매년 모든 시민에게 나눠준다. 2015년의 경우 거주자 1인당 배당금은 2,000달러가 넘었다.[76]

이런 모범 사례는 로봇의 경우에도 효과적이다. 하지만 미국을 포함한 많은 국가가 연구 개발과 인프라에 상당한 공적 자금을 투자하고도 탈세 구멍과 민영화 덕에 현재 수십억 달러 규모의 디지털 경제에서 놀라울 만큼 적은 수입을 올리고 있다. 경제학자 마추카토는 이 구조를 바꿔야 한다고 주장한다. 연구와 개발을 위시한 여러 리스크를 국가가 떠안는다면 국가는 마땅히 수익을 얻을 권리가 있다. 민관이 공동 소유한 특허권은 사용료를 거둬들일 수 있고, 공적 자금으로 연구 개발된 로봇 기술을 이용하는 기업은 각종 국가 은행이 상당한 지분을 소유하는 형태로 만들 수 있다.[77] 로봇 발흥으로 노동과 소득이 극도로 혼란해질 거라는 점을 생각해보면 이런 혁신적인 제안들을 더 마련해야만 창출된 부를 고르게 분배할 수 있다. 기술 통제 문제에서 국가 대 시장이라는 전통적인 양자택일 사고를 넘어설 때다. 대신 협업 코먼스에서 벌어지는 혁신도 알뜰하게 활용해야 한다. 협업 코먼스는 지식 통제를 송두리째 바꿔놓을 만한 잠재력을 갖고 있기 때문이다.

## 아이디어는 누구의 소유인가

지식 소유권에는 국제적 레짐이라는 것이 존재해왔고, 이것이 수백 년 동안 지식 통제와 유포를 근본적으로 규정해왔다. 이야기는 15세기로 거슬러 올라간다. 처음에는 순진무구한 동기로 시작됐다. 베네치아는 유명한 유리 공예가들의 작품을 모방꾼들이 베끼지 못하도록 새로 만든 것들에 10년짜리 특허권을 부여했다. 상품을 어떻게 만들었는지 보여주면 10년간은 누구도 그 사람의 기법을 복제하지 못하도록 법으로 금지한 것이다. 베네치아라는 도시 국가가 창의성에 보상하기 위해 발명한 참으로 영리한 방법이었다. 그런데 베네치아의 기술공들이 다른 곳으로 이주하는 일이 잦았고, 이들은 이주해간 나라에서도 특허권을 요구하고 나섰다. 이리하여 유럽 전체, 또 여러 산업에서 이 관행이 확산되었다.[78]

특허권이 생겨난 뒤로 저작권과 상표권도 생겨났으며, 지식 소유권 레짐이라는 것이 나타났다. 본래 산업혁명으로 촉발된 것이 곧 전통적으로 내려오는 지식 코먼스를 침식하기 시작했다. 그리하여 인류가 집단적으로 개발해온 전통적인 제작 방식을 제 것으로 독점하려는 특허권도 계속 늘어났다. 역설적이게도 이렇게 지식 소유권 관련법을 남용하면서 애초에 법이 의도한 혁신 장려는 질식되기에 이르렀다. 이제 특허권은 장장 20년간 보장되며, 미국에서 아마존이 따낸 '원 클릭' 구매 특허권부터 의학 기업 미리어드 제너틱스Myriad Genetics의 암 관련 유전자 관련 특허권까지, 발명이라 할 수도 없는 무수한 것들에 특허권이 발행되고 있다.[79] 하이테크 산업에서는 특히 경쟁 기업을 가로막거나 고소하려는 구체적인 목적에서 전략적으로 특허를 받는 경우가 비일비재하다. 스티글리츠는 이렇게 말했다. '지식 소유권 레짐은 매우 불공정하고 비싼 비용까지 치르게 한다. 과학의 진보와 소규모 혁신가를 돕는 게 아니라 특허법 변호사와 대기업에 이롭게 작동한다.'[80]

주류 경제학 이론에 따르면, 지식 소유권이 보호를 받아야만 혁신가들도 새 제품을 시장에 내놓을 의욕이 생긴다고 한다. 그게 없다면 투자한 비용을 회수할 방법이 없기 때문이다. 하지만 협업 코먼스에서는 혁신가 수백만 명이 이 진부한 명제를 웃음거리로 만들고 있다. 이들은 FOSS라는 오픈 소스 소프트웨어를 공동 개발해 누구나 자유롭게 사용하게 했고, 나아가 오픈 소스 하드웨어인 FOSH까지 개방했다. 미주리의 농부이자 물리학자인 마신 재쿠바우스키Marcin Jakubowski가 이런 정신을 체현하는 인물이다. 그는 농기계가 계속 망가지는 데다 번번이 수리비가 터무니없이 드는 데질린 나머지 직접 농기계를 만들기로 결심했다. 그리고 설계도를 계속 개선해 그때마다 온라인에 무료로 공개했다. 재쿠바우스키의 아이디어는 '지구촌 건설 공구 세트Global Village Construction Set'로 발전했다. 이 프로젝트의 목표는 트랙터, 벽돌 제조기, 3D 프린터부터 제재기, 제빵 오븐, 풍력 터빈에 이르기까지 실용적인 기계 50가지를 만드는 방법을 단계별로 보여주는 것이었다. 여기 실린 설계도면들은 인도, 중국, 미국, 캐나다, 과테말라, 니카라과, 이탈리아, 프랑스 등 각지의 혁신가들의 손으로 재창조되었다. 재쿠바우스키는 이 성공에 힘입어 협력자들과 함께 친환경 주택 연구소Open Building Institute를 출범했다. 생태적이고, 전력선이 필요 없으며, 가격까지 저렴한 주택을 모두에게 공급하겠다는 목표로 오픈 소스 설계와 디자인을 내세운 기관이다.[81] 그는 이렇게 설명한다. '탈중앙화된 방식으로 생산하는 것이 목표다. 내가 말하는 건 전통적인 규모 개념이 무의미해지는 효율적인 생산 조직이다. 우리의 새로운 규모 개념은 경제 권력을 멀리, 넓게 분배하는 것이다.'[82]

오픈 소스 하드웨어의 권위자이자 엔지니어인 조슈아 피어스Joshua Pearce는 모든 나라와 사회가 오픈 소스 디자인으로 큰 혜택을 얻을 수 있을 뿐만 아니라, 국가 자금으로 운영되는 연구소들은 비용을 크게 절약할 수도 있다고 말한다. FOSH 제조업의 경제학을 연구한 결과, 오픈 소스 3D 프린터와 디자인으로 꼭 필요한 실험 도구나 장비—예를 들어 실험실과 병원에서 널리 쓰이는 정밀 주사기—를 생산하면 비용이 크게 줄고 세계 어디에서든 쉽게 얻게 되어 경제성과 접근성이 높아진다는 것이다. '따라서 특히 과학, 의학, 교육 관련 기술에 대한 공적 투자의 수익을 극대화하려는 기관이라면 FOSH 발전에 자금을 지원해야 한다는 결론으로 귀결된다.'[83]

디지털 혁명이 지식 생산 협업 시대를 열었고 여기에 부의 소유권을 근본적으로 탈중앙화시킬 잠재력이 있다는 것은 분명한 사실이다. 하지만 코먼스 이론가인 미셸 바웬스Michel Bauwens는 국가의 지원이 없다면 그 잠재력을 발휘할 수 없다고 주장한다. 대기업 자본주의가 오랫동안 정부의 여러 정책, 공적 자금, 친 기업 입법 등에 의지해왔듯, 이제는 모두가 공유하는 가치 창조가 목표인 '협력 국가Partner State'가 코먼스를 뒷받침해야 한다는 것이다.[84] 그렇다면 국가는 지식 코먼스의 잠재력을 실현시키기 위해 무엇부터 해야 할까? 방법은 세 가지다.

첫째, 전 세계의 학교에서 사회 혁신 정신, 문제 해결 능력, 협업 정신 등을 교육해 창의성에 적극적으로 투자해야 한다. 이런 기술을 익히면 자라나는 세대는 이전 어떤 세대보다도 오픈 소스 네트워크에서 혁신을 일궈내는 발군의 능력을 갖추게 될 것이다. 둘째, 공적 자금으로 이뤄지는 모든 연구 결과는 공공의 지식이 되도록 보장해야 한다. 이런 지식은 민간의 상업적 이득을 위한 특허권과 저작권으로 꽁꽁 묶여서는 안 되며 반드시 지식 코먼스에 등록하도록 연구 계약 시점에 명시해야 한다. 동시에 대기업이 가짜 특허권과 저작권을 마구잡이로 적용해 지식 코먼스를 침해하지 못하도록 대기업의 과도한 지식 소유권의 범위를 축소시켜야 한다. 마지막으로, 공동체와 마을마다 메이커스페이스makerspace를 설립하도록 공적 자금을 지원해야 한다. 수많은 혁신가가 만나는 공간, 하드웨어 제작에 필요한 3D 프린터와 여타 필수 도구를 공유하면서 실험하는 공간을 만들자. 그리고 각종 협동조합과 학생 동아리, 혁신 클럽과 동네 결사체 등 민간 조직이 다양하게 확산되도록 장려해야 한다. 이들의 상호 관계가 바로 P2P 네트워크를 살아 숨 쉬게 만드는 결정적인 노드가 될 것이기 때문이다.


## 지구적 규모에서 분배를 설계하자

식민주의의 잔재, 부당한 부채, 민영화 강제, 제3세계에 대한 왜곡된 무역 규칙 등 세계의 불평등 문제는 여전히 심각하다. 2000년 이래 소득 불평등은 약간 줄었지만(대부분 중국의 빈곤율 감소 덕이었다) 불평등도는 그 어떤 개별 국가의 불평등보다 심한 상태다.[85] 그리고 이렇게 어마어마한 규모로 벌어지는 극단적인 소득 분배 왜곡으로 인류는 도넛의 위쪽으로나 아래쪽으로나 점점 더 멀리 밀려나가는 판이다. 벌써 몇 세기 동안 우리는 특정 국가의 일원으로 자리매김해왔고, 각 국가는 모두 독자적인 경제를 갖고 있으므로 다른 나라 경제는 국경이나 자연적 장애물로 갈라진 '타자'로 보게 되었다. 하지만 21세기의 필연적인 요구에 부응해 우리가 스스로 지구라는 단일 공동체의 일원이라고 생각한다면, 그래서 다층적이지만 상호 의존적인 하나의 경제 안에 함께 묶인 존재라면 우리는 지구 전체의 재분배 시스템을 다시 설계할 방법을 찾게 될 것이다. 과연 어떤 것들이 있을까?

국제 사회가 협의한 재분배 수단은 공적 개발 원조인 ODA였다. 하지만 부자 나라에서 가난한 나라로 소득이 옮겨가는 소득 이전의 역사는 전 지구 차원의 행동이라는 면에서는 근시안적인 실패나 다름없었다. 1970년 UN 결의에 따라 고소득 국가들은 연간 국민 소득의 0.7퍼센트를 원조로 내놓기로 하면서 늦어도 1980년까지는 이행하겠다고 서약했다. 하지만 그로부터 30년 이상 지난 2013년까지도 원조액은 국민 소득의 0.3퍼센트밖에 모이지 않았다. 매년 내기로 한 액수의 절반도 안 되는 수준이다. 걷히지 못한 자금을 제대로 썼다면 가난한 여러 나라의 산모 건강, 아동 영양, 여아 교육 등이 크게 개선되었을 것이다. 또 여성 역량을 강화하고, 생활 수준을 완전히 바꾸고, 국가 번영을 북돋고, 세계 인구 안정화에도 일조할 수 있었을 것이다.[86]

고소득 국가들이 금융 재분배 약속을 깨는 가운데 세계적인 이주 물결이 그 자리를 메꿨다. 이주자들은 새롭게 자리 잡은 나라에서 벌어들인 소득의 상당 부분을 본국 가족에게 송금했고, 이는 많은 저소득 국가에서 ODA와 해외 직접 투자를 훌쩍 넘어서는 최대의 외부 자금 유입 원천이 되었다. 네팔, 레소토, 몰도바 등지에서는 이주 노동자의 송금이 GDP의 25퍼센트를 차지하며, 그 나라의 경제와 인간의 존엄성이 위기에 처할 때마다 결정적인 회복 능력의 원천이 되고 있다.[87] 이주와 이민은 세계의 소득 불평등을 줄이는 가장 효과적인 방법이 됐다. 하지만 장기적인 성공 여부는 이주 대상국 내부의 소득 불평등을 막을 수 있는가에 달려 있으며, 또 공동체의 유대와 사회적 자본을 조성할 수 있는가가 좌우하기도 한다. 이런 것들이 없다면 경제적으로 뒤처지는 지역 공동체에서는 이민자들이 가져오는 다양성과 역동성을 환영하기는커녕 그들을 공격하는 방향으로 기울 때가 많다.

빈약한 원조를 정당화하려는 고소득 국가들은 원조액이 너무 크면 제대로 쓰이지도 않으면서 부패한 지도자들이 착복하거나 형편없이 설계된 프로젝트로 낭비된다고 주장하곤 한다. 엄밀히 보면 해외 원조 대부분은 빈곤 퇴치에 대단히 효과적으로 쓰였지만 잘못 사용될 때도 있었다. 부인할 수 없는 사실이다. 그렇다면 고소득 국가들이 약정한 ODA의 일부를 대상국의 빈곤 인구에게 직접 나눠주면 어떨까? 이 돈은 기본 소득으로 작동해 모두가 시장에서 필요한 것을 충족하게 해줄 것이다. 오늘날 전 세계에 스마트폰이 확산되었고 모바일 뱅킹도 성공이 입증되었으므로, 세계 기본 소득이 역사상 처음 실현될 수 있는 환경이 마련된 상태다.

케냐는 2007년 M-PESA라는 이동 통신 송금 서비스를 출범시킨 이래 모바일 뱅킹의 선구자가 되었다. 불과 6년 만에 케냐 성인의 4분의 3이 이 서비스를 사용하게 되었고, 그 가운데 농촌 거주자의 사용 비율이 70퍼센트에 달했다. 게다가 놀랍게도 케냐 GDP의 40퍼센트가 넘는 돈이 M-PESA를 통해 유통되고 있다.[88] 2018년에는 전 세계에서 55억 명이 스마트폰을 사용하는 것으로 추산되는 만큼 모바일 뱅킹도 자연스럽게 확산될 수밖에 없다.[89] 곧 '세계에서 가장 가난한 10억 명'의 전화번호부를 만들 수 있을 것이고, 그러면 이들에게 모바일 뱅킹으로 현금을 바로 보낼 수도 있을 것이다. 기본 소득으로 사람들이 게을러지고 심지어 방종해지리라는 걱정과 달리, 여러 나라에서 진행된 연구에 따르면 현금 이전의 실험적 제도들은 전혀 반대 결과를 보여주었다. 사람들은 안정적으로 의지할 소득원이 생기면 더 열심히 일하고 기회를 더 많이 움켜쥐려는 경향을 보였다.[90] 세계의 가난한 이들에게 나눠주는 기본 소득에 관한 한, 이제 우리가 따져 물을 질문은 '도대체 어떻게how on earth?'가 아니라 '왜 안 줄까why on earth not?'다.[91]•

---

● 영어의 'on earth'는 '도대체'라는 관용구지만 글자 그대로는 '지구상에서'라는 뜻이다.

기본 소득제의 최대 실험이자 최장기 실험이 케냐에서 진행 중이다. 시행하는 이들은 미국에 기반을 둔 자선 단체 '바로 주기 GiveDirectly'다. 향후 10~15년 동안 케냐에서 가장 가난한 사람 6,000명이 기본적인 필요를 충분히 충족할 만큼 정기적인 소득을 받게 될 것이며, 방법으로는 스마트폰이 사용될 것이다. 자선 단체가 이렇게 실험적인 제도를 운영하는 목적은 수혜자들이 장기적으로 인생을 바꿀 만한 결정을 하는 데 필요한 안정성을 제공하기 위해서다. 그리고 이를 통해 이제는 보편적 기본 소득이 마땅히 시행될 때임을 입증하는 것이다.[92] 주의할 점은 하나다. 이 기본 소득은 사적인 소득으로, 이것으로 각종 공공 서비스를 대체할 수는 없다. 시장도 빈곤이나 불평등과 맞서는 데 훌륭한 기능을 하지만 그건 시장이 국가나 코먼스와 서로 보완하는 관계일 때지, 그 둘을 대체하는 경우에는 아니다. 기본 소득을 무상 의료, 무상 교육과 결합시킬 수 있다면 이는 모든 여성, 남성, 아동이 스스로 잠재력을 북돋우는 직접 투자가 될 것이며, 우리의 도넛에 나오는 '만인을 위한 사회적 기초'를 달성하는 전망도 크게 앞당겨질 것이다.

'0.7퍼센트'의 ODA에 더해, 지구적 재분배 정신에 호소해 추가 자금을 조성할 수 있을까? 우선 세계 차원에서 개인 재산이 극도로 많은 부자들에게 세금을 매기는 방법이 있다. 오늘날 미국, 중국, 러시아부터 터키, 태국, 인도네시아에 이르는 20개국에는 재산이 10억 달러 이상인 사람이 2,000명 이상 있다.[93] 이들에게 연간 1.5퍼센트만 부유세로 징수해도 매년 740억 달러가 모인다. 모든 저소득 국가에 필수적인 의료 서비스를 제공하고 또 모든 아동을 학교로 보내고도 남을 돈이다.[94] 여기에다 세계 법인세 시스템을 도입해 다국적 기업들을 단일 통합 기업으로 분류하고 탈세 구멍과 조세 도피처를 막아 세계의 공공 목적에 쓰도록 공공 수입을 늘리는 방법도 있다.[95] 또 지구 경제를 불안정하게 만들고 손상시키는 산업에도 세금을 매긴다. 예를 들어 투기적인 거래에 제동을 거는 금융 거래세라든가, 모든 석유, 석탄, 천연가스 생산에 대한 탄소세 등을 생각해볼 수 있다. 지금으로서는 현실성이 없어 보일 수도 있지만, 노예제 폐지, 여성 투표권, 인종 분리 종식, 동성애자 인권처럼 한때 전혀 현실성 없게 들리던 아이디어들이 지금은 당연해진 경우를 상기해보라. 온 세상이 하나의 가정 경제가 되는 21세기에는 지구적 차원의 조세도 그렇게 될 것이다.

시장에, 공공 서비스에 누구나 접근하게 하는 것이 21세기의 규범이라면, 누구나 지구적 코먼스에 접근하게 하는 것도 21세기의 규범이 되어야 마땅하다. 특히 지구의 여러 생명 유지 시스템과 지식 코먼스에는 정말로 누구나 접근할 수 있어야 한다.

우리 도넛의 지구적인 경계선을 감안하면 생명 세계를 건강하게 유지하는 것이 곧 만인의 공통된 이익이 된다. 깨끗한 공기와 깨끗한 물, 안정된 기후, 번성하는 생물 다양성 등은 인류에게 가장 중요한 '공동 소유' 자원이다. 생태 사상가인 피터 반스Peter Barnes는 이렇게 말한다. '21세기에 가장 중요한 과제는 시장의 울타리 치기와 외부화에 저항할 수 있는 새롭고도 강력한 코먼스 부문을 구축하고, 지구를 수호하고, 우리의 공동 유산에서 나온 결실을 지금보다 훨씬 공평한 방식으로 나누는 것이다.'[96] 이런 과제를 달성하는 한 가지 방법은 일련의 코먼스 신탁Commons Trusts을 만들고 그 각각에 소유권을 부여해 지구에서 코먼스에 해당하는 특정 영역—동네 폭포일 수도 있고 지구의 대기권일 수도 있다—을 보호하고 관리하며, 그 혜택을 모든 시민과 미래 세대에게 돌리는 것이라고 한다. 이렇게 지역이나 지구의 생태적 경계 안에서 코먼스를 사용하도록 제한한다면, 모든 코먼스 신탁은 각각 최대 사용량을 한정하고 사용자—예를 들어 지하수를 뽑아내고 하늘에 온실가스를 뿜어대는 기업들—에게 요금을 물려 그 혜택을 널리 나누게 될 것이다.[97] 일부 국가에는 이와 비슷한 코먼스 신탁이 이미 존재한다. 하지만 지구 규모에서 이런 것을 설계하는 건 부자 나라들과 가난한 나라들의 여러 불평등을 감안할 때 쉽지 않은 도전일 것이다. 과연 어떤 나라에게 돈을 내라고 하고 어떤 나라에 혜택을 나눠줄 것인가? 역사 이래 각 나라가 생태계에 지운 부담을 어떻게 평가하고 어떻게 갚게 할 것인가? 정말 어려운 문제다. 지구를 인류가 공동 상속한 생명 유지 시스템이라고 인정하는 순간 바로 이러한 거버넌스 문제에 부닥칠 수밖에 없다.

반면 세계적인 지식 코먼스를 조성하는 일은 바로 실현할 수 있고 상당 부분이 이미 진행 중이다. 하지만 그 풍부한 잠재력을 완전히 활용하는 건 여전히 요원하다. 범세계적인 오픈 소스 디자인 네트워크가 만들어지면 여기서 지역 공동체의 혁신가들이 얼마나 많은 것을 얻게 될지 생각해보라. 2002년 일이다. 가뭄에 찌든 말라위의 농촌에서 열네 살 소년 윌리엄 캄쾀바William Kamkwamba는 부모님이 더 이상 학비를 낼 수 없는 상황이 되자 중학교를 그만둘 수밖에 없었다. 그는 대신 동네 도서관으로 가 에너지 관련 교과서를 읽었고, 직접 풍력 발전기를 만들기 시작했다. 친구들과 동네 사람들이 모두 비웃어댔음에도 아랑곳하지 않았다. 동네 쓰레기 처리장이 유일한 희망이었다. 캄쾀바는 여기서 낡은 트랙터 팬, PVC 파이프, 자전거 틀, 병뚜껑, 발전기 등을 모아 5미터짜리 풍력 발전기를 조립했고 이를 전선에 연결했다. 이 발전기가 정말로 작동하면서 캄쾀바의 집에서는 전등 세 개와 라디오 두 대를 충분히 쓰게 됐다. 그러자 휴대 전화를 충전하려는 사람들이 집 앞에 길게 줄을 섰고, 놀라운 발명품을 취재하려는 기자들이 장사진을 쳤다. 그로부터 5년이 지나 TED 초청 강연차 탄자니아의 아루샤Arusha에 간 캄쾀바는 처음으로 인터넷을 접하게 되었다. 훗날 캄쾀바는 이렇게 회고했다. '그전에는 한 번도 인터넷을 본 적이 없었다. 실로 놀라웠다.⋯ 구글에서 풍력 발전기를 검색했고 정보를 정말 많이 얻었다.'[98]

물론 캄쾀바는 특출한 경우였다. 하지만 인터넷과 지식 코먼스와 메이커스페이스만 있다면 어느 마을에나 가장 절박한 필요를 해결하기 위해 여러 기술을 복제, 수정, 발명할 사람은 있게 마련이다. 빗물 저장 시설과 태양열 패시브 하우스, 농업 기구와 의학 장비는 물론 심지어 풍력 발전기도 가능하다. 하지만 여기에 빠진 것이 있다. 이들이 전 세계 연구자, 학생, 기업, NGO와 협업해 자유로운 오픈 소스 기술을 개발할 수 있게 해줄 범세계적인 디지털 플랫폼이다.

윌리엄 캄쾀바와 그가 세운 풍력 발전기.

　최고 수준의 협업 네트워크를 형성하는 모든 특징을 갖춘 P2P 플랫폼이 있다고 상상해보자. 품목 하나하나를 똑같이 만드는 데 필요한 도구, 재료, 기술을 열거하는 '자원 조리법resource recipes'이 있어서, 사용자들이 모든 디자인과 설계도면에 별점과 논평을 붙인다고 치자. 그런 디자인과 설계도가 어떻게 진화하는지를 추적하는 사진과 그림이 있고, 비슷한 상황에 처한 공동체들—이를테면 햇빛이 아주 풍부한 도시 빈민가나 가뭄이 잦은 농촌—이 제각기 실수와 성공을 거듭하면서 서로 배우기도 하고 가르치기도 하는 포털이 있다고 상상해보자.[99]

　이런 플랫폼이 생긴다면 심각한 분란이 일어날 것이다. 왜냐면 피어스가 말했듯이 '이는 산업혁명 이래 문명을 지배해온 기술 발전의 패러다임에 진정한 도전이 될 것'이기 때문이다.[100] 이를 위해서는 창업 자금이 필요하다. 각종 재단이든, 중앙 정부나 지자체든, UN이든, 아니면 크라우드펀딩을 하든 어쨌거나 돈을 마련해야만 한다. 그리고 새로운 형태의 오픈 소스 라이선스도 필요하다. 그래야만 옛날식 지식 소유권 주장—특허권, 저작권, 상표권—으로 벌어지는 지식 코먼스 침식을 막을 수 있기 때문이다.

캄쾀바는 장학금을 받고 미국 대학에서 공부하게 되었고, 대학원까지 진학한 뒤 지금은 말라위 초중등 학생과 대학생을 위해 메이커스페이스와 혁신 센터를 설립하려는 중이다. "빛나는 재능과 아이디어를 가진 젊은이는 많습니다. 하지만 그 아이디어를 키워줄 기관이 부족한 탓에 잠재력을 충분히 발휘하지 못하고 있습니다."[101] 나는 캄쾀바에게 물었다. 그런 지식 코먼스를 지향하는 디지털 플랫폼이 있다면 고국에 있는 미래의 혁신가들에게 어떤 도움이 될지를. 그가 즉각 대답했다. "그렇게 되면 그들은 아프리카 전체에 걸친 여러 문제를 창의적으로 풀어나갈 겁니다. 왜냐면 서로 배우고 가르칠 수 있을 뿐만 아니라 자기들이 기존에 만들어둔 설계도와 디자인을 계속 개선할 수 있기 때문이죠."[102] 이렇게 지식 코먼스에 대한 접근을 확산시키는 것이야말로 21세기에 부를 재분배할 가장 혁신적인 방법일 것이다.

이번 장 서두에 이야기한 슈워제네거의 구호를 떠올려보라. 이미 1980년대에 의사들은 '고통이 없으면 얻는 것도 없다'는 주문의 위험성을 경고했다. 고통스러운 운동은 건강이 아니라 부상으로 이어질 때가 더 많다고 지적한 것이다. 잘못된 쿠즈네츠 곡선 때문에 수십 년 동안 잘못된 길을 헤맨 경제학자들도 결국 이 의사들과 똑같은 결론을 얻었다. 시간이 더 많이 걸리긴 했지만 그래도 결국은 제대로 된 결론에 도달했다. 불가피한 경제적 고통 따위는 없으며, 그 과정을 거친다고 해도 경제가 공평해지지는 않는다. 공평한 경제는 의식적으로 설계된 규칙을 추구함으로써 만들어진다. 경제에 관한 한, 고통은 내보내야 하고 분배 설계는 불러들여야 한다. 경제학자들은 근본적으로 이런 방향으로 사고방식을 전환해야 한다. 신화에 불과한 롤러코스터는 작별을 고할 때다. 그 대신 네트워크를 일으켜보자.

21세기 경제학자들은 경제 성장으로 더 평등해질 거라는 헛된 기대를 접고, 대신 경제적 상호 작용의 구조에 처음부터 분배의 흐름을 설계해 넣어야 한다. 소득 재분배에만 초점을 맞출 것이 아니라 재산 분배 방법도 찾아야 한다. 토지, 화폐 창조, 기업, 기술 통제력을 모두 널리 분배하기 위해 애써야 하는 것이다. 그리고 이를 실현하기 위해서는 시장, 코먼스, 국가의 힘을 모두 활용해야 할 것이다. 위로부터의 개혁을 기다리기만 하는 것이 아니라 아래로부터 위를 향하는 네트워크를 빌려 작업을 해나가고 있으니, 이는 이미 재분배 혁명에 박차를 가하는 중이다. 한 걸음 나아가 이렇게 '분배 경제 설계' 혁명이 진행되는 한편 그와 똑같이 강력한 '재생 경제 설계' 혁명도 진행 중이다. 다음 장에서 보기로 하자.

# 6
# 재생하라

## 저절로 깨끗해진다는 성장만능주의에서 재생 설계로

2015년, 유럽을 여행하던 중에 프라카시Prakash라는 이를 만났다. 독일에서 공학 대학원을 다니던 인도 학생이었다. 생태적인 스마트 기술을 공부하느냐고 묻자 그는 고개를 저으며 이렇게 대답했다. "아니요. 지금 인도에 시급한 건 그게 아니에요. 우리는 아직 그런 문제를 고민할 만큼 부자가 아닙니다." 나는 깜짝 놀라 지적했다. 인도 토지의 절반가량이 못 쓰는 상태고, 전국의 지하수 수위가 빠르게 낮아지고 있으며, 대기 오염은 세계 최악이라고. 아주 잠깐 그는 내 말을 인정하는 기색을 비쳤다. 하지만 곧 미소 지으며 했던 말을 반복했다. "인도에 급한 건 그런 문제가 아닙니다."

이 짧은 대화에서 프라카시는 수십 년 동안 진리인 듯 유통된 경제학을 압축해 보여주었다. 가난한 나라는 너무 가난해서 생태적인 가치를 추구할 수 없다는 것이다. 게다가 굳이 그런 가치를 추구할 필요도 없다. 경제가 성장하면 그 과정에서 생겨난 온갖 공해도 모두 깨끗이 씻겨나갈 것이며 고갈된 자원도 다시 찰 것이므로. 한때는 이런 이야기가 데이터로 입증되는 듯했으며, 그런 메시지를 담은 다이어그램이 신줏단지처럼 모셔지기도 했다. 아직도 이런 이야기가 정치가와 공공의 상상력을 움켜쥐고 있지만, 이는 이미 인도든 다른 세계 어디에서든 근거가 없는 것으로 입증됐다. 세계은행의 선임 환경경제학자인 무트쿠마라 마니Muthukumara Mani는 이렇게 지적한다. '경제적으로 보면 인도는 괄목할 만한 성과를 보이고 있다. 하지만 환경에 나타난 결과에는 성공의 흔적이 보이지 않는다. 우선 성장에 치중하고 환경은 나중에 돌보자는 말은 전혀 현실성이 없다.'[1]

환경 악화에 대한 우려는 사치가 아니다. 경제가 성장할 때까지 한쪽으로 밀어놨다가 부자가 된 다음 신경 쓰면 되는 그런 문제가 아니다. 경제가 성장하면 저절로 해결될 거라고 기대해서는 안 된다. 그렇게 되지 않기 때문이다. 그보다는 재생적인 경제를 설계하는 것이 훨씬 지혜로운 일이다. 그렇게 해서 우리가 의존하는, 지역부터 지구 전체에 이르는 무수한 삶의 주기를 회복하고 또 새롭게 하는 것이다. 아직까지도 잘못된 영향을 미치는 구닥다리 다이어그램을 치우고, 대신 재생적인 경제를 설계하는 21세기의 비전을 그 자리에 놓을 때가 왔다.


## 올라간 것이 반드시 내려오지는 않는다


1990년대 초, 미국 경제학자 진 그로스먼Gene Grossman과 앨런 크루거Alan Krueger는 굉장한 규칙성을 발견했다. 약 40개국의 GDP 추이와 각국 내 지역의 공기 오염, 수질 오염 데이터를 나란히 놓고 연구하던 중에, GDP가 증가하면서 처음에는 오염도 증가하더니 그다음에는 감소해 그림처럼 거꾸로 뒤집힌 U자의 모양을 그리는 것을 발견한 것이다. 이 그림은 우리가 5장에서 본 그 유명한 불평등 곡선과 이상할 정도로 닮아 금세 환경 쿠즈네츠 곡선이라는 이름을 얻었다.

여기에 경제의 운동 법칙으로 보이는 또 하나를 찾아냈으니, 경제학자들은 통계 모델을 사용해 그 곡선의 마법 같은 전환점이 나타내는 소득 수준

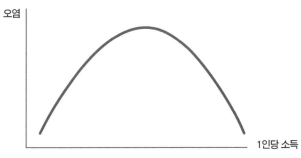

환경 쿠즈네츠 곡선. 경제 성장이 환경 문제를 야기하지만
성장이 이뤄지면 결국 문제가 해결된다고 암시한다.

이 얼마인지를 찾아내고야 말았다. 우선 강물의 납 오염도는 1인당 국민 소득이 1,887달러(1985년 미국 달러 기준)에 도달할 때 정점을 찍고 감소했다. 공기 중 아황산가스 오염은 어땠을까? 이는 1인당 국민 소득이 4,053달러일 때 전환점을 맞는다. 그렇다면 시커먼 연기black smoke는? 1인당 GDP가 6,151달러에 다다를 때까지 기다리면 그다음부터 깨끗해진다. 전체적으로 보면 한 나라의 1인당 국민 소득이 8,000달러(오늘날 가치로 약 1만 7,000달러)에 도달하면 공기와 수질 오염 문제가 해결되기 시작한다는 것이다.[2]

정말 아이러니라고 하지 않을 수 없다. 당시는 경제학의 무대에서 찬란한 조명을 받던 쿠즈네츠 곡선이 잘못됐다는 사실이 밝혀져 퇴출당하던 시점이었다. 그런데 바로 그 무렵에 환경 쿠즈네츠 곡선이라는 사촌이 같은 무대에 올라온 것이다. 그로스먼과 크루거는 예전의 쿠즈네츠처럼 자기들의 발견에 조심스러운 단서를 달았다. 자기들은 특정 지역의 공기와 수질 오염 정보만 가지고 있었고 전 세계의 온실가스 배출, 생물 다양성 손실, 토질 악화, 삼림 소멸 등에 대한 자료는 없었다는 것이다. 이들은 국민 생산량이라는 것이 당대의 정치, 기술, 경제학에 의해 결정된다는 사실에 주목했다. 또 경제 성장과 오염 감소 사이에 상관관계를 발견했다고 해서 이것이 곧 경제 성장이 그 자체로 환경을 정화한다는 의미는 아니라고 부연했다. 하지만 경제학자들이 흔히 자기가 경제의 운동 법칙을 발견했다고 믿고 싶어 하는 것처럼, 이들도 결국은 유혹을 이기지 못하고 대부분의 환경 지수를 들어 '경제 성장이 초기에는 악화 단계를 거치지만 그 뒤에는 개선 단계로 돌아선다'고 결론짓는다.[3]

이렇게 저자들 스스로 조심스럽게 단서 조항을 달았음에도 이들의 가설은 금세 경제학 논문에 널리 인용되는 주문이 되었다. 경제 성장은 마치 잘 교육받고 자란 아이처럼 시간이 지나면 스스로 오염 문제를 해결하고 정리할 줄 알게 된다는 것이다. 시장을 지지하는 경제학자 브루스 앤들Bruce Yandle 같은 이들은 이런 주장을 훨씬 강력하게 변형했다. 즉 '경제 성장은 초기에는 손상을 입히지만 나중에는 이를 제자리로 돌려놓는 데 도움을 준다. 이렇게 경제 성장이 환경에 좋은 것이라면 경제 성장을 자극하는 정책(무역 자유화, 경제의 재구조화, 가격 개혁 등) 또한 환경에 좋은 것일 수밖에 없다'.[4] 그렇다. '고통이 없으면 얻는 것도 없다'는 식의 경제학이 또다시 유행하게 되었으며, 이번에는 생명 세계를 대상으로 잘못된 운동 시스템을 추천하고 있었다. 좋아지려면 먼저 나빠져야만 한다, 그다음에는 경제 성장이 알아서 모두 개선할 것이다. 그러니 이 악 물고 지방을 태우는 고통을 참을지어다.

이 곡선과 여러 방정식을 손에 넣은 주류 경제학자들은 경제 성장이 토양, 해양, 생태계, 기후 등을 심각하게 악화시킨다고 비판하는 환경 운동가들의 목소리를 '양치기 소년의 늑대 이야기'라 부르며 조롱했다. 하지만 이들도 경제 성장과 환경 개선 사이에 직접적인 연관이 있다는 증거는 갖고 있지 않다는 사실을 인정했고, 그리하여 세 가지 설명을 더 내놓았다. 첫째, 한 나라의 경제가 성장하면 시민들이 환경 문제에 신경 쓸 여력이 생겨 더 높은 기준을 요구할 것이다. 둘째, 산업체들이 경제적으로 여력이 생겨 더 깨끗한 기술을 사용하게 될 것이다. 셋째, 산업 구조가 제조업에서 서비스업 방향으로 이동하면서 공장 굴뚝은 줄고 대신 콜 센터가 들어설 것이다.

얼핏 들으면 그럴듯하게 느껴질지도 모르겠다. 하지만 조금만 생각해보면 이런 이야기로 곡선의 상승과 하락을 설명할 수는 없다는 사실을 알게 된다. 첫째, 공기와 수질이 오염되면 시민들은 당연히 이를 개선하고픈 욕구를 갖고, 이에 즉시 힘을 행사하게 되어 있다. GDP가 성장할 때까지 기다려야 한다면서 꾹꾹 참는다는 건 말이 되지 않는다. 이것이 곧 마리아노 토라스Mariano Torras와 제임스 보이스James Boyce의 결론이기도 했다. 이들은 환경 쿠즈네츠 곡선을 불러온 50개국의 정보를 각국의 시민 권력 지표와 비교했다. 광범위하게, 특히 저소득 국가에서는 소득 분배가 공평하고 문맹률이 낮고 민권과 정치적 권리가 존중되는 나라일수록 환경의 질도 높았다.[5] 결국 공기와 수질을 보호하는 것은 경제 성장 자체가 아니라 시민 권력이었던 것이다. 마찬가지로, 산업체가 더 깨끗한 기술을 사용하도록 몰아붙이는 것도 수입 증가 자체가 아니라 더 엄격한 환경 기준을 적용하도록 정부와 기업에 압력을 넣는 시민의 힘이다. 세 번째 주장도 마찬가지다. 제조업에서 서비스업으로 산업 구조가 전환한다고 해서 한 나라의 공기와 수질이 개선되지는 않는다. 그런 식으로는 오염 물질이 사라지는 게 아니라 그저 해외로 떠넘겨질 뿐이다. 다른 어딘가의 누군가가 그 고통을 겪는 가운데 제조업을 떠넘기고, 서비스업으로 전환한 나라 사람들은 그저 깨끗이 포장된 완제품을 수입해 즐기기만 할 뿐이다. 결론적으로 이런 환경 정화 전략은 모든 나라가 따를 수 있는 게 아니다. 그랬다가는 결국 오염을 아웃소싱할 나라가 없어질 테니까.

그로스먼과 크루거는 정보 부족으로 환경 쿠즈네츠 곡선의 등락이 온실가스 배출, 지하수 고갈, 삼림 소멸, 토질 악화, 화학 비료 남용, 생물 다양성 손실 등 더 큰 생태적 충격에도 적용되는지는 조사하지 못했다. 또 이들은 각 나라에서 발생하는 환경적 영향이 다른 나라에 어떤 비용을 치르게 하는지도 평가하지 못했다. 하지만 오늘날에는 천연자원 플로의 회계가 크게 발달했으므로 그런 데이터도 빠르게 늘어나고 있다. 이를 살펴보면 널리 알려진 것과는 전혀 다른 사실이 드러난다.

실제로 고소득 국가들의 국경 안에서는 지구의 여러 자원을 추출해 처리하는 일이 줄어들었다. 이로 인해 EU와 OECD 국가들은 자원 활용의 생산성이 향상되고 자원 활용에 의존하지 않는 GDP 성장이 강화되면서 이런 결과가 나왔다고 의기양양할 수 있었고, 두 가지 모두 이른바 '녹색 성장'의 꿈이 현실이 될 수 있다는 주장의 초기 증거라고 떠받들었다. 하지만 샴페인을 너무 일찍 터뜨렸다. 세계의 자원 플로 분석을 지휘하는 전문가 토미 위드먼Tommy Wiedmann은 이렇게 경고한다. '선진국들은 자원 활용의 효율성이 올라간 듯 보인다. 하지만 실상을 보자면, 이 추세들은 그 근저에 버티고 있는 물질적 기초에 여전히 단단히 뿌리를 박고 있다.'[6]

최근 정리된 국제적인 데이터를 갖고 각국의 물질 발자국material footprint을 조사해보면 전혀 다른 사실이 드러난다. 한 나라가 수입한 제품들을 만드는 데 전 세계에서 사용된 생물 연료, 화석 연료, 철광석, 건설 광물질 등을 합산하면 성공 스토리는 허공에서 사라져버리고 만다. 1990~2007년 고소득 국가의 GDP가 성장하는 동안 지구의 물질 발자국도 늘어났다. 증가폭도 작지 않았다. 영국, 미국, 뉴질랜드, 오스트레일리아 등은 자국의 물질 발자국이 같은 기간 동안 30퍼센트 이상 증가하는 것을 똑똑히 보았고, 스페인, 포르투갈, 네덜란드에서는 무려 50퍼센트나 늘었다. 한편 일본의 발자국은 14퍼센트, 독일 발자국은 9퍼센트가 늘어났다. 눈에 띌 만큼 낮은 증가율이긴 하지만 그래도 늘어났다는 사실은 변하지 않는다.[7] 환경 쿠즈네츠 곡선이 올라갔다 내려올 거라는 약속과 달리 계속해서 올라가고 또 올라갈 뿐이라는 참으로 불편한 진실을 데이터가 보여주는 것이다.

하지만 지구의 물질 발자국을 계산하는 게 복잡하기 때문에 이런 발견에 동의하지 않는 이들도 있다. 예를 들어 자원 분석가인 크리스 구달Chris Goodall은 영국을 대상으로 일련의 대안적인 데이터를 정리하더니, 영국에서는 자원 소비(수입품 포함)가 절정에 달한 뒤 일정한 수준에 머무는 것으로 보이며 심지어 감소하기 시작한 듯하다고 말했다.[8] 하지만 설령 이 데이터가 비교적 더 정확하다 해도 문제는 여전히 남는다. 영국의 소비가 도달한 그 절정이라는 것은 비현실적일 만큼 높은 수준이어서, 만일 다른 나라가 영국처럼 자원 사용량이 줄어들 거라 믿고 그 뒤를 따르려 했다가는 최소한 지구 세 개 분량의 자원이 필요해질 것이며 결국 지구 경제는 도넛의 생태 경계선 바깥 저 멀리로 튀어나갈 것이다.' 설령 환경 쿠즈네츠 곡선이 진짜 존재한다손 치더라도, 이는 인간이 오를 수 있는 산이 아니다. 왜냐면 그 꼭대기 근처에만 가도 대부분 산소 부족으로 죽어버리기 때문이다.

## 선형적 경제의 퇴행성을 직시하라

이제 국민 총생산이 늘어나면 생태도 건강해진다고 증명해줄 경제 법칙 따위는 그만 찾을 때가 되었다. 경제학은 법칙을 발견하는 문제가 아니라는 것이 밝혀진 것이다. 경제란 본질적으로 설계 문제다. 몇몇 부자 나라 때문에 온 인류가 여전히 고통을 겪어야 하는 이유는, 지난 200년간의 산업 활동이 선형적인 산업 시스템에 기초해 이뤄졌고 그 시스템 설계가 본질적으로 퇴행적이기 때문이다. 이러한 산업 시스템의 본질은 요람에서 무덤까지 취하고, 만들고, 사용하고, 버린다는 제조업의 공급 사슬로 이어진다. 우선 지구에서 광물, 금속, 생물 연료, 화석 연료를 뽑아낸다. 그다음에는 이를 갖고 각종 제품을 만들어낸다. 그 제품을 소비자에게 판다. 소비자는 제품을 사용하고 빠른 시간 안에 '버린다'. 이를 가장 간단한 형태로 나타내면 산업은 애벌레 비슷한 모습으로 그려진다. 한쪽 끝에 달린 입으로는 계속 음식을 들이켜고, 이를 몸속에서 소화하고, 다른 쪽 꽁무니로 배설물을 내뿜는 것이다.

이런 산업 모델이 도처에서 우리를 지배해오는 동안 많은 기업이 막대한 이윤을 거둬들였고 또 많은 나라가 부유해졌다. 하지만 그 설계에는 근본적인 결함이 있다. 생명 세계는 생명을 구축하는 기본 벽돌이라고 할 탄소, 산소, 물, 질소, 인 등을 끊임없이 재활용함으로써 번성하는데, 이 설계의 성격은 생명 세계와 정반대이기 때문이다. 산업 활동은 자연 순환을 분리시키고, 천연자원을 고갈시키며, 폐기물을 너무나 많이 토해놓는다. 석유, 석탄, 천연가스를 지하와 해저에서 뽑아내고 이를 다 태운 뒤 거기서 발생하는

에너지　　　　　　　　　　　　　　　　　　　　폐열

취한다 ➡ 만든다 ➡ 사용한다 ➡ 버린다

물질　　　　　　　　　　　　　　　　　　　　폐기물

산업이 퇴행적으로 설계된 애벌레 경제.

이산화탄소를 대기권에 토해낸다. 질소과 인을 비료로 전환시키고, 농지 유출수와 하수, 폐수를 호수와 바다로 쏟아낸다. 삼림을 뿌리째 뽑고 그 아래에서 금속과 광물을 채취하며, 이를 소비자 기호에 맞는 스마트폰 등으로 예쁘게 포장해 내놓는다. 이 제품들은 오래지 않아 전자 제품 폐기장에 쏟아지고, 거기서 나온 유해 화학 물질이 토양, 지하수와 강물과 바다, 공기로 퍼져나간다.

　경제학 이론도 산업이 미치는 이런 잠재적 손상 효과(이른바 '부정적 외부 효과')들을 인정하며, 해법으로 자기들이 선호하는 시장 도구 할당제와 조세를 내민다. 이런 외부 효과들을 내부화하기 위해서는 오염 총량제를 시행하고, 할당량에 소유권을 부여하고, 그 소유권을 사고파는 시장 거래를 허용해 오염권에 가격을 붙인다는 것이다. 아니면 오염의 '사회적 비용'에 맞먹는 액수로 조세를 부과한다. 그러면 오염 물질을 얼마만큼 내놓을 때 수지가 맞는지를 시장이 결정하게 될 거라고 한다.

　이런 정책들이 미치는 영향력은 아주 크다. 1999~2003년 독일은 생태세를 도입해 교통, 난방, 전기에 쓰이는 화석 연료 가격을 높인 한편 각종 지불 급여세payroll taxes를 낮췄다. 그 결과 화석 연료 소비는 17퍼센트가 줄고 탄소 배출은 3퍼센트 감소했으며, 자동차 공유는 70퍼센트 늘었고 일자리 25만 개가 생겨났다.[10] 캘리포니아에서는 2013년에 탄소 배출권 거래 제도가 시행되었다. 목표는 2020년까지 캘리포니아의 온실가스 배출량을 1990년 수준으로 되돌리는 것이었다. 이 제도는 여전히 산업체에 할당량 대부분을 무료로 주고 있지만, 시간이 지나면서 할당분의 총량을 줄여 배출권이 경매 시장에 더 많이 나오도록 유도하려고 한다. 또 유럽의 탄소 배출권 거래 제도처럼 배출권 가격이 붕괴하지 않도록 가격 하한제도 활용하고 있다.[11]

차등 요금제도 점점 더 많이 활용되고 있다. 사용량이 많아질수록 가격도 올라가게 만드는 것이다. 캘리포니아 샌타페이에서 중국의 물 부족 도시에 이르기까지, 소득 격차가 큰 여러 가정에 물 사용량을 배분하는 데 차등 요금제가 쓰이고 있다. 식수, 목욕, 설거지, 빨래 등 가정에서 일상적으로 사용되는 물은 요금이 싸다. 그리고 세차, 잔디 물주기, 수영장처럼 이를 넘어선 물 소비는 그보다 서너 배 비싼 요금을 문다. 물 시장 전문가인 로저 글레넌Roger Glennon은 이렇게 설명한다. '차등 요금제의 장점은 물 사용을 막지도 않고 또 정부의 규제에 의존하지도 않는다는 데 있다. 하지만 인간의 기본적인 필요가 아니라 잔디를 위해 물을 더 많이 쓸 때는 돈을 더 내야 한다.'[12] 남아프리카공화국에서는 물에 대한 접근권을 헌법에서 인권으로 인정했다. 특히 더번에서는 매일 꼭 필요한 물을 모든 저소득 가구에 무료로 공급하고, 그 필수 수준을 넘을 때만 요금을 부과한다.[13]

조세, 할당제, 차등 요금제 등은 지구의 자원과 폐기물 용적에 인류가 가하는 압력을 줄이는 데 분명히 도움이 된다. 하지만 이것만으로는 문제를 해결할 수 없다. 이런 제도로 필요한 수준까지 상황이 개선되는 경우는 사실상 거의 없다. 대기업은 이런 제도 도입을 조금이라도 지연시키고, 세율을 낮추고, 할당량을 늘리고, 경매에서 돈을 내는 게 아니라 무료로 배출권을 얻어내려고 기를 쓰고 로비를 펼친다. 한편 각국 정부는 자국 경제의 경쟁력 상실에 대한 공포, 재계의 지원을 잃을까 두려운 집권 여당의 굴복으로 정책을 포기하는 경우가 너무나 많다. 이런 정책들은 이론적으로도 결함을 안고 있다. 오염 물질의 스톡을 일정하게 묶어두고 그 플로를 줄이는 할당제와 조세 제도가 어떤 시스템의 행태를 바꾸는 '효과적 개입 지점'임은 분명하지만 이는 너무 약한 '개입'이다. 이 시스템의 목적이 되는 패러다임 자체를 바꾼다면 훨씬 강력하게, 효과적으로 개입할 수 있게 된다.[14]

만약 산업의 기초가 '취한다—만든다—사용한다—버린다'의 선형적이고 퇴행적인 구조로 설계되어 있다면 가격 보상으로 고갈을 완화하는 건 한계가 뻔하다. 선구적인 건축가 존 틸먼 라일John Tillman Lyle은 이런 설계에 본질적으로 내재한 한계를 명확하게 인식했다. 그가 1990년대에 말했듯이 '한 방향으로만 흘러가는 시스템은 결국 기초가 되는 경관을 파괴하게 마련이다. 시간은 쉬지 않고 흘러가며, 갖가지 폐로도 더 이상 흐를 수 없는 시점까지 흘러간다. 본질적으로 이는 자체 규모를 유지하기 위해 자원을 계속 먹어치우는 퇴행 시스템이다'.[15] 우리는 재생 설계로 이 시스템을 대체해야 한다. 이제 새로운 패러다임이 등장했으며, 기업들도 무척 흥미롭고 다채로운 반응을 보이고 있다.

## 도넛 안에서 기업 활동을 할 수 있을까

퇴행적으로 설계된 산업이 도넛의 지구의 생태적 경계선을 얼마나 압박하는지 알게 되면 기업들은 보통 어떤 반응을 보일까? 지난 5년간 나는 《포춘》 선정 500대 기업의 고위 임원부터 마을 기업 설립자에 이르는 다양한 기업 지도자들에게 도넛 경제학 개념을 설명했다. 이들이 보인 다양한 반응은 퇴행적 설계에서 재생적 설계로 이행하는 여정의 수많은 단계를 반영하고 있었다. 그 반응들을 '기업의 할 일 목록'으로 정리해보았다.

첫 번째 반응이자 가장 오래된 대응은 아주 간단하다. '아무 행동도 취하지 않는 것'이다. 사업이 지금 내게 큰 이익을 안겨주고 있는데 어째서 모델을 바꾸란 말인가? 우리 책임은 그저 이윤을 극대화하는 것뿐이며, 환경세나 할당제가 도입되면 그때 가서 다시 보상을 계산해보면 된다. 그때까지는 하던 대로 하면 된다. 우리가 하는 일은 (대부분) 합법이며, 만약 벌금을 물리면 이는 비용으로 처리하면 된다. 수십 년간 세계의 거의 모든 기업이 이런 태도를 취해왔고, 지속 가능성이라는 것은 그저 좋은 이야기 정도로 넘겨버렸을 뿐 주가와는 아무 관련 없으니 신경 쓸 필요조차 없다고 여겼다. 하지만 시대가 빠르게 바뀌고 있다. 전 세계의 공급자—목화 재배자, 커피 농민, 와인 제조자, 비단 직조공—로부터 원료를 조달하는 제조업체 다수가 이제는 자기들의 제품 공급 사슬이 지구 온난화와 지하수 고갈 등 환경적인 충격에 취약하다는 점을 깨닫고 있으며, 따라서 아무것도 하지 않는 것이 더 이상은 영리한 전략이 못된다는 것을 이해하고 있다.

이 때문에 그다음 반응이 늘어났다. '수지에 맞게 행동한다'는 것이다. 즉 비용을 줄이거나 브랜드 가치를 올리는, 이른바 생태 효율성이 높은 조치들을 채택하는 것이다. 온실가스 배출을 줄이고 산업 용수 사용을 줄이는 것은 고전적인 조치로, 이는 특히 초기 단계에서 기업의 이윤을 크게 올려 주는 경향이 있다. 이런 상황에서 일부 기업은 사기를 치는 게 훨씬 수지타산에 맞는다고 믿는 것이 분명하다. 2015년 폭스바겐은 자회사의 디젤 차량 수백만 대에 '임의 조작 장치'를 장착해, 규제 당국의 이산화탄소 배출 시험 때만 저배출 모드로 움직여 질소산화물과 이산화탄소 배출을 실제보다 훨씬 낮게 보고했다. 하지만 이후에 들통이 나 크게 곤욕을 치렀다.[16] 또 어떤 기업은 친환경 제품에 웃돈을 지불할 용의가 있는 소비자들에게 다가가기 위해 '녹색' 제품 브랜딩의 신뢰성을 얻으려 한다. 이런 식으로 녹색을 표방하는 회사들은 동종 업계의 경쟁사들을 자신들의 진보를 가늠하는 지표로 삼는다. 물론 시작 단계이니 어쩔 수 없다고 이해할 수도 있겠지만, 이는 기껏해야 '우리는 경쟁사들보다 잘하고 있습니다'나 '우리는 작년보다 잘하고 있습니다' 정도에 그칠 뿐이다. 우리의 절박한 과제에 도달하기에는 크게 미흡할 때가 많다.

세 번째 대응은 좀 더 진지해져, 지속 가능성으로 전환하는 과정에서 '우리가 짊어져야 할 합당한 몫을 책임진다'는 것이다. 이런 태도를 취하는 기업들은 최소한 전체 생태의 과제를 살펴 어느 정도 변화가 필요한지를 인식하는 것으로 시작한다는 점에서 인정해야 한다. 예를 들면 온실가스 배출량의 총 감소량, 비료 총 사용량, 그리고 지구 시스템 과학자들이 권고

하는, 혹은 정부 정책이 요구하는 취수량 등을 기초로 삼는다는 것이다. 좋은 의도로 나선 기업의 예로 남아프리카공화국의 네드뱅크Nedbank가 있다. 2014년 이 은행은 국가가 2030년까지 달성하겠다고 내건 여러 목표, 다시 말해 저렴한 저탄소 에너지 서비스, 지속 가능한 깨끗한 물, 보편적 보건 위생 등에 대한 투자로 상업 금융의 '합당한 몫'—연간 4억 달러—을 내놓기로 약속했다. 이 은행의 최고경영자는 이렇게 말했다. '합당한 몫 2030Fairshare 2030은 우리가 원하는 미래를 위해 쓸 돈입니다.'[17] 참으로 옳은 말이지만, 그 은행이 다른 돈은 어디에 쓰는지가 여전히 궁금하다. 게다가 이 '합당한 몫'이라는 것을 그저 각자의 생각에 맡겨서는 전체 계산이 절대 맞을 리가 없다. 식당에서 여러 명이 식사를 하고 각자 알아서 돈을 내게 하면 총액과 딱 떨어지는 법이 별로 없다는 걸 여러분도 잘 알 것이다. 이런 식으로는 과제를 제대로 해결할 수 없다. 온실가스 배출 문제를 해결하기 위해 각국 정부에게 각자 감축량을 정하라고 했더니 형편없이 부족한 수준을 내놓았다는 사실이 이를 잘 보여준다.

더욱 걱정스러운 점은 이 '합당한 몫' 원칙은 너무나 쉽게 '합당한 몫을 가져간다'로 바뀐다는 것이다. 기업인에게 우리 도넛 그림을 처음 소개하면 많은 이가 도넛의 바깥쪽 경계선을 마치 칼로 케이크 자르듯 나눌 수 있다고 여기곤 한다. 그리고 생일잔치에 몰려든 아이들처럼 자기들 몫을 갖고 싶어 한다. 여전히 선형적이고 퇴행적인 사고방식을 떨쳐버리지 못한 이들 다수의 첫 번째 질문은 이렇다. "그 케이크에서 제 몫은 얼마나 되나요?" "제가 배출해도 되는 이산화탄소는 몇 톤인가요?" 그 답은 지금 취하는 양보다 훨씬 적을 것이 분명하므로 이들은 목표 기준치를 올릴 게 뻔하다. 하지만 '합당한 몫을 갖는다'는 말은 곧 '오염시킬 권리'라는 것이 경쟁해서 얻을 만큼 가치 있는 자원이라는 생각을 강화시킨다. 그리고 제한된 자원을 놓고 경쟁을 벌이게 되면 인간은 더 많이 차지하겠다고 싸움을 벌이는 경우가 너무나 많고, 정책 입안자들에게는 로비를, 또 시스템과는 게임을 벌이게 된다. 그리고 그 과정에서 도넛 안팎의 경계선을 넘어설 위험도 심각하게 늘어난다.

네 번째 반응은 진정한 관점 변화라고 할 만한 것으로, '해는 끼치지 말자'다. 흔히 '미션 제로mission zero'라고 알려진 목표, 즉 환경에 미치는 영향이 0인 제품, 서비스, 건물, 기업을 설계하는 것이다. 예를 들어 시애틀의 불릿 센터Bullitt Center 같은 '제로 에너지' 건물이 있다. 인정사정없는 비로 유명한 시애틀에서 이 건물은 연간 사용하는 모든 에너지를 태양광 발전으로 자체 생산하고 있다. 이와 비슷하게 공공 상수도에서 얻는 순 취수량을 0으로 만드는 물 순 사용량 제로 공장net-zero-water factories도 있다. 멕시코의 할리스코 지역은 지하수 고갈로 심각한 스트레스를 받고 있다. 이곳에 자리 잡은 네슬레의 낙농식품 공장은 소젖을 가열할 때 나오는 수증기를 응결시켜 산업 용수를 조달하는 방법으로 담수 소비를 자제하고 있다.[18]

이렇게 '순 사용량 제로'를 목표로 삼는다는 것은 선형적이고 퇴행적인 여느 산업 설계에서 볼 때 진정 의미 있는 변화다. 그 목적이 단순하게 물이나 에너지의 '순 사용량 제로'를 넘어 그 기업 활동과 관련된 모든 자원으로 확장된다면 정말 일대 사건이 되겠지만, 아직은 너무나 요원한 목표다. 이는 또 자원 사용의 심오한 효율성을 나타내는 것이기도 하다. 물론 건축가이자 디자이너인 윌리엄 맥도너William McDonough가 말했듯이, 열심히 자원의 효율성을 추구하는 것만으로는 절대 충분치 않다. '덜 나쁘다는 말은 좋다는 말과 동의어가 아니다. 여전히 나쁜 것이다. 단지 그 정도가 덜할 뿐.'[19] 그리고 조금만 더 생각해보면 이 '미션 제로'라는 것은 산업 혁명에 비추면 좀 이상한 비전이라는 것을 금방 알게 된다. 훨씬 변혁적인 뭔가가 가능한 이 혁신 시대에 어째서 일부러 그 문턱에서 멈춰 선단 말인가? 만약 당신의 공장이 사용하는 모든 에너지와 깨끗한 물을 자체 생산하고 있다면 그보다 더 많이 생산할 수 있는지 따져보지 않을 이유가 뭐란 말인가? 산업 설계는 단순히 '덜 나쁜 일'이 아니라 얼마든지 '더 좋은 일'을 목표로 할 수 있다. 생명 세계를 고갈시키는 속도만 늦추고 말 게 아니라 지속적으로 생명 세계를 다시 채워 넣으면 된다. 뭔가 줄 능력이 있으면서 그저 아무것도 가져가지 않는 데서 그치겠단 말인가?

이것이 다섯 번째 대응의 본질이다. 재생적으로 설계된 기업, 모두를 아우르는 생명 시스템에 지속적으로 환원하는 기업을 창조함으로써 '아낌없이 주자'는 것이다. 이는 '할 일'이라기보다는 생물권의 관리자 역할을 받아들이면서 또한 이 생명 세계를 더 좋게 만들 책임이 있다는 것도 받아들이는 존재 방식이다.[20] 끊어진 자연의 순환을 다시 연결시키는 것을 핵심으로 삼고 최대한 선물로 내주는 사업체를 만들어야 한다. 왜냐면 아낌없이 베풀도록 설계해야만 우리가 도넛의 생태적 한계 안으로 돌아올 수 있기 때문이다. 생체 모방 기술 분야의 지도적 사상가이자 행동가인 베니어스에 따르면 이러한 베풂 개념은 인생 설계의 임무가 되었다고 한다. 베니어스는 이렇게 말했다.

> 인간은 뇌가 크지만 지구에 나타난 지 얼마 되지 않은 생물입니다. 그래서 우리는 여전히 기저귀를 차고 어머니 자연이 깨끗이 닦아주기를 기대하는 아기처럼 굴고 있습니다. 저는 우리 인류가 이런 설계 과제를 당당하게 받아들이고 자연에 존재하는 모든 순환 주기에 전면적으로 참여하는 존재가 되기를 바랍니다. 우선 우리 산업이 탄소 오염 물질을 '토해놓는 짓'을 멈추는 법을 알아야 하고, 그다음으로는 식물을 모방해 이산화탄소를 '들이마셔서' 우리의 제품에도 집어넣고 또 풍요로운 농업 토양에 몇 세기 동안 저장해두는 법도 배워야 합니다. 일단 탄소의 순환 주기에서 첫걸음마를 떼고 나면 인, 질소, 물의 순환 주기 등에도 배운 것들을 적용해나가도록 합시다.

베풂 설계의 본질이 무엇인지를 발견하려면 자연을 우리의 모델로, 척도로, 또 멘토로 삼아야 한다고 베니어스는 주장한다. 자연을 모델로 삼는다면 우리는 주는 것과 받는 것, 그리고 죽음과 재생이라는 생명의 순환 주기 속에서 한 생물이 죽어 다른 생물의 먹이가 되는 과정을 연구하고 모방할 수 있게 된다. 자연을 척도로 삼으면 우리가 이룬 혁신들의 지속 가능성을

당신의 기업은 무엇이 목표인가?

판단할 생태적 기준을 정할 수 있다. 과연 그 혁신들은 자연의 순환에 참여함으로써 균형을 이루고 적응해나가는가? 그리고 자연을 멘토로 삼는다면 우리는 뽑아낼 수 있는 게 무엇인지 물을 게 아니라 38억 년 동안 자연이 행해온 실험으로부터 무엇을 배울지를 묻게 될 것이다.[21]

　목록에 있는 '기업의 할 일' 하나하나를 이렇게 재생적인 설계로 나아가는 단계들로 볼 수 있다. 개별 기업의 관점에서 보자면 앞으로 어느 방향으로 나아갈지가 지금이 어느 단계인지만큼이나 중요해진다. 하지만 이런 가치 전환을 꼭 한 단계씩 밟아나갈 필요는 없으며, 사실 그렇게 할 시간도 없다. 스스로 영감과 자극을 많이 받았다고 생각한다면 곧바로 맨 위, 아낌없이 베푸는 설계로 뛰어오르면 된다. 누에가 순식간에 나비로 환골탈태하는 것처럼.

## 순환 경제가 날아오른다

　제조 산업은 '순환 경제circular economy'라고 알려진 방식으로 퇴행적 설계에서 재생적 설계로 다시 태어나는 중이다. 끊임없이 유입되는 태양 에너지를 동력원 삼아 지속적으로 여러 물질을 유용한 제품과 서비스로 변환시킨다는 점에서 재생적이다.[22] 그러니 선형적 산업 경제라는 애벌레와는 이제 갈라서자. 그 애벌레가 눈앞에서 나비로 변하고 있으니. 이 과정을 나타낸 것이 엘런 맥아더 재단Ellen MacArthur Foundation의 그림에 기초한 다이어그램이다.[23] 그리고 진짜 나비처럼 이 그림에서도 진짜 아름다운 부분은 바로 두 날개다.

　이 산업 나비를 날게 하는 설계에는 어떤 특징이 있을까? 첫째, 게걸스럽게 광물을 파내고, 석유를 찾아 땅에 구멍을 뚫고, 폐기물은 태워버리라고 지난 세기를 선동한 선형 경제의 '요람에서 무덤까지'라는 낡은 사고방식에 초점을 맞춰보자. '취한다—만든다—사용한다—버린다'는 패러다임은 끊임없이 폐기물을 만들어내거니와, 이전 다이어그램을 살펴보면 그 중앙에는 여전히 애벌레가 꾸물거리며 기어가고 있다. 하지만 이 벌레가 순환 경제의 '요람에서 요람으로'의 사고방식에 힘입어 어떻게 나비로 변하는지를 지켜보라.[24] 이 순환 경제는 태양 에너지, 풍력, 조력, 생물 연료, 지열 등 재생 에너지로 작동하며, 모든 유독성 화학 물질을 제거하고, 결정적으로 폐기물과 폐열을 근본적으로 없애도록 설계한다. '폐기물은 곧 식량'이라는 인식에서 가능해지는 것이다. 한 가지 생산 과정에서 나온 잔여물—음식 찌꺼기든 금속 찌꺼기든—은 매립지로 보낼 것이 아니라 그다음 생산 과정의 원료가 된다. 이렇게 작동하는 열쇠는 모든 물질이 다음 두 가지 영양소의 순환 주기 중 하나에 속한다고 보는 데 있다. 첫째는 토양, 식물, 동물 같은 생물학적 영양소이며, 둘째는 플라스틱, 합성 물질, 각종 금속 등의 기술적 영양소다. 두 순환 주기가 나비의 양 날개가 되고, 여기서 각종 물질은 절대로 '다 써' 버려지는 법 없이 재활용과 재생 순환 주기를 따라 또 사용되고 또 사용된다.

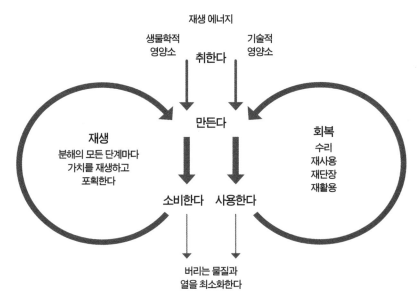

나비 경제: 재생적인 경제 설계.

생물학적인 날개로 보자면 모든 영양소는 소비된 뒤 결국 살아 있는 지구에서 재생된다. 이 영양소들을 끝없이 사용할 수 있는 열쇠는 자연이 이 영양소들을 재생하는 속도보다 더 빨리 수확하지 않을 것, 이 영양소들이 생애 주기를 거치는 매 단계에서 나오는 여러 원천을 충분히 활용할 것, 그리고 자연에게 선물을 되돌려주는 방식으로 생산 구조를 설계할 것. 간단한 예로 커피콩을 보자. 커피콩 하나에서 커피로 추출되는 양은 1퍼센트도되지 않지만, 그 찌꺼기는 섬유소, 목질소, 질소, 당분 등을 풍부하게 담고 있다. 이런 유기물 노다지를 그대로 퇴비 더미로, 심지어 쓰레기통으로 보내는 것은 참으로 어리석은 일이다. 전 세계의 모든 가정, 사무실, 커피 가게에서 매일매일 벌어지는 일이다. 커피 찌꺼기는 버섯을 기르는 데 이상적인 양분이 되고, 소, 닭, 돼지 사료로 쓰이고, 동물이 배설하면 두엄이 되어 토양으로 되돌아간다. 시작은 작고 보잘것없는 커피콩 하나였지만 이 원리를 모든 식량, 곡물, 목재 등으로 확장해보자. 또 지구상의 모든 가정, 농장, 기업, 기관 등으로 확장해보자. 20세기의 임업과 식량 산업은 재생적인 산업으로 다시 태어날 것이고, 이렇게 해서 나타난 산업은 제 근간이 되는 지구의 생명 시스템으로부터 가치를 거둬들일 뿐만 아니라 나아가 재생시키는 역할을 할 것이다.

나비의 다른 쪽 날개를 보자. 각종 금속과 합성 섬유 등 기술적 영양소로 만들어진 제품들은 자연적으로 분해되지 않으므로 수리, 재사용, 재단장 (그리고 최종적으로는) 재활용으로 복구되도록 설계해야 한다. 휴대 전화를 보자. 금, 은, 코발트, 희토류 등으로 가득 찬 기계가 2년 정도 쓰면 버려진다. EU에서는 휴대 전화기가 매년 1억 6,000만 대 판매되지만 2010년 통계에서 다시 사용되는 비율은 6퍼센트에 불과했고, 재활용을 위해 분해된 것도 9퍼센트에 지나지 않았다. 나머지 85퍼센트는 매립지로 가거나 서랍 어딘가에 팽개쳐져 있다.[25] 순환 경제에서는 전화기도 쉽게 수집하고 분해할 수 있도록 설계해야 한다. 그러면 폐품을 수리해 다시 팔 수 있고, 그 모든 부품을 분배해 다시 쓸 수 있을 것이다. 이런 원리를 모든 산업으로 확장한다면 20세기에는 산업 폐기물이던 것이 21세기에는 소중한 원자재가 되는 광경이 눈앞에 그려질 것이다.

참으로 탁월한 아이디어이긴 하지만 나비의 날개에 지나치게 홀려서는 안 된다. 진정한 순환 경제 개념은 영구 동력 기관이라는 환상과 같기 때문이다. 더 정확한 이름은 '되돌아오는 경제cyclical economy'일 것이다. 산업의 순환 고리를 설계한다 해도 그 물질들을 100퍼센트 다시 사용할 수는 없다. 일본은 국내에서 사용되는 금속의 98퍼센트를 재활용하는 놀라운 실적을 보였지만, 그래도 그 고리의 어디에선가 누출되는 금속이 2퍼센트는 있게 마련이다. 그리고 시간이 충분히 지나면 각종 금속과 플라스틱 등 기계적인 물질은 녹이 슬거나 삭을 것이다. 중요한 건 18세기에 지은 건물이든, 최신형 스마트폰이든, 앞으로는 주변 모든 사물을 재료와 에너지를 저장한 배터리로 봐야 한다는 것이다. 이렇게 해서 저장된 가치를 보유하고 또 재창조하는 데 초점을 맞추는 것이다. 그리고 우리는 태양 에너지가 마르지 않는 강물처럼 끝없이 흘러드는 엄청난 축복 속에 살고 있으므로, 창의성만 발휘한다면 다른 모든 생물과 마찬가지로 실시간 에너지의 흐름을 동력 삼아 우리가 창조한 것들을 제자리로 돌려놓고 삶이 피어나는 생명 세계를 되살릴 수 있을 것이다.

퇴행적인 산업 경제에서 가치는 오로지 금전적인 가치를 뜻하며, 이는 계속해서 더 낮은 비용과 더 큰 매출을 찾는 방식으로만 창조되었다. 그리고 그 결과는 보통 강도 높은 물질적 플로로 나타났다. 재생적인 경제에서는 물질적 플로가 원형 플로로 변형된다. 하지만 진정한 전환은 가치를 새롭게 이해하는 데서 나온다. 1860년에 존 러스킨이 썼듯이 '부란 존재하지 않는다. 오로지 삶만 있을 뿐이다'. 참으로 시적인 말이다. 이 말은 또한 예언이기도 했다. 경제적 가치란 제품과 서비스 플로에 있는 것이 아니라 그런 제품과 서비스를 계속 만들어내는 원천, 진정한 부에 있다. 진정한 부란 인간이 만든 자산(트랙터에서 주택에 이르기까지)에 체현된 부도 있지만, 사람의 존재 자체에 체현된 부(숙련된 기술부터 공동체의 신뢰에 이르기까지), 생물권 번창에 체현된 부(삼림 퇴적층에서 해저 퇴적층까지), 지식에 체현된 부(위키 백과에서 인간 유전자에 이르기까지)를 모두 포함한다. 하지만 이렇게 여러 형태의 부도 결국은 다 흩어지게 되어 있다. 트랙터는 녹슬고, 나무는 썩으며, 사람은 죽고, 아이디어는 잊힐 수밖에 없다. 시간이 지나도 변하지 않는 부는 하나뿐이다. 태양을 동력 삼아 모든 것을 재생시키는 삶, 즉 생명의 힘이다. 러스킨은 분명 재생적 경제의 개척자였다.

## 아낌없이 베푸는 숲, 아낌없이 베푸는 도시

공장과 산업체도 재생적으로 설계할 수 있고, 도시 경관도 마찬가지다. 베니어스는 생명 세계에 둥지를 튼 인간의 정착지를 만들자는 비전을 실현해나가고 있으며, 이를 '아낌없이 베푸는 도시generous cities'라고 부른다. 실현 과정의 첫 단계로 그는 한 도시 인근에 있는 토착 생태계—삼림, 습지, 사바나 등—를 관찰하는 것으로 시작해 그 도시가 태양 에너지를 얼마나 사용하는지, 탄소를 얼마나 가두는지, 빗물을 얼마나 저장하는지, 토양을 얼마나 비옥하게 하는지, 공기를 얼마나 정화하는지 등등을 기록하라고 한다. 다음으로 이 측정치들을 새로운 도시의 기준으로 채택하고, 이에 근거해 건축가와 도시 계획가에게 '도시에 인접한 자연 지대와 똑같이 자연에 베푸는' 건물과 경관을 창출하라고 요구한다. 건물 지붕에서 식량을 기르고, 태양 에너지를 모으고, 야생 생물을 반긴다. 포장도로는 폭우가 쏟아져도 다 흡수해 땅속으로 물을 흘려보낸다. 건물은 이산화탄소를 내보내지 않고 안으로 품어 공기를 정화하며, 폐수도 자체 처리하고, 하수는 토양의 양분으로 돌려보낸다. 이 모든 것은 야생 동물 통행로와 도시 농업을 통해 촘촘히 짜인 인프라 망으로 연결된다.[26] 이런 설계의 가능성은 재생적인 질문에서 나온다. 베니어스는 이렇게 설명한다. '내가 가져갈 몫이 얼마나 되는지 묻지 마세요. 대신 이런 걸 물어야 합니다. 여기에 또 어떤 혜택을 집어넣어야 더 많이 베풀 수 있을까요?'[27]

재생적인 도시가 나아가 분배 능력까지 갖도록 설계한다고 상상해보라. 재생 에너지 마이크로그리드를 통해 모든 가정은 에너지 공급자가 될 것이다. 저렴한 주택을 지어 이들을 대중교통 노선으로 연결한다면 적은 비용으로 빨리 이동할 수 있을 것이다. 마을 기업이 도처에 생겨난다면 직장과 집이 가까워져 아빠, 엄마 모두 부모 구실을 제대로 하게 될 것이다. 그리고 이렇게 삶을 되살리는 인프라는 베니어스의 표현대로 '사람의 손길을 필요로 하므로high-touch', 사람들은 그 재생 능력을 지속적으로 돌보고 관리하고 유지해야만 한다. 따라서 그 과정에서 목적이 뚜렷하면서도 고급 기술이 필요한 일자리가 창출될 거라고 한다.

세계 지도에 아직 그런 도시는 존재하지 않지만, 이런 설계 원리를 실행에 옮기려는 사업과 프로젝트가 대륙을 뛰어넘어 진행 중이다. 네덜란드의 금융 중심지에 있는 '20|20 공원Park 20|20'은 '요람에서 요람으로'의 원리로

아낌없이 주는 숲, 아낌없이 주는 도시. 어떻게 하면 될까?

설계된 공원이다. 모든 건물은 재활용 가능한 재료로 지었고, 통합 에너지 시스템으로 작동하며, 수자원 처리 시설이 있고, 지붕은 태양 에너지를 모으고 빗물을 저장, 정수하며 야생 생물 서식지 기능도 한다.[28] 캘리포니아의 기업체 뉴라이트 테크놀로지스Newlight Technologies는 목장에서 소들이 내놓는 메탄가스를 바이오플라스틱으로 전환하고, 이것으로 물병부터 사무실 의자까지 다양한 제품을 만든다. 그리고 이 제품들은 독자적으로 탄소를 줄이는 효과뿐만 아니라 해당 제품의 생애 주기에 걸쳐 온실가스 배출까지 억제한다는 인증을 받았다.[29] 오스트레일리아 남부 해안 지대에 있는 선드롭 농장Sundrop Farms은 바닷물과 햇빛으로 토마토와 파프리카 등을 기른다. 이곳 온실은 최신 기술을 도입해 태양 에너지를 동력 삼아 바닷물에서 염분을 제거하며, 열을 만들어내고, 전기를 생산한 뒤, 이 모든 것을 농사에 활용한다. 선드롭 농장의 최고 경영자인 필리프 섬웨버Philipp Saumweber는 이렇게 말한다. '에너지 문제나 물 문제만 해결하려는 게 아닙니다. 두 문제 모두 해결해 자원을 풍요롭게 만들고, 이렇게 해서 지속 가능한 방식으로 식량을 생산하려는 겁니다.'[30]

저소득 국가와 중위 소득 국가에서도 재생적인 설계 원리를 받아들이고 있다. 방글라데시는 최초의 태양광 발전 국가를 목표로, 여성 수천 명을 태양 에너지 기술자로 육성해 농촌에 재생 가능한 에너지 시스템을 설치하고 유지하는 능력을 키우고 있다.[31] 에티오피아 티그레이에서는 2000년도 이후 사막화된 토지를 무려 22만 헥타르나 되살렸다. 농촌 공동체들이 테라스를 조성하고 나무를 심은 덕이었다. 이들은 황무지이던 언덕을 울창한 계곡으로 복구해 곡식, 야채, 과일을 생산해 인근 농촌과 도시에 공급했고, 동시에 탄소 배출을 막고 물을 저장하고 토양을 비옥하게 만들었다.[32] 케냐에서는 새너지Sanergy 같은 사회적 기업들이 빈민가에 위생적인 화장실을 설치해 수거된 분뇨 전량을 생물 가스와 유기농 비료로 바꿔 그 지역의 농장에 판매했다. 이렇게 해서 주민의 건강과 위생 상태를 개선하고 절실하던 일자리를 만들어냈을 뿐만 아니라 질소 오염을 줄이고 토질도 올릴 수 있었다.[33] 마찬가지로 브라질에서는 프로콤포스토ProComposto라는 스타트업 기업이 도시의 레스토랑, 아파트 단지, 슈퍼마켓 등에서 유기물 쓰레기를 수거해 이를 유기농에 필요한 비료로 전환시켰다. 이 회사는 매립지로 갈 생물학적 물질들을 챙겨 메탄가스 배출을 줄였을 뿐만 아니라 대신 탄소로 토양을 비옥하게 만들고 일자리까지 창출했다.[34]

이렇게 선구적인 예들이 크게 영감을 주는 원천이 되고 있지만, 중요한 질문들은 여전히 남아 있다. 가령 '20|20 공원'이 재활용할 수 있는 재료로 지었다 해도 과연 그 건물 자재를 정말 재활용하는 날이 올까? 선드롭 농장의 온실은 대부분 태양 에너지로 돌아가지만, 구름이 잔뜩 낀 날에는 보조 가스보일러에 의지할 수밖에 없다. 그런 보조 장치 없이도 농장을 원활하게 굴릴 수 있을까?[35] 뉴라이트 테크놀로지스는 메탄가스를 플라스틱 제품으로 전환시키지만, 그 규모를 크게 키워도 생태적으로 예기치 못한 충격을 일으키지 않는다고 장담할 수 있을까? 지금까지 마을 단위로 세운 태양광 발전판은 전혀 쓰이지 않은 채 아무도 고치지도 않는 상태로 방치되는 경우가 너무나 잦았다. 이런 추세를 역전시킬 수 있을까? 음식물 쓰레기로 유기물 비료를 만드는 기업은 과연 괜찮은 일자리를 창출할 만큼 수입을 올릴 수 있을까? 그 규모를 확대해도 계속 유지될까? 이렇게 지금 막 생겨나는 기술과 기업 들은 규모를 늘리기 전에 검증도 받아야 하고 또 큰 규모에 맞춰 적응도 해야 한다. 무엇보다 결정적으로, 이들이 활동할 수 있는 경제 시스템이 들어서서 이들을 현실적인 투자 대상으로 만들어줘야 한다. 이것이 바로 21세기 경제학자들이 할 일이기도 하다.

## 아낌없이 베풀 줄 아는 경제학자는 어디에 있을까

순환적인 제조업과 재생 경제가 잠재력을 갖고 있긴 하지만, 오늘날 산업 부문과 도시 설계자들은 아주 어려운 도전에 직면했다. 서로 협력해야만 하는 기업, 금융, 정부가 여전히 퇴행적으로 설계된 경제의 고루한 사고 방식과 각종 지수에 갇혀 있기 때문이다. 베니어스는 얼마나 갑갑한 노릇인지 현장에서 직접 체험했다. 대규모 부동산 개발업자와 함께 대도시의 도심을 재단장하는 설계 작업을 하게 되었는데, 베니어스가 제안한 건물은 생체 모방형으로 숨 쉬는 벽에 둘러싸여 이산화탄소를 가둘 뿐만 아니라 산소를 내뿜고 주변 공기를 정화하도록 되어 있었다. 그런데 부동산 업자의 첫 번째 반응이란 "어째서 내가 도시의 다른 지역에다 깨끗한 공기를 공급해야 하는 거죠?"였다.

놀라울 것도 없다. 현대 자본주의의 설계도에서 늘상 나타나는, 거의 모든 곳을 지배하는 수익성 중심 사고일 뿐이다. 아낌없이 베푸는 것과는 상극인 집단인 것이다. 금전적 가치라는 오로지 한 가지 가치를 창출하는 데 집중하며, 그 목적이 되는 이해 집단 역시 주주라는 집단 하나뿐이다. 재생적으로 설계하려는 이들은 이제 이렇게 되묻는다. "도대체 얼마나 많은 이해관계를 포함시켜야 하는 걸까?" 그리고 주류 기업가들은 여전히 이렇게 묻는다. "금전적 가치를 얼마나 많이 뽑아낼 수 있지?" 물론 이 두 가지 야심에서 겹치는 부분이 없지는 않다. 재생적인 설계가 아주 큰 이윤을 가져오는 경우도 있으니까. 하지만 기업이 그 교집합 부분에만 관심을 둔다면 아무리 재생적인 설계라도 그 잠재력을 충분히 발휘하지는 못할 것이다.

주류 기업의 상당수가 순환 경제라는 개념을 실천 과정에 주입하고 있다. 부분적으로나마 분명히 재생적 설계를 받아들이는 중이다. '순환 경제가 가져올 이득'에 대한 기업의 관심은 급속히 높아지고 있으며, 앞서가는 기업들은 순환 경제에 내재한 틈새 기술들을 이미 채택하기도 했다. '폐기물 제로'가 목표인 제조업, 제품이 아닌 서비스 판매(가령 프린터가 아니라 컴퓨터 프린팅 서비스를 판매한다든지), 트랙터에서 노트북 컴퓨터에 이르는 모든 자사 제품을 회수, 재생해 다시 파는 것 등이다. 이런 것들은 아주 효율적인 자원 재사용 전략일 뿐만 아니라 이윤이 크게 남는 것이기도 하다. 건설 장비 회사인 캐터필러Caterpillar는 자사 제품에 사용된 핵심 부품을 회수해 다시 제조하는 방식으로 해당 생산 라인에서 나오는 이윤을 50퍼센트나 늘렸고, 동시에 물과 에너지 사용량을 90퍼센트 가까이 줄였다.[36] 정말 대단한 업적이다(담당 부서를 '나비 부서'라고 불러야 하는 게 아닐까?). 이밖에도 순환 경제를 기업 차원에서 주도적으로 추구하는 사례는 많다.

문제는 이들이 그 잠재력의 끝까지 가는 법이 없다는 것이다. 그리고 거기에는 명백한 이유가 있다. 기업들이 추구하는 순환 경제 전략은 어디까지나 기존 기업 이익과 조화시키는 방향이어야만 하므로 위에서 아래로의 방식, 대기업 주도, 자사가 생산한 중고 제품에 대한 통제력, 특허 받은 재료와 지식 소유권이 걸린 기술로 인한 불투명성, 동종 업계와 다른 산업 간의 부품 파편화 등 여러 문제를 안을 수밖에 없기 때문이다. 이런 방식으로는 분배적인 산업 생태계는 말할 것도 없고 재생적인 산업 생태계를 구축할 튼튼한 기초조차 마련할 수가 없다. 예를 들어보자. 갈수록 더 많은 제조업자가 자기네 중고 제품을 회수해 그 부품과 재료를 재활용하고 싶어 한다. 하지만 서구에서는 한 개인이 전 세계를 거쳐 생산된 물건을 평균 1만 개 이상 갖고 있다고 한다. 따라서 개별 기업의 접근법은 성공할 확률이 거의 없으며, 설령 성공한다 해도 이는 세계 경제에서 물질 순환에 대한 통제권을 대기업에 극도로 집중시키는 결과를 가져올 것이다.[37] 이제 요점을 추려보자.

재생적으로 설계된 산업은
재생적으로 설계된 경제가 뒷받침할 때만 실현된다.

또 너무나 간절함에도 불구하고 완전히 빠져 있는 것이 있다. 이를 현실화하려면 시장, 코먼스, 국가 각각의 역할이 균형을 이뤄야만 한다. 기업의 목적과 금융의 기능도 새롭게 규정해야 한다. 그리고 재생적인 노력의 성공을 인정하고 이에 보상할 수 있는 수치와 지표가 필요하다. 이런 재설계 과업이야말로 21세기 경제학자들에게 가장 흥분되는 기회일 것이다. 또 이런 재설계 과정은 복잡한 경제, 발전하는 경제에 기대할 수밖에 없으므로 경제학 교과서에는 나올 수가 없다. 이를 실현하려고 고군분투하는 사람들의 무수한 혁신적 실험으로만 생겨날 것이다.


## 모두를 위한 순환적 미래

순환 경제의 재생 잠재력은 대단히 크지만 이를 수행하는 기업들은 효율성에만 관심을 두기 때문에 그 사이에는 엄청난 격차가 생긴다. 이 격차를 해결하기 위해 오픈 소스 순환 경제 OSCE: Open Source Circular Economy 운동이 조직됐다. 이는 전 세계의 혁신가, 디자이너, 운동가를 엮은 네트워크로, 순환적인 제조업의 잠재력을 모두 풀어놓는 데 필요한 지식 코먼스를 창출함으로써 오픈 소스 소프트웨어 운동의 뒤를 따르겠다는 목적으로 시작됐다. 그렇다면 지식 코먼스는 왜 중요한가? OSCE 진영에서 지적하는 바로는, 기업들이 각자 자기네 공장 울타리 안에서 기를 쓰는 것만으로는 순환적 생산의 재생 잠재성을 전부 실현할 수 없기 때문이다. 이는 비논리적이고 순환 경제를 실현하는 기초가 될 수도 없다.

베니어스가 시작한 생체 모방 운동처럼 이 운동 역시 자연을 모델로 삼는다. 땅에 묻힌 씨앗은 나무로 자라고, 썩어서 흙이 되어 또 새로운 나무를 키운다. 이는 나무 한 그루가 혼자 할 수 있는 일이 아니다. 온갖 균류와 곤충, 빗물과 햇빛에 이르기까지 무수한 생명 주기들이 지속적으로 상호 작용하면서 이뤄지는 것이며, 이런 작용으로 삼림이 스스로 계속 새로워지는 생태계가 생겨나는 것이다. 마찬가지로 산업도 트랙터, 냉장고, 노트북 컴퓨터 제조업체가 물질 플로의 소유권 순환에 갇혀 자사 제품만 회수, 재생, 재판매하려든다면 전체 시스템 차원의 재생 잠재력은 목표를 달성할 수 없을 것이다.[38]

OSCE 운동의 창시자 중 한 명인 샘 뮤어헤드 Sam Muirhead는 궁극적으로 순환적 제조업은 오픈 소스 운동이 되어야만 한다고 믿는다. 왜냐면 오픈 소스 설계 원리들이 순환 경제의 여러 필요에 가장 적합하기 때문이다. 모듈 속성(조립, 해체, 재편성이 용이한 부품으로 만들 것), 공개된 표준(부품의 모양과 크기를 표준화할 것), 오픈 소스(재료 구성과 사용법 등 관련 정보를 공유할 것), 오픈 데이터(재료를 구할 수 있는지 여부와 구할 수 있는 장소를 문서화할 것) 등이 그 원리들이다. 이 모든 원리를 관통하는 핵심은 바로 투명성이다. 뮤어헤드에 따르면 '제조법을 오픈 소스로 만들어야만 누구든 수명이 다한 자기 제품을 재활용할 방법을 알 수 있기 때문이다'. 그리고 이렇게 제조법을 공개하면 누구나 필요에 맞게 제품을 개선, 변형할 수 있으므로 '이는 곧 세계 곳곳의 수리점, 주문 제작자, 혁신 설계자 등 전문가로 구성된 연구 개발 팀을 거느리고 있다는 뜻이 된다. 이런 원리들에서 일련의 순환적 사업 모델이 생겨나는데, 이 모델들은 오픈 소스임에도 '불구하고' 작동하는 게 아니라 바로 오픈 소스이기 '때문에' 작동하는 것이다'.[39]

그렇다면 지금 출현 중인 오픈 소스 순환 경제 내부에서는 어떤 일들이 벌어지고 있을까? 선구적 사례로 아페르투스Apertus⁰(o는 '오픈 소스'를 뜻한다)가 영화 제작자들을 위해 만든 오픈 소스 악시옴 AXIOM 비디오 카메라도 있다. 이는 표준화된 부품을 사용하므로 사용자 집단이 제게 맞게 다시 조립할 수도 있고 계속 발명해나갈 수도 있다.[40] 또 지금도 빠른 속도로 진화하는 OS 비이클OS Vehicle―100퍼센트 전기 자동차의 오픈 소스의 미래―도 주목할 만하다. 부품만 조립하면 금방 만들 수 있고, 공항 카트, 골프장 카트, 심지어 스마트 시티 차량으로도 쓸 수 있다.[41]

OS 비이클은 실리콘 밸리에서 개발된 경우지만, 오픈 소스 순환 제조업은 전혀 예상치 못한 곳에서도 번성하고 있다. 아프리카 토고의 수도 로메에서는 건축가 세나메 아그보지누Sénamé Agbodjinou가 동료들과 함께 우랩Woelab을 설립했다. 이 '로-하이 테크low-high tech' 작업장에서는 서아프리카 지역에 버려지는 컴퓨터, 프린터, 스캐너 등을 해체해 자체적인 오픈 소스 3D 프린터 디자인을 만들어냈다. 아그보지누는 이렇게 말한다. "쉽게 구할 수 있는 자원으로 우리만의 3D 프린터를 만들고 싶었습니다. 아프리카에서 전자 제품 폐기물은 쉽게 구할 수 있으니까요." 이 프로젝트는 3D 프린팅을 현지에 가장 유용하게 적용하는 방법을 찾는다는 의미도 담고 있다. "의사들 말로는 의료 장비에서 조그만 조각 하나가 부러져도 새 부품을 주문해야 하는데, 미국이나 유럽에서 배송되기까지 최소한 두 달이 걸린다고 합니다. 하지만 3D 프린팅 기술만 익히면 그런 부품을 바로 만들어내 장비도 빨리 수리할 수 있으니 아마 인명도 더 많이 구해내지 않을까요."[42]

오픈 소스 혁신은 아주 인상적이지만 아직은 걸음마 단계다. 또 많은 이가 이 운동을 실현 가능성 없는 환상 정도로 치부하기도 한다. 그런 이들에게 리눅스를 상기시켜주고 싶다. 1991년, 핀란드에서 컴퓨터공학을 전공하던 스물한 살 대학생 리누스 토르발스Linus Torvalds는 오픈 소스 운영 체제의 핵심 부분을 작성해 공개했다. 그는 취미 활동일 뿐이라고 했지만 이는 오픈 소스의 힘을 빌려 금세 리눅스로 발전했고 오늘날 세계에서 가장 널리 사용되는 컴퓨터 운영 체제가 되었다. 마이크로소프트의 최고 경영자 스티브 발머Steve Ballmer는 리눅스를 '암 덩어리'라고 부르기도 했지만 이제는 마이크로소프트마저도 자사 제품에 리눅스를 사용하는 실정이다.[43] 뮤어헤드는 나에게 아주 낙관적으로 이야기한 적이 있다. "오픈 소스 소프트웨어야말로 미래로 들어갈 수 있는 작은 포털입니다. 일단 뭔가를 코먼스에 내놓으면 다시는 물릴 수 없습니다. 코먼스는 매일매일 커지고 갈수록 더 유용해집니다. 일단 사람들이 이를 이해하고 이것이 순환 경제에서 어떤 잠재력을 갖는지 알게 되면 분명 더 키울 방법을 찾아내려 할 거예요."[44]

베니어스가 '자연에게 묻는다Asknature.org' 웹사이트를 연 것도 지식 코먼스를 구축하자는 같은 정신에서 시작됐다. 이 웹사이트는 오래도록 비밀에 머물던 자연의 물질, 구조, 과정―이를테면 도마뱀은 어떻게 풀도 없이 아무 벽에나 달라붙을 수 있는지, 나비는 어떻게 색소 없이 색깔을 만들어내는지, 홍합은 어떻게 물에 젖은 바위에 달라붙어 있는지 등―을 오픈 소스로 공개해 모두가 접할 수 있게 했다. 2008년 웹사이트가 문을 연 이래 디자인을 공부하는 고등학생부터 연구자에 이르기까지 거의 200만 명이 이 사이트에서 배우고 또 가르쳤다. 데이터베이스에 누군가 새로운 내용을 추가하면 할수록 개인이나 기업이 수십억 년 전에 등장한 자연의 발명품을 마치 제 것인 양 우기면서 특허권을 주장하지 못하도록 막을 수 있게 된다. 베니어스의 궁극적인 목적은 자연의 천재성을 공유함으로써 삶을 개선하는 것이다. 집을 짓고, 가구를 만들고, 요리하고, 여행하고, 전기를 생산하고, 심지어 생산하도록 삶에서 스스로 배우게 하는 것이 목표다. '자연이 만들어낸 구조에서 영감을 받아 청사진을 마련한다면 지구상 어디에나 있는 섬유소, 케라틴, 키틴, 목질소 같은 고분자 물질에다 아주 독특한 기능을 부여할 수 있을 것이다. 이런 물질들이야말로 오픈 소스 순환 경제의 집을 짓는 벽돌들이다.'[45]

재생적 경제를 설계하는 기초를 오픈 소스에 둔다는 발상은 대단히 설득력 있다. 하지만 주류 기업들이 오픈 소스의 잠재력을 완전히 실현하는 과제를 자기네 임무로 삼지는 않을 것 같다. 그렇다면 오픈 소스의 효과와 효율성을 목표로 삼는 경제 조직은 어떤 게 있을까? 물론 기업을 설계하는 방식은 여러 가지가 있고, 그 재생적인 측면을 따져보면 각 기업이 설계된 방식마다 큰 차이를 보인다. 이것이 미래를 내다보는 혁신적 기업가들이 값비싼 대가를 치르면서 배운 교훈이기도 하다.

## 기업의 주된 업무를 다시 규정하라

'기업의 사회적 책임은 이윤을 늘리는 것'이라는 게 1970년대 밀턴 프리드먼의 말이었고, 주류 기업들은 이를 기꺼이 받아들였다.[46] 하지만 애니타 로딕Anita Roddick의 생각은 전혀 달랐다. 1976년, 로딕은 아직 개념도, 명칭도 정해지지 않은 새로운 형태의 기업을 만들었다. 사회적 측면에서나 환경 면에서나 재생적으로 설계된 기업이었다. 영국의 해변 마을 브라이턴에 '바디 샵The Body Shop'을 연 로딕은 천연 식물로 만든 화장품(동물 실험은 절대 하지 않았다)을 재생 가능한 병과 상자(다시 쓸 수 있는 것을 왜 쓰레기통에 넣는단 말인가)에 담아 판매했고, 카카오 버터, 브라질 땅콩기름, 말린 약초 등 원료를 공급하는 세계 각지의 농촌에 공정한 가격을 지불했다. 생산 규모가 확장되자 거기서 나오는 폐수를 재활용해 다시 생산 과정에 사용하는 방법을 고안했을 뿐만 아니라, 초기 발명 단계부터 풍력 발전에 투자하기도 했다. 또 이 회사의 이윤은 '바디 샵 재단The Body Shop Foundation'으로 들어가며, 재단은 그 돈을 각종 사회단체와 환경 운동 조직에 기부했다. 진정 아낌없이 베푸는 기업인 셈이다. 로딕이 이렇게 한 동기는 무엇일까? 그는 훗날 이렇게 설명한다. "저는 공동체의 일부이면서 또 동시에 공동체에 기여하는 회사에서 일하고 싶습니다. 공공의 이익에 도움이 되지 않는 일이 도대체 무슨 의미가 있겠습니까?"[47]

이렇게 가치로 추동되는 임무, 이것이 마조리 켈리가 기업의 '살아 있는 목표'라고 칭한 것이다. '기업의 주된 업무는 돈벌이'라는 신자유주의의 연극 대본을 완전히 뒤집은 셈이다. 로딕은 베풀려는 가치와 재생 의도를 이미 창업 단계에 깊이 묻어둠으로써 기업이 돈벌이 조직을 훌쩍 넘어선 뭔가가 될 수 있다는 것을 입증했다. '우리 회사의 정관과 제안서―잉글랜드에서는 회사의 목적을 규정하는 법적 문서다―는 전적으로 인권 운동, 그리고 사회와 환경 변화의 가치에 부응합니다. 우리 회사의 모든 사업은 그런 가치를 표방합니다.'[48]

오늘날 가장 혁신적인 기업들도 세계 번영에 기여한다는 같은 이념에서 영감을 얻어 생겨나고 있다. 협동조합, 비영리 조직, 공동체 이익 회사CIC, 공익 기업benefit corporation● 등 분배를 의도하는 기업이 점점 늘어나 일군을 이루었거니와, 이런 기업들은 또한 재생적으로 설계될 수 있다.[49] 기업 내규

---

● 이윤 추구와 동시에 일정한 사회적 가치 추구를 목적으로 내건 기업. 이윤을 목표로 하는 영리 기업의 성격을 유지한다는 점에서 사회적 목적을 우선시하는 사회적 기업social enterprise과는 차이가 있다.

에 재생적 경제에 대한 책임과 약속을 명문화하고 이를 기업 지배 구조에도 구현한다면 시간이 지나 경영진이 바뀐다 해도 그 기업의 목적을 지킬 수 있을 것이다. 이뿐만 아니라 뜻밖에 임무가 변경되는 상황이 벌어지더라도 본래 목적을 보호할 수 있게 된다. 실제로 오늘날 어떤 기업이 사회적 책임을 다하기 위해 취할 수 있는 가장 깊이 있는 행동은 그 기업 내규나 정관을 다시 작성해 정체성을 '삶의 목적'에 비춰 재규정하고, 또 재생과 분배를 근거로 설계해 운영 원칙으로 삼는 것이다.

## 생명에 기여하는 금융

'삶의 목적'에 근거한 기업은 기초는 튼튼한 셈이지만 그 기업의 가치를 이해하고 지원하는 자금 원천이 없다면 번창은 물론 존속하기조차 힘들어진다. 재생적인 기업은 금융 투자자 중에서 정당한 수익과 함께 인간적 가치, 사회적 가치, 생태적 가치, 문화적 가치, 물질적 가치 등 다양한 차원에 장기 투자를 하려는 동업자의 지원을 얻어야 한다. 하지만 금융계는 여전히 단기적인 금융 가치에 골똘해 오히려 자사주 매입이나 배당금 잔치 같은 일이 빈번하게 벌어지는 실정이다.

로딕은 이런 교훈을 뼈아프게 배웠다. 1986년, 바디 샵이 처음 주식을 발행하자마자 그는 재생적 기업이라는 취지와 자금을 대는 주주들의 협량한 요구가 정면으로 충돌하는 사태를 맞닥뜨렸다. 10년이 지나 그는 이렇게 회상한다. "금융 기관은 모종의 파시즘과 결부되어 있다고 생각해요. 아무런 상상력도 허용하지 않고 오로지 이익이나 손실이 얼마인지만 따지는 파시즘이죠. 물론 그것도 중요하지만 인권, 환경, 공동체 등을 희생시켜 추구할 일은 절대 아닙니다."[50] 로딕에 동의하는 사업가라면 그 답답한 마음에 공감해 마지않을 것이다. 재생적인 기업이 그 '삶의 목적'을 제대로 실행하면서 존속할 수 있는지는 상당 부분 자금을 어떻게 조달하느냐에 달려 있기 때문이다. 이 문제를 해결하는 것이야말로 경제를 다시 설계하려는 21세기 경제학자의 가장 큰 과제일 것이다.

이런 재설계 과제를 떠맡아 금융 문제를 재정립하는 데 도전한 이가 존 풀러턴John Fullerton이다. 제이피 모건의 상무이사 출신인 그가 이런 일에 뛰어들다니, 이상하게 여기는 사람도 많을 것이다. 하지만 풀러턴은 이미 2001년 초에 월스트리트의 작동 방식이 근본적으로 잘못되었다는 것을 느끼고 일을 그만둔 뒤 책을 읽기 시작했다. "이 경제 시스템이야말로 생태 위기의 근본 원인이라는 사실을 이해하게 되었고, 그런 경제 시스템을 추동하는 원동력이 금융이라는 것도 깨달았습니다. 20년 차 베테랑으로서 저는 이 금융을 다시 생각해야만 했습니다."[51] 그는 모든 복잡계 생명 시스템의 근저에 있다고 생각하는 핵심 원리 여덟 가지를 제시한다. 전체론의 관점으로 부를 바라볼 것, '올바른 관계'를 맺을 것, 균형을 취할 것 등이다. 풀러턴은 삶과 생명에 이바지하는 금융을 만들겠다는 목적으로 이 원리를 활용해 '재생적 금융 regenerative finance'을 설계하기 시작했다.

금융이 전체 경제와 '올바른 관계'를 맺으면 더 이상 금융은 경제를 추동하는 존재가 아니라, 그저 저축과 신용을 생산적 투자로 전환시켜 장기적으로 사회적, 환경적 가치를 추구하는 생산 활동을 지원하게 될 거라고 한다. 이렇게 되면 여러 가지 변화가 나타날 것이다. 먼저 우리가 아는 세계 금융 시스템은 축소되고, 단순화되고, 다변화하며 영향력도 크게 줄어들 것이다. 그러면 투기 거품이나 폭락에 휘말리는 대신 회복 능력이 더욱 좋아질 거라고 한다. 이런 방향으로 나아가게 해줄 정책으로 풀러턴은 다음을 언급했다. 사람들이 은행에 넣어둔 예금과 증권사의 투기를 철저히 분리할 것, 금융 기관이 규모와 영향력과 복잡성을 과하게 늘리지 않도록 여러 조세 제도와 규제를 도입할 것, 그리고 극초단타 매매를 막기 위해 범세계적 차원에서 금융 거래세를 도입할 것 등이다.[52]

단기적인 투기 행태에 제동을 거는 것이 결정적인 출발점이듯, 장기적인 투자를 장려하는 것도 똑같이 중요하다. 재생 에너지 기술이나 대중교통 시스템 같은 것은 장기적인 전망으로 투자해야 하며, 이를 감내할 '참을성 있는 자본'을 조달하는 데는 국책 개발 은행의 역할이 중요할 수밖에 없다. 하지만 개인 예금자부터 연기금이나 기부 기금에 이르는 민간 투자자도 분명히 할 몫이 있다. 마을금고, 신용 조합, 윤리적 은행 등은 덩치는 작지만 이 영역에서 분명히 방향을 잡는 역할을 한다. 네덜란드의 트리오도스Triodos 은행을 보자. 이 은행은 임무, 다시 말해 '삶의 목적'이 '사회, 환경, 문화의 긍정적 변화를 위해 돈이 작동하게 하는 것'이며, 유럽 전역에 걸쳐 50만 명이 넘는 고객을 보유하고 있다. 개인 예금자, 개인 투자자, 사업가, 기업이 다양하게 섞여 있고 모두 그 가치와 목적 등을 공유한다. 플로리다의 제1녹색 은행First Green Bank도 흥미롭다. 이 은행은 2008년 경기 침체의 와중에 '재생적인 은행'을 표방하며, 이를 실현하기 위해 풀러턴의 싱크탱크인 캐피털 인스티튜트Capital Institute의 지원을 받고 있다.[53]

하지만 삶에 기여하는 금융이란 단순히 투자와 통화를 재설계하는 것이 전부가 아니다. 5장에서 보았듯이 한 공동체에서 쓰이는 통화는 그 창출 과정, 성격, 용도 등에서 얼마든지 재생적이고 분배적으로 설계할 수 있다. 마찬가지로 생명 세계를 재생시키는 속성도 설계로 얼마든지 부여할 수 있다. 보조 통화의 스승 격인 벨기에의 베르나르 리에테르는 이런 도전을 즐긴다. 그가 내게 이렇게 이야기한 적이 있다. "사회 문제든, 환경 문제든 아무거나 가져와봐요. 해결할 만한 통화를 설계해드리리다." 실제로 벨기에의 한 도시가 그의 제안을 받아들였다. 겐트의 낙후 지구인 라보에서 그를 초빙한 것이다. "플랑드르 지역 전체에서 최악인 동네로, 내게 떨어진 과제는 해결 불가능한 것이었어요." 눈가에 주름이 잔뜩 생기도록 얼굴을 찌푸리던 모습이 생생히 떠오른다. 고층 건물에 빽빽하게 살고 있는 주민들은 이민 1세대로, 출신이나 배경이 너무나 제각각이라 공동체를 이루지 못한 채 분열되어 있었다. 주변을 둘러봐도 온통 황폐한 공터뿐이었다. 리에테르의 과제란? 멋진 이웃들과 더불어 살아가는 동네를 만들 수 있을까? 또 겐트시가 최우선 과제로 여기는 '녹색' 마을로 만들 수 있을까?

리에테르는 라보 주민들에게 진정으로 원하는 게 뭔지 묻는 것으로 일을 시작했다. 주민들은 한결같이 작물을 기를 작은 텃밭을 갖고 싶다고 대답했다. 그는 곧 버려진 공장 부지 5헥타르를 공동 농장으로 만들었다. 그리고 일정한 지대를 받고 텃밭을 배분했으며, 지대는 오로지 새로운 통화로만 지불하게 했다. 토레케스Torekes라는 이 통화의 이름은 '작은 탑', 곧 지구를 꽉 채운 고층 건물을 뜻했다. 길거리 청소, 공원 정리, 공공건물 정비, 승용차 함께 타기, 녹색 전기 전환 등에 동참하면 토레케스를 벌 수 있고, 버스 요금을 낼 때나 영화관 입장권을 살 때, 해당 지구의 가게에서 신선한 농작물과 에너지 효율이 높은 전구를 살 때 이 돈을 쓸 수 있었다. 이 통화는 금세 주민들의 일상으로 파고들었다. 그리고 사회적 가치도 점점 높아졌다. "그전에는 환경 오염자라는 비난을 뒤집어쓰던 이민자들이 적극적으로 동네를 정리해나가는 것을 보고 모두가 긍정적으로 여기게 되었습니다." 이 구역 보건복지 담당 공무원인 귀 레네보Guy Reynebeau의 말이다. "이런 활동은 값을 매길 수 없는 거예요. 유로로도, 토레케스로도요."[54]

아낌없이 베푸는 도시의 설계 단계부터 이렇게 보조 통화를 포함시킴으로써 개념을 한 단계 끌어올린다고 생각해보자. 인체를 통과하는 혈액 덕에 장기가 건강하게 유지되는 것처럼, 보조 통화로 사람들이 도시 인프라를 건강하게 살려나가게 만들 수 있는 것이다. 쓰레기 수거, 분류, 재활용은 물론 건물의 수직 정원living wall• 관리에 이르기까지 공동체의 재생적인 여러 활동에 참여하는 개인과 기업에 보조 통화로 보상할 수 있으며, 동시에 공동체 구성원들이 가능하면 동네 상점에서 물건을 사고 대중교통을 이용하게끔 장려할 수도 있다. 실제로 베니어스가 비전으로 제시한 대로 보조 통화는 도시 주민이 자연의 순환 주기에 참여하게 만드는 데 도움이 된다.

---

• 건물이나 여타 구조물의 수직 벽에 식물을 심어 기르는 형태를 일컫는다.

## 협력적인 국가를 도입하라

국가의 역할은 퇴행적으로 설계된 현재의 경제를 멈추는 열쇠가 된다. 국가는 재생적 경제를 대안으로 적극 장려하는 방법을 많이 갖고 있다. 조세와 규제 구조를 다시 설계한다든가, 사회에 변화를 가져오는 투자자들을 지지한다든가, 코먼스의 역동성을 더욱 강화한다든가 하는 역할을 국가가 할 수 있는 것이다.

역사적으로 각국 정부는 마땅히 세금을 매겨야 하는 쪽에 과세를 한 것이 아니라 세금을 매기기 편한 쪽에서 징수해왔다. 지금도 뚜렷이 눈에 보이는 현상이다. 18, 19세기 영국에서는 집집마다 유리창 수를 세 세금을 매겼는데, 이를 견디지 못한 사람들이 창문을 아예 없애버리는 바람에 모든 집이 어두워지고 급기야 우울증이 확산되고 말았다. 직원들에게 세금을 물리면 고용주는 고용을 줄이려 할 것이고, 일자리가 없어질 것이며, 이것이 오늘날 많은 나라에서 실제로 벌어지고 있는 상황이다. 부분적으로는 20세기의 왜곡된 조세 정책 때문에 일어난 결과다. 사람을 고용하는 기업에는 세금(지불 급여세)을 물리고, 로봇을 구매하는 기업에는 보조금을 주고(자본 투자에 대한 세금 공제), 토지와 여타 비재생 자원 사용에 대해서는 거의 세금을 물리지 않는다. 2012년 EU의 세수를 보면 50퍼센트 이상이 노동에 관련된 세금이었다. 미국은 그 비율이 더 높았다.[55] 그러니 산업체 입장에서는 노동자를 가급적 많이 자동화와 로봇으로 대체함으로써 1인당 생산성을 최대한 끌어올리려들 수밖에 없다.

노동에 세금을 물릴 것이 아니라 비재생 자원 사용에 세금을 물려야 한다는 주장이 오래전부터 있어온 만큼, 여기에 재생 에너지와 자원의 효율을 올리는 투자 보조금 정책까지 더한다면 효과는 더욱 커질 것이다. 이런 조치들을 취하면 산업체의 관심은 노동 생산성을 올리는 데서 자원 생산성을 올리는 쪽으로 이동할 것이고, 새로운 재료는 적게 사용하는 동시에 일자리가 늘어날 것이다. 낡은 건물을 부수고 처음부터 다시 짓는 대신 건물을 새 단장하는 방향으로 권장될 것이며, 이렇게 되면 일자리가 늘어나는 반면 에너지 소비량은 거의 비슷하고, 물과 새로운 재료 소비는 크게 줄어들게 된다.[56] 최근 유럽에서 순환 경제를 장려했을 때 재생 에너지와 에너지 효율성 강화 조치들에 어떤 효과가 나타났는지 연구한 자료를 보면, 프랑스에서는 일자리 50만 개, 스페인에서 40만 개, 네덜란드에서 20만 개가 생겨났다고 한다.[57]

이처럼 조세와 보조금은 시장을 움직일 수 있지만, 퇴행적으로 설계된 산업에서 재생적으로 설계된 산업으로 이행하려면 반드시 규제가 뒷받침해야만 한다. 단순하게 말하자면 '레드 리스트'에 오른 화학 물질, 자연을 오염시키는 생산 과정을 퇴출시키고 생명 친화적인 화학 기법만 사용하도록 유도하면서 에너지 소비가 0이거나 심지어 에너지를 생산하는 방향으로 산업 표준을 바꿔나가는 것이다. 내로라하는 진보적인 기업들은 이미 이런 표준을 시행하려 스스로 노력하고 있다. 이에 더불어 전체 경제 차원에서 여러 규제로 재생적 설계를 강제한다면 이 뜻있는 기업들의 야심 찬 노력은 보기 드문 예외가 아니라 산업의 규범이 될 것이다.

당연히 시장을 움직이는 것도 중요하지만 그것만으로는 충분치 않다고 경제학자 마추카토는 주장한다. 특히 재생적 경제의 결정적 에너지원인 청정에너지 혁명에 있어서는 더욱 절실한 이야기다. '민간 부문에만 의존해서는 근본적으로 경제를 재구성할 수 없다. 결정적인 변화를 이루는 데 필요한 장기적인 자금은 국가만이 지원, 공급할 수 있다.'[58] 국가가 리스크를 감수하는 동업자 역할을 맡아야 한다는 마추카토의 주장에 중국 정부도 분명히 공감하고 있다. 지난 10년간 중국 정부는 혁신적인 재생 에너지 기업의 포트폴리오에 수십억 달러를 투자했다. 단순히 연구와 개발 비용뿐만 아니라 제품 인증과 배치 비용까지 지원한다. 동시에 중국 개발 은행Chinese Development Bank은 인프라 관련 국유 기업과 힘을 합쳐 사상 최대의 풍력과 태양광 발전 단지를 배치하는 데 자금을 대고 있다.[59]

국가가 재생적 경제를 창출하는 획기적인 파트너가 된다면 어떻게 될까? 실제로 그런 곳이 있는가? 지금까지는 세계 곳곳에 뿔뿔이 흩어져 있는 도시 차원에서 자체적으로 실행된 사례만 눈에 띈다. 미국 오하이오의 오벌린은 미국이 탈공업화를 겪으면서 생겨난 '러스트 벨트'* 지역에 속한다. 2009년 이곳 행정부는 오벌린 대학교, 조명·전력 공사와 손잡고 이산화탄소 배출량을 줄여 미국 최초로 '기후 온난화를 막는' 도시가 되기로 목표를 정했다. 또 식량 수요의 70퍼센트를 지역 내에서 재배하고, 도심 녹지 약 8,000헥타르를 보존하고, 동네 문화와 공동체를 되살린다는 목표를 제시했을 뿐만 아니라 이를 위해 협력이 절실한 사업체들과 함께 일자리를 만들어나가겠다고 약속했다. 2015년이 되자 시청에서 운영하는 공공건물과 대학 건물이 사용하는 전기의 90퍼센트가 재생 에너지로 교체되었고, 오벌린의 대학교, 고등학교, 병원, 시청사 등에서 지역 농부로부터 구입하는 식품의 양이 계속 늘어났다. 시에서 운영하는 녹색 예술 지구Green Arts District에서 새로운 공연 예술이 꽃피면서 문화생활도 되살아났으며, 공교육 과정에는 환경 관련 프로그램이 도입되었다.[60] 오벌린 프로젝트의 집행 위원장 데이비드 오어David Orr는 이 프로젝트 설계의 배경이 된 시스템적 사고방식을 이렇게 설명한다. "우리 목적은 전방위적인 지속 가능성입니다. 생태계가 작동하는 방식으로, 그리고 실제로 재생할 수 있는 시스템을 기준으로 부를 다시 측정해야 합니다."[61]


## 삶을 계량하는 지표

재생적인 경제로 설계 전환하는 과정을 감독하려면 그 임무와 목표를 위해 마련된 여러 계량 지표의 도움을 받아야 한다. 화폐 지표만으로는 재생

---

● 1970년대 말 이후 제조업과 대공장이 사라지면서 경제적, 사회적 침체와 퇴행을 겪은 디트로이트와 피츠버그 등 미국 중서부와 북동부 지역을 일컫는다.

적 경제에서 고유하게 창조되는 가치를 분명히 반영하기 어렵다. 경제의 목적이 드넓은 생명의 망 속에서 번영하는 것이라면, 금전 소득은 그런 경제가 만들어내는 결과의 일부일 뿐이다. 화폐라는 계량 지표 하나로 경제를 바라보는 시대는 끝났다. 이제는 삶을 계량하는 데 무수히 많은 지표를 사용해야 하는 시대로 들어선 것이다. GDP는 오로지 화폐 가치의 흐름에만 초점을 두지만 새로운 지표들은 모든 가치의 원천—인간, 사회, 생태, 문화, 물질—을 감독할 것이다.

삶의 계량 지표들이 다양한 규모로 아주 빠르게 개발되고 있다. 도시 차원의 사례로 보면 오벌린이 다시 한 번 눈에 띈다. '우리 공동체의 회복 능력, 번영, 지속 가능성을 개선하는 것'을 '삶의 목적'으로 천명한 오벌린은 목표에 얼마나 다가가고 있는지를 관찰하기 위해 필요한 계량 지표를 자체적으로 만들기 시작했다. 오벌린에서는 '환경 계기판Environmental Dashboard'이라는 웹사이트를 만들어 도시 공동체가 생태에 미치는 충격을 근본적으로 바꿔나가게끔 교육하고 동기를 부여하고 역량을 강화하고 있다. 시립 도서관, 공공건물, 웹사이트 등에서 공표되는 공공 데이터는 도시의 물 사용량, 전기 사용량, 하천 오염도를 실시간으로 보여준다. 어느 해 7월 저녁에 나는 5,600킬로미터나 떨어진 영국의 집에서 이 웹사이트에 접속했고, 오벌린 현지의 여러 생태적 플로를 실시간으로 추적할 수 있었다. 이 도시의 1인당 탄소 배출량, 상·하수 처리량, 심지어 인근에 있는 플럼 계곡의 산소 농도까지도 한 시간 단위로 파악되고 있었다.[62] 실시간 데이터는 보는 재미도 있어서 공동체 성원들이 생태 문제에 관심을 갖도록 유도하는 데도 좋다. 하지만 더 깊이 있는 혜안을 얻으려면 1년 단위로 데이터 변화를 살펴야 한다.[63] 오벌린이 내건 야심 찬 계획을 볼 때 이 데이터를 다 구하면 시에서는 '환경 계기판'을 광역으로 확장해 오벌린의 지구상 물질 발자국도 보여줄 것이며, 이렇게 해서 전방위적 지속이라는 장기 목표에 걸맞게 감독 활동을 확대할 거라고 나는 믿는다.

오벌린이 이렇게 도시형 삶의 계량 지표 개발을 선도하고 있다면, 기업을 위한 삶의 계량 지표에는 어떤 일이 벌어지고 있을까? 다행히도 최근 기업들은 핵심적인 실적 지표를 한층 다양하게 구성해 금융 수익률이라는 협소한 회계 독재에서 점차 벗어나는 중이다. '공공선을 위한 경제Economy for the Common Good' '공익 기업의 영향 보고서B Corp's Impact Reports' '다원적 자본 점수판Multi Capital Scorecard' 등 앞서가는 시도들이 기업으로 하여금 스스로 지속 가능성을 가늠해볼 만한 수식을 제시하고 있다.[64] 그리고 이런 계량 지표들은 공개적으로, 또 독자적으로 측량되므로 소비자도 그 결과를 보고 선택 기준을 강화할 수 있으며, 중앙과 지방 정부는 재생적인 지표가 높은 기업을 골라 세금 감면이나 공공 조달 우선권 부여 등으로 보상하는 등 적극적으로 지원할 수 있다.

기업 점수판은 중요한 기준을 측량해 지표로 보여준다는 점에서 옳은 방향으로 가고 있지만, 아직도 여전히 '영향 제로zero impact'를 달성한다는 목표에만 집중하고 있다. 이를테면 탄소 순 배출량 0이라는 목표를 달성하면 기후 영향 점수를 100퍼센트 부여하는 식이다. 이런 기업 계량 지표는 이제 해를 끼치지 않는 정도의 지속 가능성을 넘어서 아낌없이 베풀도록 설계된 기업에 상을 주는 것으로 한 단계 더 도약해야 한다. 기업의 삶의 계량 지표들이 베니어스가 도시에 제시한 '생태적 성과 표준Ecological Performance Standards'과 맞먹는 수준이 되면 기업들은 단지 '어떻게 해를 끼치지 않을까' 만 묻는 게 아니라 '어떻게 하면 우리 기업이 거대한 삼나무 숲만큼 아낌없이 베푸는 존재가 될까'를 자문할 것이다. 그리고 이런 의식 도약이 기업, 도시, 국가 사이에서 일어난다면 인류는 단순히 자연 순환 주기에 무해한 차원을 넘어서 그 재생에도 도움이 되는 존재가 될 것이다.


'무지개 너머로 푸른 하늘이.' 《오즈의 마법사》에서 도로시가 부르는 노래 가사다. 참으로 아름다운, 특히 무지개 모양인 환경 쿠즈네츠 곡선에 딱 맞는 주제가라고 할 수 있다. 계속 성장하고 성장하다 보면 어느 날 하늘이 파래지고 강물이 깨끗해지고 생명 세계의 오염도 멈추는 날이 올 거라는 것이다. 하지만 오랜 세월 수집한 증거로 볼 때, 그리고 지구 차원의 데이터와 수천만 명이 아프게 경험한 바로 볼 때 경제 성장으로 간단하게 정화되는 날은 오지 않는다. 기껏해야 다른 나라로 떠넘기거나 확산시킬 뿐, 오늘날까지의 경험으로 보면 한 나라의 경제가 커지면 물질 발자국도 커지며, 기후 변화, 물 부족, 해양 산성화, 생물 다양성 손실, 화학적 오염 등에 대한 압력도 커지게 마련이다. 우리는 퇴행적으로 설계된 산업 경제를 물려받았다. 지금 우리의 과제는 이런 경제를 재생적인 경제로 재설계, 전환하는 것이다. 대단히 어려운 도전임은 부인할 수 없지만 이는 다음 세대의 명민한 기술자, 건축가, 도시 계획가, 디자이너에게 영감을 불어넣는 도전이기도 하다. 나는 이번 장 앞부분에서 이야기한 청년 프라카시를 수소문해 만나고 싶다. 왜냐면 인도가, 또 세계가 프라카시 같은 사람들과 함께 일하기를 간절히 바라기 때문이다.

이제 경제학자들도 경제의 운동 법칙 따위를 찾겠다고 고집 피우는 짓은 그만둘 때다. 대신 새로운 경제 설계 도표로 옮겨와 재생적인 경제 설계 혁명을 이끄는 혁신 건축가, 산업 생태 연구가, 제품 디자이너와 나란히 앉을 때다. 이들이 앉을 자리가 분명히 보인다. 다시 한 번 말하건대 경제학자들이야말로 여기서 핵심적인 역할을 하기 때문이다. 기업, 금융, 코머스, 국가 모두에게 순환 경제와 재생적 디자인의 놀라운 잠재력을 발현시켜줄 경제 정책이라든지 혁신적인 제도를 설계하는 사람들이 이들이기 때문이다. 그리고 여기에 분배적 경제 설계까지 더한다면 우리는 정말 안전하고도 정의로운 도넛 공간으로 향하게 될 것이다. 도넛은 그 자체로 범세계적인 차원에서 인류의 삶을 보여주는 지표이므로, 저 악명 높은 지표 GDP의 미래에 대해서도 분명히 뭔가 암시를 해줄 것이다. 인류가 도넛의 영역 안으로 들어간다면 GDP는 올라갈까, 내려갈까? 아니면 알 수 없는 문제로 넘겨버릴까?

# 7

# 경제 성장에 대한
# 맹신을 버려라

**유일한 지상 명령에서 성장 불가지론으로**

1년에 한 번, 나는 학생들을 분열시키고 이념을 정면 대결시켜 모두의 생각을 바꿔놓는 도전적인 수업을 한다. 나는 교실에 일찍 가서 가지런히 정렬된 좌석의 가운데 줄을 빼버리고 비행기 좌석처럼 긴 통로를 만들어 자리를 두 덩어리로 나눈다. 학생들은 교실에 들어와 칠판에 적힌 질문을 마주하게 된다. '녹색 성장은 가능한가?' 나는 이 질문에 답을 듣고, '예'라고 답하면 창 쪽에, '아니요'라고 답하면 문 쪽에 앉힌다. 가운데 통로에 설 수는 없다.

졸업해서 큰 컨설팅 회사에 취업하고 싶어 하는 학생들은 바로 '예' 편으로 가고, 어떤 학생은 아예 창틀을 끌어안을 만큼 찰싹 붙어 앉는다. 몇몇은 갑자기 너무 큰 문제를 결정해야만 하는 상황에 잠시 패닉 상태로 중간쯤에서 서성이다가 '아니요' 편으로 간다. 다른 친구들이 어떻게 볼지 걱정하면서. 일단 모두가 자리에 앉으면 이들은 서로 멍하게 바라보며 손가락질한다. 가까운 친구들이 그토록 멀리 있는 것을 보고 충격을 받고, 또 그들이 말없이 표출하는 속내를 보고 또 충격을 받는다.

학생들은 경제 성장에 대한 우리의 믿음이 거의 종교에 가깝다는 사실을 알게 된다. 이 믿음은 사실 개인적인 것이지만 결과적으로는 정치적인 것이다. 그럼에도 개인의 의견으로만 남을 뿐 공공연히 토론되는 법은 거의 없다. 그래서 나는 토론 과정에서 학생들에게 어떻게 하면 반대쪽으로 자리를 옮기게 될지 생각해보라고 한다. '뒤집어 생각해보는 것이야말로 뚜렷한 생각이 있는지 없는지를 확인하는 최상의 방법이다'라는 시인 테일러 말리 Taylor Mali의 경구를 상기시키면서.' 쉬는 시간이 되면 나는 그들에게 자리를 옮겨 반대쪽 입장을 이해하기 위해 최대한 노력해보라고 진심으로 권한다.

내 질문이 정당치 못하다는 건 인정한다. 누구를 위한, 무엇의, 얼마나 걸리는 성장인가? '녹색'이란 정확히 뭘 뜻하는가? 이에 대해 아무것도 설명하지 않았기 때문이다. 아마도 그동안 내가 경제 성장의 미래 문제와 씨름하면서 겪은 고생을 되새기면서 자기 치유를 하려는 이기적인 동기로 학생들을 무리하게 밀어붙이는 것인지도 모른다. 2011년, 옥스팜에 있던 내게 정책 보고서 과제가 떨어졌다. 당시 옥스팜은 고소득 국가의 경우 '녹색 성장' 개념을 장려해야 하는지, 아니면 '역성장 degrowth'을 주장하는 쪽과 입장을 같이해야 하는지 숙고하던 중이었기 때문에 도움이 될 만한 자료를 제출하라는 것이었다. 나는 득달같이 달려들었다. 나를 다시 거시경제학 사상의 중심으로 데려다줄 기회였기 때문이다. 하지만 흥분은 금방 마비 상태로 바뀌고 말았다. 논쟁을 파고들어보니 양쪽 진영 모두 강력한 주장을 펴면서도 상대편의 논리를 너무 성급하게 무시했으며, 그러면서도 상대를 완전히 압도할 만한 답은 내놓지 못했다. 이 문제에 아무 확신이 없는 상황에서 옥스팜의 정책적 입장을 명확히 하려다 보니 나는 무척 난감해져서 급기야 목이 메어 숨도 제대로 못 쉴 지경이 되었다. 나는 우리 시대 경제에서 가장 실존적인 질문에 부딪혀 옴짝달싹하지 못했다. 그래서 프로젝트 담당자에게 전화해 상황을 설명했다. 그가 말했다. "알겠습니다. 어떻게 할까요, 시간을 2주 더 드리면 될까요?"

난처했다. 내 속마음은 이 과제에 정면으로 맞서야 하는 고역에서 제발

빠지고 싶다는 것이었다. 만약 그리스 신화에 나오는 영웅 페르세우스가 프로젝트 담당자였다면 그는 애초에 이 과제의 위험성을 내게 경고해줬을 터였다. 괴물 메두사의 얼굴을 정면으로 본 자는 모조리 돌로 변해버렸으니 절대 그렇게 해서는 안 된다고. 그래서 잘 닦은 방패에 비춰보며 메두사를 잡고, 이 고르곤 괴물을 타고 올라가 솜씨 좋게 머리통을 잘라내라고. 아마도 이 이야기야말로 경제 성장의 미래를 어떻게 사유해야 하는지를 보여주는 가장 좋은 교훈일 것이다.

1장에서 우리는 GDP 성장이라는 뻐꾸기를 둥지에서 쫓아내자고 했다. 하지만 그렇다고 해서 그 녀석이 우리 이야기에서 사라져버린다는 뜻은 아니다. 어째서일까? 여기에 난제가 하나 있다.

> 경제 성장 없이 빈곤을 종식시킨 나라는 없다.
> 경제 성장으로 생태 악화를 종식시킨 나라는 없다.

21세기의 목표가 빈곤과 생태 악화를 동시에 종식시킴으로써 도넛으로 들어가는 것이라면 이 목적에서 GDP 성장은 어떤 의미일까? 이 질문은 경제 성장을 다시 생각하는 문제에서 우리의 사고를 새로운 수준으로 끌어올린다. 한 나라의 경제적 성공을 나타내는 최고 지표로 GDP를 사용하는 일은 넘어서야 한다. 하지만 그 나라가 재정적, 정치적, 사회적으로 GDP 성장 중독을 극복하는 것은 다른 문제다. 나는 경제 성장에 관한 한 불가지론 입장을 유지하는 것이 옳다고 주장한다. 여기서 불가지론 입장이란 GDP가 성장할지 아닐지 상관 말자는 뜻이 아니다. 경제가 성장하는지 아닌지 측정하지 말자는 것도 아니다. 내가 말하는 불가지론 입장이란, GDP가 올라가는지 내려가는지, 아니면 그대로 멈춰 있는지와 관계없이 인류의 번영을 추구하는 경제를 설계하자는 의미다.

불가지론자라는 말은 꽁무니 빼는 겁쟁이의 인상을 주기도 하고, 무심하게 상황 밖에 선 방관자의 극단처럼 들리기도 한다. 하지만 이야기를 계속

들어주면 좋겠다. 이런 입장은 여러 가지 함의를 담고 있기 때문이다. 우리가 20세기로부터 물려받은 경제는 사람들의 삶이 피어나는지의 여부와 무관하게 무조건 성장해야만 하는 경제다. 그리고 우리는 그런 경제를 물려받은 탓에 사회적, 생태적 재난 속에 살고 있다. 21세기 경제학자, 특히 오늘날의 고소득 국가에 사는 이들은 지금 선배들이 고민할 필요조차 없었던 도전에 직면했다. 경제가 성장하든 하지 않든, 인간 스스로 삶이 피어나는 경제를 만들어내야 한다는 도전이다. 앞으로 논의하겠지만, 이런 불가지론을 주장하기 위해서는 우리 경제와 사회가 오로지 성장이라는 조건하에서만 작동하도록 만든 재정적, 정치적, 사회적 구조를 모두 뒤엎어야만 한다.


## 너무 위험한 그림이라 그릴 수가 없다

어쩌다가 낯모르는 경제학자 여러 명과 함께 있게 된 당신이 어색한 분위기를 깨기 위해 뭔가 하고 싶어졌다고 가정하자. 이럴 때 적당한 게임이 있다. 종이와 연필만 있으면 된다. 경제학자들에게 장기적인 경제 성장의 경로를 그림으로 보여달라고 해보라. 그들이 무엇을 그릴지 궁금하겠지만 경제학 교과서를 볼 필요는 없다. 거기에도 안 나오니까. 참으로 이상하게 들릴 것이다. GDP 성장이라는 게 사실상 경제 정책에서 궁극의 자리를 차지하고 있음에도, 경제학 교과서에서는 그것이 장기적인 지평에서 어떤 모습으로 진화할지 절대 묘사하는 일이 없다. 물론 다양한 경기 순환 주기를 그린 그래프들은 있다. 7~10년 주기인 거품 경제 붕괴 순환부터 시작해서, 기술 변화로 추동되는 50~60년짜리 콘드라티예프 파동Kondratiev wave 그래프도 나올 것이다. 하지만 앞으로 다가올 수백 년 동안 GDP가 어떤 궤적을 그릴지는 물론이고, 심지어 지난 수백 년 동안 성장해온 GDP의 궤적을 보여주는 그림도 찾아볼 수가 없다.

혹시 답이 너무 자명해서 교과서에서 굳이 보여줄 필요조차 없는 걸까?

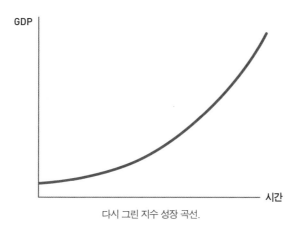

다시 그린 지수 성장 곡선.

오히려 그 반대다. 너무나 험악한 질문이라서 교과서 저자들이 대답은커녕 감히 말문을 열 엄두도 못 내기 때문이다. GDP 성장의 장기적인 미래 모습—경제학 이론에 스멀거리는 메두사의 얼굴—은 한마디로 너무나 위험해 그릴 수가 없는 것이다. 경제학자로서는 자기들이 경제 성장에 대해 가장 밑바닥에 깔고 있는 가정들과 민낯으로 마주해야 하는 것이 두렵기 때문이다. 혹시 운이 좋아서 옆에 있는 경제학자들이 이 게임을 하려든다면 당신은 그 괴물의 무시무시한 얼굴을 흘끗이나마 실제로 보게 될 것이다.

지난 반세기 동안 주류 경제학자들은 당신이 건넨 연필과 종이로 우리가 1장에서 만났던 바로 그 그림을 그려 왔다. 계속 증가하는 곡선, 이른바 지수 성장 곡선exponential growth curve이다. 여기서 GDP는 2퍼센트건, 9퍼센트건 현재 크기에서 고정된 비율로 모든 시대에 똑같이 성장한다. 하지만 경제학자들은 본능적으로 그 곡선의 끝을 허공 어딘가에 남겨두고 그림을 끝낼 것이다. 마치 정지 화면이 된 애니메이션처럼.

경제학자들이 이런 그림을 그려놓고 괴로워하는 이유는 곡선의 끄트머리에 너무나 당연한 질문이 대롱대롱 매달려 있다는 사실을 직감하기 때문이다. '그다음에는 무슨 일이 벌어지는가?' 당연히 선택지는 둘뿐이다. 이 곡선이 무한히 상승해 책을 뚫고 위로 뻗어나가든가, 아니면 상승이 무뎌져 결국 평평해지든가. 주류 경제학자들로서는 첫 번째 결론을 내리자니 심히 어색하고, 두 번째 결론을 내리자니 양심에 어긋나는 일이 된다. 이유는 이러하다.

우선 첫 번째 선택지, 아무 방해 없는 지수 성장은 자체 논리에 따라 곧 무한대로 치솟을 것이며, 그 속도는 우리가 상상하는 것보다 훨씬 빠르다. 사실 지수 성장은 채 느끼지도 못하는 사이에 우리를 주눅 들게 하는 것으로 유명하다. 여기에는 그럴 만한 이유가 있다. 인간의 두뇌는 더하기에는 능하지만 복리 계산에는 형편없는 것으로 악명 높다. 수학을 공부하는 이들만의 문제가 아니다. 핵물리학자 앨 바틀릿Al Bartlett이 경고했듯이 '인류의 가장 큰 결점은 지수 함수를 이해할 능력이 없다는 데 있다'.[2] 그 이유는, 뭔가가 지수적으로 증가(연못에 사는 조류, 은행 부채, 한 나라의 에너지 사용량 등)하면 이는 우리가 생각하는 것보다 훨씬 빨리, 훨씬 크게 불어난다. 10퍼센트 성장은 7년마다 두 배씩으로 커진다는 의미다. 3퍼센트 성장은 그보다 훨씬 덜할 거라 느끼겠지만, 그래도 23년마다 두 배가 된다는 뜻이다. 그렇다면 이것이 GDP 성장에서 의미하는 것은 무엇인가? 2015년 현재 전 지구의 GDP, 즉 세계 총생산은 약 80조 달러로, 세계 경제는 대략 연 3퍼센트로 성장하고 있다. 만약 이 성장률이 무한히 계속된다면 세계 경제는 2050년에는 거의 세 배가 되고, 2100년에는 열 배가 넘을 것이며, 놀랍게도 2200년에는 무려 240배 커질 것이다. 주의할 것은, 이 성장에서 인플레이션은 빠져 있다는 것이다. 오로지 복리적인 성장 논리에 근거했을 때 그렇다.

우리와 마찬가지로 경제학자 대부분은 이렇게 황당한 비율로 세계 경제의 성장을 그리는 것에 대해 곤란해한다. 특히 인간의 행동이 이미 지구에 가해온 스트레스를 생각하면 더욱 그렇다. 그래서 경제학자들은 여러 의미를 대충 얼버무리려 할 것이다. 이런 접근법을 글자 그대로 취해 대단히 영향력을 발휘한 미국 경제학자가 월트 로스토Walt Rostow다. 그는 1960년 저작 『경제 성장의 단계들The Stages of Economic Growth』에서 경제 발전의 동학 이론을 제시해 명성을 얻었다. 모든 나라는 다섯 단계를 거쳐 성장하며, 그래야만 '복리 이자의 행진이 열어주는 온갖 혜택과 축복을 향유'할 수 있다는 것이다.[3] 다섯 단계는 다음과 같다.

**월트 로스토의 경제 성장 5단계(20세기의 여정)**
1. 전통 사회
2. 도약의 전제 조건들
3. 도약
4. 성숙
5. 고도의 대량 소비 시대

여정은 전통 사회에서 시작된다. 농업과 소규모 기술로 이뤄진 사회는 생산성의 한계가 뻔하다. 여기서부터 도약의 전제 조건을 확립하는 결정적인 과정이 시작된다. '경제 진보는 가능하다는 생각뿐만 아니라 다른 선한 목적—국가적 존엄, 사적 이익, 보편적 후생, 아이들을 위한 좋은 미래—의 필수 조건이라는 생각이 확산된다.' 은행이 문을 열고, 기업가가 투자를 하고, 교통·통신 인프라가 구축되며, 현대 경제에 적합한 형태로 맞춤형 교육을 설계하고, 결정적으로 효율적인 국가가 출현해 '새로운 민족주의와 연결된다'.

이 모든 변화가 길을 깔아 '현대 사회의 삶의 분수령'이 된다. 도약 단계에는 '경제 성장이 정상 상태'가 되며, 기계화된 산업과 상업화된 농업이 경제를 지배한다. '복리 이자가 관습과 제도에 내장되며, 경제의 기본 구조는 물론 사회적, 정치적 구조 또한 지속적인 성장률이 규칙적으로 유지되는 방식으로 변화한다.' 이런 대전환 단계가 지나면 성숙으로 달려가는 단계가 온다. 이 단계에 들어서면 그 나라가 어떤 자원을 갖고 있는지와 무관하게 현대적인 산업이 다양하게 자리 잡는다. 그리고 마지막으로 다섯 번째 단계인 대량 소비 시대가 온다. 이때가 되면 경제 성장으로 가계가 잉여 소득을 충분히 얻게 되므로 재봉틀, 자전거, 주방 용품, 자동차 등 내구 소비재를 사들이기 시작한다고 한다.

로스토는 '경제라는 비행기가 이륙해 하늘을 날아간다'고 비유했는데 이 것이 이 이야기의 핵심 메타포다. 이를 위한 준비 단계는 비행기 점검이며, 비행기의 고도가 경제 성장 정도를 나타낸다. 하지만 로스토의 경제가 비행기와 결정적으로 다른 면이 있다. 경제 성장이 언제 어디에서 어떻게 땅으로 착륙하는지는 전혀 나오지 않으며, 대신 한결같은 성장률을 유지하면서 날아가 결국 대량 소비라는 석양으로 사라져버리고 마는 것이다. 로스토는 그 지평선 너머에 무엇이 있는지 자기도 잘 모른다고 암시했고, 짧게나마 이렇게 인정했다. '그 너머에 무엇이 있느냐는 질문에 답하기에는 역사적으로 얻은 단서들이 너무나 파편적이다. 실질 소득 증가 자체가 매력을 잃으면 인간은 대체 무엇을 해야 할까?'⁴ 로스토는 이 의문을 끝까지 파고들지 않았고, 거기에는 이해할 만한 이유가 있었다. 당시는 1960년대, 존 F. 케네디가 대통령 선거 공약으로 연간 5퍼센트 성장을 내건 때였다. 직후 대통령의 경제 자문이 되는 로스토로서는 경제 성장 비행기가 계속 하늘을 날게 하는 데 집중할 뿐, 언제 어떻게 착륙할지는 생각할 계제가 아니었다.


## 잘못 캐스팅된 스타 배우

고전파 경제학 창시자들은 비행기도 본 적 없고 GDP 개념도 들어본 적이 없었지만 성장이라는 것은 결국 속도가 떨어지고 마침내 멈추게 되어 있다는 것을 직관으로 이해하고 있었다. 이들은 비관과 낙관이 섞인 복잡한 심정으로 경제 성장에 종말이 오는 것은 불가피하다고 믿었는데, 경제 성장의 종말을 가져오는 요인이 무엇인지, 시스템 이론 관점에서 말하자면 어떤 한계로 결국 GDP를 강화시키는 되먹임이 막히는지에 대해서는 관점이 서로 달랐다. 애덤 스미스는 모든 경제가 궁극적으로는 '정상定常 상태stationary state'라고 명명한 지점에 도달할 거라고 믿었으며 '부의 총량'은 궁극적으로 '토양, 기후, 위치'에 따라 결정될 거라고 보았다.[5] 반면 리카도는 지대와 임금 상승으로 자본가들이 압박을 받아 이윤이 0에 가까워지면서 정상 상태가 야기될 거라고 보았으며, 기술 진보와 해외 곡물 무역으로 이런 경향을 억제하지 않는다면 곧(즉 19세기 초) 닥칠 것으로 내다보았다.[6]

다른 이들은 좀 더 낙관적이었다. 존 스튜어트 밀은 정상 상태에 도달하면 오늘날 '성장 이후의 사회post-growth society'라 부르는 상태가 올 거라며 학수고대했다. 그는 1848년에 이렇게 말했다. '부는 무한정 증가할 수 없다. 자본과 인구가 정상 상태에 도달한다 해서 삶의 조건 개선 또한 정상 상태에 이른다는 뜻은 아니다. 모든 정신문화 면에서, 또 도덕적, 사회적 측면에서 광범위한 진보의 여지가 생길 것이며, 인간의 정신이 오로지 기술 획득에만 몰두하던 것을 멈춘다면 삶의 기술을 개선할 여지도, 삶의 기술이 개선될 가능성도 높아질 것이다.' 그리고 그는 자기가 GDP를 좋아하지 않는다는 것을 그 개념이 나오기 한 세기 전에 증명이라도 하듯 이렇게 덧붙였다. '이제 막 상황이 좋아지는 초기 단계이거니와, 이런 상태를 인간 사회의 궁극적인 모습으로 받아들이지 않는 이들이 단순히 생산과 축적이 늘어나는 경제 진보에 비교적 무관심하다 해도 뭐라 할 수 없다. 보통 정치가는 이런 종류의 경제 진보에 흥분해 상찬하는 법이지만.'[7] 꼬박 한 세기가 지난 후 케인스가 밀의 정서를 그대로 받아 이렇게 주장했다. '경제 문제라는 게 원래 있어야 할 구석으로 밀려날 날이 멀지 않았고, 그때가 되면 진정한 문제, 즉 삶의 문제, 인간관계 문제, 창조와 행위와 종교 문제가 우리 마음과 머리를 차지할 것이다.'[8]

이렇게 역사에 이름을 떨친 경제학자들은 GDP 성장의 장기 경로를 그려보라는 제안에 어떤 그림을 그렸을까? 오늘날의 주류 경제학자라면 지수 곡선의 끝을 모호하게 공중에 남겨놓겠지만, 위대한 경제학자들이라면 아마도 곡선의 끝을 이어 서서히 평평한 고원으로 만들었을 확률이 높다. 시간이 갈수록 경제가 이런저런 제한 요인에 부닥친다는 것을 이들은 알고 있었기 때문이다. 그렇게 선을 하나 그으면 경제 성장 지수 곡선은 GDP가

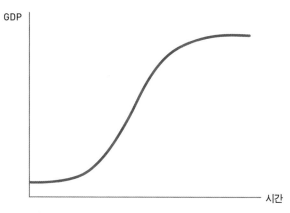

경제 성장의 S자 곡선. 초기 경제학자들은 경제 성장이 결국
한계에 도달할 수밖에 없다는 사실을 인식했지만 후배 경제학자들은 대부분 이를 묵살해왔다.

성장을 멈춘 성숙 단계로 가는 과정 쯤으로 포섭된다. 다시 말하면 그 옛날
위대한 경제사상가들은 '로그 함수 곡선' 혹은 그냥 'S자 곡선'을 그렸을 것
이다.

이 곡선은 교과서에는 잘 나오지 않지만 경제학의 무대에서는 낯선 배우
가 아니다. 사실상 경제학 드라마에서 가장 오래된 배우이고 또한 가장 잘
못된 배역이기도 하다. 이 곡선은 1838년, 벨기에 수학자 피에르 베르휠스
트Pierre Verhulst가 인구 증가 궤적을 묘사하면서 경제학 무대에 등장했다.
그는 토머스 맬서스Thomas Malthus 목사가 믿은 것처럼 인구가 기하급수적
으로 늘어나는 게 아니라 식량 같은 가용 자원이나 운송 능력 등으로 결정
되는 일정한 한계 안에 머물 거라는 것을 보여주었다. 실로 눈부신 혜안이
었고, 경제학의 아카데미 주연상을 받을 자격이 차고 넘쳤다. 하지만 당시
에는 아무도 S자 곡선의 뛰어난 자질을 충분히 이해하지 못했고, 따라서 이
곡선은 그 후 한 세기 동안 출연진 목록에서 완전히 사라지고 말았다.

그렇게 무대 뒤로 밀려 시들어가던 S자 곡선의 재능을 알아본 것은 생태
학자, 생물학자, 인구학자, 통계학자 등이었다. 이들은 이 곡선이 자연 세
계에 존재하는 수많은 성장 과정—아이의 발 크기부터 전 세계 삼림, 살레

에 담긴 박테리아 수와 몸에 난 종기 숫자까지—을 묘사하는 데 아주 적합하다는 것을 깨닫고 본격적으로 사용하기 시작했다. 하지만 경제학자들은 이 곡선을 자기네 연극 무대에 올리지 않았다. 그러다가 1962년에 다시 이 곡선이 무대에 출연했다. 이번에는 전혀 다른 역할이었다. 어떤 기술이 확산될 때 아를 먼저 이 기술이 받아들인 이들이 그리는 궤적, 이른바 기술의 S자 곡선이었다. 그 뒤로 이 배역은 전 세계에서 명성을 얻었고, 특히 마케팅 산업에서 각광받았다.[9] 주류 경제학자들은 장기적 GDP 드라마에서 S자 곡선이라는 배우가 주연 오디션에 응모하는 것조차 허락한 적이 없었다. 하지만 1971년에 이 배우에게 아주 큰 행운이 찾아왔다. 생태경제학자 니컬러스 제오르제스쿠루겐Nicholas Georgescu-Roegen이 당차게도 드라마의 제3막에 이 곡선을 주연으로 캐스팅한 것이다. 비록 실제로 책에 그리지는 않았지만 그는 전 지구의 경제를 폐기물 수용 능력과 정면으로 대면케 하는 그림으로 S자 곡선을 등장시켰다. 주류 경제학 무대에서는 오랫동안 거부해왔지만 이렇게 삐딱한 작가가 쓴 삐딱한 대본이 이제는 새로운 경제학 전체 이야기를 새로 쓰게끔 영향을 미치고 있다.[10]

S자 곡선은 분명 큰 돌파구를 마련했지만, 그 일부로 들어간 지수 곡선과 마찬가지로 그다음에는 무슨 일이 벌어지느냐는 질문을 회피하고 있다. GDP 성장이 결국 멈춘다면 정체된 수준을 계속 유지할 수는 있는 걸까? 아니면 불가피하게 감소의 길을 걷게 될까? 자연의 경험을 보면 최소한 부분적으로는 확실한 답이 나온다. 생명 유기체는 분명히 스스로 유지할 수 있다. 외부 에너지원의 도움이 있다면 성숙하고 안정되고 복잡한 시스템을 상당 기간 유지할 수 있다. 아이의 발은 18년이 지나면 성장을 멈추지만 그다음 80년간 완벽하게 건강을 유지할 수 있으며, 아마존 열대 우림은 5,000만 년 이상 번성하고 있다. 하지만 십 대 소년의 발이나 열대 우림이나 영원히 살아남는 건 아니다. 그렇다고 경악할 필요는 없다. 우리의 항성인 태양의 수명이 다하는 것은 앞으로 50억 년 뒤니까, 지구의 생명은 앞으로 50억 년 동안 유리한 조건을 누릴 수 있는 셈이다. 홀로세의 조건은

1장에서 보았듯이 앞으로 5만 년은 더 유지될 것이다. 인간이 인류세 동안 지구를 더 덥고 건조하고 위협적인 상태로 몰아붙이지만 않는다면 말이다. 우리가 창출할 경제는 현명하게 관리만 한다면 앞으로 수천 년에 걸쳐 번영—성장이 아니라 번영이다—할 수 있다.

S자 곡선이 장기적으로 GDP 성장의 바람직한 경로라는 점을 인식한다면 그다음 더 흥미로운 질문이 보인다. '무한한 경제 성장이 가능한가?'가 아니라 '그 성장 곡선에서 지금 우리 위치는 어디인가? 아직 바닥에 있는가, 아니면 정상에 가까운가?'다. 고전적인 '당나귀 꼬리 달기Pin the Tail on the Donkey' 놀이로 경제학자들에게 각자 자기네 나라 경제가 S자 곡선의 어디쯤에 있는지 찍어보라고 해보자. 19세기 영국 경제학자 마셜—수요 공급의 가위 개념을 만든—은 이 게임에 기꺼이 참여했을 사람이다. 아마도 그는 S자 곡선의 맨 아랫부분에 핀을 꽂았을 것이다. '우리는 매년 더 빠른 속도로 움직이고 있고, 어디에서 멈출지는 추측할 수가 없다. 정상 상태에 가깝다고 믿을 만한 이유가 없다.'[11] 만약 마셜이 게임을 했다면 어땠을까? 똑같은 관점을 유지했을까? 아마 생각을 바꾸었을 것이다. 그럴 만한 이유가 충분히 있다.

지구의 GDP는 1950년대에 시작된 '거대 가속' 이래 다섯 배가 늘어났다. 주류 경제학의 예측에 따르면 머지않아 최소한 약 연 3~4퍼센트 비율로 계속 성장할 거라고 한다.[12] 하지만 지구 전체의 경제 성장은 약 200가지 국민 경제로 이뤄져 있으며 나라마다 성장률이 크게 다르다. 캄보디아와 에티오피아 같은 저소득 국가는 7~10퍼센트로 성장하고, 프랑스와 일본 등 고소득 국가는 연 성장률 0.2퍼센트라는 침체 상태를 면치 못하고 있다.[13] 그 결과 당나귀 꼬리 핀은 각국의 S자 곡선에서 전혀 다른 위치에 꽂힐 확률이 아주 높다.

소득은 낮지만 성장률이 높은 다수 국가의 경제는 로스토가 도약 단계라고 한 S자 곡선의 아랫부분에 있다. 이때 공공 서비스와 인프라에 투자가 이뤄질 경우 효과가 아주 분명하다. 저소득과 중위 소득 국가(1인당 국민 소득이 연 1만 2,500달러에 못 미치는 나라)들은 GDP가 올라갈수록 기대 수명이 크게 늘고 5세 이하 영아 사망률이 현저히 떨어지며, 취학 아동 수도 대폭 늘어난다.[16] 세계 인구의 80퍼센트가 그런 나라에 살고 있으며 주민 대다수가 25세 미만이라는 점을 생각하면 이런 지역에서는 GDP 성장이 절실하다. 실제로 성장할 가능성도 아주 높다. 국제 지원만 충분하면 이들은 낭비와 오염이 심한 기존 기술을 버리고 최신 기술로 도약할 기회를 얻게 된다. GDP 성장 역시 더욱 분배적이고 재생적인 방향으로 이끌 수 있으며, 그렇게 된다면 주민 모두를 생태적 지붕과 사회적 기초 사이의 도넛 공간으로 안전하게 데려갈 수 있을 것이다.

경제 성장 논쟁이 정말 절실한 지역은 고소득 저성장 국가들이다. 이들 중 일부는 이미 S자 곡선의 꼭대기에 다다른 것으로 짐작된다. 이런 나라는 인구 성장률도 매우 낮고, 심지어 일본, 이탈리아, 독일 등은 2050년이 되면 인구가 감소할 것으로 예상된다.[15] 또 최근 수십 년간 고소득 국가 여러 곳이 GDP 성장 침체뿐만 아니라 소득 불평등까지 겹치면서 악명을 떨쳤다. 이들의 생태 발자국을 합치면 이미 지구가 품을 수 있는 역량을 훨씬 넘어선 상황이다. 전 세계 인구가 스웨덴, 캐나다, 미국 사람들만큼 살려면 지구가 네 개 필요하고, 모두가 오스트레일리아나 쿠웨이트 수준으로 살려면 다섯 개가 필요하다.[16] 그렇다면 고소득 국가들은 GDP가 더 이상 성장할 수 없다는 사실을 받아들이고 도넛으로 들어가기 위해 지향점을 바꿔야 하는 게 아닐까?

참으로 불편한 진실일 것이다. 업턴 싱클레어Upton Sinclair의 명언처럼 '만약 봉급이 깎이는 것을 감수해야만 이해할 수 있는 진리가 있다고 하자. 사람들은 기를 쓰고 이해하지 않으려들 것이다'.[17] OECD 국가 관료 일부는 이 문제와 씨름해야만 한다. 성장이 녹색이건 아니건, 공평하건 불공평하건, 부유한 나라 몇몇은 아예 경제 성장의 기미가 없기 때문이다. OECD의 오랜 회원국 열세 곳의 평균 GDP 성장률은 1960년대 초에는 5퍼센트가 넘었지만 2011년에는 2퍼센트도 되지 않는다.[18] 그 이유로 여러 가지 주장이 등장했다. 인구 감소와 고령화, 노동 생산성 저하, 과도한 부채, 자산 불평등 심화, 원자재 가격 상승, 기후 변화 대응 비용 증가 등이다.[19] 나라마다 이런 이유들이 어떻게 섞여 나타나는지는 다르겠지만, 장기적으로 GDP 성장률이 감소하면서 이 나라들이 각자 S자 곡선의 끝에 가까이 왔을 가능성이 큰 건 마찬가지다.

하지만 그런 가능성은 OECD라는 조직의 임무와 모순된다. 이 기구가 애초에 설립된 목적 가운데 하나가 경제 성장이었으며, 가장 중요한 연간 보고서의 제목이 「성장 추구Going for Growth」일 뿐만 아니라, 심지어 오늘날 이들은 녹색 성장 전략의 깃발을 높이 들고 있다. OECD 외에도 세계은행, IMF, UN, EU 등과 한 비행기에 탄 승객이 '이제 경제라는 비행기를 착륙시킬 때가 아닌지 생각해보자'는 말을 할 수 있을까. 실로 어려운 일이다.

최근 OECD가 장기 전망치를 슬쩍 비틀어 회원국 듣기 좋은 소리를 내놓은 것도 이런 맥락에서 설명할 수 있을 것이다. 2014년, OECD는 2060년까지 세계 경제 성장의 예상치를 발표했다. 독일, 프랑스, 일본, 스페인 등은 연 성장률이 불과 1퍼센트로 떨어질 것이며, 게다가 간혹 0퍼센트가 되는 해도 있을 거라고 한다. 그런데 이 예측 모델을 작게 압축해 내놓느라 은폐한 사실이 있다. 이 정도 시시한 전망이라도 달성하려면 2060년까지 지구의 온실가스 배출량이 두 배로 늘고 그중 20퍼센트는 OECD 회원국에서 배출할 거라는 사실이다.[20] 시시한 성장마저도 기후 변화라는 파국이나 다름없는 비용을 치러야 얻을 수 있다. 뻐꾸기 새끼 먹이자고 둥지를 헐 판이라는 것이다.

그 이후 OECD의 지도적인 경제학자들과 주요 금융 기관의 경제학자들은 경제 성장의 미래를 전망할 때 어휘 선택에 세심한 주의를 기울여왔다. 2016년 초, 영란 은행 총재인 마크 카니Mark Carney는 세계 경제가 '저성장, 저인플레이션, 저금리의 균형'이라는 함정에 빠질 위험에 처했다고 경고했다.[21] 각국 중앙은행의 중앙은행이라 할 국제 결제 은행Bank for International Settlements도 동의하며 이렇게 말했다. '세계 경제는 지속 가능한 균형 성장으로 되돌아오지 못할 듯하다.… 우리 앞에 놓인 길은 아주 좁다.'[22] 한편 IMF는 이렇게 조언한다. '우리가 내놓은 여러 전망은 시간이 갈수록 더 비관적이다.… 정책 입안자들은 부정적인 결과들이 나올 수 있다는 가능성에 대비해야 한다.'[23] OECD도 세계가 '저성장 수렁'에 빠졌으며 특히 고소득 국가는 성장률이 '멈췄음'을 인정하고 있다.[24] 영향력 있는 미국 경제학자 래리 서머스Larry Summers는 우리가 '장기 침체secular stagnation'에 접어들었다고 선언했다.[25] S자 곡선의 꼭대기에 거의 다다른 나라들이 있다는 이야기로밖에는 들리지 않는다.

## 계속해서 날아오를 수 있을까

이런 맥락에서 GDP 성장의 장래에 대해서는 고소득 국가들이 패가 갈린다. '계속 날아오를 것'을 주장하는 녹색 성장파와 '착륙 준비'를 주장하는 탈성장파다. 양측의 대립은 기술적인 의문에서 비롯된 것처럼 보이기도 한다. 과연 태양광 발전 비용이 낮아져 풍부한 재생 에너지를 공급할 수 있을까? 순환 경제의 자원 효율은 과연 어느 정도가 될까? 디지털 경제는 경제를 얼마나 성장시킬까 등등. 그런데 실상 의견 대립의 진짜 원인은 훨씬 깊은 곳에 있으며, 기술적인 것이 아니라 정치적인 것임을 나는 알게 되었다.

옥스팜 보고서를 쓰다가 메두사의 얼굴이라도 본 듯 꼼짝 못 하게 된 나는 몇 개월 뒤 동문회에 나갔다가 우연히 옛 교수와 마주쳤다. 안부 인사를 나눈 뒤 나는 교수에게 GDP 성장이 영원하다고 믿으시냐고 물었다. "그럼요!" 그는 단언했다. "그래야죠!" 내가 흠칫 놀란 건 자신에 찬 그 확신 때문이 아니라 배후에 깔린 논리 때문이었다. 교수가 영원한 경제 성장이 가능하다고 믿는 이유는 '그래야만 하기 때문'이었다. 순식간에 메두사가 내게 손짓하는 듯한 기분이 들었다. 도대체 어째서 끝없는 GDP 성장이 가능해야만 한다고 생각하는 걸까? 그렇지 않으면 어떻게 되기에? 무엇보다 놀라운 건, 어째서 4년이나 되는 경제학과 학부과정에서 이런 질문은 한 번도 안 나온 걸까?

그때 이후 나는 논쟁의 양측 입장을 떠받치는 심층적인 신념을 더 면밀히 살펴보기 시작했다. 어디에 차이가 있는지 서서히 보이기 시작했다. 이 차이점을 분명히 드러내기 위해, 우선 이 논쟁에 있는 모든 이가 로스토의 비행기에 타고 있으며, 통로를 사이에 두고 반대편에 앉아 있다고 생각하자. 이들을 갈라놓는 신념 차이는 본질적으로 다음을 핵심으로 삼고 있다.

> 비행을 계속하자는 승객:
> 경제 성장은 여전히 필수적이고, 따라서 가능해야만 한다.
>
> 착륙을 준비하자는 승객:
> 경제 성장은 더 이상 없으며, 따라서 필수적일 수 없다.

양쪽 모두 뭔가 믿긴 하지만 동시에 자기들의 결론에 대해 터무니없이 낙관하는 경향이 있다. 이들의 논리를 자세히 살펴보자.

비행을 계속하자는 승객은 한 가지만큼은 분명히 했다. 경제 성장이란 어느 나라에서나 사회적, 정치적으로 반드시 필요하다는 것이다. 1974년, 경제학자 윌프레드 베커먼Wilfred Beckerman은 이렇게 말했다. '경제 성장을 포기한다면 민주주의도 포기해야 한다.… 정치적, 사회적인 면에서 꼭 필요한 변화를 의도적으로 성장하지 않게 하는 비용은 실로 천문학적일 것이다.'[26] 베커먼의 유명한 저서 『경제 성장을 옹호한다 In Defense of Economic Growth』는 로마 클럽의 「성장의 한계」를 신랄하게 비판하는 것으로, 출간 즉시 경제 성장을 지지하는 쪽의 고전이 되었다. 정치적으로 경제 성장이 필수라는 그의 믿음을 오늘날에도 많은 경제학자와 논객이 공유하고 있다. 벤저민 프리드먼Benjamin Friedman이 『경제 성장의 도덕적 결과 The Moral Consequences of Economic Growth』에서 주장했듯이 '더 많은 기회, 다양성 용인,

사회적 지위 이동, 평등을 위한 노력, 민주주의에 대한 헌신' 등을 조성하는 것은 '높은' 소득이 아니라 '영원히 증가하는' 소득이라는 것이다.[27] 경제학자 담비사 모요Dambisa Moyo도 여기에 동의한다. 2015년 TED 강연에서 그는 이렇게 경고한다. "경제 성장이 시들면 인류 진보에 대한 리스크와 사회적, 정치적 불안정성에 대한 리스크가 올라가며, 사회는 한층 어둡고 거칠고 왜소해질 것입니다."[28]

비행을 계속하자는 쪽은 경제 성장을 정치적 지상 명령으로 여긴다. 이미 부유해진 나라도 마찬가지다. 이들이 고소득 국가도 앞으로 얼마든지 더 성장할 수 있고 또 환경적으로 이를 지속 가능하게 만들 수 있다고 주장하는 것도 놀라운 일이 아니다. 첫째, 기술 낙관주의자 브린욜프슨과 매커피 같은 이들은 성장이 계속될 거라고 주장한다. 디지털 처리 능력이 비약적으로 높아지면서 이제 우리는 '제2의 기계 시대'에 들어섰으며, 빠르게 증가하는 로봇의 생산력 덕에 GDP 성장의 새로운 물결이 일 거라는 것이다.[29]

둘째, UN, 세계은행, IMF, OECD, EU 등 녹색 성장을 주장하는 쪽에 따르면 생태적인 충격과 GDP를 탈동조화함으로써 녹색 성장을 이룰 수 있다고 한다. GDP는 시간이 지나면 계속 성장하지만, 그와 결부된 자원 활용—담수 사용, 화학 비료 사용, 온실가스 배출 등—은 감소할 수 있다는 것이다. 하지만 설령 그럴 수 있다손 치더라도, 우리가 도넛 영역으로 들어가는 데 필요한 만큼 경제를 녹색으로 만들려면 그 둘을 어느 정도로 떼어놓아야 할까? 이 질문은 보통 까다로운 과제가 아니므로 (다른 것들처럼) 그림으로 보는 게 좋겠다.

이 다이어그램은 GDP가 성장함에 따라 자원 활용 경로가 달라지는 세 가지 경우를 보여준다. 가령 물과 에너지 효율성으로 GDP가 자원 활용보다 빨리 성장하면 이것이 상대적 탈동조화다. 오늘날 많은 저소득 국가에서 주목하는 녹색 성장이 이런 종류다. 하지만 고소득 국가의 소비 수준은 이미 지구의 한계를 초과한 지 오래이므로 이 정도로는 충분치 않다. 이들

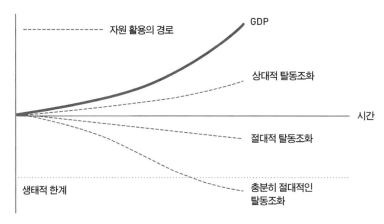

경제 성장과 환경에 대한 충격을 분리하는 것이 우리에게 닥친 도전이다.
GDP가 고소득 국가에서도 계속 성장한다면 관련된 자원 활용은 상대적이거나 절대적 수준이 아니라
도넛의 경계선 안으로 되돌아가는 데 충분할 만큼 절대적으로 감소해야 한다.

이 GDP 성장을 더 추구하려면 절대적 탈동조화, 즉 GDP가 성장하는 과정에서 자원 활용을 절대적으로 줄여야만 한다.

기후 변화 극복의 핵심인 이산화탄소 배출 문제만 하더라도 오스트레일리아와 캐나다를 포함한 고소득 국가들은 아직까지 전혀 절대적 탈동조화하지 못하고 있다. 하지만 최소한의 일정 기간 동안은 가능하다는 것을 보여준 나라들도 있다. 수입품에 묻어든 이산화탄소 배출물까지 포함하더라도 말이다. 국제적인 데이터로 보면 2000~2013년에 독일 GDP는 16퍼센트 늘어났지만 소비에 기초한 이산화탄소 배출은 12퍼센트나 줄었다. 마찬가지로 영국 GDP도 27퍼센트 늘었지만 이산화탄소 배출은 9퍼센트 줄었고, 미국도 GDP가 28퍼센트 늘어나는 동안 이산화탄소 배출은 6퍼센트 줄었다.[30]

만약 이 데이터가 옳다면 과거와는 놀라울 만큼 달라진 셈이다. 하지만 아직 부족하다. 일정하게 절대적 탈동조화를 달성했다 해도 이 나라들의 탄소 배출량이 감소하는 속도는 아직 충분치 않다. 선구적인 기후과학자들의 계산에 따르면 세계 경제를 다시 안전선 안으로 돌려놓으려면 고소득

국가들의 탄소 배출은 매년 8~10퍼센트 비율로 감소해야 한다.[31] 하지만 실제 감소율은 기껏해야 연 1~2퍼센트다. 더욱 유의미한 기준—충분한 절대적 탈동조화—이 필요하다. 우리를 도넛의 경계선 안쪽으로 되돌려놓을 정도라는 의미로 충분하다는 것이지만, 녹색 성장 논쟁에서 사람들은 이렇게 중요한 구별을 망각할 때가 너무나 많다.

그렇다면 충분한 절대적 탈동조화는 지속적인 GDP 성장과 양립할 수 있을까? 비행을 계속하자는 쪽에서는 세 가지 이유로 그렇다고 답한다. 첫째, 화석 연료 대신 태양광, 풍력, 수력 등 재생 에너지로 빨리 전환하면 된다. 이런 추세는 태양 전지 등 재생 에너지의 비용이 빠르게 떨어지면서 더욱 가속화되고 있다고 한다. 둘째, 자원 효율적인 순환 경제를 만들어 물질적 플로가 지구의 자원과 폐기물 수용 역량 내에서 둥글게 흐르게 하면 된다. 셋째, 디지털 제품과 서비스로 '무중량 경제weightless economy'를 확장하면 된다. 여기서는 '물질이 아닌 정신, 근육이 아닌 두뇌, 사물이 아닌 아이디어'가 미래의 GDP 성장을 추동한다.[32] 하지만 여기서 기억해야 할 중요한 사실이 있다. 우리에게 필요한 탈동조화는 한 번으로 그쳐서는 안 된다. GDP가 계속 성장하려면 탈동조화의 속도도 해가 바뀔 때마다 가속되어야만 하는 것이다.●

비행을 계속하자는 쪽은 과연 이런 조치들로 고소득 국가의 경제 성장이 충분히 녹색이 될 거라고 확신하는 걸까? 많은 이가 우리에게 닥친 도전의 규모가 지극히 위협적이라는 걸 인정하면서도 여전히 이렇게 전환할 수 있다고 믿는다. 특히 대부분의 정부가 아직 필요한 정책을 제대로 시작조차 하지 않은 상태이기 때문이라는 것이다. 다른 말로 하자면 경제학자 알렉스 보엔Alex Bowen과 캐머런 헵번Cameron Hepburn이 말한 것처럼 '절대적 탈동조화의 가능성을 배제하기에는 너무 이르다'.[33]

---

● 지속적인 GDP 성장이라는 것이 복리 현상임을 기억하라.

그러나 사람들을 개인적으로 만나보면 그만큼 확신하지는 않는 것 같다. 나는 사람들이 흔히 직함에 담거나 명함에 새기고 조직 전략에까지 적어놓는 녹색 성장의 비전에 대해 그 뚜렷한 확신의 근거를 알기 위해 정부, 학계, 국제 기구, 기업 대표들과 대화를 많이 나눠보았다. UN의 고위급 자문역과 나눈 대화에서 나는 그들이 내색하지 않는 불확실성이 무엇인지를 집약적으로 느끼게 되었다. 최근 있었던 녹색 성장 국제회의에서 쉬는 시간에 그에게 물었다. 정말로 부유한 나라들이 우리를 도넛의 경계선 안으로 되돌려놓을 만큼 충분히 녹색 성장을 이룰 수 있다고 믿느냐고. 회의가 재개되면서 다른 대표들은 주섬주섬 서류를 정리해 회의장으로 돌아갔지만, 그는 뭉기적대며 소리 낮춰 말했다. "저도 몰라요. 아무도 모릅니다. 하지만 모두 동참하게 만들려면 가능하다고 말하는 수밖에요." 사적으로나마 솔직하게 답해준 그의 용기와 정직함을 높이 평가하지만, 나는 사람들이 바로 그 국제회의장에서 그런 의구심을 공식적으로 표출하고 토론했어야 했다고 생각한다. 분명히 모든 이가 들도록 공개적으로 논의되어야 하는 의구심이기 때문이다.

한편 그 반대쪽, 착륙을 준비하자는 쪽을 살펴보자. 이들은 의구심을 공공연히 표출한다. 왜냐면 고소득 국가들에서 충분히 녹색 성장을 이루기란 한마디로 현실성이 없다고 믿기 때문이다. 반대편은 탈동조화 가능성을 배제하기에는 너무 이르다고 하지만, 이들은 오히려 그런 일이 일어날 거라는 믿음에 의지하기엔 너무 늦었다고 말한다. 만약 도넛의 경계선 안으로 충분히 되돌아갈 수 있도록 행동하고자 한다면, 그런 행동이 지속적인 경제 성장과 함께할 수 있다고 믿는 건 완전히 비현실적이라고 이들은 주장한다. 그 이유를 알기 위해서는 애초에 GDP 성장을 추동하는 요인이 무엇인지에 대해 사람들이 오랫동안 믿어온 가정들을 다시 검토해야 한다고 한다.

성장 이론을 창시한 로버트 솔로는 이미 오래전인 1950년대에 미국 경제가 그 전 반세기 동안 성장해온 원인을 정확하게 분석하려 했다. 그는 앞에서 본 국민 경제 순환 모델 다이어그램을 기초로 성장 모델을 만들어 크게 영향을 미쳤거니와, 그의 모델은 노동과 자본이 결합해 더 효율적으로 작동하는 데서 비롯된 생산성 증가가 경제 성장의 원인이라고 가정했다. 그런데 그는 이 모델에 미국 데이터를 대입해보고 깜짝 놀랐다. 그 전 40년 간의 미국 경제 성장에서 노동자 1인당 투자 자본으로 설명할 수 있는 몫은 불과 13퍼센트뿐이었기 때문이다. 그렇다면 나머지 87퍼센트는 어떻게 봐야 할까? 할 수 없이 그는 이를 '기술 변화'의 결과로 돌렸다.[34] 하지만 잔여 값residual으로 돌리기에는 민망할 정도로 큰 값이었으므로 이는 계속 당혹스러운 문제로 남고 말았다. 동시대 경제학자인 모지스 에이브러머비츠Moses Abramovitz 역시 계산 결과와 비슷한 격차를 발견했으며, 이 잔여 값은 사실상 '경제 성장의 원인에 대해 우리가 얼마나 무지한지를 보여주는 척도measure of ignorance'라고 인정하기도 했다.[35]

그 후 경제학자들은 GDP 성장의 원인을 더 잘 설명하고자 힘을 쏟았고, 알 수 없는 잔여 값의 내용이 무엇인지 밝히려 했다. 만약 필립스가 모니악의 물을 돌리는 데 다른 동력원을 택했더라면 이미 오래전에 답을 찾았을 것이다. 전기가 아니라 페달을 밟아서 돌아가도록 설계했다면, 그래서 기계가 어떻게 작동하는지 선보일 때마다 조교가 숨을 헐떡이며 페달을 밟아야 했다면 경제가 돌아가는 데 외부 에너지원이 얼마나 중요한 역할을 하는지를 그도, 또 동료 경제학자들도 간과하지 않았을 것이다. 혹 대신 필립스나 솔로가 2장에서 본 '묻어든 경제' 다이어그램같이 큰 그림을 볼 수 있었다면 그들의 경제 모델은 시작부터 해답을 담고 있었을 것이다.

2009년, 물리학자 로버트 에이어스Robert Ayres와 생태경제학자 벤저민 워Benjamin Warr는 새로운 경제 성장 모델을 구축하기로 했다. 이들은 노동과 자본이라는 고전적인 한 쌍 대신 여기에다 제3의 생산 요소를 추가했다. 에너지, 아니, 정확히 말해 '엑서지exergy'라는 것이었다. 사용된 전체 에너지에서 폐열 등으로 상실된 부분을 빼고 유용한 노동으로 활용된 비율을 말한다. 이들은 이 3요소 모델을 20세기 영국, 미국, 일본, 오스트리아에 적용해 각 나라의 경제 성장을 대부분 설명할 수 있었다. 솔로의 모델에서 설명이 안 된 잔여 값은 오랫동안 기술 진보를 반영하는 것으로 여겨졌지만 사실은 에너지가 유용한 노동으로 전환되는 효율성 증가를 반영하는 것임이 밝혀진 것이다.[36]

무슨 의미일까? 지난 두 세기 동안 고소득 국가들이 보여준 놀라운 경제 성장은 대부분 저렴한 화석 연료를 얻으면서 비롯됐다는 뜻이다. 화석 연료 사용을 분석해보면 충분히 합리적인 추론임이 드러난다. 석유 1갤런에 담긴 에너지는 한 사람이 47일간 힘들게 노동한 에너지와 같고, 따라서 현재 지구상에서 생산되는 석유는 곧 보이지 않는 노예 수십억 명의 노동과 맞먹는 셈이다.[37] 그렇다면 우리가 만들려는 화석 연료 이후의 세상은 GDP 성장에 어떤 함의를 담고 있는가? '경제 성장이 늦춰지거나 심지어 마이너스로 돌아설 가능성을 예상해야 한다'는 것이 에이어스와 워의 경고다. '요컨대 장래의 GDP 성장은 보장되지 않을 뿐만 아니라, 몇 십 년 안에 종말을 고할 수도 있다.'[38]

재생 에너지에 희망을 걸 수 있지 않을까? 비용도 급속히 낮아지고 있지 않은가? 하지만 시스템 내의 스톡이 항상 그러하듯 태양 에너지, 풍력, 수력 발전 시설도 설치하는 데 시간이 걸린다. 착륙 준비를 주장하는 쪽의 상당수는 그 설치 속도가 에너지 수요를 따라갈 만큼 빠를 수는 없다고 본다. 게다가 지금 우리에게 필요한 속도로 화석 에너지 사용이 줄어든다면 대체 에너지 수요는 훨씬 빠르게 늘어날 것이다. 더욱이 20세기에 우리가 손쉽게 얻은 석유, 석탄, 천연가스 등과 비교하면 재생 에너지는 훨씬 큰 비율이 그 산업 안에서 에너지를 더 많이 생산하는 데 소비되어야 한다. 셰일 가스나 역청탄과 마찬가지다. 어떤 분석가들은 이것이 아주 충격적이고 심각하다고 믿는다. '모든 것을 희생해 경제 성장을 추구하는 행태를 근본적으로 재검토할 때'라고 미국의 에너지 경제학자 데이비드 머피David Murphy는 결론 내렸다. '향후 100년의 경제 성장률이 지난 100년간의 경제 성장률과 같으리라고 절대 기대하지 말라.'[39]

착륙을 준비하자는 이들의 일부는 여기서 한 걸음 더 나아가 '무중량 경제'라는 것이 과연 이름처럼 탈물질화할 수 있을지 의문을 제기한다. 지금 맞고 있는 디지털 혁명이 에너지 인프라와 물질적 인프라에 얼마나 크게 의지하는지 생각해보라는 것이다.[40] 또 어떤 이들은 '무중량 경제'라는 것이 과연 성장 낙관주의자들이 기대하는 만큼 GDP 성장에 기여할지에 대해서도 의문을 보인다. 소프트웨어, 음악, 교육, 연예 오락 등 광범위한 온라인 제품과 서비스가 이미 거의 공짜로 얻을 수 있고, 그 이유는 인터넷 덕에 그 생산과 재생산에 따르는 한계 비용이 거의 0이기 때문이라는 것이다. 제러미 리프킨 같은 분석가들은 오늘날 출현하는 재생 에너지와 3D 프린팅의 수평적 네트워크가 이런 추세를 더욱 증폭시킬 거라고 믿는다. 만약 그렇게 된다면 옛날에 시장에서 판매되던 경제적 가치의 상당 부분이 이제는 협업 코먼스에서 낮은 비용으로, 혹은 비용 없이 공유될 것이다.

공유 경제sharing economy 또한 크게 성장하고 있어서, 세탁기와 자동차를 보유한 가정이라면 누구든 참여할 수 있게 되었다. 공유 경제에서는 접근 문화가 소유 문화를 대체하고 있으며, 그 결과 여러 집이 세탁 시설을 공유하고 또 동네에 있는 자동차 공유 센터에서 시간 단위로 차를 빌릴 수 있게 되었다. 갈수록 많은 사람들이 옷, 책, 장난감 등을 새로 사기보다는 친구나 이웃과 돌아가며 사용하고 있다.[41] 경제적 가치의 많은 부분은 여전히 사람들이 향유하는 제품과 서비스를 통해 창출되지만, 이런 경제에서는 총 가치에서 시장 거래로 유통되는 부분이 갈수록 줄어든다고 한다. 이렇게 다양한 추세가 GDP 성장에 시사하는 의미는 뭘까? '전혀 새로운 방식으로 경제적 가치를 측정하는 생기 넘치는 경제 패러다임으로 전환되면서, 미래의 GDP는 꾸준히 감소할 것'이라고 리프킨은 결론을 내린다.[42]

참으로 흥미로운 주장이다. 하지만 이것이 경제 성장의 미래에 어떤 차이를 가져온다는 것일까? 비행을 계속하자는 이들의 일부는 인간의 안녕에서 궁극적으로 중요한 것은 경제적 활동의 총 가치라고 주장한다. 그 가치가 시장 거래 형태로 GDP에 포착되느냐 마느냐와 무관하게 총 가치를 늘려야 한다는 것이다. 가계에는 이 말이 적용될 수 있다. 가계의 돌봄 노동은 돈이 오가는 일 없이(따라서 표준적인 GDP 계정에서는 항상 빠진다) 주고받기 때문이다. 또 경제적 가치를 함께 창조하는 코먼스에도 적용된다. 논에 댈 물길을 함께 만듦으로써 창출된 가치나 온라인의 오픈 소스 디자인에서 협업해 만든 가치도 돈이 오가지 않는 것들이다. 하지만 정부, 금융, 기업은 경제적 가치가 시장을 통해 화폐로 창출되느냐를 대단히 중시할 수밖에 없다. 금융가들은 오로지 경제적 가치가 시장 가치를 지닐 때만 (이자, 지대, 배당금 등을 뽑아내) 수익을 낼 수 있다. 기업은 가치가 판매를 통해 화폐화될 때 비로소 수입과 이윤 형태로 포획할 수 있다. 정부가 세수를 늘릴 때도 시장에서 거래되는 경제적 가치에 조세를 매기는 쪽이 훨씬 쉽다. 금융, 기업, 정부라는 세 행위자는 모두 화폐 소득 증가를 기대하며 또 거기에 의존하는 존재다. 설령 경제적 가치 자체는 계속해서 늘어난다 해도 GDP가 더 이상 증가하지 않는다면 그런 기대는 근본적으로 변해야만 한다.

착륙을 준비하자는 쪽에서 보자면 이 모든 추세는 결국 고소득 국가의 녹색 성장이란 불가능하다는 것으로 귀결된다. 이제 경제 성장 자체가 없는 녹색 미래로 갈 때라는 것이다. 하지만 이들도 지나치게 낙관하는 경향이 있다. 무한한 GDP 성장이 가능하지 않다고 확신한 나머지 성급하게 경제 성장이 필수적이지 않다는 결론으로 달려가며, 이른바 이스털린 패러독스Esaterlin Paradox를 증거로 들어 소득이 높다고 해서 더 행복해지는 것은 아니라고 지적한다.

미국 경제학자 리처드 이스털린Richard Esaterlin은 1946~1974년 미국의 1인당 GDP가 크게 올랐지만 1960년대에 사람들이 스스로 측정한 행복 수준(0~10점으로 평가)은 올라가지 않았고 심지어 줄어들기까지 했음을 발견했다.[43] 이후 여러 연구자들이 이의를 제기했다. 나라가 부유해지면 비록 속도는 느려질지언정 국민이 느끼는 행복감도 계속 올라간다는 것이었다.[44] 소득이 증가해도 사람들이 더 행복해졌다고 느끼지 않는다는 이스털린의 자료를 액면 그대로 받아들인다 해도, 이것이 소득이 수평선을 그릴 때 행복이 같은 수준으로 유지된다는 증거는 아니다. 더욱이 못사는 이들의 임금은 정체하는 상황에서 그 욕을 이민자들이 뒤집어쓰면서 외국인 혐오와 사회적 갈등에 기름을 붓고 있는 게 고소득 국가들이 처한 현실이다. 우리 사회도 경제와 마찬가지로 성장을 기대하는 방향으로 진화해왔고, 또 성장에 의존한다. 성장 없이 과연 우리가 어떻게 살 수 있는지 우리는 아직 알지 못하는 것 같다.

영국에서 가장 존경받는 금융 저널리스트 마틴 울프Martin Wolf가 2007년, '성장 없는 경제'라는 생각에 아주 구체적으로 거북함을 표출한 것도 충분히 이해가 된다. 당시 이 성장 논쟁에서 울프는 착륙을 준비하자는 쪽의 반대쪽에 있었지만, 범세계적인 탄소 배출량 감축이 경제에서 어떤 의미를 갖는지와 관련해 착륙을 준비하자는 쪽으로 기운 드문 사례를 보여주었다. 그는 《파이낸셜 타임스》칼럼에 이렇게 썼다. '만약 탄소 배출에 일정한 한계가 있다면 경제 성장에도 일정한 한계가 있을 것이다. 그런데 정말로 성장에 한계가 있다면 우리 세계를 떠받치는 정치적 기초는 무너질 것이다. 심각한 분배 투쟁이 나라 안에서, 또 나라와 나라 사이에 생겨날 수밖에 없으며, 사실상 이미 생겨나고 있는 상황이다.'[45] GDP 성장이 여전히 필수적이긴 하나 이제 더 이상은 불가능하다는 관점은 정말 몹시 불편할 수밖에 없어 사람들은 결코 반가워하지 않는다. 하지만 메두사의 얼굴을 정면으로 본 사람이라면 이렇게 말할 수밖에 없는 게 현실이다.

## 그 지점에 도달했는가

경제라는 비행기가 계속해서 날 수 있을지 아니면 공중에서 멈출지 아직은 모르지만 적어도 한 가지는 분명하다. 지금 이 비행기는 우리가 원치 않는 목적지로 가고 있다는 것이다. 이는 퇴행적인 동시에 사람들을 저 밑바닥부터 분열시키고 있다. 우리가 원하는 경제, 즉 재생적이고 분배적인 경제로 방향을 재설정하려면 경제 성장에 대해서도 새로운 질문들을 끌어내야 한다. 만약 우리가 원하는 방향으로 이행하면 GDP에는 어떤 변화가 생길까? 그리고 실제로 그런 상태에 도달한다면 그 뒤에 GDP는 어떤 기능을할까? 고소득 국가에서 가계, 시장, 코먼스, 국가가 어우러져 재생적이고 분배적인 경제가 생겨난다고 할 때 GDP가 올라갈지 내려갈지는 확실하게 예견할 수 없다.

목적지에 도달하는 과정은 많은 부문에 변화를 불러올 것이다. 예를 들어 광물, 석유, 천연가스 관련 산업은 물론 공장식 축산업, 건물 철거와 쓰레기 매립 관련 산업, 투기적 금융업 등은 크게 위축될 것이고, 재생 에너지, 대중교통, 코먼스에 기초한 순환적 제조업, 건축 보강업 등은 신속하게 지속적으로 팽창할 것이다. 이는 또 화폐화 가능 여부와 무관하게 자연, 인간, 사회, 문화, 물질 등 모든 가치의 원천에 대한 투자를 불러올 것이다. 그리고 우리의 필요를 충족시키는 조달 수단으로서 시장, 국가, 코먼스가 맡는 역할의 균형을 바로잡을 기회가 열릴 것이다.

이렇게 불확실한 변화들을 모두 조합하면 경제 내에서 화폐로 매매되는 제품과 서비스의 총 가치가 어떻게 달라질지, 이는 전혀 분명하지 않다. 처음에는 올라가다 그다음엔 내려갈 수도 있다. 또 처음에는 내려가다 나중에 올라갈 수도 있다. 아니면 일정하게 수렴하면서 등락할 수도 있다. 도넛의 안전하고 정의로운 공간으로 이행해본 전례가 없으므로 GDP가 그 과정에서, 또 일단 우리가 거기에 도달한 뒤에 어떻게 반응할지 확신할 수가 없는 것이다. 그리고 바로 여기에 문제가 있다. 로스토가 설명했듯이 지난 몇 세기 동안 자본주의 경제는 법률, 제도, 정책, 가치가 전부 지속적인 GDP 성장을 기대하고, 요구하고, 또 거기에 의존하도록 짜맞춰졌다. 우리가 지금 직면한 풀기 어려운 문제의 본질이 무엇인지를 다시 생각해보자.

우리 경제는 무조건 성장해야만 한다.
그것이 우리를 번영케 하든 말든.

306

우리는 우리를 번영케 해줄 경제가 필요하다.
그것이 성장을 하든 말든.

그렇다면 이것이 경제라는 비행기에 던지는 의미는 무엇인가? 로스토가 살아 있다면, 그리고 더 이상 야망에 찬 대통령의 경제 자문이 아니라 그저 비행기에 타고 있는 평범한 시민이라면 아마 그는 비행기가 저 경제 성장의 석양 너머 영원히 날아가는 것으로 이야기가 끝날 수는 없다는 사실을 깨닫고 이론을 수정하려 할 것이다. 경제라는 비행기는 하늘을 날아오를 능력과 마찬가지로 착륙하는 능력도 갖춰야 한다. 성장이 종말을 고했을 때도 사람들의 삶을 꽃피우고 번영케 할 능력이 있어야만 한다. 로스토는 그의 책을 다음과 같이 수정하는 데 동의했을 것이다.

**월트 로스토의 경제 발전 6단계(21세기 수정판)**

1. 전통 사회
2. 도약의 전제 조건들
3. 도약
4. 성숙
5. ~~고도의 대량 소비 시대~~
5. 착륙 준비
6. 도착

로스토가 이렇게 내용을 바꿔 다시 제안한다면 주류 경제학에서는 그것만으로도 혁명이 일어날 것이다. 새로 추가된 두 장의 내용도 로스토에게나 우리에게나 또 다른 혁명이 될 것이다. 왜냐면 한 번도 하강을 통제해본 적이 없기 때문이다. 모든 비행기에는 안전 착륙 장치가 있다. 보조 날개를 접어 속도를 늦추고, 튼튼한 바퀴와 완충 장치로 착지 순간에 충격을 흡수하며, 역추력 장치와 제동 장치로 부드럽게 멈출 수 있다. 하지만 로스토가

1960년대에 찬양하며 내놓은 경제 비행기에는 이런 장치가 없었다. 사실상 그 비행기는 무조건 3퍼센트 정도의 성장률로 영원히 날도록 자동 비행이 설정되었고 아무도 이를 바꾸지 못하게끔 잠금 장치까지 걸어둔 것이었다. 그리고 그 이후로 오늘날까지 쉬지 않고 그런 비행을 시도해왔다.

사실상 성숙 단계에 근접한 경제에서 GDP 성장을 유지하려 애쓰다 보면 정부는 필사적으로 파괴적인 조치들을 취하게 된다. 이들은 새로운 생산 투자를 이끌어내려는 희망에 금융을 탈규제(사실은 재규제)하지만 이 때문에 외려 투기 거품, 주택 가격 폭등, 부채 위기 등만 부추기게 된다. 정부는 기업에게 '불필요한 요식을 없애줄' 거라고 약속하지만 노동자의 권리, 공동체의 자원, 생명 세계를 보호하려고 생겨난 법률만 해체하는 것으로 끝나고 만다. 병원에서 철도에 이르는 공공 서비스를 사유화해 공공재를 사적 수입원으로 바꿔버리는 것이다. 생명 세계를 국민 계정의 '생태계 서비스'와 '자연 자본' 항목으로 추가해 여기에 위험한 수준의 가격과 가치를 부여한다. 그리고 지구 온난화 수준을 '섭씨 2도 한참 아래'로 유지하겠다고 약속했음에도 불구하고 많은 국가가 역청탄과 셰일 가스 등 '싼' 에너지를 쫓아다니면서 청정에너지 혁명에 필요한 혁신적인 공공 투자의 책임은 무시한다. 연료가 거의 떨어진 비행기를 두고 이제 땅에 내릴 때임을 인정하는 게 아니라 값나가는 화물만 끌어내리려 하는 꼴이다.


## 착륙 방법 배우기


고소득 국가의 경제가 착륙을 준비한다는 것은 어떤 의미일까? 과연 적절한 때를 맞춰 경제 성장에 대한 관심을 접고 대신 인간의 삶을 번영케 하는 경제로 안전하게 착륙할 수 있을까? 로스토가 말한 '도약의 전제 조건들'에 그 실마리가 있다. 로스토는 '전통 사회의 주요 특징 하나하나가 경제를 규칙적으로 성장시키는 방식으로 바뀌었다'고 한다. '그 경제뿐만 아니

참으로 긴 비행이다. 이제 착륙할 때인가?

라 정치·사회 구조, 그리고 (상당 부분) 가치관까지' 바뀌고 있다는 것이다.[46]
그렇다면 착륙 준비로 경제를 성장의 자동 비행 모드에서 끌어내리고 경
제 성장을 로스토가 말한 '정상 상태'로 전환시킨 금융, 정치, 사회 구조를
다시 설계할 필요가 있다. 물론 쉬운 일이 아니다. 경제학자들은 경제라는
비행기를 착륙시켜 성장과 무관하게 삶이 피어나는 경제로 만들어본 경험
은 고사하고 그런 훈련조차 받은 적이 없기 때문이다. 그럼에도 일부 혁신
적인 경제사상가들은 이미 작업에 착수했다. 생태경제학자 피터 빅터Peter
Victor에 따르면 그들은 이렇게 질문한다고 한다. '재난 때문이 아니라 의식
적인 설계로 경제 성장률을 낮출 수 있는가?' 혹은 불가지론의 관점을 빌려
표현한다면 '성장을 갈망하지 않으면서 GDP를 다루고, GDP에 의지하지
않으면서 적절히 상대하며, GDP를 닦달하지 않으면서 포용하는 경제를 설
명하려면 어떻게 해야 할까?'

　4장에서 제시한 시스템 이론의 핵심 아이디어들이 그 어느 때보다 유용
한 도구가 될 것이다. 모든 성장과 마찬가지로 GDP 성장 또한 강화시키는

되먹임회로에서 생겨나므로, 궁극적으로는 한계—균형을 낳는 되먹임—에 부닥칠 것이다. 그리고 이 한계란 경제를 포함하는 더 큰 시스템으로부터 생겨날 확률이 아주 높다. 오늘날까지 축적된 증거로 보면 그 한계는 우리 생명 세계가 어느 정도까지 담아낼 수 있는지에 달린 것으로 보인다. 그렇다면 두 되먹임 회로가 맞닥뜨리면 필연적으로 붕괴될 수밖에 없는 것일까? 아니면 불안정한 궤적을 그리면서 계속 성장하려고 기를 쓰는 경제를 안정된 범위에서 오르내리는 경제로 전환시켜 그런 미래를 앞당길 수는 없을까? 시스템 이론 사상가들은 여기에 어떤 조언을 해줄까? 우리는 앞에서 메도스로부터 '개입 지점'을 높게 잡으라는 지혜로운 조언을 들었다. 이를테면 GDP 성장이라는 뻐꾸기를 둥지에서 쫓아내고 그 자리에 도넛을 놓아 경제 시스템의 목적 자체를 바꾸라는 이야기였다. 또 다른 강력한 '개입'은, 성장을 강화시키는 되먹임회로들을 약화시키면서 균형을 낳는 되먹임 회로들을 강화시키는 방법을 찾아내는 것이다. 이런 렌즈를 통해 본다면 새로운 경제학적 사고에서 생겨난 많은 혁신이 바로 이런 목표를 갖고 있다는 것이 분명해진다. 이제 다음을 살펴보기로 하자. 가장 놀라운 것은 경제 성장 불가지론자로 만들기 위해 제안된 정책 다수가 재생적이고 분배적인 경제를 설계하는 데 크게 도움이 되는 정책이기도 하다는 사실이다.

그렇다면 고소득 국가의 경제는 어째서 꼼짝없이 GDP 성장에 의존하고 있을까? 경제가 성장하든 말든 사람들의 삶을 꽃피워내는 방법은 어떻게 배우는 걸까? 아직도 경제학자들이 공공 앞에 던질 생각(혹은 배짱)조차 없는 질문들이다. 1970년대에 데일리 같은 초기 선구자가 '정상 상태steady state'인 경제를 창출하자며 앞서갔지만 정치가들은 귀 기울이지 않았다. 그런데 오늘날에는 갈수록 많은 고소득 국가가 저성장 혹은 제로 성장에 직면하고 있으며, 그중 일부는 조용히, 역사상 처음으로 경제학자들에게 이런 현실을 인정하고 받아들이는 방법을 묻고 있다. 그리고 전혀 예상치 못한 곳에서 이에 대한 지지가 나타나곤 한다. 예를 들어 2012년에는 IMF, 미국 연준 이사회, 하버드 대학교 경제학과 등을 거친 경제학자 케네스 로

고프Kenneth Rogoff처럼 영향력 있는 주류 경제학자마저 이렇게 말했다. '경제적 불확실성이 큰 시기에는 경제 성장이라는 지상 명령에 의문을 던지는 것이 아주 부적절해 보인다. 하지만 위기 순간이야말로 바로 세계 경제 정책의 장기적인 목표가 무엇이어야 하는지를 다시 생각해볼 기회일 것이다.'[47]

지속되고 있는 지금의 위기를 기회로 만들자. 고소득 국가는 물론 그 경로를 따르는 여러 나라의 경제가 GDP 성장에 중독되는 바람에 맞닥뜨린 다양한 양태를 확인하는 기회로 삼자. 그러면 이 중독 상태에서 벗어나기 위해 무엇을 해야 하는지 묻게 될 것이며, 혹시 어딘가에선 선택 가능한 혁신들이 진행되고 있지 않은지 찾아볼 수도 있을 것이다. 물론 쉬운 답은 없다. 이 문제가 이토록 오랫동안 해결되지 않은 채 곪아온 것을 생각하면 현명한 해법을 발견하는 데도 수십 년에 걸친 실험과 경험이 필요할지 모른다. 이 때문에 지금 당장 관심을 기울이고 분석을 시작해야 한다는 것이다. 그러니 이제부터는 바로 그 경제학자들의 조종 설명서에 오래도록 누락됐던 '착륙 준비' 장을 대략이나마 그려보는 첫 시도로 읽어주기 바란다.


## 금융 중독, 무엇을 얻겠다고

문제의 중심에서 출발하자. 경제 성장이 도취해 있는 금융 중독 말이다. 금융계에서 일어나는 모든 결정의 핵심은 딱 하나다. '수익률이 어떤가?' 19세기 영국에서 자본주의 경제가 도약 단계로 들어선 이래 모든 추동 동기는 바로 '이익'이었으므로 이 질문은 필연적일 수밖에 없었다. 1940년대에 폴라니는 이렇게 말했다. '이득이라는 동기로 작동되는 메커니즘은 놀라운 결과를 가져왔다. 인류 역사에 이에 견줄 것은 종교적 열광이 극에 달해 폭발했을 때뿐이었다. 그 영향력은 전혀 희석되지 않고 불과 한 세대 만에 인간 세상 전부를 굴복시켰다.'[48] 물론 이득 추구라는 것이 무제한 축적으로 가는 문을 열었다는 사실을 처음 깨달은 사람이 폴라니는 아니었다. 그에게 이런 생각을 전한 마르크스는 자본이란 '화폐를 낳는 화폐'이며 '따라서 한계가 없다'고 했다.[49] 마르크스도 아리스토텔레스로부터 얻은 생각이었으니, 우리는 1장에서 아리스토텔레스가 경제학을 집안 살림을 관리하는 고상한 기술로 보고 부를 축적하는 해로운 재물 획득술과 구별했다는 것을 살펴봤다. '화폐는 교환 수단으로 만든 것이지 이자를 받아 불리려고 만든 게 아니다.' 그가 기원전 350년에 한 말이다. '부를 획득하는 여러 방식 가운데서도 가장 부자연스러운 것이 바로 화폐다.'[50]

이득 추구야말로 주주들의 배당 잔치, 투기적 거래, 고리대금 등을 추동하는 것으로, 금융 시스템 안쪽 깊숙이 지속적인 GDP 성장에 대한 의존이 자리 잡고 있다. 월스트리트에서 빠져나온 은행가 풀러턴에 따르면 여기에 문제의 근원이 도사리고 있다. '우리는 이 팽창적인 경제 패러다임의 논리적 종말에 다다랐다. 경제 성장과 자원 사용을 마법처럼 탈동조화하지 못하는 한 우리는 지구라는 닫힌 시스템 안에서 두 가지 모두 지수 함수처럼 급증하는 걸 보게 될 것이다. 그런데 금융 시스템에는 절정과 그 이후의 평형 상태가 담겨 있지 않다. 한마디로 성숙 단계라는 것이 존재하지 않는 것이다. 그리고 금융 전문가 누구도 이에 대해서는 생각조차 하지 않는다.'[51]

풀러턴과 팀 맥도널드Tim MacDonald가 재생적인 기업들로 하여금 주주들의 끊임없는 기업 성장 요구에서 벗어나게 하는 방법을 찾기 시작한 이유다. 이들은 '상록수 직접 투자EDI: Evergreen Direct Investing' 개념을 생각해냈다. 성숙기에 달해 성장률이 낮거나 전혀 없는 기업에게 적당한, 회복 능력 있는 금융 수익을 얻게 해주는 투자다. 주주들에게 이윤에 기반한 배당금을 지급하는 것이 아니라 그 수익 흐름의 일부를 연금으로 지급하는 것이다. 이윤을 내긴 하지만 크게 성장하지는 않는 기업도 이 장치 덕에 안정적인 투자를 끌어낼 수 있다. 연기금처럼 장기적인 관점에서 재산을 관리하는 기관에게 좋은 투자처가 되는 것이다.[52] "상록수 직접 투자는 기업이 정말로 늘 푸른 나무처럼 움직이게 만들어줍니다." 풀러턴은 내게 이렇게 설명했다. "일단 기업이 성숙 단계에 이르면 잣나무처럼 성장을 멈추고 열매를 맺지요. 그리고 옛날에 성장이 가치를 가졌듯이 이제는 열매가 가치를 갖는 법입니다."[53]

하지만 주주에게 수익을 안겨줘야 한다는 부담 외에도 금융 이익 논리가 성장으로 기업을 압박하는 방식은 무수히 많다. 이득에 대한 기대는 기업 논리에 너무나 깊숙이 뿌리박고 있어서 그것이 얼마나 이상한지조차 의식하지 못할 때가 많다. 이는 우리가 살아가는 세계의 가장 기본적인 동학과 정면으로 배치되는 것이다. 시간이 지나면 트랙터는 녹슬고, 곡식은 썩고, 스마트폰은 고장 나고, 건물은 허물어진다. 그런데 화폐는 어떤가? 화폐는 영원토록 축적된다. 이자 덕이다. 그러니 화폐가 그 자체로 상품이 된 것도 놀라운 일이 아니다. 재생 에너지 시스템에서 순환적 제조업에 이르기까지, 재생적인 경제의 기초가 되는 갖가지 생산적 자산에 투자되는 몫이 그토록 적은 것도 전혀 놀랄 일이 아니다.

그렇다면 무한 축적이 아니라 재생적인 투자를 촉진함으로써 생명 세계와 공존하는 화폐는 없을까? 한 가지 가능성은 '기간 초과 보관료demurrage'가 붙는 통화다. 화폐를 쥐고 있으면 수수료가 붙어 오래 쥐고 있을수록 손해를 보는 화폐다. '기간 초과 보관료'라는 말을 독자 대부분은 처음 들었을 터이니, 이 자체로 우리가 승승장구하는 금융 에스컬레이터에 얼마나 심하게 길들었는지를 깨닫게 된다. 금융도 우리도 '위로'는 알아도 '아래로'는 모르며, '더 많이'는 알아도 '더 적게'는 모른다. 미래 금융에서 '기간 초과 보관료'는 아주 중요해질 터이니 잘 알아두는 게 좋다.

이 개념을 처음 제기한 이는 독일 출신 아르헨티나 사업가 실비오 게셀Silvio Gesell이다. 그는 1906년에 출간된 저서 『자연적 경제 질서Natural Economic Order』에서 다음과 같은 아이디어를 보여줬다. 지폐를 발행하되 유효 기간을 연장하려면 정기적으로 인지를 사 붙이게 하자는 것이다. 전자화폐 시대인 오늘날에는 훨씬 손쉬운 일이다. 일정 기간 동안 계좌에 들어 있는 화폐에 요금을 물려 화폐가 영구적인 가치 축적 수단으로 쓰이는 경우를 줄이는 것이다. '시간이 지나면 신문은 뒤떨어지고 감자는 썩고 쇠는 녹슨다.' 따라서 이런 것들과 교환되는 사물이라면 마땅히 시간이 지나면서 부식하는 화폐여야 한다는 게 게셀의 주장이다. '교환 수단으로서 화폐의 기능을 개선하려면 화폐를 상품으로 전락시켜야 한다.'[54]

얼핏 듣기에는 황당하고 현실성 없어 보이지만 이미 대단히 실용적인 구상임이 입증되었다. 1930년대 독일과 오스트리아의 특정 도시에서는 지역 경제를 살리기 위해 이렇게 '기간 초과 보관료'가 붙은 지폐가 보조 통화로 쓰인 적이 있으며, 1933년 미국 여러 주에서도 거의 도입 직전 단계까지 진행됐다. 하지만 두 경우 모두 중앙정부가 개입해 금지했다. 이 제도가 아래로부터 성공을 거둘 경우 통화를 창출하는 중앙정부의 권력이 손상될지 모른다는 위협 때문이었다. 하지만 케인스는 게셀의 아이디어에서 깊은 인상을 받아, 그를 '부당하게 무시당한 예언자'라고 불렀다. 케인스가 여기 끌린 이유는 경제에서 지출을 살려내는 능력—이것이야말로 대공황 시대의 으뜸 과제였다—이 입증됐기 때문이다.[55]

그렇다면 기간 초과 보관료가 붙은 통화를 설계해 오늘 당장 소비를 부추기는 게 아니라 내일을 위한 재생적 투자를 부흥시키는 데 쓴다고 상상해보자. 금융적인 기대의 지형이 완전히 바뀔 것이다. '이득 추구' 대신 '가치 유지 추구'가 정착될 것이다. 그리고 삼림 재생 계획처럼 장기적인 재생 활동에 투자하는 것이 저장된 부의 장기 가치를 보존하는 최선책이 될 것이다.[56] 돈을 쥐고 있는 것만으로 비용을 초래한다면 은행은 차라리 0에 가까운 수익률이나마 보장된 기업에 대출하려 할 것이다. 사회와 자연을 윤택하게 만들면서 동시에 금융 수익도 만들어내는 재생적, 분배적 사업체에게 아주 좋은 신호다. 그리고 결정적으로, 무한 축적이라는 기대에서 경제를 해방시키고 나아가 성장 중독에서 탈출하는 데도 크게 도움이 될 것이다.

현대 금융 시장에서 기간 초과 보관료는 상당히 낯선 아이디어지만 마이너스 금리와 비교하면 그리 먼 개념이 아니다. 돈을 저축하는 이들에게 사실상 돈을 물리는 제도니까. 최근 금융계에서 마이너스 금리는 당연하게 받아들여지고, 일본, 스웨덴, 덴마크, 스위스는 물론 2014년 이후에는 유럽 중앙은행에서도 이를 비상조치로 사용한다. 나라마다 목적은 다르지만 (GDP 성장 재생, 환율 관리, 물가 부양 등) 최소한 이들에게는 금리가 0 아래로 내려가선 안 된다는 신화가 완전히 사라진 셈이다.

물론 기간 초과 보관료를 통화 제도 설계에 포함시키면 금융 시스템에서 풀기 어려운 질문도 많이 나올 것이다. 가령 인플레이션과 환율은 어떻게 되며, 자본 이동과 연기금은 어떻게 되고, 수요 진작과 투자 촉진 사이의 균형은 어떻게 되는지 등등. 하지만 이런 것들은 금융이 영원히 성장하는 경제가 아니라 삶을 피어나게 해주는 경제에 기여하도록 다시 설계하는 과정에서 마땅히 고민할 문제들이다. 그리고 최근 마이너스 금리가 활용되는 과정에서 보았듯이, 너무 급진적이라서 현실성 없어 보이는 아이디어들도 눈 깜짝할 사이에 현실이 되기도 한다.


## 정치적 중독, 희망과 두려움 그리고 권력

경제 성장과 관련해 모두의 발목을 잡는 걸림돌이 있다. 우리 정치가 경제 성장이라는 목표에 목을 맨다는 사실이다. 1장에서 보았듯이 20세기 중반에 들어 정책 선택지 가운데 하나였던 국민 소득 성장은 소리 없이 정치적 지상 과제로 격상되었다. 정치가들은 세 가지를 염려한다. 첫째, 경제가 성장하면 세율을 올리지 않고도 세수를 늘릴 수 있다는 희망. 둘째, 경제 성장이 시원찮을 경우 실업자가 늘어나리라는 두려움. 셋째, G20 정상들의 오붓한 사진에 깃든 권력.

### 세율을 올리지 않고도 세수를 늘릴 수 있다는 희망

정부는 공적 자금이 있어야 공공재에 투자할 수 있지만 세율을 올리는 것은 끔찍이 싫어한다는 것이 잘 알려진 사실이다. 따라서 정치가들은 대부분 GDP 성장에 목을 맨다. 세율 인상 없이도 계속해서 세수를 늘려줄 거라고 약속하니까. 그렇다면 국가 재정상 저성장 혹은 제로 성장 경제가 생존하려면 이런 정치적 중독을 어떻게 극복하면 좋을까?

첫째, 조세의 목적을 다시 설정해, 세금을 높여 혜택을 더 많이 돌려주는 공공 부문 쪽으로 사회적 합의를 옮겨가야 한다. 북유럽 여러 국가에서 이미 성공을 거둔 전략이다. 또 언어적 틀을 연구하는 레이코프가 조언했듯이 신중하게 단어를 골라 써야 한다. 즉 '조세 부담 경감'에 반대한다고 말하면 조세라는 것이 괴로운 부담이요, 손해라고 여기는 의식만 강화되고 만다. 그러니 대신 '조세 정의'라는 새로운 언어 틀을 제시하라는 것이다. 마찬가지로 '공공 지출' 개념 또한 반대자들에 의해 밑 빠진 독에 물붓기라는 식으로 악용되곤 한다. 반면 똑같은 뜻이라도 '공공 투자'라고 하면 질 좋은 교육과 효율적인 대중교통 등 집단의 안녕을 떠받치는 공공재 쪽으로 생각이 돌아가게 된다.[57]

둘째, 탈세 구멍, 역외 조세 도피처, 이윤 이전, 그리고 세계에서 가장 부유한 개인과 가장 큰 기업—아마존에서 자라에 이르는—에게 그들이 사는 곳, 또 사업을 벌이는 나라에다 거의 세금을 내지 않게 해주는 특별 면세 조치 등 법을 무시한 조치들을 끝장내야 한다. 전 세계 부자들이 조세 도피처를 통해 은닉한 자금은 최소한 18조 5,000억 달러 이상이며, 이와 관련해 매년 새나가는 탈세액이 1,560억 달러에 이른다. 1,560억은 전 세계의 극빈 상태를 종식시킬 수 있는 액수의 두 배가 넘는다.[58] 동시에 초국적 기업들이 사실상 세율이 0이나 다름없는 네덜란드, 아일랜드, 버뮤다, 룩셈부르크 등으로 옮겨 합법적으로 탈세하는 이윤이 약 6,600억 달러에 달한다.[59] 범세계적 조세 정의 동맹Global Alliance for Tax Justice 같은 단체들은 이를 막는 데 중점을 두고 대기업의 책임과 조세 투명성, 공정한 국제 조세 규칙, 국가 내 누진세 등을 끌어내기 위해 움직이고 있다.[60]

셋째, 세수 확보에서 GDP 성장이 차지하는 비중을 줄이는 것으로, 조세 대상을 소득보다 부동산이나 금융 자산처럼 축적된 재산 쪽으로 옮기는 방법이 있다. 물론 이렇게 진보적인 세제 개혁은 금세 대기업의 로비로 역풍을 맞을 것이고 또 무능하고 부패한 국가라는 비난이 소나기처럼 쏟아질 것이다. 하지만 오히려 이를 계기로 국가가 더욱 투명하고 책임 있는 존재가 되도록 정치적으로도 민주주의를 끌어올려야 하며, 이를 위해서는 시민들의 적극적인 참여가 중요하다는 주장이 힘을 얻을 수 있다.

실업자가 늘어나리라는 두려움

사람은 창의적이다. 이미 갖고 있는 것으로 더 많은 것을 만들어내고, 가진 것이 줄어도 그전과 똑같은 양을 만들어낼 수도 있다. 1913년, 헨리 포드가 미시간 공장에 컨베이어 벨트 조립 라인을 도입하자 자동차 생산량은 순식간에 무려 다섯 배로 뛰어올랐다. 그런데도 그가 노동자들을 해고하지 않은 이유는 '모델 T' 자동차 시장이 계속 커졌기 때문이다. 어떤 기업이 노동자를 정리 해고한다 해도 경제가 팽창하는 상태라면 해고된 노동자들이 다른 데서 일자리를 구할 수 있다는 희망이 존재한다. 하지만 전체 경제 수요가 생산성 증가를 따라가지 못하는 상태라면 그 결과는 광범위한 실업이 될 수밖에 없다. 역사에서 여러 번 입증된 것처럼 이런 상태는 금세 외국인 혐오, 불관용, 파시즘 등으로 이어진다. 1930년대에 케인스가 경제의 목적은 완전 고용이라고 확신한 계기도 대공황 당시의 끝없는 실업 때문이었고, 그는 그 해답이 지속적인 GDP 성장에 있다고 보았다. 하지만 포드 자동차의 '모델 T'가 나온 지 이미 한 세기가 지난 오늘날에는 자동차 생산 과정의 상당 부분을 로봇이 차지했다. GDP 성장률이 자동화로 노동자들이 정리 해고되는 속도를 따라잡을 수 있다고는 전혀 기대할 수 없게 되었고, 실업 증가 속도로 인해 기본 소득을 도입하자는 논리는 더욱 힘을 얻고 있다. 하지만 경제 성장에 대해 불가지론으로 무관심을 유지하는 경제에서는 유급 노동 분배를 개선하는 다른 변화들 또한 이뤄낼 수 있다.

케인스는 노동 생산성이 증가하면서 평균 주당 노동 시간도 줄어들 거라고 예상했다. 21세기가 되면 주당 노동 시간은 15시간이면 충분할 것이고 '그나마 아직 남은 일거리는 가급적 사회 성원 전체가 고르게 나누도록' 사회가 노력할 거라고 예언했다.[61] 최소한 지금까지로 보면 이 유명한 예언은 완전히 빗나갔다. 하지만 시간이 더 흐르면 그가 옳았다고 판명 날 수도 있다. 영국의 신경제학 재단New Economics Foundation은 실업과 장시간 노동에 모두 대처할 수 있는 수단으로 주당 노동 시간 35시간이 넘는 고소득 국가의 표준 유급 노동 시간을 21시간으로 줄이자고 제안했다. 케인스가 살아 있다면 누구보다 먼저 지지하고 나섰을 것이다.[62] 이런 조치는 고용 경제학을 완전히 바꿔야만 실현될 수 있는 아주 큰 도전이다. 이 제안을 주도한 사회 정책 전문가 애나 쿠트Anna Coote는 이렇게 설명한다. '현존하는 조세 제도와 보험 체계는 노동자를 더 많이 고용하는 고용주를 처벌하는 왜곡된 체계이므로 이 제도들을 그런 고용주가 늘어나도록 장려하는 방향으로 바꿔야 한다.'[63]

만약 고용주 본인이 노동자라면 주당 노동 시간을 줄일 가능성이 높아질 것이다. 1930년대 대공황부터 2008년 금융 위기에 이르기까지 노동조합은 대량 해고를 막는 데 능력을 입증했다. 노동조합은 대량 해고 대신 노동 시간을 줄여 모든 노동자에게 일자리를 나누는 경향이 있고, 이는 수요가 크게 등락하는 상황에서 일자리와 고용을 적응시키는 아주 좋은 예가 됐다.[64] 일반 기업에서도 고용의 성격을 근본적으로 바꾸는 방법은 많다. 노동에 세금을 매기는 체제에서 자원 사용에 세금을 매기는 체제로 방향을 전환하는 방안이 널리 권장되고 있고, 이렇게 되면 사람들은 적은 인원으로 상품을 더 많이 만드는 쪽에서 사람은 더 많이 고용하고 물건은 수리하거나 되살려 자원을 덜 쓰는 쪽으로 창의성을 발휘할 것이다. 이런 정책들은 분명히 재생적이고 분배적인 경제를 만드는 데 도움이 될 것이다. 하지만 고용을 충분히 창출하게 만드는 이런 정책들이 경제 성장에 대한 집착을 없애는 데도 효과가 있을까? 다른 조치도 필요하지 않을까? 혁신적인 실험과 연구가 더 많이 필요하다.

## G20 정상들의 오붓한 사진에 깃든 권력

세계에서 가장 힘센 나라 정상들이 매년 G20 정상 회의에서 만나 공식 사진을 찍는다. 나는 이를 'G20 가족사진'으로 표현한다. 현대 가족이 그러하듯 이 가족도 구성원이 종종 바뀐다. 모든 정치 지도자는 이 사진에서 한 자리 차지하는 게 곧 권력의 지정학적 증표라는 듯 그 자리를 지키려고 악착같이 기를 쓴다. 역사가 폴 케네디Paul Kennedy는 1989년에 출간된 『강대국의 흥망 The Rise and Fall of the Great Powers』에서, 세계 무대에서 각국의 권력을 결정하는 것은 그 나라의 절대적인 부가 아니라 상대적 부라고 결론을 내렸다.[65] 1950년대에는 미국과 소련이 대립했지만 오늘날에는 모든 나라가 각축하는 인정사정없는 지정학적 경쟁 판이 되었다. 어떻게 해서든 '가족사진'에서 자리를 지켜라. 그러지 않으면 바짝 따라붙은 경쟁국에 밀려 사진 밖으로 쫓겨날 것이다.

이는 국제적 차원의 집단행동이므로 대단히 풀기 어려운 문제다. 여기서 야기되는 경제 성장 중독도 치료하기가 만만치 않다. 시스템 이론 측면에서 보자면 경제 성장 말고 다른 것을 성공의 척도로 삼는 '새로운 게임'으로 이런 속박에서 벗어날 방법이 있다. 만약 성공한 경제의 정의라는 것이 균형을 유지하면서도 인간의 삶을 꽃피우는 것이라면 그 성과는 화폐 지표가 아니라 생명의 망 속에서 함께 피어나는 번영으로 나타날 것이다. 이미 이런 방향을 선택해 선도해나간 사례도 있다. UN의 인간 개발 지수Human Development Inedex는 1인당 소득뿐만 아니라 보건과 교육까지 포함해 국가 순위를 매긴다. 1990년 개발 당시 GDP만 사용하던 관행을 견제하는 것이 목적이었다. 또 행복한 지구 지수Happy Planet Index, 포괄적 부 지수Inclusive Wealth Index, 그리고 사회 진보 지수Social Progress Index 등이 연이어 등장했다. 이 지표들은 대안적인 '가족사진'을 만들어내는 것이 목표이므로 여기서는 GDP가 크다 해도 가운데 자리를 차지할 수 없다. 다른 전략으로는 도시 간 협력을 장려해 국가 간 경쟁을 우회하는 시도도 있다. 예를 들어 C40 네트워크는 80개가 넘는 세계의 메가시티를 연결해 기후 변화에 대처하기로 약속했다. 이 도시들의 인구를 합치면 5억 5,000만 명이 넘고 GDP도 전 세계의 25퍼센트나 된다. 따라서 이들이 공유하는 경제 비전은 지리적 경계를 뛰어넘어 한층 크게, 깊이 영향력을 발휘한다.[66]

새로운 게임도 도움이 될 것이다. 하지만 GDP가 세계 시장 권력과 군사 권력을 모두 끌어오게 되어 있으므로 예전 GDP 게임의 권력은 유지되게 마련이다. 이렇게 지정학으로 인한 교착 상태에는 훨씬 전략적으로 접근해야 한다. 로고프는 이렇게 주장한다. '강대국이 되려는 경쟁이 장기적인 성장 집착을 정당화하는 논리가 된다. 정말 그런 경쟁이 GDP 성장의 핵심 목적이라면 우리는 표준 거시경제 모델을 모두 재검토해야 할 것이다. 이 모델들은 그 문제에 관한 한 완전히 무시하고 있으니까.'[67] 하지만 이런 교착 상태는 단순히 거시경제 모델을 다시 작성하는 것으로 해결될 일이 아니다. 경제 성장에 대해 불가지론 입장을 고수하면서 세계적 거버넌스의 미래를 설계하는 데 도움이 되는 혁신적인 국제 관계론 사상가들이 필요하다.


## 사회적 중독, 집단적인 열망 대상

마지막으로 우리 사회가 GDP 성장 중독에 붙들려 있는 양태를 살펴보자. GDP 성장 중독을 가져오는 촉진제는 소비주의 문화 그리고 불평등 때문에 생겨나는 사회적 긴장 등인데, 이런 것들은 사회 전체가 다 함께 열망할 만한 다른 뭔가를 찾아야 한다는 데 뿌리를 두고 있다.

우리는 옛날 왕들보다도 부유하다. 그럼에도 소비주의의 쳇바퀴에 붙들려 다람쥐같이 뛰고 또 뛰고, 사들이는 물건을 통해 정체성과 유대감, 자기 변신 등을 찾으려 한다. 우리도 옆집만큼은 다 누려야 한다는 강박 관념이 생기면 끊임없이 뭔가를 사들이게 된다. 3장에서 프로이트의 조카 버네이스가 깨달았듯이, 그 삼촌의 정신 상담 기법을 활용한다면 소매 치료법이라는 대단히 수지맞는 세상이 열리는 것이다. 버네이스는 사람들을 설득하는 대중 홍보 방법을 '공적 관계public relations'라는 우아한 말로 불렀는데, 이는 20세기 전 세계의 마케팅 판도를 뒤바꿔놓으면서 우리 삶 깊숙이 소비 문화를 심어놓았다. 존 버거가 『다른 방식으로 보기』에서 말한 것처럼 '홍보란 단순히 경쟁적인 메시지들을 모아놓은 게 아니다. 이는 그 자체로 언어이고, 항상 동일한 보편적 제안을 하는 데 사용된다.… 이는 언제나 우리 모두에게 나의 삶과 우리의 삶을 송두리째 바꾸자고 제안하며, 그러기 위해서는 더 많이 사들여야 한다고 채근한다'.[68]

20세기의 이런 유산을 떨쳐버릴 수 있을까? 스웨덴, 노르웨이, 캐나다 퀘벡 등 여러 지역에서는 그런 시도의 일환으로 12세 이하 아동을 대상으로 하는 광고를 전면 금지했고(그렇다면 성인의 무의식을 조종하는 것은 공정한가?), 그르노블과 상파울루 등에서는 노상 간판이 난무하는 '시각 공해'를 금지했다. 그와 동시에 다른 편에서는 대상을 구체화한 온라인 광고가 성황을 이루며 첨단 기술에 기반한 소비자 조사가 이를 뒷받침하고 있다. 개인 맞춤형 마케팅을 훨씬 세련되고 공격적인 수준으로 끌어올린 것이다. 한편 길거리, 학교, SNS, 미디어 어디고 할 것 없이 범람하는 광고는 지방 정부, 각종 무료 웹사이트, 뉴스 매체의 주요 소득원으로 입지를 탄탄히 다졌고, 이에 국가와 디지털 코먼스도 시장이 유혹하는 바닥없는 늪으로 한 발 한발 빠져드는 불편한 현실이 펼쳐지게 되었다. 소비주의가 공공 생활과 개인 생활 모두에서 금전적, 문화적으로 차지하는 지배력을 어떻게 타도할지, 이는 21세기의 심리학이 펼쳐낼 여러 드라마 가운데 가장 손에 땀을 쥐게 하는 것이다.

사회가 GDP 성장에 중독되었다고 말하는 또 다른 이유는 이것이 각종 불평등을 완화시키기 때문이다. 지속적인 GDP 성장이 반드시 필요한 이유로 자주 언급되는 것이 '포지티브 섬positive sum 경제'가 되어 모두 잘살게 된다는 것이다.[69] 경제적인 파이가 커지면 공공 서비스에 투자될 재분배성 조세를 매겨도 부자들이 순순히 받아들인다는 것이다. 그렇게 해도 세후

소득이 줄지 않을 테니까. 하지만 또 어떤 이들은 정반대 이유로 지속적인 GDP 성장이 필수라고 주장한다. 재분배의 필요성을 영원히 나중으로 미룰 수 있게 해준다는 것이다. 1970년대에 미국 연준 의장을 지낸 헨리 월리치Henry Wallich의 말대로 '경제 성장은 소득 평등을 대체한다. 성장이 계속되는 한 사람들은 희망을 품고, 이 때문에 소득 차이가 크다 해도 사람들은 참을 만하다고 받아들인다'.[70]

성장을 이렇게 재분배의 열쇠로 보든 아니면 재분배를 영원히 회피하려는 열쇠로 보든, 그 사회적 중요성은 사람들이 품고 있는 기본적인 신념에 근거한다. 나는 언젠가 복잡계 경제학의 지도적 인사와 함께 새로운 경제학적 사유를 논하는 워크숍에 참여한 적이 있다. 그는 고소득 국가에서 GDP 성장을 증진하는 방법을 논하면서 너무나 당연하다는 듯한 태도를 보였다. 내가 문제를 지적하자 그는 명쾌하게 답했다. "우리 마음속 깊이 경제 성장에 대한 충동이 뿌리박고 있습니다. 사람들에겐 열망할 뭔가가 필요한 법입니다."

나도 동의한다. 사람들에겐 열망할 뭔가가 필요하다. 하지만 영원히 늘어나는 소득이 과연 최선의 대상이란 말인가? 3장에서 보았듯이 마셜은 합리적 경제인에게 채울 수 없는 무한한 욕구와 욕망을 부여했다. 버네이스 덕에 이는 특히 오늘날의 '이상한' 지역, 즉 소비주의가 완전히 뿌리 튼 서구의, 교육받은, 산업화되고, 부유한, 민주주의 국가의 현실이 되었다. 하지만 인류학자들에게 물으면 소비주의가 아니라 자족 원리로 살아온 전통 사회들이 역사적으로뿐만 아니라 오늘날에도 존재한다는 예를 여럿 보여줄 것이다. 19세기에 캐나다 마니토바 북부에 살던 원주민 크리Cree족에게 유럽 무역상들이 접근했다. 그런데 크리족이 보인 반응은 경제학자들의 예상을 무참히 짓밟는 것이었다. 무역상들은 모피를 더 많이 얻을 수 있다는 희망으로 크리족에게 더 높은 가격을 제시했다. 그런데 그들은 모피를 오히려 적게 갖고 왔다. 물품과 교환할 모피의 양이 줄었기 때문이라는 것이었다.[71]

만약 버네이스가 살아서 이 '이상한' 나라들에 크리족 같은 물질적 자족감을 만들어주거나 회복시키는 데 투입된다면 그는 인간의 마음 깊이 자리 잡은 수많은 가치 중에서 뭔가를 끄집어내 자족 원리와 연결시키려 할 것이다. 과연 어떤 가치를 고를까? 더 많은 소유가 아니라면, 그 대신 우리가 마음속으로부터 열망할 만한 것으로는 무엇이 있을까? 심리학자 애덤 필립스Adam Phillips는 주장한다. '무언가 과도하게 누리며 살고 있는 사람이 있다면 그가 누리는 과잉은 곧 비록 스스로 깨닫지 못하더라도 어딘가는 빈곤하고 박탈된 상태라는 증후다. 이는 시간과 공간을 초월하는 진리다. 과도함은 우리가 빈곤한 상태라는 것을 보여주는 가장 큰 단서일 뿐만 아니라 그런 사실을 스스로 은폐하는 최상의 방법이기도 하다.'[72] 소비주의를 살펴보자면, 아마도 은폐하고 싶은 빈곤이란 우리가 다른 사람들과 맺는 관계, 생명 세계와 맺는 관계를 무시하면서 생겨난 결과일 것이다. 심리학자 수 거하트Sue Gerhardt도 분명 여기에 동의할 것이다. 거하트는 『이기적인 사회The Selfish Society』에서 이렇게 말했다. '우리는 물질적으로는 비교적 풍요롭지만 정서적으로는 그렇지 못하다. 많은 사람이 정말로 중요한 것들은 박탈당한 상태다.'[73]

삶에서 정말 중요한 게 무엇인지는 여러 관점에서 생각해볼 수 있다. 재능을 활용해 남을 돕는 것부터 신념을 꿋꿋이 지키는 것 등등. 신경제학 재단은 광범위한 심리 조사를 기초로 인간의 안녕을 증진한다고 입증된 다섯 가지 활동을 요약했다. 주변과 관계 맺기, 몸을 활발하게 움직이기, 세상에 주목하기, 새로운 기술 배우기, 주위에 베풀기 등이다.[74] 아마도 이것이 존 스튜어트 밀이 고대해 마지않은, 재물을 얻는 기술이 아니라 삶의 기술을 열망하는 시대로 이행하는 도덕적, 사회적 진보의 첫발자국일 것이다.

여기까지 경제라는 비행기의 착륙을 어떻게 준비할지 개괄해보았다. 많은 나라의 제도, 정책, 문화에 깊이 뿌리박힌 금융, 정치, 사회의 경제 성장 중독과 맞닿은 문제들이다. 이런 것들을 한꺼번에 고려하려다 보면 중압감에 짓눌릴 것이다. 비행기 조종법을 배우는 이들이 착륙 장비 사용법을 처음 배울 때 압도당할 수밖에 없는 것과 마찬가지다. 하지만 이 기술은 분명히 익힐 수 있으며, 열거한 각종 장애물도 결코 극복 불가능한 것들이 아니다. 21세기 경제학자들이 마땅히 관심을 기울여야 하는 과제가 있다. GDP 성장의 끝자락에 거의 다다른 나라들이 경제 성장 없이도 번영하는 방법을 배우도록 경제 체제의 설계도를 작성해야 한다는 것이다.


## 공항에 도착하면 라운지로 오세요

이제 착륙 기술을 완전히 익혔다고 치자. 그래서 경제 성장 여부와 무관하게 얼마든지 번영할 수 있는 경제를 만들어낸다고 해보자. 그렇게 활주로에 내리면 다음은 어떻게 될까? 내가 확신하기로, 조종법 설명서의 빈 면을 가장 잘 채울 사람들은 다음 세대의 경제 혁신가들이다. 그러니 나도 이제 딱 두 가지만 더 이야기하고 물러가려 한다.

첫째, 만약 로스토가 이 비행기 승객이었다면 아마도 그는 GDP의 미래 여정을 비행기에 비유하는 것이 그리 잘 맞지 않는다는 사실을 알았을 것이다. 비행기는 계속 변화하는 환경에 따라 자유자재로 오르내리기에는 민첩성이 떨어지는 기계다. 로스토가 활동하던 당시 비행기는 분명 새로운 교통수단이었다. 로스토가 책을 낸 것도 최초로 제트 여객기가 취항하고 불과 5년쯤 지난 뒤였으니, 그가 경제를 비행기에 빗대고 싶어 한 것은 이상한 일이 아니다. 하지만 21세기의 각종 수상 스포츠를 보았다면 그는 큰 연에 줄을 매달아 파도를 타는 카이트서핑에 눈길이 꽂혔을 것이다. 숙달된 카이트서퍼는 파도를 헤치고 서핑보드를 몰면서 연을 조종해 바람을 받는다. 그리고 바람과 파도의 역동적인 상호 작용을 유지하기 위해 끊임없이 몸을 숙이고, 굽히고, 뒤틀면서 균형을 잡는다. 바로 이것이 21세기에 GDP가 움직여야 할 방식이다. 경제는 끊임없이 진화할 것이며, 연간 판매되는 생산물과 서비스의 가치는 그 진화 과정에 대응해 수면 위아래를 오르내려야 할 것이다.

둘째, 공항에 도착한 뒤에 무슨 일이 벌어질지는 나도 모른다. 하지만 한 가지는 확실하다. 케인스와 밀이 우리를 반갑게 맞아줄 것이다. 그들은 분배적이고 재생적이며 불가지론적 입장으로 경제 성장을 바라보는, 다시 말해 도넛 경제를 살아가는 경제학적 기술(철학과 정치학도)을 만들어내는 작업에 기꺼이 동참할 것이다. 우리가 착륙하는 곳이 그들이 예측한 지점은 아니지만, 그래도 그들은 우리가 처한 여러 딜레마를 금방 이해할 사람들이다. 우리 연구팀에 합류시키기에 이보다 나은 독창적 사상가 커플을 어디에서 찾는단 말인가?

# 이제는 모두가 경제학자다

우리의 도넛 경제학은 인류의 미래에 낙관적인 비전을 제시한다. 분배적이고 재생적인 설계로 균형을 지키면서도 삶을 번영케 하는 지구 경제를 만들자는 것이다. 이런 열망은 어리석어 보일 수도 있고 천진난만한 이야기로 들릴 수도 있다. 지금 우리는 기후 변화, 폭력적인 사회 갈등, 강제 이주 난민, 극심한 불평등, 외국인 혐오, 만연한 금융 불안정성에 직면했을 뿐만 아니라 이런 것들이 뒤얽혀 만들어내는 위기에 시달리고 있지 않은가. 뉴스를 보면 사회적, 생태적, 경제적, 정치적 붕괴 가능성이 너무나 선명하게 현실로 다가온다. 우리 인류의 잔은 이미 절반이 빈 상태다. 이렇게 비관과 두려움에 사로잡히면 금세 붕괴와 생존의 경제학에 휩쓸리고 만다. 그리고 모든 강력한 사고의 틀이 그렇듯이 붕괴와 생존의 경제학 또한 말이 씨가 되듯 무서운 결과를 가져올 것이다.

하지만 여기서 대안을 찾는 이들도 얼마든지 있다. 이들이 보기에 우리의 잔은 반이 차 있고, 싸워볼 만한 미래도 아직 남아 있다. 그래서 이들은 대안적인 미래를 실현하는 데 집중한다. 우리 세대는 인류의 터전인 지구에 어떤 손상을 입혔는지 처음으로 깊이 이해한 세대이며, 아마도 이를 바꾸기 위해 뭔가 해볼 여지가 있는 마지막 세대일 것이다. 그리고 우리는 세계 공동체로서 힘을 합치면 극단적인 빈곤을 종식시킬 기술과 방법과 자금까지 모두 갖고 있다는 사실도 잘 알고 있다.

지금 이 순간 경제학을 공부하는 전 세계 대학생들을 생각해보라. 많은 학생은 인류의 잔이 아직 절반이나 남았다는 희망을 품고, 인류가 공유하는 지구라는 집을 모두에게 이롭게 잘 관리하고픈 열정으로 경제학을 선택했을 것이다. 그리고 내가 그랬던 것처럼 이들은 임무를 수행하기 위해서는 공공 정책의 모국어인 경제학을 능숙하게 익히는 것이 필수라고 믿고 있다. 이 학생들은 언어, 방정식, 그림 등 모든 방법을 동원해 인류가 지금까지 발전시킨 경제학 중에서도 가장 계몽된 경제학을 배울 자격과 권리가 있다. 나는 이 책에서 그 시작으로 경제를 다시 생각하는 일곱 가지 방식을 제시하고자 했다.

21세기의 과제가 무엇인지는 자명하다. 생명의 망 속에서 모두 함께 번영하는 경제를 만들어내는 것. 그리하여 우리 모두 도넛의 안전하고도 정의로운 공간 안에서 균형을 이루며 삶을 꽃피우는 것이다. 그 첫걸음은 마을에서 전 지구에 이르는 모든 차원의 경제가 사회 안에, 그리고 생명 세계 안에 담겨 있다는 사실을 인정하는 것이다. 또 가정 경제, 코먼스, 시장, 국가가 우리의 수많은 필요와 욕구를 조달하는 효과적인 수단일 뿐만 아니라 이들이 함께 어우러질 때 가장 잘 작동한다는 사실을 인정하는 것이다. 인간 본성을 더 깊이 이해한다면 사회적 호혜성과 다른 가치들을 잠식하지 않는 제도, 그리고 이를 강화시키는 장려책을 만들어낼 수 있다. 경제에 본질적으로 내재한 복잡성을 받아들인다면 우리는 지혜와 능력을 발휘해 의식적으로 그 영원한 진화의 역동성을 만들어나갈 수 있을 것이다. 이는 분열을 조장하는 지금의 퇴행적 경제를 분배적이면서도 재생적인 경제로 전환시킬 가능성을 열어준다. 이 책은 우리에게 경제 성장 문제에 대해 불가지론자가 되라고 권한다. 그래서 경제가 성장하든 아니든 변함없이 삶을 꽃피우고 번영하는 경제를 만들라고 권한다.

이 책은 21세기의 경제학자로서 사유하는 (또 그릴 수 있는) 방법을 딱 일곱 가지만 나열했다. 분명 그 밖에도 방법은 수없이 많을 테지만, 나는 우리 정신을 그토록 오랫동안 점령해온 옛 경제학의 지저분한 낙서를 지우는 데는 이 일곱 가지가 가장 적절한 출발점이 되리라고 확신한다. 그리고 이 일곱 가지 사고방식도 계속 진화할 것이다. 우리는 이제 막 그림을 그리면서 그 규칙성과 이들의 상호 작용을 이해하기 시작했기 때문이다. 그리고 정치 또한 계속해서 영향을 미칠 것이다. 우리를 도넛으로 인도할 기술적, 문화적, 경제적, 정치적 경로가 다양한 만큼 나라와 나라 사이, 공동체 내부의 구성원 사이에서 비용과 편익, 권력과 위험성을 배분하는 방식도 여러 가지일 것이다. 이 때문에 여러 대안 가운데서 어떤 것을 선택할지를 결정하는 정치적 과정이 그 어느 때보다 중요하다.[1]

## 성채를 무너뜨리자

새로운 경제학적 사유를 추동하는 흥미로운 통찰이 모든 분야에서 나타나고 있건만 오로지 경제학과만 예외인 듯하다. 물론 의미 있는 아이디어가 없지는 않다. 하지만 그 수가 너무 적다. 경제에 큰 변화를 가져오는 획기적인 발상들은 대부분 심리학, 생태학, 물리학, 역사, 지구 시스템 과학, 지리학, 건축학, 사회학, 복잡계 과학 등 다른 분야에서 비롯되고 있다. 경제학 이론은 이제 이렇게 다른 관점에서 나온 지혜를 포용해야 할 것이다. 한때 경제학은 지성의 무대에서 화려한 조명 아래 독무를 추었지만 이제는 무대에서 내려와 평범한 유랑 극단의 일원으로 합류해야 하는 것이다. '춤의 제왕' 노릇은 그만하고 이제 다른 학문과 손잡고 강강술래를 출 때다. 이렇게 해서 다른 분야에서 얻은 지혜를 한층 적극적으로 통합시켜야 한다.

현명한 경제학자들은 강강술래에 합류하는 것이 얼마나 중요한지 늘 알고 있었다. 밀은 1848년 『정치경제학 원리Principles of Political Economy』가 출간된 후 이 책이 그토록 칭송받은 이유가 정치경제학을 '더 큰 전체의 일부분으로 다룬 데 있다'고 보았다. 즉 정치경제학은 '사회철학의 지류로서 다른 지류들과 깊게 연계되므로 거기서 나오는 결론들은 정치경제학의 좁은 영역으로 한정해 보더라도 조건부 진리일 것이며, 그 범위에 직접 연결되지 않은 여러 요인의 간섭과 반작용에 따라 달라질 수밖에 없다'고 보았다.[2] 분명 케인스도 강강술래에 기꺼이 합류했을 것이다. '경제학의 거장은 여러 재능이 종합된 아주 드문 능력을 갖춰야만 한다. 경제학의 거장은 수학자, 역사가, 국가 지도자, 철학자 등이 되어야만 한다. 또 미래의 목적을 위해 과거를 등불 삼아 현재를 연구해야만 한다. 더불어 인간의 본성과 인간이 만든 여러 제도 가운데 그 무엇도 시야에서 놓쳐서는 안 된다.'[3] 우리 시대의 저명한 경제학자들도 똑같이 이야기했다. 스티글리츠는 경제학에 입문하는 학생들에게 이렇게 조언했다. "경제학을 공부하십시오. 하지만 늘 의심하고 회의적인 태도를 고수해야 하며, 더 넓은 맥락에서 공부하십시오."[4]

그렇다면 경제학을 지키는 단단한 성채, 대학교 경제학과에서도 이렇게 지성적인 강강술래가 과연 인기가 있을까? 이런 의문이 생기자 나는 위안 양이 요즘 어떻게 지내는지 궁금해졌다. 이 책의 서두에서 소개한, 경제학 교육에 환멸을 느끼고 저항 운동에 투신한 학생 말이다. 거의 10년이 지난 지금 위안은 영국에서 가장 유명한 경제 일간지 《파이낸셜 타임스》의 베이징 통신원으로 일하면서 '경제학을 다시 생각한다Rethinking Economics'―위안이 창립 회원으로 참여한 국제 학생 조직. 경제학 교육의 혁명을 요구하고 있다―의 공동 의장을 맡고 있다. 두 가지가 모순으로 들릴 수도 있겠지만 위안이 이렇게 다른 두 세계에 양다리를 걸치게 된 데는 사연이 있다. 위안은 석사과정을 끝낸 뒤 박사과정으로 들어가지 않기로 결정했다. 왜냐면 경제학과에서 몇 년 더 공부하는 것보다 경제 저널리스트로 일하는 쪽이 현실 경제를 훨씬 많이 알게 되는 지름길이라고 확신했기 때문이다. 그래서 눈부신 속도로 변하는 중국 경제의 전면에서, 석탄과 철강 산업의 대규모 해고 사태부터 전 세계 억만장자의 수도로 떠오른 베이징 이야기까지 다양한 내용을 보도하고 있다.

위안은 '경제학을 다시 생각한다' 조직의 힘을 키우는 데 주력하고 있다. 2013년에 창립된 이 학생 운동은 폭넓은 동맹을 구축했고, 이들 가운데는 뜻밖에도 고용주도 일부 있었다. 경제학과 졸업생이라기에 채용했는데 현실 경제에 대한 이해가 형편없는 것을 보면서 현행 경제학 교육에 좌절한 이들이었다. 지지층도 크게 늘었다. "영국에서 순회강연을 하는데, 기차에서 어떤 사람들이 우리에게 무슨 일로 돌아다니느냐고 묻더군요. 그래서 경제학자들이 큰 잘못을 저지르고 있다고 생각한다고 말했죠. 사람들은 우리 말을 금방 알아들었어요. 금융 위기를 겪으면서 이제 경제학자라는 이상하고도 어설픈 직종은 공론의 대상이 된 겁니다."

전 세계 경제학과 학생들은 이렇게 편협한 경제학 교육에 반발해 독서 모임을 만들고, 온라인 공개강좌MOOC를 개설하고, 교수들이 교과 과정을 다양하게 다시 짜도록 종용하기도 했다. 몇몇 대학에서는 다원적인 교육을 요구하는 이들의 목소리가 받아들여졌다. 영국의 킹스턴 대학교와 그리니치 대학교, 독일의 지겐 대학교, 프랑스 파리 제7대학과 제13대학, 덴마크에서는 올보르 대학교가 그런 경우다. 경제사와 경제학사가 교과 과정으로 돌아왔고, 거시경제 모델에 금융 부문이 포함되었으며, 여성주의 경제학, 생태경제학, 행동경제학, 제도주의 경제학, 복잡계 경제학 등 다양한 학파의 여러 비판도 교과 과정으로 들어왔다고 한다.

하지만 지금까지도 꿈쩍 않는 대학들이 있으니 바로 하버드와 런던 정경대학 등 명망 높은 대학들이다. "이렇게 순위가 가장 높은 대학들은 입지가 위태로워지는 짓은 아무것도 하지 않으려 합니다." 위안의 말이다. "이들이 높은 순위를 유지하는 방법은 이른바 '최상급'이라는 학술지에 논문을 많이 발표하는 건데, 그 학술지들의 입장이 한마디로 '경제학의 현상 유지'인 거죠." 게다가 최상위권 대학들은 이들을 따라 하려는 중국, 인도, 브라질 등지의 대학들의 규범 노릇을 하고 있어, 여기서 공부하는 학생들도 나중에 최상위권 대학원으로 유학하려면 똑같은 내용을 공부할 수밖에 없다. 이들의 타성에 위안은 여전히 불만이 많다. "이제 그 성채를 무너뜨려야 합니다. 풍찬노숙을 계속할 수는 없잖아요. 아무리 대안 커리큘럼을 많이 만들고 학회를 조직한다 해도, 또 아무리 공개강좌를 많이 만들어도 우리가 하는 공부를 대학에서 경제학이라고 인정하지 않는 한 사회에서도 인정받을 수가 없죠. 우리의 궁극적인 목적은 단순히 현행 경제학 교육이 편협하다는 것을 지적하는 것이 아닙니다. 정말로 경제학 교육을 바꾸려는 겁니다."

이야기를 듣다 보니 새뮤얼슨이 생각난다. 좋은 경제학이 무엇이고 아닌 것은 무엇인지를 규정하는 위치에 섰다고 즐거워하던 모습 말이다. 그가 유명 저자가 되어 한 말을 떠올려보라. "먼저 침 바른 아이가 아이스크림 임자죠. 대학에 들어와 막 경제학 공부를 시작하는 학생들은 백지상태인지라 무슨 이야기를 하든 인상 깊을 수밖에 없습니다. 나 같은 교과서 저자는 이 백지 같은 의식에다 마음껏 내 이야기를 새길 특권이 있는 셈입니다." 이 '백지상태'라는 말로 새뮤얼슨이 신입생들의 정신세계를 어떤 눈으로 보았는지가 잘 드러난다. 그래서 나는 오늘날의 경제학과 학생들에게 이렇게 말한다. "다른 사람들이 여러분의 정신세계에 어떤 아이디어들을 그려 넣으려 한다면 각별히 조심하세요. 단어 하나하나를 살펴보고, 방정식 하나하나를 주의 깊게 따져보고, 무엇보다도 그림들을 꼼꼼히 따져보세요. 특히 가장 기본적이고 기초적인 그림들이 중요합니다. 왜냐면 이런 그림은 여러분이 의식조차 못 하는 사이에 뇌리에 깊숙이 박히게 마련이니까요. 나아가 여러분이 열여덟 살이든 여든한 살이든 그 누구도 감히 여러분의 정신을, 그리고 경제학에 대한 여러분의 의식을 백지상태로 가정하는 황당한 짓은 하지 못하게 하세요. 여러분의 의식에는 이미 무수한 경제적 경험이 기록돼 있습니다. 태어난 순간부터 우리는 핵심 경제에서 어머니와 사람들의 보살핌을 받고, 그다음에도 한 사람 한 사람 모두가 생명 세계의 뒷받침으로 성장합니다. 그리고 일생에 걸쳐 시민으로, 노동자로, 소비자로, 기업가로, 저축가로, 코먼스 활동가로 다양한 경제적 역할을 하며 살아갑니다. 그러니까 감히 그 누구도 당신의 의식을 백지로 밀어버리게 놔두지 마세요. 당신 앞에 어떤 종류의 경제 이론이 놓여 있든 간에, 당신이 쌓아온 그 풍부한 경제생활의 경험을 기준 삼아 그 이론들이 진짜인지 검증해보세요. 물론 이 책에 나와 있는 여러 이론도 포함해서 말입니다."

## 경제의 진화: 실험은 한 번에 하나씩

옛날 경제학 이론이 여전히 장악하고 있는 특권에 대해 위안이 느끼는 좌절감은 실로 절박했다. "사회학과나 정치학과 등 다른 학과에서는 경제를 다른 방식으로 생각해보라고 가르치고 있어요. 그런데 오로지 경제학과에서 신고전파 경제학을 배운 학생들만 세상에 나갈 때 '경제학자'라는 이름표를 달고 나가죠. 이름표의 힘을 행사할 수 있는 것도 경제학과 졸업생뿐이에요. 우리는 경제학자라는 명칭이 독점한 전문성의 권력을 무너뜨려야 합니다. 이 말이 이제 다른 많은 것을 의미하도록 만들어야 해요."[5]

'경제학자'라는 말의 뜻을 다시 정의하는 좋은 방법이 있다. 새로운 사고를 넘어 아예 새로운 경제적 행동으로 더 멀리 나아간 이들을 살펴보는 것이다. 한 번에 하나씩 새로운 실험을 하면서 경제를 진화시키는 혁신가들이다. 이들의 행동이 던진 충격은 이미 신사업 모델, 협업 코먼스의 역동성, 디지털 통화의 어마어마한 잠재력, 재생적 경제 설계에 큰 영감을 주는 여러 가능성으로 반영되고 있다. 메도스가 분명히 말했듯이 자기 조직력—어떤 시스템이 자체적으로 구조를 바꾸고, 덧붙이고, 진화시키는 능력—이야말로 전체 시스템에 변화를 가져오는 고도의 '개입 지점'이다. 그리고 이는 다시 사람들의 생각을 혁명적으로 바꾸면서 모두를 경제학자로 만든다.

만약 경제가 진화하는 것이라면 새로운 기업 모델, 새로운 보조 통화, 새로운 오픈 소스 협업체 등 모든 실험은 미래 경제를 다변화하고, 선별하고, 증폭시키는 데 도움을 주게 된다. 우리 모두 그런 진화 과정에 한몫 참여할 수밖에 없다. 우리의 행동과 선택이 끊임없이 경제를 새롭게 하는 힘이기 때문이다. 단지 어떤 제품을 사느냐, 안 사느냐 정도가 아니다. 우리가 경제를 새롭게 만드는 방식은 그 밖에도 많다. 윤리적 은행으로 저축을 옮길 수도 있고, P2P 보조 통화를 사용할 수도 있고, 사업체를 세울 때 기업의 '삶의 목적'을 최고의 운영 원칙으로 선언할 수도 있고, 직장에 육아 휴직을 요구할 수도 있고, 지식 코먼스에 직접 기여할 수도 있고, 경제적 비전을 공유하는 정치 운동에 힘을 모을 수도 있다.

이런 혁신의 노력들은 지금까지도 지난 세기의 사고법이 지배하는 경제 안에서 자라는 중이고, 장차 꽃을 피워야 한다는 큰 과제를 안고 있다. 아낌없이 베푸는 방향으로 사업을 설계하려는 기업들은 오로지 주식 가치만 극대화하려 드는 20세기형 기업들과 어쩔 수 없이 싸움을 벌여야 할 때가 있다. 또 보조 통화를 발행하려는데 중앙 정부가 체포하려든다면 일이 쉽게 풀릴 리 없다. 재생적 원칙의 금융 기관을 만든다 해도 옛날의 단기 수익에 익숙한 고객들에게는 실로 황당한 이야기로 들릴 가능성이 높다. 도시 환경과 함께 호흡하는 건물을 설계하려 해도 건물주의 첫 반응이 고작 "제가 왜 이렇게까지 해야 되나요?"라면 그 설계도는 실현되기 어려울 것이다. 하지만 케냐의 방글라 페사 공동체, 토고의 우랩에서 만든 3D 프린터, 캘리포니아 뉴라이트 테크놀로지스가 메탄가스로 만든 플라스틱, 세계 곳곳에서 나타나는 P2P 디지털 통화의 잠재력 등을 보라. 혁신가들은 분명히 성공적으로 우리 경제를 진화시키고 있으며, 한층 분배적이고 재생적인 설계로 바꿔 나가고 있다.

'세상을 바꾸고 싶다면 당신이 먼저 그 모습으로 바뀌어야 한다.' 간디의 명언이다. 경제를 다시 만들어낸다는 관점에서 본다면 간디는 오늘날의 경제 혁신가들이 자신의 말을 실현하는 것에 뿌듯해할 것이다. 하지만 위대한 간디의 말에 감히 토를 달자면 이렇게 덧붙이고 싶다. 새로운 경제적 사유에 관한 한, 우리 세계를 바꾸고 싶다면 먼저 그 모습을 '그려보라'. 사람들은 언어적 틀의 힘을 잘 알면서도 그림의 틀이 지닌 힘은 아직 인식하지 못하고 있다. 두 힘을 잘 결합시킨다면 새로운 경제학 이야기를 만들어 널리 퍼뜨릴 기회가 더 많아질 것이다. 안전하고도 정의로운 21세기를 만드는 데 너무나 간절한 경제 이야기를 지금부터 만들어나가자. 시작은 어렵지 않다. 연필을 들어라. 그리고 그려라.

# 도넛 관련 자료

사회적 경계선과 지구적 경계선이라는 두 가지 선으로 그려진 도넛은 인간의 안녕을 떠받치는 사회와 생태라는 두 조건을 시각화한 것에 불과하다. 안쪽 경계선은 사회적 기초로, 모든 이에게 무조건 보장되어야 하는 최소한의 것들을 분명히 한다. 바깥쪽 원은 생태적 한계로, 인간이 지구에 가하는 스트레스가 지구의 생명 유지 시스템들이 감당할 수 있는 수준을 넘어서면 실로 위험한 상황이 벌어질 수 있다는 것을 보여준다. 두 경계선 사이에서 생태적으로 안전하고도 사회적으로 정의로운 공간이 펼쳐지며, 여기서 인류는 번성하고 삶을 꽃피울 수 있다.

사회적 기초는 2015년 UN이 '지속 가능한 발전 목표'에 구체적으로 적시한 우선적인 과제에서 도출한 것들이다. 다음 쪽 표는 열두 가지 영역에서 인류가 얼마나 뒤처져 있는지를 짚는 데 사용되는 변수와 자료 들이다.

생태적 한계는 요한 록스트룀과 윌 스테펀의 지구 시스템 과학자 집단이 제안한 아홉 가지 경계선으로 이뤄진다. 결정적인 아홉 가지 과정은 다음과 같다.

**사회적 기초와 결핍 지표**

| 영역 | 차원 예시적 지표<br>(별도 표시가 없으면 전체 인구에서의 비율) | % | 연도 |
|---|---|---|---|
| 식량 | 영양 결핍인 인구 | 11 | 2014~2016 |
| 보건 | 5세 이하 사망률이 신생아 1,000명당 25명이 넘는 나라에 사는 인구 | 46 | 2015 |
| | 출생 시 기대 수명이 70세 미만인 나라에 사는 인구 | 39 | 2013 |
| 교육 | 성인(15세 이상) 문맹 인구 | 15 | 2013 |
| | 12~15세 미취학 아동 | 17 | 2013 |
| 소득과 노동 | 국제 빈곤선인 하루 3.10달러 미만으로 생활하는 인구 | 29 | 2012 |
| | 구직 중이지만 실업 상태인 청년(15~24세) 비율 | 13 | 2014 |
| 물과 위생 | 개선된 식수 접근권이 없는 인구 | 9 | 2015 |
| | 개선된 위생 접근권이 없는 인구 | 32 | 2015 |
| 에너지 | 전기 접근권이 부족한 인구 | 17 | 2013 |
| | 깨끗한 조리 시설 접근권이 부족한 인구 | 38 | 2013 |
| 네트워크 | 위기 시 도움을 청할 사람이 없는 인구 | 24 | 2015 |
| | 인터넷에 접근하지 못하는 인구 | 57 | 2015 |
| 주거 | 개발도상국에서 도시 빈민가에 사는 인구 | 24 | 2012 |
| 성 평등 | 의회의 여성과 남성 의원 격차 | 56 | 2014 |
| | 세계 여성과 남성의 소득 격차 | 23 | 2009 |
| 사회적 평등 | 팔마율(Palma Ratio: 하위 40퍼센트의 소득에 대한 상위 10퍼센트의 소득)이 2를 넘는 나라에 사는 인구 | 39 | 1995~2012 |
| 정치적 발언권 | 시민들의 능동적 참여 지수(Voice and Accountability Index)가 1을 기준으로 0.5 이하인 나라에 사는 인구 | 52 | 2013 |
| 평화와 정의 | 부패 인식 지수(Corruption Perception Index)가 100을 기준으로 50 이하인 나라에 사는 인구 | 85 | 2014 |
| | 10만 명당 살인율이 10명 이상인 나라에 사는 인구 | 13 | 2008~2013 |

출처: 갤럽, 국제투명성기구, 세계은행, 코범&섬너, FAO, WHO, UNDP, UNESCO, UNICEF, OECD, IEA, ITU, UN, ILO, UNODC. 백분율 소수점 이하 반올림.

### 기후 변화

이산화탄소, 메탄, 이산화질소 등 온실가스가 대기권에 퍼지면 지구의 자연적인 온실 효과를 증폭시켜 대기권에 더 많은 열을 잡아놓는다. 지구 온난화로 기온 상승, 극한 이상 기후, 해수면 상승 등을 일으킨다.

### 해양 산성화

이산화탄소 배출량의 4분의 1은 해양에 녹아드는데 여기서 탄산이 발생하고 해수면의 산성도가 올라간다. 해양이 산성화되면 해양 생물종의 껍질과 골격을 형성하는 탄산칼슘이 부족해진다. 이에 따라 산호, 패류, 플랑크톤 등 생물이 생존하고 성장하기 어려워지며 해양 생태계와 먹이 사슬이 위험에 빠진다.

### 화학적 오염

합성 유기 오염 물질과 중금속 등 독성 화합물이 생물권에 배출되면 대단히 오랜 기간 잔존하면서 돌이킬 수 없는 결과를 불러올 수 있다. 조류와 포유류를 포함한 생명체의 몸에 축적될 경우 번식률이 낮아지고 유전자 손상이 일어나며, 지상과 해양 생태계에 해를 끼치게 된다.

### 질소와 인 축적

반응성 질소와 인은 비료에 폭넓게 사용되지만 농작물이 흡수하는 양은 아주 적다. 그 양을 넘어서는 질소와 인은 대부분 강, 호수, 해양으로 흘러가며 녹조류를 발생시킨다. 녹조류에는 독성이 있으며 용존 산소량을 줄여 다른 수중 생명체를 죽인다.

### 담수 고갈

물은 생명의 필수 요소로 농업, 산업, 가정에서 널리 쓰인다. 그런 물이 고갈될 경우 호수, 강, 지하 대수층 등까지 손상되거나 말라버릴 수 있으며,

생태계를 파괴하고 물 순환과 기후를 바꿔놓는다.

### 토지 개간

도시, 농장, 고속도로 등을 짓기 위해 삼림과 습지를 개간하면 지구의 탄소 싱크가 망가지고, 야생 생물 서식지가 파괴되며, 물, 질소, 인 순환 기능이 잠식된다.

### 생물 다양성 손실

생물 종 수와 다양성이 감소할 경우 생태계가 크게 손상되고 이는 다른 생물 종의 멸종을 가속화한다. 그 과정에서 생태계에 급작스럽고 비가역적인 변화가 일어날 위험성이 높아지며, 동시에 자연의 회복 능력도 줄고 식량, 연료, 섬유소를 공급하고 생명을 지탱해주는 역량도 잠식당한다.

### 대기 오염

에어로졸aerosol이라 불리는 미세 먼지는 연기, 먼지, 공해성 기체 등과 같이 공기 중에 배출되어 생명체에 손상을 입힌다. 공기 중 수증기와 상호 작용해 구름 형성에도 영향을 미친다. 대량 배출될 경우 지역의 강우 패턴까지 바뀔 수 있으며, 열대 지역의 몬순 강우 시기와 장소를 움직일 수도 있다.

### 오존층 파괴

지구 성층권의 오존층은 태양에서 오는 자외선을 걸러낸다. 프레온 가스 같은 인공 화학 물질 일부는 배출될 경우 성층권으로 들어가 오존층을 파괴하며, 이에 지구에 서식하는 생물은 태양으로부터 오는 해로운 자외선에 그대로 노출된다.

다음 표는 우리가 현재 이러한 지구의 생태적 경계를 얼마나 넘어섰는지 여러 지표와 수치로 짐작하게 해준다.

**생태적 한계와 인간의 침범 정도**

| 지구-시스템 압력 | 통제 변수 | 지구적 경계 | 현재 값과 추이 |
|---|---|---|---|
| 기후 변화 | 대기 중 이산화탄소 농도(ppm) | 350ppm 이하 | 400ppm에서 상승 중(악화 중) |
| 해양 산성화 | 해수면 산석(탄산칼슘)의 평균 포화도를 산업화 이전 수준과 비교한 백분율 | 산업화 이전 포화도의 최소 80% 이상 | 약 84%에서 감소 중(심해짐) |
| 화학적 오염 | 지구적 차원의 통제 변수가 아직 정해지지 않음 | — | — |
| 질소와 인 축적 | 토지에 비료로 투입된 인의 양 (연간 100만 톤) | 연간 620만 톤 이하 | 연간 약 1,400만 톤에서 상승 중(악화 중) |
| | 토지에 비료로 투입된 반응성 질소(연간 100만 톤) | 연간 6,200만 톤 이하 | 연간 약 1억 5,000만 톤에서 상승 중(악화 중) |
| 담수 고갈 | 연간 담수 소비량(연간 1km$^3$) | 연간 4,000km$^3$ 이하 | 연간 약 2,600km$^3$에서 상승 중(심해짐) |
| 토지 개간 | 인간이 바꾸기 이전 삼림 면적에 대한 현재 삼림 면적 비율 | 최소 75% | 62%에서 감소 중(악화 중) |
| 생물 다양성 손실 | 연간 100만 종당 멸종 생물 종의 비율 | 10종 이하 | 약 100~1,000종에서 상승 중(악화 중) |
| 대기 오염 | 지구 차원의 통제 변수가 아직 정해지지 않음 | — | — |
| 오존층 파괴 | 성층권의 오존 농도 (돕슨 단위DU) | 275DU 이하 | 283DU에서 상승 중(개선 중) |

출처: 스테펀 외(2015b). 백분율 소수점 이하 반올림.

## 누가 경제학자가 되고 싶어 하는가

1. Autisme-economie(17 June 2000) 'Open letter from economic students', http://www.autisme-economie.org/article142.html

2. Delreal, J.(2011) 'Students walk out of Ec 10 in solidarity with "Occupy"', *The Harvard Crimson*, 2 November 2011, http://www.thecrimson.com/article/2011/11/2/mankiw-walkout-economics-10/

3. International Student Initiative for Pluralism in Economics(2014) 'An international student call for pluralism in economics', http://www.isipe.net/open-letter/

4. Harrington, K.(2015) 'Jamming the economic high priests at the AEA', 7 January 2015, http://kickitover.org/jamming-the-economic-high-priestsat-the-aea/

5. Kick It Over(2015) Kick It Over Manifesto, http://kickitover.org/kick-it-over/manifesto/

6. Roser, M.(2016) *Life Expectancy*, OurWorldInData.org , https://ourworldindata.org/life-expectancy/

7. UNDP(2015) *Human Development Report 2015*. New York: United Nations, p.4.

8. World Food Programme(2016) *Hunger*, http://www1.wfp.org/zero-hunger

9. World Health Organization(2016) *Children: reducing mortality*, http://www.who.int/mediacentre/factsheets/fs178/en/

10. ILO(2015) *Global Employment Trends for Youth 2015*, Geneva: ILO.

11. Hardoon, D., Fuentes, R. and Ayele, S.(2016) *An Economy for the 1%: how privilege and power in the economy drive extreme inequality and how this can be stopped*. Oxfam Briefing Paper 210, Oxford: Oxfam International.

12. Climate Action Tracker(2016) *Climate Action Tracker*, http://climateactiontracker.org/

13. Global Agriculture(2015) *Soil Fertility and Erosion*, http://www.globalagriculture.org/report-topics/soil-fertility-and-erosion.html;

UNDESA(2014) *International Decade for Action 'Water for Life' 2005–2015*, http://www.un.org/waterforlifedecade/scarcity.shtml

14. FAO(2010) *State of the World Fisheries and Aquaculture*(SOFIA), FAO Fisheries Department, http://www.fao.org/docrep/013/i1820e/i1820e01.pdf; Ellen McArthur Foundation(2016) *The New Plastics Economy: rethinking the future of plastics*, https://www.ellenmacarthurfoundation.org/publications/the-new-plastics-economy-rethinking-the-future-of-plastics

15. United Nations(2015) *World Population Prospects: The 2015 Revision*. New York: UN, p.1.

16. PwC(2015) *The World in 2050: Will the shift in global economic power continue?*, https://www.pwc.com/gx/en/issues/the-economy/assets/world-in-2050-february-2015.pdf

17. OECD Observer(2015) *An Emerging Middle Class*, http://www.oecdobserver.or/news/fullstory.php/aid/3681/An_emerging_middle_class.html

18. Michaels, F.S.(2011) *Monoculture: How One Story Is Changing Everything*. Canada: Red Clover Press, pp.9, 131.

19. Keynes, J.M.(1961) *The General Theory of Employment, Interest and Money*. London: Macmillan, p.383.

20. von Hayek, Friedrich(10 December 1974) 'Friedrich von Hayek'(banquet speech, The Nobel Foundation), http://www.nobelprize.org/nobel_prizes/economic-sciences/laureates/1974/hayek-speech.html

21. Brander, L. and Schuyt, K.(2010) 'Benefits transfer: the economic value of the world's wetlands', TEEBweb.org, Centre for Food Security(2015); 'Sustainable pollination services for UK crops', University of Reading, https://www.reading.ac.uk/web/FILES/food-security/CFS_Case_Studies_-_Sustainable_Pollination_Services.pdf

22. Toffler, A.(1970) *Future Shock*. London: Pan Books, pp.374~375.

23. Berger, J.(1972) *Ways of Seeing*. London: Penguin. p.7.

24. Thorpe, S., Fize, D. and Marlot, C.(6 June 1996) 'Speed of processing in the human visual system', *Nature* 381, pp.520~522.

25. Kringelbach, M.(2008) *The Pleasure Center: Trust Your Animal Instincts*. Oxford: Oxford University Press, pp.86~87.

26. Burmark, L. *Why Visual Literacy?* Burmark Handouts, http://tcpd.org/Burmark/Handouts/WhyVisualLit.html

27. Rodriguez, L. and Dimitrova, D.(2011) 'The levels of visual framing', *Journal of Visual Literacy* 30: 1, pp.48~65.

28. Christianson, S.(2012) *100 Diagrams That Changed the World*. London:

Salamander Books.

29. Marshall, A.(1890) *Principles of Economics*. London: Marshall, Preface, pp.10, 11, http://www.econlib.org/library/Marshall/marP0.html#Preface

30. Parker, R.(2002) *Reflections on the Great Depression*. Cheltenham: Edward Elgar, p.25.

31. Samuelson, P.(1997) 'Credo of a lucky textbook author', *Journal of Economic Perspectives* 11: 2, pp.153~160.

32. Samuelson, P.(1948) *Economics: An Introductory Analysis*, 1st edn. New York: McGraw-Hill.p.264; Giraud, Y.(2010) 'The changing place of visual representation in economics: Paul Samuelson between principle and strategy, 1941–1955', *Journal of the History of Economic Thought* 32: 2, pp.1~23.

33. Frost, G.(2009) 'Nobel-winning economist Paul A. Samuelson dies at age 94'. MIT News, 13 December 2009, http://newsoffice.mit.edu/2009/obit-samuelson-1213

34. Samuelson, P. 'Foreword', in Saunders, P. and Walstad, W., *The Principles of Economics Course: A Handbook for Instructors*. New York: McGraw Hill, 1990, p.ix.

35. Schumpeter, J.(1954) *History of Economic Analysis*. London: Allen&Unwin, p.41.

36. Kuhn, T.(1962) *The Structure of Scientific Revolutions*. London: University of Chicago Press, p.46.

37. Goffmann, E.(1974) *Frame Analysis: An Essay on the Organization of Experience*. New York: Harper&Row.

38. Keynes, J.M.(1961) *The General Theory of Employment, Interest and Money*. London: Macmillan&Co., p.viii.

39. Box, G. and Draper, N.(1987) *Empirical Model Building and Response Surfaces*. New York: John Wiley&Sons, p.424.

40. Lakoff, G.(2014) *The All New Don't Think of an Elephant*. White River Junction, VT: Chelsea Green.

41. Tax Justice Network, www.taxjustice.net; Global Alliance for Tax Justice, www.globaltaxjustice.org

# 1 목표를 바꿔라

1. 'G20 summit: leaders pledge to grow their economies by 2.1%', BBC News, 16 November 2014, http://www.bbc.co.uk/news/world-australia-30072674

2.  'EU "unhappy" climate change is off G20 agenda', *The Australian*, 3 April 2014,
    http://www.theaustralian.com.au/national-affairs/climate/eu-unhappy-climate-
    change-is-off-g20-agenda/story-e6frg6xf-1226873127864

3.  Steuart, J.(1767) *An Inquiry into the Principles of Political Economy*,
    https://www.marxists.org/reference/subject/economics/steuart/

4.  Smith, A.(1776) *An Inquiry into the Nature and Causes of the Wealth of Nations*,
    Book 4.

5.  Mill, J.S.(1844) 'On the definition of political economy', *Essays on Some Unsettled
    Questions of Political Economy*, http://www.econlib.org/library/Mill/mlUQP5.html

6.  Spiegel, H.W.(1987) 'Jacob Viner(1892–1970)', Eatwell, J., Milgate, M. and Newman,
    P.(eds)(1987) *The New Palgrave: A Dictionary of Economics*, vol.IV. London:
    Macmillan, pp.812~814.

7.  Robbins, L.(1932) *Essay on The Nature and Significance of Economic Science*.
    London: Macmillan.

8.  Mankiw, G.(2012) *Principles of Economics*, 6th edn. Delhi: Cengage Learning.

9.  Lipsey, R.(1989) *An Introduction to Positive Economics*. London:
    Weidenfeld&Nicolson, p.140; Begg, D. et al.(1987) *Economics*. Maidenhead:
    McGraw-Hill, p.90.

10. Fioramenti, L.(2013) *Gross Domestic Product: The Politics Behind the World's
    Most Powerful Number*. London: Zed Books, pp.29~30.

11. Arndt, H.(1978) *The Rise and Fall of Economic Growth*. Chicago: University of
    Chicago Press, p.56.

12. OECD Convention 1961. Article 1(a).

13. Lakoff, G. and Johnson, M.(1980) *Metaphors We Live By*. Chicago: University of
    Chicago Press, pp.14~24.

14. Samuelson, P.(1964) *Economics*, 6th edn. New York: McGraw-Hill;
    Arndt, H.(1978) *The Rise and Fall of Economic Growth*. Chicago: University of
    Chicago Press, p.75.

15. Kuznets, S.(1934) *National Income 1929–1932*, 73rd US Congress, 2nd session,
    Senate document no.124(7)

16. Meadows, D(1999). 'Sustainable Systems'(lecture, University of Michigan, 18 March
    1999), https://www.youtube.com/watch?v=HMmChiLZZHg

17. Kuznets, S.(1962) 'How to judge quality', Croly, H.(ed.), *The New Republic*, 147: 16,
    p.29.

18. Ruskin, J.(1860) *Unto This Last*, Essay IV 'Ad valorem', section 77.

19. Schumacher, E.F.(1973) *Small Is Beautiful*. London: Blond&Briggs;

Max-Neef, M.(1991) *Human Scale Development*. New York: Apex Press.

20. Shaikh, N.(2004) *Amartya Sen: A More Human Theory of Development*. Asia Society, http://asiasociety.org/amartya-sen-more-human-theory-development

21. Sen, A.(1999) *Development as Freedom*. New York: Alfred A. Knopf, p.285.

22. Stiglitz, J.E, Sen, A. and Fitoussi. J-P.(2009) *Report by the Commission on the Measurement of Economic Performance and Social Progress*, Paris, p.9, http://www.stiglitz-sen-fitoussi.fr/documents/rapport_anglais.pdf

23. United Nations(2015) Sustainable Development Goals, https://sustainabledevelopment.un.org/?menu=1300

24. Steffen, W. et al.(2015) 'The trajectory of the Anthropocene: the Great Acceleration', *Anthropocene Review* 2: 1, pp.81~98.

25. International Geosphere-Biosphere Programme(2015) 'Planetary dashboard shows "Great Acceleration" in human activity since 1950', 15 January 2015, http://www.igbp.net/news/pressreleases/pressreleases/ planetarydashboardshowsgreataccelerationinhumanactivitysince1950. 5.950c2fa1495db7081eb42.html

26. Diamond, J.(2002) 'Evolution, consequences and future of plant and animal domestication', *Nature* 418, pp.700~707.

27. Berger, A. and Loutre, M.F.(2002) 'An exceptionally long interglacial ahead?' *Science* 297, p.1287.

28. Young, O.R. and Steffen, W.(2009) 'The Earth System: sustaining planetary life-support systems', pp.295~315, in Chapin, III, F.S., Kofinas, G.P. and Folke, C.(eds), *Principles of Ecosystem Stewardship: Resilience-Based Natural Resource Management in a Changing World*. New York: Springer.

29. Steffen, W. et al.(2011) 'The Anthropocene: from global change to planetary stewardship', *AMBIO* 40, pp.739~761.

30. Rockström, J. et al.(2009) 'A safe operating space for humanity', *Nature*, 461: 472~475.

31. Folke, C. et al.(2011) 'Reconnecting to the biosphere', *AMBIO* 40, p.719.

32. WWF(2014) *Living Planet Report*. Gland: WWF International.

33. 캐서린 리처드슨과 나눈 대화, 2016년 5월 10일.

34. Heilbroner, R.(1970) 'Ecological Armageddon', *New York Review of Books*, 23 April, http://www.nybooks.com/articles/archives/1970/apr/23/ ecological-armageddon/

35. Ward, B. and Dubos, R.(1973) *Only One Earth*. London: Penguin Books.

36. Friends of the Earth(1990) Action plan for a sustainable Netherlands,

http://www.iisd.ca/consume/fjeld.html

37. Gudynas, E.(2011) 'Buen Vivir: today's tomorrow', *Development* 54: 4, pp.441~447, http://www.palgrave-journals.com/development/journal/v54/n4/full/dev201186a. html

38. Government of Ecuador(2008), Ecuador's Constitution, Article 71, http://therightsofnature.org/wp-content/uploads/pdfs/Rights-for-Nature-Articles-in-Ecuadors-Constitution.pdf

39. Rockström, J. *The Great Acceleration.* Lecture 3: Planetary Boundaries and Human Opportunities online course, https://www.sdsnedu.org/learn/planetary-boundaries-and-human-opportunities-fall-2014

40. Sayers, M. and Trebeck, K.(2014) *The Scottish Doughnut: a safe and just operating space for Scotland.* Oxford: Oxfam GB; Sayers, M.(2015) *The Welsh Doughnut: a framework for environmental sustainability and social justice.* Oxford: Oxfam GB; Sayers, M.(2015) *The UK Doughnut: a framework for environmental sustainability and social justice.* Oxford: Oxfam GB; Cole, M.(2015) *Is South Africa Operating in a Safe and Just Space? Using the doughnut model to explore environmental sustainability and social justice.* Oxford: Oxfam GB.

41. Dearing, J. et al.(2014) 'Safe and just operating spaces for regional socialecological systems', *Global Environmental Change*, 28, pp.227~238.

42. City Think Space(2012), *Kokstad&Franklin Integrated Sustainable Development Plan*(15), https://issuu.com/city_think_space/docs/kisdp_final_report

43. Dorling, D.(2013) *Population 10 Billion*. London: Constable, pp.303~308.

44. Chancel, L. and Piketty, T.(2015) *Carbon and Inequality: From Kyoto to Paris.* Paris: Paris School of Economics.

45. Institute of Mechanical Engineers(2013) *Global Food: Waste Not, Want Not.* London: Institute of Mechanical Engineers, https://www.imeche.org/policy-and-press/reports/detail/global-food-waste-not-want-not

46. Jackson, T.(2010) 'An Economic Reality Check'(TED Talk), https://www.ted.com/talks/tim_jackson_s_economic_reality_check/transcript?language=en

47. Secretariat of the Convention on Biological Diversity(2012) *Cities and Biodiversity Outlook*, Montreal, https://www.cbd.int/doc/health/cbo-action-policy-en.pdf, p.19.

## 2 큰 그림을 보라

1. Palfrey, S. and Stern, T.(2007) *Shakespeare in Parts*. Oxford: Oxford University Press.
2. Shakespeare, W.(1623) *Mr. William Shakespeares comedies, histories and tragedies*, First folio, p.19. http://firstfolio.bodleian.ox.ac.uk/
3. Harford, T.(2013) *The Undercover Economist Strikes Back*. London: Little, Brown, pp.8~14.
4. Sterman, J.D.(2002) 'All models are wrong: reflections on becoming a systems scientist', *System Dynamics Review* 18: 4, p.513.
5. The Mont Pelerin Society website, https://www.montpelerin.org/
6. Stedman Jones, D.(2012) *Masters of the Universe: Hayek, Friedman and the Birth of Neoliberal Politics*. Woodstock: Princeton University Press, pp.8~9.
7. Klein, N.(2007) *The Shock Doctrine*. London: Penguin.
8. Smith, A.(1776) *An Inquiry into the Nature and Causes of the Wealth of Nations*, Book 1, Chapter 2, http://geolib.com/smith.adam/won1-02.html
9. Fama, E.(1970) 'Efficient capital markets: a review of theory and empirical work', *Journal of Finance* 25: 2, pp.383~417.
10. Ricardo, D.(1817) *On the Principles of Political Economy and Taxation*, in Piero Sraffa(ed.), *Works and Correspondence of David Ricardo*, vol.I, Cambridge: Cambridge University Press, 1951, p.135.
11. Friedman, M.(1962) *Capitalism and Freedom*. Chicago: University of Chicago Press.
12. Hardin, G.(1968) 'The tragedy of the commons', *Science* 162: 3859.
13. Margaret Thatcher(interview, Douglas Keay), *Woman's Own*, 23 September 1987, http://www.margaretthatcher.org/document/106689
14. Simon, J. and Kahn, H.(1984) *The Resourceful Earth: a response to Global 2000*. Oxford: Basil Blackwell.
15. Friedman, M.(1978) 'The Role of Government in a Free Society'(lecture, Stanford University), https://www.youtube.com/watch?v=LucOUSpTB3Y
16. Diagram inspired by Daly, H.(1996) *Beyond Growth*. Boston: Beacon Press, p.46; Bauwens, M.(2014) 'Commons Transition Plan', http://p2pfoundation.net/Commons_Transition_Plan; Goodwin, N. et al.(2009) *Microeconomics in Context*. New York: Routledge, pp.350~359.
17. Ricardo, D.(1817) *On the Principles of Political Economy and Taxation*, Ch. 2, http://www.econlib.org/library/Ricardo/ricP.html
18. Schabas, M.(1995) 'John Stuart Mill and concepts of nature', *Dialogue*, 34: 3, p.452.

19. Gaffney, M. and Harrison, F.(1994) *The Corruption of Economics*. London: Shepheard-Walwyn.

20. Wolf, M.(2010) 'Why were resources expunged from neo-classical economics?' *Financial Times*, 12 July 2010, http://blogs.ft.com/martin-wolf-exchange/tag/resources/

21. Green, T.(2012) 'Introductory economics textbooks: what do they teach about sustainability?', *International Journal of Pluralism and Economics Education*, 3: 2, pp.189~223.

22. Daly, H. and Farley, J.(2011) *Ecological Economics*. Washington: Island Press, p.16.

23. Daly, H.(1990) 'Toward some operational principles of sustainable development', *Ecological Economics*, 2, pp.1~6.

24. IPCC(2013) *Climate Change 2013: The Physical Science Basis. Contributions of Working Group I to the Fifth Assessment Report of the Intergovernmental Panel on Climate Change*. Cambridge: Cambridge University Press.

25. Putnam, R.(2000) *Bowling Alone: The Collapse and Revival of American Community*. New York: Simon&Schuster, p.19.

26. Putnam, R.(2000) *Bowling Alone*, p.290.

27. 'Election day will not be enough': Howard Zinn(interview, Lee, J. and Tarleton, J., *The Indypendent*, 14 November 2008), http://howardzinn.org/election-day-will-not-be-enough-an-interview-with-howard-zinn/

28. Marçal, K.(2015) *Who Cooked Adam Smith's Dinner?* London: Portobello.

29. Folbre, N.(1994) *Who Pays for the Kids?* London: Routledge.

30. Coote, A. and Goodwin,. N.(2010) *The Great Transition: Social Justice and the Core Economy*. NEF working paper 1. London: New Economics Foundation.

31. Coote, A. and Franklin, J.(2013) *Time On Our Side: Why We All Need a Shorter Working Week*. London: New Economics Foundation.

32. Toffler, A.(1998) 'Life Matters'(interview, Norman Swann, Australian Broadcasting Corporation, 5 March 1998), http://www.ghandchi.com/iranscope/Anthology/Alvin_Toffler98.htm

33. Razavi, S.(2007) *The Political and Social Economy of Care in a Development Context*. Gender and Development Programme Paper no.3, Geneva: United Nations Research Institute for Social Development, http://www.unrisd.org/80256B3C005BCCF9/(httpAuxPages)/2DBE6A93350A7783C12573240036D5A0/$file/Razavi-paper.pdf

34. Salary.com(2014년 '어머니날' 인포그래픽), http://www.salary.com/how-much-are-moms-worth-in-2014/slide/13/

35.  Fälth, A. and Blackden, M.(2009) *Unpaid Care Work*, UNDP Policy Brief on Gender Equality and Poverty Reduction, Issue 01, New York: UNDP, http://www.undp.org/content/dam/undp/library/gender/Gender%20and%20Poverty%20Reduction/Unpaid%20care%20work%20English.pdf

36.  Chang, H.J.(2010) *23 Things They Don't Tell You About Capitalism*. London: Allen Lane, p.1.

37.  Block, F. and Somers, M.(2014) *The Power of Market Fundamentalism: Karl Polanyi's critique*. London: Harvard University Press, pp.20~21.

38.  Ostrom, E.(1999) 'Coping with tragedies of the commons', *Annual Review of Political Science* 2, pp.493~535.

39.  Rifkin, J.(2014) *The Zero Marginal Cost Society*. New York: Palgrave Macmillan, p.4.

40.  Milton Friedman Speaks. Lecture 4: 'The Role of Government in a Free Society', Stanford University, 1978, https://www.youtube.com/watch?v=LucOUSpTB3Y

41.  Samuelson, P.(1980) *Economics*, 11th edn. New York: McGraw-Hill, p.592.

42.  Mazzucato, M.(2013) *The Entrepreneurial State*. London: Anthem Press.

43.  Chang, H.J.(2010) *23 Things They Don't Tell You About Capitalism*. London: Allen Lane, p.136.

44.  Acemoglu, D. and Robinson, J.(2013) *Why Nations Fail: The Origins of Power, Prosperity and Poverty*. London: Profile Books.

45.  Goodman, P.(2008) 'Taking a hard new look at Greenspan legacy', *New York Times*, 8 October 2008, http://www.nytimes.com/2008/10/09/business/economy/09greenspan.html?pagewanted=all

46.  Raworth, K.(2002) *Trading Away Our Rights: women workers in global supply chains*. Oxford: Oxfam International.

47.  Chang, H.J.(2010) *23 Things They Don't Tell You About Capitalism*, London: Allen Lane.

48.  Ferguson, T.(1995) *Golden Rule: The Investment Theory of Party Competition and the Logic of Money-Driven Political Systems*. London: University of Chicago Press, p.8.

49.  BBC News, 'US Supreme Court strikes down overall donor limits'. 2 April 2014, http://www.bbc.co.uk/news/world-us-canada-26855657

50.  Hernandez, J.(2015) 'The new global corporate law', *The State of Power 2015*. Amsterdam: The Transnational Institute, https://www.tni.org/files/download/tni_state-of-power-2015.pdf

## 3 인간 본성을 피어나게 하라

1.  Morgan, M.(2012) *The World in the Model*. Cambridge: Cambridge University Press, pp.157~167.

2.  Smith, A.(1776) *An Inquiry into the Nature and Causes of the Wealth of Nations*, Book 1, Chapters 2.1/2.2. Reprint edn 1994, New York: Modern Library.

3.  Smith, A.(1759) *The Theory of Moral Sentiments*, Part I, Section 1, Chapter 1, http://www.econlib.org/library/Smith/smMS.html

4.  Mill, J.S.(1844) *Essays on Some Unsettled Questions of Political Economy*, V.38, V.46, www.econlib.org/library/Mill/mlUQP5.html#Essay V, 'On the Definition of Political Economy'.

5.  Devas, C.S.(1883) *Groundwork of Economics*, Longmans, Green and Company, pp.27, 43.

6.  Jevons, W.S.(1871) *The Theory of Political Economy*(III.47), http://www.econlib.org/library/YPDBooks/Jevons/jvnPE.html

7.  Morgan, M.(2012) *The World in the Model*. Cambridge: Cambridge University Press, pp.145~147.

8.  Marshall, A.(1890) *Principles of Economics*, Book 3, Chapter 2.1, http://files.libertyfund.org/files/1676/Marshall_0197_EBk_v6.0.pdf

9.  Knight, F.(1999) *Selected Essays by Frank H. Knight, Volume 2*. Chicago: University of Chicago Press, p.18.

10. Friedman, M.(1966) *Essays in Positive Economics*. Chicago: University of Chicago Press, p.40.

11. Morgan, M.(2012) *The World in the Model*. Cambridge: Cambridge University Press, p.157.

12. Frank, B. and Schulze, G.G.(2000) 'Does economics make citizens corrupt?' *Journal of Economic Behavior and Organization* 43, pp.101~113.

13. Frank, R., Gilovich, T. and Regan, D.(1993) 'Does studying economics inhibit cooperation?' *Journal of Economic Perspectives* 7: 2(pp.159~171); Wang, L., Malhotra, D. and Murnighan, K.(2011) 'Economics Education and Greed Academy of Management Learning and Education, 10: 4, pp.643~660.

14. Frank, R., Gilovich, T. and Regan, T.(1993) 'Does studying economics inhibit cooperation?' *Journal of Economic Perspectives* 7: 2, pp.159~171.

15. Frank, R. 1988. *Passions within Reason*. New York: W.W. Norton, p.xi.

16. MacKenzie, D. and Millo, Y.(2003) 'Constructing a market, performing theory: the historical sociology of a financial derivatives exchange', *American Journal*

*of Sociology* 109: 1; Ferraro, F., Pfeffer, J. and Sutton, R.(2005) 'Economics language and assumptions: how theories can become self-fulfilling', *Academy of Management Review* 30: 1, pp.8~24.

17.  Molinsky, A., Grant, A. and Margolis, J.(2012) 'The bedside manner of homo economicus: how and why priming an economic schema reduces compassion', *Organizational Behavior and Human Decision Processes* 119: 1, pp.27~37.

18.  Bauer, M. et al.(2012) 'Cuing consumerism: situational materialism undermines personal and social well-being', *Psychological Science* 23, pp.517~523.

19.  Shrubsole, G.(2012) 'Consumers outstrip citizens in the British media', *Open Democracy UK*, 5 March 2012.

20.  Lewis, J. et al.(2005) *Citizens or Consumers? What the Media Tell Us About Political Participation*; Shrubsole, G.(2012) 'Consumers outstrip citizens in the British media', *Open Democracy UK*, 5 March 2012.

21.  Henrich, J., Heine, S. and Norenzayan, A.(2010) 'The weirdest people in the world?', *Behavioural and Brain Sciences* 33: 2, 3, pp.6~83.

22.  Jensen, K., Vaish, A. and Schmidt, M.(2014) 'The emergence of human prosociality: aligning with others through feelings, concerns, and norms', *Frontiers in Psychology* 5, p.822, http://journal.frontiersin.org/article/10.3389/fpsyg.2014.00822/full

23.  Bowles, S. and Gintis, H.(2011) *A Cooperative Species: Human Reciprocity and Its Evolution*. Princeton, NJ: Princeton University Press, p.20.

24.  Helbing, D.(2013) 'Economics 2.0: the natural step towards a self-regulating, participatory market society', *Evolutionary and Institutional Economics Review*, 10: 1, pp.3~41.

25.  Kagel, J. and Roth, A.(1995) *The Handbook of Experimental Economics*, Princeton, NJ: Princeton University Press pp.253~348; Beinhocker, E.(2007) *The Origin of Wealth*, London: Random House, p.120.

26.  Henrich, J. et al.(2001) 'In search of Homo Economicus: behavioral experiments in 15 small-scale societies', *Economics and Social Behavior*, 91: 2, pp.73~78.

27.  Bernays, E.(2005) *Propaganda*, New York: Ig Publishing, pp.37~38.

28.  Edward L. Bernays(video interview), the Beech-Nut Packing Co., https://www.youtube.com/watch?v=6vFz_FgGvJI 'Torches of Freedom', https://www.youtube.com/watch?v=6pyyP2chM8k

29.  Ryan, R. and Deci, E.(1999) 'Intrinsic and extrinsic motivations: classic definitions and new directions', *Contemporary Educational Psychology* 25, pp.54~67.

30.  Schwartz, S.(1994) 'Are there universal aspects in the structure and content of

human values?', *Journal of Social Issues* 50: 4, pp.19~45.

31.  Veblen, T.(1898) 'Why is economics not an evolutionary science?', *Quarterly Journal of Economics* 12: 4, pp.373~397.

32.  Salganik, M., Sheridan Dodds, P. and Watts, D.(2006) 'Experimental study of inequality and unpredictability in an Artificial Cultural Market', *Science* 311, p.854.

33.  Ormerod, P.(2012) 'Networks and the need for a new approach to policymaking', Dolphin, T. and Nash, D.(eds), *Complex New World*, London: IPPR, pp.28~29.

34.  Stiglitz, J.(2011) 'Of the 1%, for the 1%, by the 1%', *Vanity Fair* May, http://www.vanityfair.com/news/2011/05/top-one-percent-201105

35.  Ormerod, P.(2012), 'Networks and the need for a new approach to policymaking', in Dolphin, T. and Nash, D.(eds), *Complex New World*. London: IPPR, p.30.

36.  Wikipedia(2016) *List of Cognitive Biases*, https://en.wikipedia.org/wiki/List_of_cognitive_biases

37.  Thaler, R. and Sunstein, C.(2009) *Nudge: Improving Decisions About Health, Wealth and Happiness*. London: Penguin, p.6.

38.  Marewzki, J. and Gigerenzer, G.(2012), 'Heuristic decision making in medicine', *Dialogues in Clinical Neuroscience*, 14: 1, pp.77~89.

39.  *The Economist*(2014) Q&A: Gerd Gigerenzer, 28 May 2014, http://www.economist.com/blogs/prospero/2014/05/qa-gerd-gigerenzer

40.  Bacon, F.(1620) *Novum Organon*, CXXIX, http://www.constitution.org/bacon/nov_org.htm

41.  Leopold, A.(1989) *A Sand County Almanac*. New York: Oxford University Press, p.204.

42.  Scharmer, O.(2013) 'From ego-system to eco-system economies', *Open Democracy*, 23 September 2013, https://www.opendemocracy.net/transformation/ otto-scharmer/from-ego-system-to-eco-system-economies

43.  Henrich, J., Heine, S. and Norenzayan, A.(2010) 'The weirdest people in the world?', *Behavioural and Brain Sciences* 33: 2/3, pp.61~83.

44.  Arendt, H.(1973) *Origins of Totalitarianism*. New York: Harcourt Brace Jovanovich, p.287.

45.  Oren Lyons(commencement address), Berkeley College of Natural Resources, 22 May 2005, https://nature.berkeley.edu/news/2005/05/fall-2005-commencement-address-chief-oren-lyons

46.  Eisenstein, C.(2011) *Sacred Economics: Money, Gift and Society in the Age of Transition*. Berkeley: Evolver Books, p.159.

47. Jo Cox(maiden speech, Parliament, 3 June 2015), Parliament TV, https://www.theguardian.com/politics/video/2016/jun/16/labour-mp-jo-cox-maiden-speech-parliament-video

48. Winter, C.(2014) 'Germany reaches new levels of greendom, gets 31 percent of its electricity from renewables', *Newsweek* 14 August 2014, http://www.bloomberg.com/news/articles/2014-08-14/germany-reaches-new-levels-of-greendom-gets-31-percent-of-its-electricity-from-renewables

49. Titmuss, R.(1971) *The Gift Relationship: From Human Blood to Social Policy.* New York: Pantheon Books.

50. Barrera–Osorio, F. et al.(2011) 'Improving the design of conditional transfer programs: evidence from a randomized education experiment in Colombia', *American Economic Journal: Applied Economics*, 3: 2, pp.167~195.

51. Sandel, M.(2012) *What Money Can't Buy: The Moral Limits of Markets.* London: Allen Lane.

52. Gneezy, U. and Rustichini, A.(2000) 'A fine is a price', *Journal of Legal Studies*, 29, pp.1~17.

53. Sandel, M.(2012) *What Money Can't Buy: The Moral Limits of Markets.* London: Allen Lane.

54. Bauer, M. et al.(2012) 'Cueing consumerism: situational materialism undermines personal and social well-being', *Psychological Science* 23: 517.

55. Kerr, J. et al.(2012) 'Prosocial behavior and incentives: evidence from field experiments in rural Mexico and Tanzania', *Ecological Economics* 73, pp.220~227.

56. García-Amado, L.R., Ruiz Pérez, M. and Barrasa García, S.(2013) 'Motivation for conservation: assessing integrated conservation and development projects and payments for environmental services in La Sepultura Biosphere Reserve, Chiapas, Mexico', *Ecological Economics* 89, pp.92~100.

57. Rode, J., Gómez-Baggethun, E. and Krause, T.(2015), 'Motivation crowding by economic incentives in conservation policy: a review of the empirical evidence', *Ecological Economics* 117, pp.270~282.

58. Wald, D., et al.(2014) 'Randomized trial of text messaging on adherence to cardiovascular preventive treatment', *Plos ONE* 9, p.12.

59. Pop-Eleches, C. et al.(2011) 'Mobile phone technologies improve adherence to antiretroviral treatment in resource-limited settings: a randomized controlled trial of text message reminders', *AIDS* 25: 6, pp.825~834.

60. iNudgeyou(2012) 'Green nudge: nudging litter into the bin', 16 February 2012, http://inudgeyou.com/archives/819; Webster, G.(2012) 'Is a "nudge" in the right

direction all we need to be greener?', CNN 15 February 2012, http://edition.cnn.
com/2012/02/08/tech/innovation/green-nudge-environment-persuasion/index.
html

61.  Ayers, J. et al.(2013) 'Do celebrity cancer diagnoses promote primary cancer
prevention?', *Preventive Medicine* 58: pp.81~84.

62.  Beaman, L. et al.(2012) 'Female leadership raises aspirations and educations
attainment for girls: a policy experiment in India', *Science* 335: 6068, pp.582~586.

63.  Bolderdijk, J. et al.(2012) 'Comparing the effectiveness of monetary versus moral
motives in environmental campaigning', *Nature Climate Change*, 3, pp.413~416.

64.  Bjorkman, M. and Svensson, J.(2009) 'Power to the people: evidence from a
randomized field experiment on community-based monitoring in Uganda',
*Quarterly Journal of Economics* 124:2, pp.735~769.

65.  Crompton, T. and Kasser, T.(2009) *Meeting Environmental Challenges: The
Role of Human Identity*. Godalming, Surrey: WWF, http://assets.wwf.org.uk/
downloads/meeting_environmental_challenges__the_role_of_human_identity.pdf

66.  Montgomery, S.(2015) *The Soul of an Octopus*. London: Simon&Schuster.


## 4  시스템의 지혜를 배워라

1.  Jevons, S.(1871) *The Theory of Political Economy*(vii),
http://www.econlib.org/library/YPDBooks/Jevons/jvnPE.html

2.  Walras, L.(1874, 2013) *Elements of Pure Economics*. London: Routledge, p.86.

3.  Jevons, W.S.(1871) *The Theory of Political Economy*(1.17),
http://www.econlib.org/library/YPDBooks/Jevons/jvnPE

4.  Arrow, K. and Debreu, G.(1954) 'Existence of an equilibrium for a competitive
economy', *Econometrica* 22, pp.265~290.

5.  Keen, S.(2011) *Debunking Economics*. London: Zed Books, pp.56~63.

6.  Solow, R.(2003) 'Dumb and Dumber in Macroeconomics'(speech, Joseph Stiglitz's
60th birthday), http://textlab.io/doc/927882/dumb-and-dumber-in-macroeconomics-
robert-m.-solow-so

7.  Solow, R.(2008) 'The state of macroeconomics', *Journal of Economic Perspectives* 22: 1,
pp.243~249.

8.  Weaver, W.(1948) 'Science and complexity', *American Scientist* 36, p.536.

9.  Colander, D.(2000) 'New millennium economics: How Did It Get This Way, and What

Way is It?', *Journal of Economic Perspectives* 14: 1, pp.121~132.

10. Sterman, J.D.(2000) *Business Dynamics: Systems Thinking and Modeling for a Complex World.* New York: McGraw-Hill, pp.13~14.

11. Gal, O.(2012) 'Understanding global ruptures: a complexity perspective on the emerging middle crisis', in Dolphin, T. and Nash, D.(eds), *Complex New World.* London: IPPR, p.156.

12. Meadows, D.(2008) *Thinking In Systems: A Primer.* White River Junction, VT: Chelsea Green, p.181.

13. Keen, S.(2011) *Debunking Economics.* London: Zed Books, p.184.

14. Marx, K.(1867) *Capital*, vol.I, Chapter 25, Section 1, http://www.econlib.org/library/YPDBooks/Marx/mrxCpA.html

15. Veblen, T.(1898), 'Why is Economics Not an Evolutionary Science?' *Quarterly Journal of Economics*, 12: 4, pp.373~397; p.373.

16. Marshall, A.(1890) *Principles of Economics.* London: Macmillan, http://www.econlib.org/library/Marshall/marP.html

17. Keynes, J.M.(1923) *A Tract on Monetary Reform, p.80*, in *The Collected Writings of John Maynard Keynes*, vol.IV, 1977 edn. London: Palgrave Macmillan.

18. Schumpeter, J.(1942) *Capitalism, Socialism and Democracy.* New York: Harper&Row.

19. Robinson, J.(1962) *Essays in the Theory of Economic Growth.* London: Macmillan, p.25.

20. Hayek, F.(1974) 'The Pretence of Knowledge'(lecture, The memory of Alfred Nobel, 11 December 1974), http://www.nobelprize.org/nobel_prizes/economic-sciences/laureates/1974/hayek-lecture.html

21. Daly, H.(1992) *Steady State Economics.* London: Earthscan, p.88.

22. Sterman, J.D.(2012) 'Sustaining Sustainability: Creating a Systems Science in a Fragmented Academy and Polarized World', Weinstein, in M.P. and Turner, R.E.(eds), *Sustainability Science: The Emerging Paradigm and the Urban Environment.* New York: Springer Science, p.24.

23. Soros, G.(2009) 'Soros: General Theory of Reflexivity', *Financial Times*, 26 October 2009. http://www.ft.com/cms/s/2/0ca06172-bfe9-11de-aed2-00144feab49a.html#axzz3dtwpK5o2

24. Holodny, E.(2016) 'Isaac Newton was a genius, but even he lost millions in the stock market', 20 January 2016, Businessinsider.com, http://uk.businessinsider.com/isaac-newton-lost-a-fortune-on-englands-hottest-stock-2016-1?r=US&IR=T

25. Keen, S. *Rethinking Economics Kingston* 2014, 19 November 2014,

https://www.youtube.com/watch?v=dR_75cdCujI

26. Brown, G.(speech, Labour Party Conference, 27 September 1999), http://news.bbc.co.uk/1/hi/uk_politics/458871.stm

27. Bernanke, B.(2004) 'The Great Moderation'(remarks, Eastern Economic Association, Washington, DC, 20 February 2004), http://www.federalreserve.gov/boarddocs/speeches/2004/20040220/

28. Minsky, H.(1977) 'The Financial Instability Hypothesis: an interpretation of Keynes and an alternative to Standard Theory', *Challenge*, March–April 1977, pp.20~27.

29. Haldane, A.(2009) 'Rethinking the Financial Network'(speech, Financial Student Association, Amsterdam, 28 April 2009), http://www.bankofengland.co.uk/archive/ Documents/historicpubs/speeches/2009/speech386.pdf

30. Brown, G.(speech, Institute for New Economic Thinking, Bretton Woods, New Hampshire, 11 April 2011), http://www.bbc.co.uk/news/business-13032013

31. 스티브 킨과 나눈 대화, 2015년 10월 3일.

32. Sraffa, P.(1926) 'The laws of returns under competitive conditions', *EconomicJournal* 36, p.144.

33. Murphy, S., Burch, D. and Clapp, J.(2012) *Cereal Secrets: the world's largest grain traders and global agriculture*. Oxfam Research Reports, Oxford: Oxfam International, https://www.oxfam.org/sites/www.oxfam.org/files/rr-cereal-secrets-grain-traders-agriculture-30082012-en.pdf

34. Protess, B.(2011) '4 Wall Street banks still dominate derivatives trade', *New York Times*, 22 March 2011, http://dealbook.nytimes.com/2011/03/22/4-wall-st-banks-still-dominate-derivatives-trade/

35. Pilon, M.(2015) 'Monopoly's Inventor: The Progressive Who Didn't Pass "Go"', *New York Times*, 13 February 2015, http://www.nytimes.com/2015/02/15/business/ behind-monopoly-an-inventor-who-didnt-pass-go.html

36. Epstein, J. and Axtell, R.(1996) *Growing Artificial Societies*. Washington, DC: Brookings Institution Press; Cambridge, MA: MIT Press.

37. Beinhocker, E.(2007) *The Origin of Wealth*. London: Random House, p.86.

38. Milanovic, B.(2014), http://www.lisdatacenter.org/wp-content/uploads/ Milanovic-slides.pdf

39. Kunzig, R.(2009) *The Big Idea: The Carbon Bathtub*. National Geographic, December 2009, http://ngm.nationalgeographic.com/big-idea/05/carbon-bath

40. Sterman, J.D.(2010) 'A Banquet of Consequences'(presentation, MIT System Design and Management Conference, 21 October 2010), www.youtube.com/watch?v=yMNElsUDHXA

41.   Sterman, J.D.(2010) 'A Banquet of Consequences'(presentation, MIT System Design and Management Conference, 21 October 2010), www.youtube.com/watch?v=yMNElsUDHXA

42.   Diamond, J.(2003) 'Why Do Societies Collapse?'(TED Talk, February 2003), https://www.ted.com/talks/jared_diamond_on_why_societies_collapse?language=en

43.   Diamond, J.(2005) *Collapse: How Societies Choose to Fail or Survive*. London: Penguin.

44.   Meadows, D. et al.(1972) *The Limits to Growth*. New York: Universe Books; Meadows, D. et al.(2005) *Limits to Growth: The 30-Year Update*. London: Earthscan.

45.   Jackson, T. and Webster, R.(2016) *Limits Revisited: a review of the limits to growth debate*, The All Party Parliamentary Group on Limits to Growth, Surrey: University of Surrey, http://limits2growth.org.uk/wp-content/uploads/2016/04/Jackson-and-Webster-2016-Limits-Revisited.pdf

46.   Liu, E. and Hanauer, N.(2011) *The Gardens of Democracy*. Seattle: Sasquatch Books, pp.11, 87.

47.   Beinhocker, E.(2012) 'New economics, policy and politics', Dolphin, T. and Nash, D.(eds), *Complex New World*. London: Institute for Public Policy Research, pp.142~144.

48.   Ostrom, E.(2012) 'Green from the grassroots'. *Project Syndicate* 12 June 2012, http://www.project-syndicate.org/commentary/green-from-the-grassroots

49.   Meadows, D.(1999) *Leverage Points: Places to Intervene in a System*. Hartland, VT: Sustainability Institute, p.1, http://donellameadows.org/archives/leverage-points-places-to-intervene-in-a-system/

50.   Lovins, H.(2015) *An Economy in Service to Life*, http://natcapsolutions.org/projects/an-economy-in-service-to-life/#.V3RD5ZMrLIE

51.   DeMartino, G.(2012) 'Professional Economic Ethics: Why Heterodox Economists Should Care'. Paper given at World Economic Association Conference, Feb.–Mar. 2012.

52.   DeMartino, G.(2011) *The Economist's Oath*. Oxford: Oxford University Press, pp.142~150.

53.   Meadows, D.(2009) *Thinking in Systems*. London: Earthscan, pp.169~170.

## 5 분배를 설계하라

1. Cingano, F.(2014) *Trends in Income Inequality and its Impact on Economic Growth*. OECD Social, Employment and Migration Working Papers, no.163, OECD publishing, http://dx.doi.org/10.1787/5jxrjncwxv6j-en

2. Jiang, Y. et al.(2016) *Basic Facts About Low-income Children*. National Center for Children in Poverty, http://www.nccp.org/publications/pub_1145.html; The Trussell Trust(2016) 'Foodbank use remains at record high', 15 April 2016, https://www.trusselltrust.org/2016/04/15/foodbank-use-remains-record-high/

3. Sumner, A.(2012) *From Deprivation to Distribution: Is Global Poverty Becoming a Matter of National Inequality?*. IDS Working Paper no.394., Sussex: IDS, http://www.ids.ac.uk/files/dmfile/Wp394.pdf

4. Persky, J.(1992) 'Retrospectives: Pareto's law', *Journal of Economic Perspectives* 6: 2, pp.181~192.

5. Kuznets, S.(1955) 'Economic growth and income inequality', *American Economic Review*, 45: 1, pp.1~28.

6. Kuznets, S.(1954) (letter to Selma Goldsmith, US Office of Business Economics, 15 August 1954), Papers of Simon Kuznets, Harvard University Archives, HUGFP88.10 Misc. Correspondence, Box 4, http://asociologist.com/2013/03/21/on-the-origins-of-the-kuznets-curve/

7. Kuznets, S.(1955) 'Economic growth and income inequality', *American Economic Review*, 45: 1, pp.1~28.

8. Lewis, W.A.(1976) 'Development and distribution', Cairncross, A. and Puri, M.(eds), *Employment, Income Distribution, and Development Strategy: Problems of the Developing Countries*. New York: Holmes&Meier, pp.26~42.

9. World Bank(1978) *World Development Report*, Washington, DC: World Bank, p.33.

10. Krueger, A.(2002) 'Economic scene: when it comes to income inequality, more than just market forces are at work', *New York Times*, 4 April 2002, http://www.nytimes.com/2002/04/04/business/economic-scene-when-it-comes-income-inequality-more-than-just-market-forces-are.html?_r=0

11. Piketty, T.(2014) *Capital in the Twenty-First Century*. Cambridge, MA: Harvard University Press.

12. Ostry, J.D. et al.(2014) Redistribution, inequality and growth. IMF Staff discussion note, February 2014, p.5, https://www.imf.org/external/pubs/ft/sdn/2014/sdn1402.pdf

13. Quinn, J. and Hall, J.(2009) 'Goldman Sachs vice-chairman says "learn to

tolerate inequality"', *Daily Telegraph*, 21 October 2009, http://www.telegraph.co.uk/finance/recession/6392127/Goldman-Sachs-vice-chairman-says-Learn-to-tolerate-inequality.html

14. Lucas, R.(2004) *The Industrial Revolution: Past and Future*, 2003 Annual Report Essay, The Federal Reserve Bank of Minneapolis, https://www.minneapolisfed.org/publications/the-region/the-industrial-revolution-past-and-future

15. Ossa, F.(2016) 'The economist who brought you Thomas Piketty sees "perfect storm" of inequality ahead', *New York Magazine*, 24 March 2016, http://nymag.com/daily/intelligencer/2016/03/milanovic-millennial-on-millennial-war-is-next.html

16. Tony Blair and Jeremy Paxman(interview, Newsnight, 4 June 2001), http://news.bbc.co.uk/1/hi/events/newsnight/1372220.stm

17. Wilkinson, R. and Pickett, K.(2009) *The Spirit Level*. London: Penguin.

18. Wilkinson, R. and Pickett, K.(2014) '*The Spirit Level* authors: why society is more unequal than ever', *Guardian*, 9 March 2014, https://www.theguardian.com/commentisfree/2014/mar/09/society-unequal-the-spirit-level

19. West, D.(2014) *Billionaires: Darrell West's reflections on the Upper Crust*, http://www.brookings.edu/blogs/brookings-now/posts/2014/10/watch-rural-dairy-farm-writing-billionaires-political-power-great-wealth

20. Gore, A.(31 October 2013). 'The Future: six drivers of global change'(lecture, Oxford Martin School), http://www.oxfordmartin.ox.ac.uk/videos/view/317

21. Islam, N.(2015) *Inequality and Environmental Sustainability*, UNDESA Working Paper no.145 ST/ESA/2015/DWP/145, http://www.un.org/esa/desa/papers/2015/wp145_2015.pdf

22. Datta, Se. et al.(2015) 'A behavioural approach to water conservation: evidence from a randomized evaluation in Costa Rica', *Ideas* 42, http://www.ideas42.org/wp-content/uploads/2015/04/Belen-Paper-Final.pdf; Ayres, I., Raseman, S. and Shih, A.(2009) *Evidence from Two Large Field Experiments that Peer Comparison Feedback Can Reduce Residential Energy Usage*, National Bureau of Economic Research, Working Paper 15386, http://www.nber.org/papers/w15386

23. Boyce, J.K. et al.(1999) 'Power distribution, the environment, and public health: a state-level analysis', *Ecological Economics* 29, pp.127~140.

24. Holland, T. et al.(2009) 'Inequality predicts biodiversity loss', *Conservation Biology* 23: 5, pp.1304~1313.

25. Kumhof, M. and Rancière, R.(2010) *Inequality, Leverage and Crises*, IMF Working Paper WP/10/268, Washington, DC: IMF.

26. Ostry, J.D. et al.(2014) Redistribution, inequality and growth. IMF Staff discussion note, February 2014. p.5, https://www.imf.org/external/pubs/ft/sdn/2014/sdn1402.pdf

27. Ostry, J.(2014) 'We do not have to live with the scourge of inequality', *Financial Times*, 3 March 2014, http://www.ft.com/cms/s/0/f551b3b0-a0b011e3-a72c-00144feab7de.html#axzz4AsgUK8pa

28. Goerner, S.(2015) *Regenerative Development: The Art and Science of Creating Durably Vibrant Human Networks*, Connecticut: Capital Institute, http://capitalinstitute.org/wp-content/uploads/2015/05/000-Regenerative-Devel-Final-Goerner-Sept-1-2015.pdf

29. Goerner, S. et al.(2009) 'Quantifying economic sustainability: implications for free-enterprise theory, policy and practice', *Ecological Economics* 69, p.79.

30. The Asia Floor Wage, http://asia.floorwage.org/

31. Pizzigati, S.(2004) *Greed and Good*. New York: Apex Press, pp.479~502.

32. The Mahatma Gandhi National Rural Employment Guarantee Act 2005, http://www.nrega.nic.in/netnrega/home.aspx

33. Basic Income Earth Network(BIEN), http://www.basicincome.org/

34. Alperovitz, G.(2015) *What Then Must We Do?* White River Junction, VT: Chelsea Green, p.26.

35. Landesa, http://www.landesa.org/resources/suchitra-deys-story/

36. 'Educating the People', *Ottawa Free Trader*, 7 August 1914, p.3.

37. Mill, J.S.(1848) *Principles of Political Economy*, Book V, Chapter II, 28, http://www.econlib.org/library/Mill/mlP.html

38. George, H.(1879) *Progress and Poverty*, New York: Modern Library, Book VII, Chapter 1.

39. Thompson, E.P.(1964) *The Making of the English Working Class*. New York: Random House, p.218.

40. Land Matrix, www.landmatrix.org

41. Pearce, F.(2016) *Common Ground: securing land rights and safeguarding the earth*. Oxford: Oxfam International.

42. Ostrom, E.(2009) 'A general framework for analyzing sustainability of socialecological systems', *Science* 325, p.419.

43. Ostrom, E.(2009) 'Beyond markets and states: polycentric governance of complex economic systems'(Nobel Prize lecture, 8 December 2009), http://www.nobelprize.org/nobel_prizes/economic-sciences/laureates/2009/ostrom_lecture.pdf

44. Ostrom, E., Janssen. M. and Anderies, J.(2007) 'Going beyond panaceas',

*Proceedings of the National Academy of Sciences* 104: 39, pp.15176~15178.

45. Greenham, T.(2012) 'Money as a social relationship'(TEDxLeiden, 29 November 2012), https://www.youtube.com/watch?v=f1pS1emZP6A

46. Ryan-Collins, J. et al.(2012) *Where Does Money Come From?* London: New Economics Foundation.

47. Bank of England Interactive Database, Table C, 'Further analyses of deposits and lending', series: 'Industrial analysis of sterling monetary financial institutions lending to UK residents: long runs', http://www.bankofengland.co.uk/boeapps/iadb/index.asp?first=yes&SectionRequired=C&HideNums=-1&ExtraIn fo=false&Travel=NIxSTx

48. Hudson, M. and Bezemer, D.(2012) 'Incorporating the rentier sectors into a financial model', *World Economic Review* 1, p.6.

49. Benes, J. and Kumhof, M.(2012) *The Chicago Plan Revisited*. IMF Working Paper 12/202, https://www.imf.org/external/pubs/ft/wp/2012/wp12202.pdf

50. Keynes, J.M.(1936) *General Theory of Employment, Interest and Money*, Chapter 24.

51. Ryan-Collins, J. et al.(2013) *Strategic Quantitative Easing: Stimulating Investment to Rebalance the Economy*. London: New Economics Foundation.

52. Blyth, M., Lonergan, E. and Wren-Lewis, S., 'Now the Bank of England needs to deliver QE for the people'. *Guardian*, 21 May 2015.

53. Murphy, R. and Hines, C.(2010) 'Green quantitative easing: paying for the economy we need', Norfolk: Finance for the Future, http://www.financeforthefuture.com/GreenQuEasing.pdf

54. Greenham, T.(2012) 'Money as a social relationship'(TEDxLeiden, 29 November 2012), https://www.youtube.com/watch?v=f1pS1emZP6A

55. Grassroots Economics(2016), 'Community Currencies', http://grassrootseconomics.org/community-currencies

56. Ruddick, W.(2015) 'Kangemi-Pesa Launch Prep&More Currency News', Grassroots Economics, http://www.grassrootseconomics.org/kangemi-pesa-launch-prep

57. www.zeitvorsorge.ch/

58. Strassheim, I.(2014) 'Zeit statt Geld fürs Alter sparen', *Migros-Magazin*, 1 September 2014. www.zeitvorsorge.ch/#!/DE/24/Medien.htm

59. DEVCON1(2016) Transactive Grid: A Decentralized Energy Management Solution(Presentation, Ethereum Developer Conference, 9~13 November 2015, London), https://www.youtube.com/watch?v=kq8RPbFz5UU

60. Seaman, D.(2015) 'Bitcoin vs. Ethereum explained for NOOBZ', 30 November 2015,

https://www.youtube.com/watch?v=rEJKLFH8q5c

61. Trades Union Congress(2012) *The Great Wages Grab*. London: TUC, https://www.tuc.org.uk/sites/default/files/tucfiles/TheGreatWagesGrab.pdf

62. Mishel, L. and Shierholz, H.(2013) *A Decade of Flat Wages*. EPI Briefing Paper no.365, Washington, DC: Economic Policy Institute, http://www.epi.org/files/2013/BP365.pdf

63. Miller, J.(2015) *German wage repression*, Dollars&Sense blog. September 2015, http://dollarsandsense.org/archives/2015/0915miller.html

64. International Labour Organization(2014) *Global Wage Report*. Geneva: ILO, http://www.reuters.com/article/2014/12/04/us-employment-wages-ilo-idUSKCN0JI2JP20141204

65. Kelly, M.(2012) *Owning our Future: The Emerging Ownership Revolution*. San Francisco: Berrett-Koehler, p.18.

66. International Cooperative Alliance(2014), *World Cooperative Monitor*. Geneva: ICA, http://www.euricse.eu/publications/world-cooperative-monitor-report-2014/#

67. John Lewis(2011) The John Lewis Partnership Bond, http://www.partnershipbond.com/content/jlbond/about.html

68. Kelly, M.(2012) *Owning our Future: The Emerging Ownership Revolution*. San Francisco: Berrett-Koehler, p.12.

69. Kelly, M.(2012) *Owning our Future*, p.212.

70. Rikfin, J.(2014) *The Zero Marginal Cost Society*. New York: Palgrave Macmillan, p.204.

71. Brynjolfsson, E. and McAfee, A.(2012) 'Jobs, productivity and the Great Decoupling', *New York Times*, 11 December, http://www.nytimes.com/2012/12/12/opinion/global/jobs-productivity-and-the-great-decoupling.html?_r=0

72. Brynjolfsson, E. and McAfee, A.(2015) 'Will humans go the way of horses?' *Foreign Affairs*, July/August, https://www.foreignaffairs.com/articles/2015-06-16/will-humans-go-way-horses

73. World Economic Forum(2016) *The Future of Jobs*, http://reports.weforum.org/future-of-jobs-2016/

74. Zuo, M.(2016) 'Rise of the robots: 60,000 workers culled from just one factory as China's struggling electronics hub turns to artificial intelligence', *South China Morning Post*, 21 May 2016, http://www.scmp.com/news/china/economy/article/1949918/rise-robots-60000-workers-culled-just-one-factory-chinas

75. Brynjolfsson, E. and McAfee, A.(2015) 'Will humans go the way of horses?' *Foreign Affairs*, July/August, https://www.foreignaffairs.com/articles/2015-06-16/

will-humans-go-way-horses

76.    Brynjolfsson and McAfee(2015) 'Will humans go the way of horses?'

77.    Mazzucato, M.(2013) *The Entrepreneurial State*. London: Anthem Press, pp.188~191.

78.    M. Frumkin,(1945) 'The origin of patents', *Journal of the Patent Office Society*, 27: 3, p.143.

79.    Schwartz, J.(2009) 'Cancer patients challenge the patenting of a gene', *New York Times*, 12 May, http://www.nytimes.com/2009/05/13/health/13patent.html

80.    Stiglitz, J.(2012) *The Price of Inequality*. London: Allen Lane, p.202.

81.    The Open Building Institute, http://openbuildinginstitute.org/

82.    Jakubowski, M.(2012) 'The Open Source Economy'. Talk given at Connecting for Change: Bioneers by the Bay conference, the Marion Institute, 28 October 2012, https://www.youtube.com/watch?v=MIIzogiUHFY

83.    Pearce, J.(2015) 'Quantifying the value of open source hardware development', *Modern Economy*, 6, pp.1~11.

84.    Bauwens, M.(2012) *Blueprint for P2P Society: The Partner State and Ethical Society*, http://www.shareable.net/blog/blueprint-for-p2p-society-the-partner-state-ethical-economy

85.    Lakner, C. and Milanovic, B.(2015) 'Global income distribution: from the fall of the Berlin Wall to the Great Recession', *The World Bank Economic Review*, pp.1~30.

86.    OECD(2014) *Detailed Final 2013 Aid Figures Released by OECD/DAC*, http://www.oecd.org/dac/stats/final2013oda.htm

87.    OECD(2015) 'Non-ODA flows to developing countries: remittances', http://www.oecd.org/dac/stats/beyond-oda-remittances.htm

88.    Financial Inclusion Insights(2015) *Kenya: Country Context*, http://finclusion.org/country-pages/kenya-country-page/

89.    Statistica(2015) *Mobile Phone User Penetration as a Percentage of the Population Worldwide, 2013 to 2019*, http://www.statista.com/statistics/470018/mobile-phone-user-penetration-worldwide/

90.    Banerjee, A. et al.(2015) *Debunking the Stereotype of the Lazy Welfare Recipient: Evidence from Cash Transfer Programs Worldwide*. HKS Working Paper no.76, http://papers.ssrn.com/sol3/papers.cfm?abstract_id=2703447; Gertler, P., Martinez, S. and Rubio-Codina, M.(2006) *Investing Cash Transfers to Raise Long-term Living Standard*, World Bank Policy Research Working Paper no.3994, Washington, DC: World Bank, http://www1.worldbank.org/prem/poverty/ie/dime_papers/1082.pdf

91.  Global Basic Income Foundation, *What Is a Global Basic Income?*, http://www.globalincome.org/English/Global-Basic-Income.html

92.  Faye, M. and Niehaus, P.(2016) 'What if we just gave poor people a basic income for life? That's what we're about to test', *Slate*, 14 April 2016, http://www.slate.com/blogs/moneybox/2016/04/14/universal_basic_income_this_nonprofit_is_about_to_test_it_in_a_big_way.html

93.  Hurun Global Rich List 2015, http://www.hurun.net/en/articleshow.aspx?nid=9607

94.  Seery, E. and Caistor Arendar, A.(2014) *Even It Up: Time to End Extreme Inequality*. Oxford: Oxfam International, p.17.

95.  ICRICT(2015) Declaration of the Independent Commissions for the Reform of International Corporate Taxation, www.icrict.org

96.  Barnes, P.(2003) 'Capitalism, the Commons and Divine Right'(23rd Annual E.F. Schumacher lectures, Schumacher Center for a New Economics), http://www.centerforneweconomics.org/publications/lectures/barnes/peter/capitalism-the-commons-and-divine-right

97.  Barnes, P.(2006) *Capitalism 3.0: A Guide to Reclaiming the Commons*. Berkeley: Berrett-Koehler.

98.  Sheerin, J.(2009) 'Malawi windmill boy with big fans', BBC News, http://news.bbc.co.uk/1/hi/world/africa/8257153.stm

99.  Pearce, J. et al.(2012) 'A new model for enabling innovation in appropriate technology for sustainable development', *Sustainability: Science, Practice and Policy*, 8: 2, pp.42~53.

100.  Pearce, J.(2012) 'The case for open source appropriate technology', *Environment, Development and Sustainability*, 14: 3, p.430.

101.  Kamkwamba, W.(2014) 'Updates from the past two years', 6 October 2014, William Kamkwamba's blog, http://williamkamkwamba.typepad.com/williamkamkwamba/2014/10/updates-from-the-last-two-years.html

102.  윌리엄 캄쾀바와 주고받은 이메일, 2015년 10월 19일.

# 6  재생하라

1.  Mallet, V.(2013) 'Environmental damage costs India $80bn a year', *Financial Times*, 17 July 2013, http://www.ft.com/cms/s/0/0a89f3a8-eeca-11e2-98dd-00144feabdc0.html#axzz3qz7R0UIf

2.   Grossman, G. and Krueger, A.(1995) 'Economic growth and the environment', *Quarterly Journal of Economics*, 110: 2, pp.353~377.

3.   Grossman and Krueger(1995) 'Economic growth and the environment', p.369.

4.   Yandle, B. et al.(2002) *The Environmental Kuznets Curve: A Primer*. The Property and Environment Research Centre Research Study 02, http://www.macalester.edu/~wests/econ231/yandleetal.pdf

5.   Torras, M. and Boyce, J.K.(1998) 'Income, inequality, and pollution: a reassessment of the environmental Kuznets curve', *Ecological Economics* 25, pp.147~160.

6.   Wiedmann, T.O. et al.(2015) 'The material footprint of nations', *Proceedings of the National Academy of Sciences* 112: 20, pp.6271~6276.

7.   UNEP(2016) *Global Material Flows and Resource Productivity: A Report of the International Resource Panel*, http://www.uneplive.org/material#.V1rkAeYrLIG

8.   Goodall, C.(2012) *Sustainability*. London: Hodder&Stoughton.

9.   Global Footprint Network(2016) 'National Footprint Accounts', http://www.footprintnetwork.org/en/index.php/GFN/page/footprint_data_and_results/

10.   Heinrich Böll Foundation(2012) 'Energy transition: environmental taxation', http://energytransition.de/2012/10/environmental-taxation/

11.   California Environmental Protection Agency(2016) 'Cap-and-Trade Program', http://www.arb.ca.gov/cc/capandtrade/capandtrade.htm

12.   Schwartz, D. 'Water pricing in two thirsty cities: in one, guzzlers pay more, and use less', *New York Times* 6 May 2015, http://www.nytimes.com/2015/05/07/business/energy-environment/water-pricing-in-two-thirsty-cities.html?_r=0

13.   '"Most progressive water utility in Africa" receives 2014 Stockholm Industry Water Award', SIWI press release, http://www.siwi.org/latest/most-progressive-water-utility-in-africa-receives-2014-stockholm-industry-water-award/

14.   Meadows, D.(1997) *Leverage Points: Places to Intervene in a System*. The Donella Meadows Institute, http://donellameadows.org/archives/leverage-points-places-to-intervene-in-a-system/

15.   Lyle, J.T.(1994) *Regenerative Design for Sustainable Development*. New York: John Wiley&Sons, p.5.

16.   Hotten, R.(2015) 'Volkswagen: the scandal explained', BBC News, http://www.bbc.co.uk/news/business-34324772

17.   'Nedbank Fair Share 2030 starts with Targeted Lending of R6 billion', 3 March 2014, Nedbank, https://www.nedbank.co.za/content/nedbank/desktop/gt/en/news/nedbankstories/fair-share-2030/2014/nedbank-fair-share-2030-starts-with-

targeted-lending-of-r6-billion.html

18. Nestlé(2014) 'Nestlé opens its first zero water factory expansion in Mexico', 22 October 2014, http://www.wateronline.com/doc/nestle-zero-water-factoryex pansion-mexico-0001

19. McDonough, W.(2015) 'Upcycle and the atomic bomb'(interview), *Renewable Matter* 06–07, Milan: Edizioni Ambiente, p.12.

20. Andersson, E. et al.(2014) 'Reconnecting cities to the Biosphere: stewardship of green infrastructure and urban ecosystem services', *AMBIO* 43: 4, pp.445~453.

21. Biomimicry 3.8(2014), 'Conversation with Janine', http://biomimicry.net/about/biomimicry/conversation-with-janine/

22. Webster, K.(2015) *The Circular Economy: A Wealth of Flows*. Isle of Wight: Ellen McArthur Foundation.

23. Ellen MacArthur Foundation(2012) *Towards the Circular Economy*, Isle of Wight: Ellen McArthur Foundation, http://www.ellenmacarthurfoundation.org/assets/ downloads/publications/Ellen-MacArthur-Foundation-Towards-the-Circular-Economy-vol.1.pdf

24. Braungart, M. and McDonough, W.(2009) *Cradle to Cradle: Remaking the Way We Make Things*. London: Vintage Books.

25. Ellen MacArthur Foundation(2012) *In-depth: mobile phones*, http://www.ellenmacarthurfoundation.org/circular-economy/interactive-diagram/ in-depth-mobile-phones

26. Benyus, J.(2015) 'The generous city', *Architectural Design* 85: 4, pp.120~121.

27. 재닌 베니어스와 나눈 대화, 2015년 11월 23일.

28. Park 20|20, http://www.park2020.com/

29. Newlight Technologies, www.newlight.com/company

30. Sundrop Farms, www.sundropfarms.com; Sundrop Farms ABC Landline Coverage, 20 April 2012, https://www.youtube.com/watch?v=KCup_B_RHM4

31. Arthur, C.(2010) 'Women solar entrepreneurs transforming Bangladesh', http://www.renewableenergyworld.com/articles/2010/04/women-solar-entrepreneurs-transforming-bangladesh.html

32. Vidal, J.(2014) 'Regreening program to restore one-sixth of Ethiopia's land', *Guardian*, 30 October 2014, http://www.theguardian.com/environment/2014/ oct/30/regreening-program-to-restore-land-across-one-sixth-of-ethiopia

33. Sanergy, http://saner.gy/

34. ProComposto, http://www.procomposto.com.br

35. Margolis, J.(2012) 'Growing food in the desert: is this the solution to the world's

food crisis?', *Guardian*, 24 November 2012, https://www.theguardian.com/environment/2012/nov/24/growing-food-in-the-desert-crisis

36. Lacy, P. and Rutqvist, J.(2015) *Waste to Wealth: The Circular Economy Advantage*. New York: Palgrave Macmillan, pp.79~80.

37. Muirhead, S. and Zimmermann, L.(2015) 'Open Source Circular Economy', The Disruptive Innovation Festival 2015.

38. Open Source Circular Economy: mission statement, https://oscedays.org/open-source-circular-economy-mission-statement/

39. 샘 뮤어헤드와 나눈 대화, 2016년 1월 27일.

40. Apertus°, https://www.apertus.org/

41. OSVehicle, https://www.osvehicle.com/

42. Sénamé Kof Agbodjinou and the W. Afate 3D printer at NetExplo 2015, https://www.youtube.com/watch?v=ThTRqfhMLcA; My Africa Is talks Woelab and the e-waste 3D printer; http://www.myafricais.com/woelab_3dprinting/

43. Greene, T.(2001) 'Ballmer: "Linux is a cancer"', http://www.theregister.co.uk/2001/06/02/ballmer_linux_is_a_cancer/; Finley, K.(2015) 'Whoa. Microsoft is using Linux to run its cloud', http://www.wired.com/2015/09/microsoft-using-linux-run-cloud/

44. 뮤어헤드와 나눈 대화, 2016년 1월 27일.

45. Asknature.org; 베니어스와 나눈 대화, 2016년 5월 31일.

46. Friedman, M.(1970) 'The social responsibility of business is to increase its profits', *New York Times Magazine*, 13 Septembe, http://umich.edu/~thecore/doc/Friedman.pdf

47. Satya.com(2005) 'A Dame of big ideas: the Satya interview with Anita Roddick', http://www.satyamag.com/jan05/roddick.html

48. Satya.com(2005) 'A Dame of big ideas'.

49. Benefit Corporation, http://benefitcorp.net/; CIC Association, http://www.cicassociation.org.uk/about/what-is-a-cic

50. Satya.com(2005) 'A Dame of big ideas: the Satya interview with Anita Roddick', http://www.satyamag.com/jan05/roddick.html

51. John Fullerton(speech), https://www.youtube.com/watch?v=6KDv06YOjxw

52. Fullerton, J.(2015) *Regenerative Capitalism*. Greenwich, CT: The Capital Institute.

53. Capital Institute(2015) *A Year in the Life of a Regenerative Bank*, http://regenerativebankproject.capitalinstitute.org/

54. Herman, G.(2011) 'Alternative currency has great success: Rabot loves Torekes', *Nieuwsblad*, 30 April 2011, http://www.nieuwsblad.be/cnt/f839i9vt

55. The Ex'Tax Project(et al.)(2014) *New Era. New Plan. Fiscal reforms for an inclusive, circular economy*, http://ex-tax.com/files/4314/1693/7138/The_Extax_Project_New_Era_New_Plan_report.pdf

56. Crawford, K. et al.(2014) *Demolition or Refurbishment of Social Housing? A review of the evidence*. London: UCL Urban Lab and Engineering Exchange, http://www.engineering.ucl.ac.uk/engineering-exchange/files/2014/10/Repor t-Refurbishment-Demolition-Social-Housing.pdf

57. Wijkman, A. and Skanberg, K.(2015) *The Circular Economy and Benefits for Society*. Club of Rome, http://www.clubofrome.org/wp-content/uploads/2016/03/The-Circular-Economy-and-Benefits-for-Society.pdf

58. Mazzucato, M.(2015) 'What we need to get a real green revolution', 10 December 2015, http://marianamazzucato.com/2015/12/10/what-we-need-to-get-a-real-gree n-revolution/

59. Mazzucato, M., Semieniuk, G. and Watson, J.(2015) *What Will It Take To Get Us a Green Revolution?*. SPRU Policy Paper, University of Sussex, https://www.sussex.ac.uk/webteam/gateway/file.php?name=what-will-it-take-to-ge t-us-a-green-revolution.pdf&site=264

60. The Oberlin Project, http://www.oberlinproject.org/

61. 'David Orr: The Oberlin Project', The Garrison Institute, February 2012, https://www.youtube.com/watch?v=K5MNI9k0wWU

62. Oberlin College(2016) Environmental Dashboard, environmentaldashboard.org

63. Meadows, D.(1998) *Indicators and Information Systems for Sustainable Development*. Vermont: The Sustainability Group, http://www.comitatoscientifico. org/temi%20SD/documents/@@Meadows%20SD%20indicators.pdf

64. Economy for the Common Good, https://old.ecogood.org/en;
   B Corps, https://www.bcorporation.net/;
   MultiCapital Scorecard, http://www.multicapitalscorecard.com/

# 7 경제 성장에 대한 맹신을 버려라

1. Mali, T.(2002) 'Like Lily like Wilson', *What Learning Leaves*, Newtown, CT: Hanover Press.

2. Al Bartlett, http://www.albartlett.org

3. Rostow, W.W.(1960), *The Stages of Economic Growth: A Non-Communist*

*Manifesto*. Cambridge: Cambridge University Press, p.6.

4.  Ibid., p.16.

5.  Smith, A.(1776) *An Inquiry into the Nature and Causes of the Wealth of Nations*, Book I, Chapter 9, p.14, http://geolib.com/smith.adam/won1-09.html

6.  Ricardo, D.(1817) *On the Principles of Political Economy and Taxation*, Chapter 4(6.29), http://www.econlib.org/library/Ricardo/ricP.html

7.  Mill, J.S.(1848) *Principles of Political Economy*, Book IV, Chapter VI, 6, http://www.econlib.org/library/Mill/mlP.html#Bk.IV,Ch.VI

8.  Keynes, J.M.(1945) *First Annual Report of the Arts Council*(1945–46). London: Arts Council.

9.  Rogers, E.(1962) *Diffusion of Innovations*. New York: The Free Press.

10. Georgescu-Roegen, N.(2013) *The Entropy Law and the Economic Process*. Cambridge, MA: Harvard University Press.

11. Marshall, A.(1890) *Principles of Economics*. London: Macmillan, Book IV, Chapter VII.7, http://www.econlib.org/library/Marshall/marP.html#

12. IMF(2016) 'World Economic Outlook Update', January 2016, http://www.imf.org/external/pubs/ft/weo/2016/update/01/

13. World Bank(2016) GDP growth(annual %), 2011–2015, http://data.worldbank.org/indicator/NY.GDP.MKTP.KD.ZG

14. Jackson, T.(2009) *Prosperity without Growth*. London: Earthscan, pp.56~58.

15. United Nations(2015) *World Population Prospects: The 2015 Revision*. New York: UN, p.26, https://esa.un.org/unpd/wpp/publications/files/key_findings_wpp_2015. pdf

16. Global Footprint Network(2015) *Footprint for Nations*(2011 data), http://www.footprintnetwork.org/en/index.php/GFN/page/footprint_for_nations/

17. Sinclair, U.(1935) *I, Candidate for Governor – and How I Got Licked*. Oakland: University of California Press, 1994 repr., p.109.

18. Bonaiuti, M.(2014) *The Great Transition*. London: Routledge(Figure 3.1).

19. Gordon, R.(2014) *The Demise of U.S. Economic Growth: Restatement, Rebuttal, and Reflections*, NBER Working Paper no.19895, February 2014, http://www. nber.org/papers/w19895; Jackson, T. and Webster, R.(2016) *Limits Revisited, A Report for the All Party Parliamentary Group on Limits to Growth*, http:// limits2growth.org.uk/revisited/

20. OECD(2014) *Policy Challenges for the Next 50 Years*. OECD Economic policy paper no.9, Paris: OECD, p.11.

21. Carney, M.(2016) 'Redeeming an Unforgiving World'(speech, Mark Carney at

the 8th Annual Institute of International Finance G20 Conference, Shanghai, 26 February 2016), http://www.bankofengland.co.uk/publications/Pages/speeches/2016/885.aspx

22. Borio, C. 'The movie plays on: a lens for viewing the global economy' Bank for International Settlements(presentation, FT Debt Capital Markets Outlook, London 10 February 2016), http://www.bis.org/speeches/sp160210_slides.pdf

23. Obsfeld, M.(2016) 'Global growth: too slow for too long', *IMFdirect*, 12 April 2016, https://blog-imfdirect.imf.org/2016/04/12/global-growth-too-slow-for-too-long/

24. OECD(2016) 'Global economy stuck in low-growth trap: policymakers need to act to keep promises, OECD says in latest Economic Outlook', 1 June 2016, http://www.oecd.org/newsroom/global-economy-stuck-in-low-growth-trap-policy makers-need-to-act-to-keep-promises.htm

25. Summers, L.(2016) 'The age of secular stagnation', *Foreign Affairs*, 15 February.

26. Beckerman, W.(1972) *In Defense of Economic Growth*. London: Jonathan Cape, pp.100~101.

27. Friedman, B.(2006) *The Moral Consequence of Economic Growth*. New York: Vintage Books, p.4.

28. Moyo, D.(2015) 'Economic growth has stalled. Let's fix it'(TED Global, Geneva), https://www.ted.com/talks/dambisa_moyo_economic_growth_has_stalled_let_s_fix_it?language=en

29. Brynjolfsson, E. and MacAfee, A.(2014) *The Second Machine Age*. New York: W.W. Norton&Co.

30. Carbon Brief(2016) 'The 35 countries cutting the link between economic growth and emissions', 5 April 2016, https://www.carbonbrief.org/the-35-countries-cutting-the-link-between-economic-growth-and-emissions; 세계은행의 GDP 데이터는 현지 통화를 단위로 하고, 소비 기반 이산화탄소 배출 데이터는 CDIAC 데이터베이스에서 가져왔다.

31. Anderson, K. and Bows, A.(2011) 'Beyond "dangerous" climate change: emissions scenarios for a new world', *Philosophical Transactions of the Royal Society A*, 369, pp.20~44.

32. Bowen, A. and Hepburn, C.(2012) *Prosperity With Growth: Economic Growth, Climate Change and Environmental Limits*, Centre for Climate Change Economic and Policy Working Paper no.109; Brynjolfsson, E.(2013) 'The key to growth? Race with the machines'(TED Talk, February 2013), https://www.ted.com/talks/erik_brynjolfsson_the_key_to_growth_race_em_with_em_the_machines?language=en

33. Bowen, A. and Hepburn, C.(2012) *Prosperity with Growth: Economic Growth, Climate Change and Environmental Limits*, Centre for Climate Change Economic and Policy Working Paper no.109, p.20.

34. Solow, R.(1957) 'Technical change and the aggregate production function', *Review of Economics and Statistics* 39: 3, p.320.

35. Abramovitz, M.(1956) 'Resource and output trends in the United States since 1870', *American Economic Review*, 46: 2, p.11.

36. Ayres. R. and Ayres, E.(2010) *Crossing the Energy Divide: Moving from Fossil Fuel Dependence to a Clean Energy Future*. Upper Saddle River, NJ: Wharton School Publishing, p.14.

37. Let the Sun Work(2015) 'The energy in a barrel of oil', http://letthesunwork.com/energy/barrelofenergy.htm

38. Ayres, R. and Warr, B.(2009) *The Economic Growth Engine*. Cheltenham: Edward Elgar, pp.297, 309.

39. Murphy, D.J.(2014) 'The implications of the declining energy return on investment of oil production', *Philosophical Transactions of the Royal Society* 372, p.16.

40. Semieniuk, G.(2014) 'The digital revolution's energy costs', Schwartz Center for Economic Policy Analysis, The New School, 21 April 2014, http://www.economicpolicyresearch.org/index.php/the-worldly-philosopher/1446-the-digital-revolution-s-energy-costs

41. Swishing, http://swishing.com

42. Rifkin, J.(2014) *The Zero Marginal Cost Society*. New York: Palgrave Macmillan, p.20.

43. Easterlin, R.(1974) 'Does economic growth improve the human lot? Some empirical evidence', David, P. and Reder, M.(eds), *Nations and Households in Economic Growth: Essays in Honour of Moses Abramovitz*. New York: Academic Press.

44. Stevenson, B. and Wolfers, J.(2008) *Economic Growth and Subjective Well-being: Reassessing the Easterlin Paradox*, National Bureau of Economic Research Paper no.14282, http://www.nber.org/papers/w14282

45. Wolf, M.(2007), 'The dangers of living in a zero-sum world economy', *Financial Times*, 19 December 2007, https://next.ft.com/content/0447f562-ad85-11dc-9386-0000779fd2ac

46. Rostow, W.W.(1960) *The Stages of Economic Growth: A Non-Communist Manifesto*. Cambridge: Cambridge University Press, p.6.

47. Rogoff, K.(2012) 'Rethinking the growth imperative', *Project Syndicate*, 2 January 2012, http://www.project-syndicate.org/commentary/

rethinking-the-growth-imperative

48. Polanyi, K.(2001) *The Great Transformation*. Boston: Beacon Press.

49. Marx, K.(1867) *Capital*, vol.I, Part II, Chapter IV, http://www.econlib.org/library/ YPDBooks/Marx/mrxCpA4.html#Part II, Chapter 4

50. Aristotle(350 BCE) *Politics*, Book I, Part X, http://classics.mit.edu/Aristotle/politics.1.one.html

51. Fullerton, J.(2012) 'Can financial reform fight climate change?'(interview, Laura Flanders Show, 8 July 2012), https://www.youtube.com/watch?v=NyVEK6A61Z8

52. Capital Institute(2015) *Evergreen Direct Investing: Co-creating the Regenerative Economy*, http://fieldguide.capitalinstitute.org/evergreen-direct-investing.html

53. 존 풀러턴과 나눈 대화, 2014년 6월 23일.

54. Gesell, S.(1906) *The Natural Economic Order*, p.121, https://www.community- exchange.org/docs/Gesell/en/neo

55. Keynes, J.M.(1936) *The General Theory of Employment, Interest and Money*. London: Macmillan, Chapter 23.

56. Lietaer, B.(2001) *The Future of Money*. London: Century, pp.247~248.

57. Lakoff, G.(2014) *The All New Don't Think of an Elephant*. White River Junction, VT: Chelsea Green.

58. Oxfam(2013), 'Tax on the "private" billions now stashed away in havens enough to end extreme world poverty twice over', 22 May 2013, https://www.oxfam.org/en/pressroom/pressreleases/2013-05-22/tax-private-billions-now-stashed-away-havens-enough-end-extreme

59. Tax Justice Network(2015) 'The scale of Base Erosion and Profit Shifting'(BEPS), http://www.taxjustice.net/scaleBEPS/

60. Global Alliance for Tax Justice, http://www.globaltaxjustice.org

61. Keynes, J.M.(1931) 'Economic possibilities for our grandchildren' in *Essays in Persuasion*. London: Rupert Hart-Davis, p.5, http://www.econ.yale.edu/smith/econ116a/keynes1.pdf

62. Coote, A., Franklin, J. and Simms, A.(2010) '21 Hours: Why a Shorter Working Week Can Help Us All to Flourish in the 21st Century'. London: New Economics Foundation.

63. Coote, A.(2012) 'The 21 Hour Work Week'(TEDxGhent), https://www.youtube.com/watch?v=1IMYV31tZZ8

64. Smith, S. and Rothbaum, J.(2013) *Cooperatives in a Global Economy: Key Economic Issues, Recent Trends, and Potential for Development*. Institute for International Economic Policy Working Paper Series, George Washington

University IIEP–WP–2013–6, https://www.gwu.edu/~iiep/assets/docs/papers/ Smith_Rothbaum_IIEPWP2013-6.pdf

65. Kennedy, P.(1989) *The Rise and Fall of World Powers*. New York: Vintage Books.

66. C40 Cities Climate Leadership Group, http://www.c40.org

67. Rogoff, K.(2012) 'Rethinking the growth imperative', *Project Syndicate*, 2 January 2012, http://www.project-syndicate.org/commentary/ rethinking-the-growth-imperative

68. Berger, J.(1972) *Ways of Seeing*. London: Penguin, p.131.

69. Wolf, M. 'The dangers of living in a zero sum world', *Financial Times*, 19 December 2007.

70. Wallich, H.(1972) 'Zero growth', *Newsweek*, 24 January 1972, p.62.

71. Brightman, R.(1993) *Grateful Prey: Rock Cree Human–Animal Relationships*. Berkeley: University of California Press, pp.249~251.

72. Phillips, A.(2009) 'Insatiable creatures', *Guardian*, 8 August 2009, https://www. theguardian.com/books/2009/aug/08/excess-adam-phillips

73. Gerhardt, S.(2010) *The Selfish Society: How We All Forgot to Love One Another and Made Money Instead*. London: Simon&Schuster, pp.32~33.

74. Aked, J. et al.(2008) *Five Ways to Wellbeing: The Evidence*. London: New Economics Foundation.

## 이제는 모두가 경제학자다

1. Leach, M., Raworth, K. and Rockström, J.(2013) *Between Social and Planetary Boundaries: Navigating Pathways in the Safe and Just Space for Humanity*, World Social Science Report, Paris: UNESCO.

2. Mill, J.S.(1873) *Autobiography*. London: Penguin, 1989 edn, pp.178~179.

3. Keynes, J.M.(1924) 'Alfred Marshall, 1842–1924', *The Economic Journal*, 34: 135, p.322.

4. Stiglitz, J.(2012) 'Questioning the value of economics'(video interview, World Business of Ideas). www.wobi.com/wbftv/joseph-stiglitz-questioning-value-economics

5. 위안 양과 나눈 대화, 2016년 6월 15일.

# 참고 문헌

Abramovitz, M.(1956) 'Resource and output trends in the United States since 1870',
　　*American Economic Review*, 46: 2, pp.5~23.

Acemoglu, D. and Robinson, J.(2013) *Why Nations Fail: The Origins of Power,
　　Prosperity and Poverty*. London: Profile Books.

Aked, J. et al.(2008) *Five Ways to Wellbeing: The Evidence*. London: New Economics
　　Foundation.

Alperovitz, G.(2015) *What Then Must We Do?* White River Junction, VT: Chelsea Green.

Anderson, K. and Bows, A.(2011) 'Beyond "dangerous" climate change: emissions scenarios
　　for a new world', *Philosophical Transactions of the Royal Society A*,
　　369, pp.20~44.

Arendt, H.(1973) *Origins of Totalitarianism*. New York: Harcourt Brace Jovanovich.

Aristotle(350 bce), *Politics*, http://classics.mit.edu/Aristotle/politics.1.one.html

Arndt, H.(1978) *The Rise and Fall of Economic Growth*. Chicago: University of Chicago
　　Press.

Arrow, K. and Debreu, G.(1954) 'Existence of an equilibrium for a competitive economy',
　　*Econometrica* 22, pp.265~290.

Ayers, J. et al.(2013) 'Do celebrity cancer diagnoses promote primary cancer prevention?',
　　*Preventive Medicine* 58, pp.81~84.

Ayres, I., Raseman, S. and Shih, A.(2009) *Evidence from Two Large Field Experiments
　　that Peer Comparison Can Reduce Residential Energy Usage*. National Bureau of
　　Economic Research, Working Paper 15386.

Ayres. R. and Ayres, E.(2010) *Crossing the Energy Divide: Moving From Fossil Fuel
　　Dependence to a Clean Energy Future*. New Jersey: Wharton School Publishing.

Ayres, R. and Warr, B.(2009) *The Economic Growth Engine*. Cheltenham: Edward Elgar.

Bacon, F.(1620) *Novum Organon*. http://www.constitution.org/bacon/nov_org.htm

Banerjee, A. et al.(2015) *Debunking the Stereotype of the Lazy Welfare Recipient:
　　Evidence From Cash Transfer Programs Worldwide*. HKS Working Paper no.76.

Barnes, P.(2006) *Capitalism 3.0: A Guide to Reclaiming the Commons*. Berkeley: Berrett-Koehler.

Barrera-Osorio, F. et al.(2011) 'Improving the design of conditional transfer programs: evidence from a randomized education experiment in Colombia', *American Economic Journal: Applied Economics*, 3: 2, pp.167~195.

Bauer, M. et al.(2012) 'Cueing consumerism: situational materialism undermines personal and social well-being', *Psychological Science* 23, pp.517~523.

Bauwens, M.(2012) *Blueprint for P2P Society: The Partner State and Ethical Society*, http://www.shareable.net/blog/blueprint-for-p2p-society-the-partner-state-ethical-economy

Beaman, L. et al.(2012) 'Female leadership raises aspirations and educational attainment for girls: a policy experiment in India', *Science* 335: 6068, pp.582~586.

Beckerman, W.(1972) *In Defense of Economic Growth*. London: Jonathan Cape.

Begg, D., Fischer, S. and Dornbusch, R.(1987) *Economics*. Maidenhead: McGraw-Hill.

Beinhocker, E.(2007) *The Origin of Wealth*. London: Random House.

Beinhocker, E.(2012) 'New economics, policy and politics', in Dolphin, T. and Nash, D.(eds), *Complex New World*. London: Institute for Public Policy Research.

Benes, J. and Kumhof, M.(2012) *The Chicago Plan Revisited*, IMF Working Paper 12/202.

Benyus, J.(2015) 'The generous city', *Architectural Design* 85: 4, pp.120~121.

Berger, A. and Loutre, M.F.(2002) 'An exceptionally long interglacial ahead?' *Science* 297, p.1287.

Berger, J.(1972) *Ways of Seeing*, London: Penguin.

Bernays, E.(2005) *Propaganda*. New York: Ig Publishing.

Bjorkman, M. and Svensson, J.(2009) 'Power to the people: evidence from a randomized field experiment on community-based monitoring in Uganda', *Quarterly Journal of Economics* 124: 2, pp.735~769.

Block, F. and Somers, M.(2014) *The Power of Market Fundamentalism: Karl Polanyi's Critique*. London: Harvard University Press.

Bolderdijk, J. et al.(2012) 'Comparing the effectiveness of monetary versus moral motives in environmental campaigning', *Nature Climate Change*, 3, pp.413~416.

Bonaiuti, M.(2014) *The Great Transition*. London: Routledge.

Bowen, A. and Hepburn, C.(2012) 'Prosperity With Growth: Economic Growth, Climate Change and Environmental Limits', Centre for Climate Change Economic and Policy Working Paper no.109

Bowles, S. and Gintis, H.(2011) *A Cooperative Species: Human Reciprocity and Its Evolution*. Princeton: Princeton University Press.

Box, G. and Draper, N.(1987) *Empirical Model Building and Response Surfaces.* New York: John Wiley&Sons.

Boyce, J.K. et al.(1999) 'Power distribution, the environment, and public health: a state-level analysis', *Ecological Economics* 29: 127~140.

Braungart, M. and McDonough, W.(2009) *Cradle to Cradle: Re-making the Way We Make Things.* London: Vintage Books.

Brightman, R.(1993) *Grateful Prey: Rock Cree Human–Animal Relationships.* Berkeley: University of California Press.

Brynjolfsson, E. and McAfee, A.(2015) 'Will humans go the way of horses?' *Foreign Affairs*, July/August 2015.

Chancel, L. and Piketty, T.(2015) *Carbon and Inequality: From Kyoto to Paris.* Paris: Paris School of Economics.

Chang, H.J.(2010) *23 Things They Don't Tell You About Capitalism.* London: Allen Lane.

Chapin, F.S. III, Kofinas, G.P. and Folke, C.(eds), *Principles of Ecosystem Stewardship: Resilience-Based Natural Resource Management in a Changing World.* New York: Springer.

Christianson, S.(2012) *100 Diagrams that Changed the World.* London: Salamander Books.

Cingano, F.(2014) *Trends in Income Inequality and its Impact on Economic Growth.* OECD Social, Employment and Migration Working Papers, no.163, OECD Publishing.

Colander, D.(2000) 'New Millennium Economics: how did it get this way, and what way is it?', *Journal of Economic Perspectives* 14: 1, pp.121~132.

Cole, M.(2015) *Is South Africa Operating in a Safe and Just Space? Using the doughnut model to explore environmental sustainability and social justice.* Oxford: Oxfam GB.

Coote, A. and Franklin, J.(2013) *Time On Our Side: Why We All Need a Shorter Working Week.* London: New Economics Foundation.

Coote, A. and Goodwin. N.(2010) *The Great Transition: Social Justice and the Core Economy.* nef working paper 1, London: New Economics Foundation.

Coote, A., Franklin, J. and Simms, A.(2010) *21 Hours: Why a shorter working week can help us all flourish in the 21st century.* London: New Economics Foundation.

Crawford, K. et al.(2014) *Demolition or Refurbishment of Social Housing? A Review of the Evidence.* London: UCL Urban Lab and Engineering Exchange.

Crompton, T. and Kasser, T.(2009) *Meeting Environmental Challenges: The Role of Human Identity.* Surrey: WWF.

Daly, H.(1990) 'Toward some operational principles of sustainable development', *Ecological Economics*, 2, pp.1~6.

Daly, H.(1992) *Steady State Economics*. London: Earthscan.

Daly, H.(1996) *Beyond Growth*. Boston: Beacon Press.

Daly, H. and Farley, J.(2011) *Ecological Economics*. Washington: Island Press.

Dearing, J. et al.(2014) 'Safe and just operating spaces for regional social-ecological systems', *Global Environmental Change*, 28, pp.227~238.

DeMartino, G.(2011) *The Economist's Oath*. Oxford: Oxford University Press.

Devas, C.S.(1883) *Groundwork of Economics*. Longmans, Green and Company.

Diamond, J.(2002) 'Evolution, consequences and future of plant and animal domestication', *Nature* 418, pp.700~717.

Diamond, J.(2005) *Collapse: How Societies Choose to Fail or Survive*. London: Penguin.

Dorling, D.(2013) *Population 10 Billion*. London: Constable.

Easterlin, R.(1974) 'Does economic growth improve the human lot? Some empirical evidence', in David, P. and Reder, M.(eds), *Nations and Households in Economic Growth: Essays in Honour of Moses Abramovitz*. New York: Academic Press.

Eisenstein, C.(2011) *Sacred Economics: Money, Gift and Society in the Age of Transition*. Berkeley: Evolver Books.

Ellen McArthur Foundation(2012) *Towards the Circular Economy*. Isle of Wight, Ellen McArthur Foundation.

Epstein, J. and Axtell, R.(1996) *Growing Artificial Societies*. Washington, DC: Brookings Institution Press; Cambridge, MA: M IT Press.

Fälth, A. and Blackden, M.(2009) *Unpaid Care Work*, UNDP Policy Brief on Gender Equality and Poverty Reduction, Issue 01, New York: UNDP.

Fama, E.(1970) 'Efficient capital markets: a review of theory and empirical work', *Journal of Finance* 25: 2, pp.383~417.

Ferguson, T.(1995) *Golden Rule: The Investment Theory of Party Competition and the Logic of Money-Driven Political Systems*. London: University of Chicago Press.

Ferraro, F., Pfeffer, J. and Sutton, R.(2005) 'Economics language and assumptions: how theories can become self-fulfilling', *Academy of Management Review* 30: 1, pp.8~24.

Fioramenti, L.(2013) *Gross Domestic Product: The Politics Behind the World's Most Powerful Number*. London: Zed Books.

Folbre, N.(1994) *Who Pays for the Kids?* London: Routledge.

Folke, C. et al.(2011) 'Reconnecting to the biosphere', *AMBIO* 40, p.719.

Frank, B. and Schulze, G.G.(2000) 'Does economics make citizens corrupt?' *Journal of Economic Behavior and Organization* 43, pp.101~113.

Frank, R. 1988. *Passions within Reason*. New York: W.W. Norton.

Frank, R., Gilovich, T. and Regan, D.(1993) 'Does studying economics inhibit cooperation?'

*Journal of Economic Perspectives*, 7: 2, pp.159~171.

Friedman, B.(2006) *The Moral Consequence of Economic Growth*. New York: Vintage Books.

Friedman, M.(1962) *Capitalism and Freedom*. Chicago: University of Chicago Press.

Friedman, M.(1966) *Essays in Positive Economics*, Chicago: University of Chicago Press.

Friedman, M.(1970) 'The social responsibility of business is to increase its profits', *New York Times Magazine*, 13 September 1970.

Fullerton, J.(2015) *Regenerative Capitalism: How Universal Principles and Patterns Will Shape Our New Economy*. Greenwich, CT: Capital Institute

Gaffney, M. and Harrison, F.(1994) *The Corruption of Economics*, London: Shepheard-Walwyn.

Gal, O.(2012) 'Understanding global ruptures: a complexity perspective on the emerging middle crisis', in Dolphin, T. and Nash, D.(eds), *Complex New World*. London: Institute of Public Policy Research.

García-Amado, L.R., Ruiz Pérez, M. and Barrasa García, S.(2013) 'Motivation for conservation: assessing integrated conservation and development projects and payments for environmental services in La Sepultura Biosphere Reserve, Chiapas, Mexico', *Ecological Economics* 89, pp.92~100.

George, H.(1879) *Progress and Poverty*. New York: The Modern Library.

Gerhardt, S.(2010) *The Selfish Society: How We All Forgot to Love One Another and Made Money Instead*. London: Simon&Schuster.

Gertler, P., Martinez, S. and Rubio-Codina, M.(2006) *Investing Cash Transfers to Raise Long-term Living Standards*, World Bank Policy Research Working Paper no.3994, Washington, DC: World Bank.

Gesell, S.(1906) *The Natural Economic Order*, https://www.community-exchange.org/docs/Gesell/en/neo/

Giraud, Y.(2010) 'The changing place of visual representation in economics: Paul Samuelson between principle and strategy, 1941~1955', *Journal of the History of Economic Thought*, 32: pp.175~197.

Gneezy, U. and Rustichini, A.(2000) 'A fine is a price', *Journal of Legal Studies*, 29, pp.1~17.

Goerner, S. et al.(2009) 'Quantifying economic sustainability: implications for free-enterprise theory, policy and practice', *Ecological Economics* 69, pp.76~81.

Goffmann, E.(1974) *Frame Analysis: An Essay on the Organization of Experience*. New York: Harper&Row.

Goodall, C.(2012) *Sustainability*. London: Hodder&Stoughton.

Goodwin, N. et al.(2009) *Microeconomics in Context*. New York: Routledge.

Gordon, R.(2014) *The Demise of US Economic Growth: Restatement, Rebuttals and Reflections*. NBER Working Paper no.19895, February 2014.

Green, T.(2012) 'Introductory economics textbooks: what do they teach about sustainability?', *International Journal of Pluralism and Economics Education*, 3: 2, pp.189~223.

Grossman, G. and Krueger, A.(1995) 'Economic growth and the environment', *Quarterly Journal of Economics*, 110: 2, pp.353~377.

Gudynas, E.(2011) 'Buen Vivir: today's tomorrow', *Development* 54: 4, pp.441~447.

Hardin, G.(1968) 'The tragedy of the commons', *Science* 162: 3859, pp.1243~1248.

Hardoon, D., Fuentes, R. and Ayele, S.(2016) *An Economy for the 1%: how privilege and power in the economy drive extreme inequality and how this can be stopped*. Oxfam Briefing Paper 210, Oxford: Oxfam International.

Harford, T.(2013) *The Undercover Economist Strikes Back*, London: Little, Brown.

Heilbroner, R.(1970) 'Ecological Armageddon', *New York Review of Books*, 23 April.

Helbing, D.(2013) 'Economics 2.0: the natural step towards a self-regulating, participatory market society', *Evolutionary and Institutional Economics Review*, 10: 1, pp.3~41.

Henrich, J. et al.(2001) 'In search of Homo Economicus: behavioral experiments in 15 small-scale societies', *Economics and Social Behavior*, 91: 2, pp.73~78.

Henrich, J., Heine, S. and Norenzayan, A.(2010) 'The weirdest people in the world?', *Behavioural and Brain Sciences* 33: 2/3, pp.61~83.

Hernandez, J.(2015) 'The new global corporate law', in *The State of Power 2015*, Amsterdam: The Transnational Institute.

Holland, T. et al.(2009) 'Inequality predicts biodiversity loss', *Conservation Biology* 23: 5, pp.1304~1313.

Hudson, M. and Bezemer, D.(2012) 'Incorporating the rentier sectors into a financial model', *World Economic Review* 1, pp.1~12.

ICRICT(2015) Declaration of the Independent Commissions for the Reform of International Corporate Taxation. http://www.icrict.com/about-icrict

Institute of Mechanical Engineers(2013) *Global Food: Waste Not, Want Not*. London: Institute of Mechanical Engineers.

International Cooperative Alliance(2014) *World Cooperative Monitor*. Geneva: ICA.

International Labour Organisation(2014) *Global Wage Report*. Geneva: ILO.

International Labour Organisation(2015) *Global Employment Trends for Youth 2015*. Geneva: ILO.

IPCC(2013) *Climate Change 2013: The Physical Science Basis. Contributions of Working Group I to the Fifth Assessment Report of the Intergovernmental Panel on*

*Climate Change*, Cambridge: Cambridge University Press.

Islam, N.(2015) *Inequality and Environmental Sustainability*. United Nations Department for Economic and Social Affairs Working Paper no.145. ST/ESA/2015/DWP/145.

Jackson, T.(2009) *Prosperity without Growth*. London: Earthscan.

Jensen, K., Vaish, A. and Schmidt, M.(2014) 'The emergence of human prosociality: aligning with others through feelings, concerns, and norms', *Frontiers in Psychology* 5, p.822.

Jevons, W.S.(1871) *The Theory of Political Economy*, Library of Economics and Liberty, http://www.econlib.org/library/YPDBooks/Jevons/jvnPE.html

Kagel, J. and Roth, A.(1995) *The Handbook of Experimental Economics*. Princeton, NJ: Princeton University Press.

Keen, S.(2011) *Debunking Economics*. London: Zed Books.

Kelly, M.(2012) *Owning our Future: The Emerging Ownership Revolution*. San Francisco: Berrett-Koehler.

Kennedy, P.(1989) *The Rise and Fall of World Powers*. New York: Vintage Books.

Kerr, J. et al.(2012) 'Prosocial behavior and incentives: evidence from field experiments in rural Mexico and Tanzania', *Ecological Economics* 73, pp.220~227.

Keynes, J.M.(1923) 'A Tract on Monetary Reform', in *The Collected Writings of John Maynard Keynes*, vol.4, 1977 edn. London: Palgrave Macmillan.

Keynes, J.M.(1924) 'Alfred Marshall, 1842~1924', *The Economic Journal*, 34: 135, pp.311~372.

Keynes, J.M.(1931) 'Economic possibilities for our grandchildren', in *Essays in Persuasion*. London: Rupert Hart-Davis.

Keynes, J.M.(1936) *The General Theory of Employment, Interest and Money*. London: Macmillan.

Keynes, J.M.(1945) *First Annual Report of the Arts Council(1945~46)*, London: Arts Council.

Klein, N.(2007) *The Shock Doctrine*. London: Penguin.

Knight, F.(1999) *Selected Essays by Frank H. Knight*, Volume 2. Chicago: University of Chicago Press.

Kringelbach, M.(2008) *The Pleasure Center: Trust Your Animal Instincts*. Oxford: Oxford University Press.

Kuhn, T.(1962) *The Structure of Scientific Revolutions*. London: University of Chicago Press.

Kumhof, M. and Rancière, R.(2010) *Inequality, Leverage and Crises*. IMF Working Paper, WP/10/268, Washington, DC: IMF.

Kuznets, S.(1955) 'Economic growth and income inequality', *American Economic Review*, 45: 1, pp.1~28.

Lacy, P. and Rutqvist, J.(2015) *Waste to Wealth: the circular economy advantage*. New York: Palgrave Macmillan.

Lakner, C. and Milanovic, B.(2015) 'Global income distribution: from the fall of the Berlin Wall to the Great Recession', *World Bank Economic Review*, pp.1~30.

Lakoff, G.(2014) *The All New Don't Think of an Elephant*. White River Junction, VT: Chelsea Green Publishing.

Lakoff, G. and Johnson, M.(1980) *Metaphors We Live By*. Chicago: University of Chicago Press.

Leach, M., Raworth, K. and Rockström, J.(2013) *Between Social and Planetary Boundaries: Navigating Pathways in the Safe and Just Space for Humanity*, World Social Science Report. Paris: UNESCO.

Leopold, A.(1989) *A Sand County Almanac*. New York: Oxford University Press.

Lewis, J. et al.(2005) *Citizens or Consumers? What the Media Tell Us About Political Participation*. Maidenhead: Open University Press.

Lewis, W.A.(1976) 'Development and distribution', in Cairncross, A. and Puri, M.(eds), *Employment, Income Distribution, and Development Strategy: Problems of the Developing Countries*. New York: Holmes&Meier, pp.26~42.

Lietaer, B.(2001) *The Future of Money*. London: Century.

Lipsey, R.(1989) *An Introduction to Positive Economics*. London: Weidenfeld&Nicolson.

Liu, E. and Hanauer, N.(2011) *The Gardens of Democracy*. Seattle: Sasquatch Books.

Lucas, R.(2004) *The Industrial Revolution: Past and Future*. 2003 Annual Report Essay, The Federal Reserve Bank of Minneapolis.

Lyle, J.T.(1994) *Regenerative Design for Sustainable Development*. New York: John Wiley&Sons.

MacKenzie, D. and Millo, Y.(2003) 'Constructing a market, performing a theory: the historical sociology of a financial derivatives exchange', *American Journal of Sociology* 109: 1, pp.107~145.

Mali, T.(2002) *What Learning Leaves*. Newtown, CT: Hanover Press.

Mankiw, G.(2012) *Principles of Economics*, 6th edn. Delhi: Cengage Learning.

Marçal, K.(2015) *Who Cooked Adam Smith's Dinner?* London: Portobello.

Marewzki, J. and Gigerenzer, G.(2012), 'Heuristic decision making in medicine', *Dialogues in Clinical Neuroscience*, 14: 1, pp.77~89.

Marshall, A.(1890) *Principles of Economics*. London: Macmillan.

Marx, K.(1867) *Capital, Volume 1*. http://www.econlib.org/library/YPDBooks/Marx/

mrxCpA.html

Max-Neef, M.(1991) *Human Scale Development*. New York: Apex Press.

Mazzucato, M.(2013) *The Entrepreneurial State*. London: Anthem Press.

Mazzucato, M., Semieniuk, G. and Watson, J.(2015) *What Will It Take to Get Us a Green Revolution?* SPRU Policy Paper, University of Sussex.

Meadows, D.(1998) *Indicators and Information Systems for Sustainable Development*. Vermont: The Sustainability Institute.

Meadows, D.(2008) *Thinking In Systems: A Primer*. White River Junction, VT: Chelsea Green.

Meadows, D. et al.(1972) *The Limits to Growth*. New York: Universe Books.

Meadows, D. et al.(2005) *Limits to Growth: The 30-Year Update*. London: Earthscan.

Michaels, F.S.(2011) *Monoculture: How One Story Is Changing Everything*. Canada: Red Clover Press.

Mill, J.S.(1844) *Essays on Some Unsettled Questions of Political Economy*, http://www.econlib.org/library/Mill/mlUQP5.html

Mill, J.S.(1848) *Principles of Political Economy*, http://www.econlib.org/library/Mill/mlP.html

Mill, J.S.(1873) *Autobiography*, 1989 edn. London: Penguin.

Minsky, H.(1977) 'The Financial Instability Hypothesis: an interpretation of Keynes and an alternative to Standard Theory', *Challenge*, March~April 1977, pp.20~27.

Mishel, L. and Shierholz, H.(2013) *A Decade of Flat Wages*. EPI Briefing Paper no.365, Washington, DC: Economic Policy Institute.

Molinsky, A., Grant, A. and Margolis, J.(2012) 'The bedside manner of homo economicus: how and why priming an economic schema reduces compassion', *Organizational Behavior and Human Decision Processes* 119: 1, pp.27~37.

Montgomery, S.(2015), *The Soul of an Octopus*. London: Simon&Schuster.

Morgan, M.(2012) *The World in the Model*. Cambridge: Cambridge University Press.

Murphy, D.J.(2014) 'The implications of the declining energy return on investment of oil production', *Philosophical Transactions of the Royal Society A* 372.

Murphy, R. and Hines, C.(2010) 'Green quantitative easing: paying for the economy we need', Norfolk: Finance for the Future.

Murphy, S., Burch, D. and Clapp, J.(2012) *Cereal Secrets: the world's largest grain traders and global agriculture*, Oxfam Research Reports, Oxford: Oxfam International.

OECD(2014) *Policy Challenges for the Next 50 Years*, OECD Economic policy paper no.9. Paris: OECD.

Ormerod, P.(2012) 'Networks and the need for a new approach to policymaking', in

Dolphin, T. and Nash, D.(eds), *Complex New World*. London: IPPR.

Ostrom, E.(1999) 'Coping with tragedies of the commons', *Annual Review of Political Science* 2, pp.493~535.

Ostrom, E.(2009) 'A general framework for analyzing sustainability of social-ecological systems', *Science* 325: 5939, pp.419~422.

Ostrom, E., Janssen. M., and Anderies, J.(2007) 'Going beyond panaceas', *Proceedings of the National Academy of Sciences* 104: 39, pp.15176~15178.

Ostry, J.D. et al.(2014) Redistribution, inequality and growth. IMF Staff discussion note, February 2014.

Palfrey, S. and Stern, T.(2007) *Shakespeare in Parts*. Oxford: Oxford University Press.

Parker, R.(2002) *Reflections on the Great Depression*. Cheltenham: Edward Elgar.

Pearce, F.(2016) *Common Ground: securing land rights and safeguarding the earth.* Oxford: Oxfam International.

Pearce, J.(2015) 'Quantifying the value of open source hardware development', *Modern Economy*, 6, pp.1~11.

Pearce, J.(2012) 'The case for open source appropriate technology', *Environment, Development and Sustainability*, 14: 3.

Pearce, J. et al.(2012) 'A new model for enabling innovation in appropriate technology for sustainable development', *Sustainability: Science, Practice and Policy*, 8: 2, pp.42~53.

Persky, J.(1992) 'Retrospectives: Pareto's law', *Journal of Economic Perspectives* 6: 2, pp.181~192.

Piketty, T.(2014) *Capital in the Twenty-First Century*. Cambridge, MA: Harvard University Press.

Pizzigati, S.(2004) *Greed and Good*. New York: Apex Press.

Polanyi, K.(2001) *The Great Transformation*. Boston: Beacon Press.

Pop-Eleches, C. et al.(2011) 'Mobile phone technologies improve adherence to antiretroviral treatment in resource-limited settings: a randomized controlled trial of text message reminders', *AIDS* 25: 6, pp.825~834.

Putnam, R.(2000) *Bowling Alone: The Collapse and Revival of American Community*. New York: Simon&Schuster.

Raworth, K.(2002) *Trading Away Our Rights: women workers in global supply chains*. Oxford: Oxfam International.

Raworth, K.(2012) *A Safe and Just Space for Humanity: can we live within the doughnut?* Oxfam Discussion Paper. Oxford: Oxfam International.

Razavi, S.(2007), *The Political and Social Economy of Care in a Development Context*. Gender and Development Programme Paper no.3. Geneva: United Nations Research

Institute for Social Development.

Ricardo, D.(1817) *On the Principles of Political Economy and Taxation*, http://www.econlib.org/library/Ricardo/ricP.html

Rifkin, J.(2014) *The Zero Marginal Cost Society*. New York: Palgrave Macmillan.

Robbins, L.(1932) *Essay on the Nature and Significance of Economic Science*. London: Macmillan.

Robinson, J.(1962) *Essays in the Theory of Economic Growth*. London: Macmillan.

Rockström, J. et al.(2009) 'A safe operating space for humanity', *Nature*, 461: 472~475.

Rode, J., Gómez-Baggethun, E. and Krause, T.(2015), 'Motivation crowding by economic incentives in conservation policy: a review of the empirical evidence', *Ecological Economics* 117, pp.270~282.

Rodriguez, L. and Dimitrova, D.(2011) 'The levels of visual framing', *Journal of Visual Literacy* 30: 1, pp.48~65.

Rogers, E.(1962) *Diffusion of Innovations*. New York: The Free Press.

Rostow, W.W.(1960) *The Stages of Economic Growth: A Non-Communist Manifesto*. Cambridge: Cambridge University Press.

Ruskin, J.(1860) *Unto This Last*, https://archive.org/details/untothislast00rusk

Ryan-Collins, J. et al.(2012) *Where Does Money Come From?* London: New Economics Foundation.

Ryan-Collins, J. et al.(2013) *Strategic Quantitative Easing: Stimulating Investment to Rebalance the Economy*. London: New Economics Foundation.

Ryan, R. and Deci, E.(1999) 'Intrinsic and extrinsic motivations: classic definitions and new directions', *Contemporary Educational Psychology* 25: 54~67.

Salganik, M., Sheridan Dodds, P. and Watts, D.(2006) 'Experimental study of inequality and unpredictability in an Artificial Cultural Market', *Science* 311, pp.854~856.

Samuelson, p.(1948) *Economics: An Introductory Analysis*(1st edn). New York: McGraw-Hill.

Samuelson, P.(1964) *Economics*(6th edn). New York: McGraw-Hill.

Samuelson, P.(1980) *Economics*(11th edn). New York: McGraw-Hill.

Samuelson, P.(1997) 'Credo of a lucky textbook author', *Journal of Economic Perspectives* 11: 2, pp.153~160.

Sandel, M.(2012) *What Money Can't Buy: The Moral Limits of Markets*. London: Allen Lane.

Sayers, M.(2015) *The UK Doughnut: a framework for environmental sustainability and social justice*. Oxford: Oxfam GB.

Sayers, M.(2015) *The Welsh Doughnut: a framework for environmental sustainability and social justice*. Oxford: Oxfam GB.

Sayers, M. and Trebeck, K.(2014) *The Scottish Doughnut: a safe and just operating space for Scotland*. Oxford: Oxfam GB.

Schabas, M.(1995) 'John Stuart Mill and concepts of nature', *Dialogue*, 34: 3, pp.447~466.

Schumacher, E.F.(1973) *Small Is Beautiful*, London: Blond&Briggs.

Schumpeter, J.(1942) *Capitalism, Socialism and Democracy*. New York: Harper&Row.

Schumpeter, J.(1954) *History of Economic Analysis*. London: Allen&Unwin.

Schwartz, S.(1994) 'Are there universal aspects in the structure and content of human values?', *Journal of Social Issues* 50: 4, pp.19~45.

Secretariat of the Convention on Biological Diversity(2012) *Cities and Biodiversity Outlook*, Montreal.

Seery, E. and Caistor Arendar, A.(2014) *Even It Up: time to end extreme inequality*. Oxford: Oxfam International.

Sen, A.(1999) *Development as Freedom*. New York: Alfred A. Knopf.

Simon, J. and Kahn, H.(1984) *The Resourceful Earth: A Response to Global 2000*. Oxford: Basil Blackwell.

Smith, A.(1759) *The Theory of Moral Sentiments*, http://www.econlib.org/library/Smith/smMS.html

Smith, A.(1776) *An Inquiry into the Nature and Causes of the Wealth of Nations*. 1994 edn, New York: Modern Library.

Smith, S. and Rothbaum, J.(2013) *Cooperatives in a Global Economy: Key Economic Issues, Recent Trends, and Potential for Development*. Institute for International Economic Policy Working Paper Series, George Washington University IIEP–WP–2013–6.

Solow, R.(1957) 'Technical change and the aggregate production function', *Review of Economics and Statistics* 39: 3, pp.312~320.

Solow, R.(2008) 'The state of macroeconomics', *Journal of Economic Perspectives* 22: 1, pp.243~249.

Spiegel, H.W.(1987) 'Jacob Viner(1892~1970)', in Eatwell, J., Milgate, M. and Newman, P.(eds)(1987) *The New Palgrave: a dictionary of economics*, vol.IV. London: Macmillan.

Sraffa, P.(1926) 'The laws of returns under competitive conditions', *Economic Journal* 36: 144, pp.535~550.

Sraffa, P.(1951) *Works and Correspondence of David Ricardo, Volume I*. Cambridge: Cambridge University Press.

Stedman Jones, D.(2012) *Masters of the Universe: Hayek, Friedman and the Birth of*

*Neoliberal Politics*. Oxford: Princeton University Press.

Steffen,W. et al.(2011) 'The Anthropocene: from global change to planetary stewardship', *AMBIO* 40: 739~761.

Steffen, W. et al.(2015) 'The trajectory of the Anthropocene: The Great Acceleration', *Anthropocene Review* 2: 1, pp.81~98.

Steffen, W. et al.(2015b) 'Planetary boundaries: guiding human development on a changing planet', *Science*, 347: 6223.

Sterman, J.D.(2002) 'All models are wrong: reflections on becoming a systems scientist', *System Dynamics Review* 18: 4, pp.501~531.

Sterman, J.D.(2000) *Business Dynamics: Systems Thinking and Modeling for a Complex World*. New York: McGraw-Hill.

Sterman, J.D.(2012) 'Sustaining sustainability: creating a systems science in a fragmented academy and polarized world', in Weinstein, M.P. and Turner, R.E.(eds), *Sustainability Science: The Emerging Paradigm and the Urban Environment*. New York: Springer Science.

Steuart, J.(1767) *An Inquiry into the Principles of Political Economy*, https://www.marxists.org/reference/subject/economics/steuart/

Stevenson, B. and Wolfers, J.(2008) *Economic Growth and Subjective Wellbeing: Reassessing the Easterlin Paradox*, National Bureau of Economic Research Working Paper no.14282.

Stiglitz, J.E.(2011) 'Of the 1%, for the 1%, by the 1%', *Vanity Fair*, May 2011.

Stiglitz, J.E.(2012) *The Price of Inequality*. London: Allen Lane.

Stiglitz, J.E., Sen, A. and Fitoussi, J-P.(2009) *Report of the Commission on the Measurement of Economic Performance and Social Progress*, Paris.

Summers, L.(2016) 'The age of secular stagnation', *Foreign Affairs*, 15 February 2016.

Sumner, A.(2012) *From Deprivation to Distribution: Is Global Poverty Becoming a Matter of National Inequality?* IDS Working Paper no.394, Sussex: Institute of Development Studies.

Thaler, R. and Sunstein, C.(2009) *Nudge: Improving Decisions About Health, Wealth and Happiness*. London: Penguin.

Thompson, E.P.(1964) *The Making of the English Working Class*. New York: Random House.

Thorpe, S., Fize, D. and Marlot, C.(1996) 'Speed of processing in the human visual system', *Nature* 381: 6582, pp.520~522.

Titmuss, R.(1971) *The Gift Relationship: From Human Blood to Social Policy*. New York: Pantheon Books.

Torras, M. and Boyce, J.K.(1998) 'Income, inequality, and pollution: a reassessment of the environmental Kuznets curve', *Ecological Economics* 25, pp.147~160.

Trades Union Congress(2012) *The Great Wages Grab*. London: TUC.

UNDP(2015) *Human Development Report 2015*. New York: United Nations.

UNEP(2016) *Global Material Flows and Resource Productivity: A Report of the International Resource Panel*, Paris: United Nations Environment Programme.

United Nations(2015) *World Population Prospects: The 2015 Revision*. New York: United Nations.

Veblen, T.(1898), 'Why is economics not an evolutionary science?' *Quarterly Journal of Economics*, 12: 4, pp.373~397.

Wald, D. et al.(2014) 'Randomized trial of text messaging on adherence to cardiovascular preventive treatment', *Plos ONE* 9(12)

Walras, L.(1874) *Elements of Pure Economics*, 1954 edn, London: George Allen&Unwin.

Wang, L., Malhotra, D. and Murnighan, K.(2011), 'Economics education and greed', *Academy of Management Learning and Education*, 10: 4, pp.643~660.

Ward, B. and Dubos, R.(1973) *Only One Earth*. London: Penguin Books.

Weaver, W.(1948) 'Science and complexity' *American Scientist*, 36, pp.536~544.

Webster, K.(2015) *The Circular Economy: A Wealth of Flows*.
Isle of Wight: Ellen McArthur Foundation.

Wiedmann, T.O. et al.(2015) 'The material footprint of nations', *Proceedings of the National Academy of Sciences*, 112: 20, pp.6271~6276.

Wijkman, A. and Skanberg, K.(2015) *The Circular Economy and Benefits for Society*.
Zurich: Club of Rome.

Wilkinson, R. and Pickett, K.(2009) *The Spirit Level*. London: Penguin.

World Bank(1978) *World Development Report*. Washington, DC: World Bank.

World Economic Forum(2016) *The Future of Jobs*. Geneva: World Economic Forum.

# 감사의 말

이 책은 25년에 걸친 연구의 산물이다. 그동안 나는 경제학을 배웠고, 배운 걸 다 지워버렸다가 다시 배웠다. 긴 여정에서 내게 영감을 준 이들이 정말 많다. 가장 먼저 내 경제학 지도 교수였던 앤드루 그레이엄, 프랜시스 스튜어트, 윌프레드 베커먼, 데이비드 바인스에게 감사한다. 이들의 영감 넘치는 가르침이 없었다면 나는 애초에 경제학자로서의 사고에 가까이 갈 수조차 없었을 것이다. 반대로 내게 배운 학생들, 특히 옥스퍼드 대학교의 환경 변화 연구소Environmental Change Institute와 슈마허 대학Schumacher College의 학생들에게 깊은 감사를 보낸다. 우리 지구를 훗날 하나의 가정 경제로 보고 그 살림살이를 돌볼 수 있다고 확신하게 된 데는 이 학생들의 창의성과 개방성이 큰 역할을 했다.

이 책에 펼쳐놓은 이야기 상당수는 지난 5년간 여러 나라에서 진행한 도넛 경제학 토론장에서 성숙됐다. 옥스팜 동료, 학생, 점령 운동가, 기업 중역, UN 협상가, 마을 활동 단체, 정부 정책가, 비정부 단체, 교수, 과학자 등 함께해준 모두에게 감사 인사를 전한다. 특히 이 도넛 경제학 그림을 만들도록 기회를 준 옥스팜에 감사드린다.

집필 작업과 관련해 매기 핸버리, 로빈 슈트라우스, 해리엇 폴린드가 처음부터 끝까지 훌륭하게 지원해주었다. 또 펭귄 랜덤하우스 편집자인 나이절 윌콕슨, 첼시 그린의 조니 프래디드가 뛰어난 실력으로 예리하게 조언해준 데 깊이 감사드린다. 옥스팜의 조스 샌더스, 로펌 리드 스미스의 말라 거트먼과 로라 크롤리, 캐피털 인스티튜트의 존 풀러턴과 노라 부하다는 전문적인 조언과 지원을 해주었다. 또 다이앤 이브스와 켄디다 재단Kendeda Fund은 이 책의 착상과 집필 과정에 물적 지원을 아끼지 않았으며, 그 덕을 크게 보았다. 깊이 감사를 드린다.

또 초고를 모두 읽고 훌륭하게 논평해준 앨런 도런, 칼 곰브리치, 앤드루 그레이엄, 조지 몽비오, 개리 피터슨에게도 감사드린다. 훌륭한 자료 분석을 도와준 리처드 킹에게도 특별히 인사를 전한다. 그리고 멋진 그림을 그려준 마샤 미호티시, 이 책의 얼굴인 도넛 그림을 그려준 크리스천 거시어에게도 감사드린다.

수많은 고마운 이들이 이 책에 대해 혜안이 넘치는 논평, 아이디어, 제안들을 내주었다. 애덤 앨러지어, 마일스 앨런, 그레이엄 배넉, 알렉스 코범, 세라 코넬, 애나 카우언, 이언 피츠패트릭, 조시 플로이드, 앤토니오 힐, 에리크 고메스바케툰, 토니 그리넘, 휴 그리피스, 에밀리 존스, 윌리엄 캄쾀바, 핀 루이스, 베르나르 리에테르, 닉 로이드, 에릭 로너건, 앙드레 마이아 샤가스, 조지 마셜, 클라이브 멘지스, 포러스트 메츠, 애셔 밀러, 톰 머피, 캐시 오닐, 롭 패터슨, 조슈아 피어스, 요한 록스트룀, 엠마 스미스, 니키 스포롱, 로빈 스태퍼드, 윌 스테펀, 조스 탠트럼, 켄 웹스터, 토미 위드먼, 레이철 월셔, 존 지니 아데스 등에게 고맙다는 말을 전한다. 특히 이 책과 관련해 중요한 대화를 함께해준 재닌 베니어스, 샘 뮤어헤드, 위안 양에게 깊이 감사드린다.

나의 많은 동료와 벗들의 지지에 감사할 차례다. 사샤 에이브럼스키, 앨라산 애덤, 스티브 베이스, 세라 베스트, 수미 다나라얀, 콘스탄틴 디어크스, 조슈아 팔리, 플로러 게이손하디, 마야 괴펠, 알리샤 굿먼, 덩컨 그린, 탈리아 키더, 세라 노트, 다이애나 리버먼, 루스 메인, 에카 모건, 애널리스 모저, 팀 오리어딘, 안젤리크 오어, 트리스타 패터슨, 피트 셰퍼드, 클레어 샤인, 키티 스튜어트, 줄리아 틸퍼드, 톰 손턴, 캐서린 트레벡, 케빈 왓킨스, 스튜어트 월리스, 팀 바이스컬, 앤더스 베이크먼, 레베카 리글리에게 감사한다. 이 책을 쓰면서 가장 힘들었던 순간에 아주 뛰어난 조언으로 힘을 준 다섯 사람이 있다. 필 블루머, 앨런 버클리, 조 콘피노, 줄리언 매스터스, 조 데 발이다.

오래도록 새로운 경제학적 사유를 탐구하는 동안 영감을 나눠준 수많은 사상가들이 있다. 이들의 글을 읽고 깨달음의 탄성을 내지른 순간 나는 그전 사유로 돌아갈 수 없게 되었다. 미셸 바웬스, 에릭 바인하커, 존 버거, 재닌 베니어스, 데이비드 볼리에, 장하준, 로버트 콘스탄차, 허먼 데일리, 다이앤 엘슨, 낸시 폴브레, 존 풀러턴, 앤 기로, 샐리 거너, 조지 레이코프, 베르나르 리에테르, 헌터 러빈스, 스티브 킨, 마조리 켈리, 만프레드 막스네프, 도넬라 메도스, 메리 멜러, 엘리너 오스트롬, 제러미 리프킨, 요한 록스트룀, 아마르티아 센, 줄리엣 쇼어, 프리츠 슈마허, 윌 스테펀, 존 스터먼, 애런 스티베, 팀 잭슨, 켄 웹스터에게 깊이 감사드린다.

경제학자로 험난한 모험을 거치는 동안 변함없이 나를 지지해준 부모님, 그리고 사랑하는 언니 소피에게도 진심으로 감사한다.

마지막으로 가장 중요한 사람이 남았다. 내 인생의 반려 로먼 크르즈나릭이다. 이 책을 쓸 수 있었던 건 그와 사랑하고 대화하고 육아를 함께한 덕이다. 그리고 소중한 내 아이들, 시리와 캐스. 다른 모든 아이들과 함께 안전하고도 정의로운 21세기 세상에서 풍부하게 삶을 꽃피울 자격과 권리가 있는 아이들이다.

케이트 레이워스

# 옮긴이의 말

누구라도 느끼겠지만, 정말 잘 쓴 책이다. 구성은 탄탄하고 전개는 부인하기 힘든 논거로 짜여 있으며, 문체와 저술 태도 또한 과학성과 대중성을 모두 갖췄다. 더욱이 21세기 경제학의 패러다임을 정초한다는 실로 야심찬 목적을 내세운다. 그리고 그 소기의 목적을 성공적으로, 경제학자들만이 아니라 일반 대중까지 납득시키며 보란 듯이 이뤄내고 있다. 따라서 저자가 충분히 효과적으로 이야기하는 내용을 번역한 이가 중언부언하거나 알량한 지식으로 덧붙이기보다는 대한민국의 맥락에서 왜 이 책이 절실한지를 이야기하는 편이 나을 거라고 생각한다.

## 스팸 이야기

스팸은 어느 회사의 제품 이름을 넘어서 너무나 친숙한 일반 명사가 되었다. 그런데 이 제품은 실상 제2차 산업혁명이 무엇인지를 포괄적으로 상징하는 희한한 물건이다. 그리고 모름지기 대한민국과는 깊고도 질긴 인연이 있는 물건이다.

나의 어머니는 한국전쟁 당시 1·4 후퇴를 맞아 서울을 떠나 피란길에 오르셨다. 급히 빠져나가느라 먹을거리를 챙기지 못해 며칠을 굶으며 걷고 또 걸어 겨우 평택 어디쯤 이르렀을 때 어머니는 미군 부대를 만나게 됐다. 미군들은 어머니가 속한 피란민 무리에게 비상식량을 나눠줬는데, 받아보니 밥과 스팸이었다고 한다. 상상해보시라. 며칠째 아무것도 먹지 못하고 고단하게 걷다가 만난 밥. 두툼하고 기름진, 갓 구운 스팸을 얹은 윤기 자르르한 쌀밥. 짐작건대 천상의 맛이 아니었을까.

스팸은 1930년대에 세상에 나왔다. 주로 돼지 목살로 만드는데, 처음에는 그다지 인기를 끌지 못했다고 한다. 하지만 제2차 세계대전이 발발하고 군수품으로 납품되면서 미군의 주요 식량이 되었고, 미군이 진주한 나라라면 어디서나 압도적인 군수 물자에 섞여 대중에 퍼져나갔다. 전쟁이 끝난 뒤 이 물건이 미국 자본주의의 풍요를 상징하는 상품으로 세계인의 뇌리에 박히게 된 사연이다.

이런 상품은 다시없을 것이다. 이만한 열량과 영양, 이 정도 맛, 그리고 언제 어디든 가져갈 수 있는 편리함. 이것이 제2차 산업혁명이 만들어낸 기적이다. 이른바 '규모의 경제'에 입각한 대규모 생산 시설에서 도축─가공─포장이라는 전 공정을 터무니없이 낮은 단가로 해결해 거의 기적에 가까운 가격으로 기적에 가까운 물질적 가치를 생산한 것이다.

나의 어머니처럼 어릴 적 전쟁을 경험하고 빈곤하기 짝이 없던 1950년대를 거쳐 1960~1990년대의 고성장 과정까지 경험한 분들에게 스팸은 실로 많은 것을 의미한다. 가깝게는 미국 숭배의 상징이고, 깊게는 경제와 부와 번영이 무엇인지를 말 한마디 없이 대변하는 물건이다. 1970년대를 지나온 이들은 깡통 주스나 깡통 초콜릿 등과 함께 미군 부대에서 흘러나온 스팸을 '부의 상징'으로 여겼을 것이다. 좀 산다는 집은 스팸을 몇 상자씩 사들여 부엌 한켠에 쌓아놓고 은근히, 또 노골적으로 과시하기도 했다. 이것이 세계 어디에도 없을 '스팸 선물 세트'가 명절마다 슈퍼마켓 앞자리를 장식하는 이유일 것이다. 스팸 사랑이 이렇게 유난한 나라가 또 있을까 싶기도 하다.

그런데 세상이 변했다. 1997년 캐나다로 유학을 가 이메일을 처음 쓰면서 나는 '스팸 메일'이라는 말을 배웠다. 맛있게 먹던 스팸이 쓸데없이 메일함을 차지하는 광고 메일을 뜻하는 것이 참으로 의아했다. 몇 년 후에야 이유를 알았다. 김치찌개를 끓이려고 여느 때처럼 스팸 몇 개를 산 어느 날, 나는 장바구니를 그대로 들고 극장에 갔다. 그런데 달갑지 않은 일이 일어났다. 꽤나 세련된 이들이 드나든다는 시네마테크에 그 행색으로 뛰어든 게 화근이었다. 매표소에서 마주친 '쿨한' 여성이 내 장바구니에 든 스팸을 보고 얼굴을 일그러뜨렸다. 그러고는 곧바로 쏘아붙이듯 내게 물었다. "Do you eat this이걸 먹는단 말이에요?" 왠지 얼굴이 화끈거렸다. 의문의 1패. 한참 뒤에야 그곳 사람들 중에는 스팸을 혐오 식품으로 여기는 이들이 있다는 걸 알게 되었다. 이제는 우리나라에서도 비슷할 것이다. 스팸을 쌓아놓고 부를 과시하는 사람은 없으니까.

스팸 입장에서 보자면 좀 억울할지도 모르겠다. 걷어차지 말아야 하는 것은 연탄재만이 아니다. 인류의 수백만 년 역사에 운명처럼 동행한 굶주림을 이렇게 싼값에 이렇게 화끈하게 해결해준 물건이 어디 있었던가? 그야말로 제2차 산업혁명이 일군 기적이 아닌가? 그런데 어쩌다가 반세기도 지나지 않아 싸구려 취급을 받게 된 걸까? 그리고 어째서 사람들은 맛대가리 없는 풀 나부랭이를 훨씬 '쿨한' 음식이라 여기게 된 걸까?

## 무엇이 변했을까

본문에 나오듯이 인류는 1950년대 이래 '거대 가속' 시대로 들어섰다. 인구 증가, 자원 소비, 경제 팽창, 도시화, 이에 따른 생태 환경 변화 등은 그 전과 비교조차 할 수 없는 속도로 진행되고 있다. 저자가 언급하지는 않았지만 이는 대략 그 무렵 완성된 제2차 산업혁명의 귀결임이 분명하다. 인간 세상의 만사만물을 '기계적 과정'으로 분해하고 재구성하는 것을 패러다임으로 삼은 제1차 산업혁명은 19세기 중반에 일단락되고, 19세기 후반 독일과 미국에서 시작된 제2차 산업혁명은 비약적으로 발전한 물리학과 화학에 힘입어 모든 것을 '물리적' '화학적' 과정으로 해체, 재구성했다. 이에 따라 인간과 사회와 자연은 대량 생산, 대량 소비라는 미증유의 '산업 사회 industrial society'로 뒤얽힌다. 그 과정이 정점에 달했을 때 등장한 것이 우리가 익히 들어온 20세기 경제학이며, 그 지상 목표인 GDP 성장이다. 인간의 모든 욕구와 생산 능력은 시장에서의 수요와 공급으로 나타나고, 만사만물은 일관된 체계에 따라 가격이 붙는다. 이 가격 체계에서 발생한 잉여 혹은 부가 가치는 각자 생산에 기여한 정도에 비례해 분배되고, 소득에서 소비를 초과하는 잉여 생산물은 다시 더 많은 생산재로 재투자된다. 일자리가 늘어나고 소득과 부가 더 커져 경제를 한층 성장시키는 선순환 과정을 끊임없이 되풀이하게 된다는 것이다.

21세기는 이전 세기에 완성된 제2차 산업혁명의 경제학을 더 이상 용납하지 않는 방향으로 돌아섰다. '도넛'의 동그라미 두 개가 말하듯, 제2차 산업혁명을 거치면서 어마어마한 생산 기계로 돌변한 현대 사회가 생태적인 한계와 사회 불평등이라는 절대적 한계와 맞닥뜨린 것이다. 게다가 인간의 욕구는 의식주 결핍을 해소한다는 좁은 차원을 벗어났다. 이 책에 나오는 것처럼 21세기의 인류가 바라는 '좋은 삶'의 비전은 말 그대로 '피어나는 삶'이다. 스팸을 배불리 먹고 살찌는 삶이 아니라, 누구나 몸과 마음에 잠재한 욕구와 능력을 충분히 펼쳐내는 그런 삶이다. 가치 평가의 척도가 근본적으로 바뀐 것이다. 대형 아파트를 차지한 왕후장상이 되어 아이들을 다시 왕후장상 자리에 앉히는 1차원적인 부귀영화 논리는 이제 대중의 인생 목표로서 설득력을 조금씩, 꾸준히 잃어가고 있다. 오늘날 '밀레니얼'이라 불리는 미국의 젊은 세대는 골프라든지 심지어 자가용조차 꺼리는 '탈물질주의적' 경향을 보이기도 한다. 이제 우리가 원하는 것은 스팸 열 상자가 아니다. 정확히 뭔지는 알 수 없지만, 태어나서 죽을 때까지 내 삶을 충실하게 해줄, 다시 말해 삶을 꽃피우는 데 도움이 되는 것이 내가 원하는 것이다. 그렇게 해서 얻으려는 궁극의 목적은 다름 아닌 '좋은 삶'이다.

이런 흐름이라면 20세기 경제학은 밑동부터 흔들릴 수밖에 없다. 사람들이 바라는 '부유함'은 단순히 돈으로 평가되는 GDP 성장이 아니라 풍요롭게 피어나는 삶이다. 이는 자연의 생명 영역 훼손, 그리고 심각한 불평등으로 인한 사회 붕괴라는 두 제약 조건의 안쪽에서만 가능하다. 이 책에서 거듭 이야기하는 것처럼 '도넛의 안전하고도 정의로운 공간'에서 각자의 삶이 한껏 피어나게 하는 것이 제2차 산업혁명의 다음 단계로 넘어가는 21세기의 전망일 수밖에 없다.

생산 함수에 자본과 노동을 있는 대로 때려넣어 물질적 산출량을 극대화하는 맹목적인 GDP 성장, 이를 위한 비용 절감과 생산·판매 극대화는 더 이상 경제의 목표가 될 수 없다. 경제는 명확하게 인간과 자연의 '좋은 삶'을 목적으로 해야 하며, 그 최선책으로 경제 운영 원칙에서 우리의 공동 가정인 지구를 안전하게 운영하는 '가정 관리oikonomia' 원리가 GDP 성장 원리를 대체해야 한다. 나아가 인간은 이기적인 개인, 합리적 계산에 따라 움직이는 1차원적 존재가 아니다.• 인간은 경제적 이익을 돌보는 존재지만 그 사고 과정은 몹시 복잡하고 모호하고 다면적이므로, 이를 모두 고려한 새로운 제도 설계에 지혜를 모아야 한다. 그리고 '도넛'의 두 동그라미와 그 상호작용을 파악하기 위해서는 경제가 단지 몇 가지 변수로 이뤄진 알량한 선형 모델이 아니라 생태 영역이라는 큰 범위에서 무수히 많은 과정이 서로 엮이고 교차하는 복잡한 시스템적 진화 과정임을 이해해야 한다. 그렇기 때문에 지금까지 경제를 조직하는 최상의 방법이라고 여겨진 시장의 자율성도 더 이상 규범이 될 수 없다는 사실을 인정해야 한다. 인류가 절대 침범하지 말아야 할 두 개의 마지노선, 즉 환경 보존의 범위와 사회적 (불)평등의 범위를 지키기 위해서는 완전히 새로운 원칙과 사고에 근거한 사려 깊은 설계가 필요하다. 이 시점에 우리에게 필요한 경제학은 GDP 성장과 자본 축적이 아니라 만인의 피어나는 삶, 정태적·기계적 균형이 아니라 동

---

● 최근 하버드의 한 인류학자가 이러한 '호모 이코노미쿠스'의 원리가 정확하게 관찰되는 사회를 발견했다. 침팬지 사회였다. https://bit.ly/2xDYw8F

학적·진화적 시스템, 시장 방임이 아니라 의식적 설계에 기초해야 한다.


## 20세기 경제학과 오늘의 우리


문재인 정부가 들어선 2017년 이후 한국 사회에서 이어진 경제 관련 논쟁과 토론을 보면서 충격 받은 점이 있다. 내가 경제학과에 다니던 1980년대 말과 기본적인 논쟁 구도가 전혀 달라지지 않았다는 것이다. 잘살려면 경제를 성장시켜야 하고, 그러려면 고용과 투자를 늘려야 하고, 이를 위해서는 최대한 대기업에 유리한 환경을 만들어야 한다는 변치 않는 의견이 지금도 확고히 존재한다. 그리고 여기에 반대하는 진영은 사람들의 구매력을 올려 총 수요를 늘리는 데 집중한다. 상류층과 대기업에 몰린 자원을 (투자든, 아니면 조세를 통한 정부 지출로든) 순환시켜 저소득층에 도달하게 만들어야 한다는 것이다. 20세기 후반을 풍미한 '성장이냐, 분배냐'의 담론을 아직까지 벗어나지 못하고 있다.

이게 최선일까? 이 대목에서 잠깐 멈춰 지난 반세기 동안 한반도 남쪽 거주자들의 의식을 지배해온 장벽을 반성해보자. 경제 성장 신화다. 올여름, 이 땅 어디랄 것 없이 전국이 40도를 오르내리며 폭염 지옥을 겪었다. 겨울에는 영하 20도 아래로 내려가니 물경 계절별 온도차가 60도가 넘는 것이다. 짧을 대로 짧아진 봄, 가을은 미세먼지로 아수라장이 된다. 우리 모두 알고 있다. 이것이 과도한 경제 성장과 생각 없는 산업화의 결과라는 것을. 그런데 원전과 화력 발전소에 관련된 이익 집단은 이 더위를 앞세워 늘어난 전력 소비를 충당하기 위해 발전소를 더 세워야 한다고 외쳐댄다. 사람들은 누진세를 없애 에어컨을 더 많이 쓰게 해달라고 아우성이다. 에너지 남용의 폐해가 어떻게 돌아오는지를 폭염으로 겪고도 우리는 엉뚱한 데서 해법을 찾고 있다.

사회적 이동성과 신분 상승 가능성이 갈수록 줄어드는 오늘날, 비정규직과 저소득층 같은 경제적 약자를 위한 제도 개선은 곧 우리의 동생과 아이들과 손자손녀에 대한 배려요 계획이 된다. 또 이미 높은 노인 빈곤율이 더 높아질 일만 남은 우리나라에서 노인 복지 체제 강화는 효도가 아니라 중년과 청년 스스로를 위한 노후 준비이기도 하다. 비정규직과 자영업자와 정규직의 이익은 대립하는 듯 보이지만 하나로 긴밀하게 맞물려 있다. 하지만 경제 담론은 인구 95퍼센트의 오늘과 내일을 끌고 갈 계획은커녕, 이 95퍼센트 내부의 이해갈등을 한없이 부각시켜 이간질하고 싸움 붙인다. 그다음에는 결국 상위 5퍼센트가 우선적으로 소득을 가져가는 기존 질서가 정답이라는 결론으로 사람들을 몰고 간다. 이성과 양심이 살아 있다면 너무나 당연히 분노하고 좌절해야 하는 상황이다. 하지만 분노와 좌절은 아무 소용없다.

근대화와 경제 입국을 외치면서 1960년대에 시작된 한국 자본주의 모델은 반세기가 지난 지금 사방에서 기능 부전 증후를 보이고 있다. 그런데 그 반세기 동안 세상을 지배해온 20세기 경제학이 우리 의식을 붙잡고 놓아주지 않는다. 이뿐만이 아니다. 21세기에 새로이 닥친 도전들, 즉 지구 생태계의 위기, 사람들의 인생관과 행복관 변화, 지속적인 불평등 심화가 과제로 추가되었다. 상황 감지 능력이 있는 사람이라면 대한민국을 지배해온 경제학의 틀이 너무나 낡았다는 걸 분명히 인식할 것이다. 절실한 건 비판적 인식이 아니라, 새로운 틀에 입각해 새로운 질서를 상상하고 하나씩 실현하는 작업과 시도다. 비판은 차고 넘친다. 하지만 경제를, 가정을, 국가를, 생태와 환경을, 그리고 우리 삶을 근본적으로 다르게 생각하고 설계하고 질서를 부여할 수 있는 대안적인 사고방식은 찾아보기 힘들며, 이를 실행하려는 시도는 더욱 드물다. 이 책에 인용된 글귀처럼 새로운 질서를 세운다는 것은 낡은 질서를 비판하는 것에서 더 나아가 작더라도 성공적인 대안 모델을 만들어 이것이 작동하는 걸 보여주는 것이다.

2018년 대한민국에 『도넛 경제학』을 내놓는다. '20세기 경제학의 흥망성

쇠'라는 제목이 가장 잘 어울릴 만한 나라가 우리나라다. 사람의 반평생 정도의 짧은 기간 동안 우리는 20세기 경제학에 근거해 엄청난 속도로 경제를 성장시켰고, 이제 선진국과 거의 비슷한 시기에 그 종착점에 봉착했다. 20세기 경제학을 선지자의 율법으로 여겨온 우리에게 새로운 경제학을 시작하자고 제안하는 이 책이 각별히 중한 의미로 다가온다. 이미 세계적으로 큰 파장을 던지고 찬사를 얻은 책인 만큼 상찬을 더할 필요는 없을 것이다. 저자가 얼마나 오랫동안, 얼마나 많은 고민을 얼마나 진실하게 수행했는지 독자들도 느꼈으리라고 믿는다.

본문에서 이야기하듯 '진보'는 '앞으로'와 '위로'라는 이미지로 그려지는 법이다. 1970년대에 '초등학교'를 다닌 내게 '경제'를 상징하는 가장 익숙한 그림은 (경제 성장률이든 무엇이든) 오른쪽 위로 치닫는 그래프였다. 국민 소득 1만 달러, 수출 100억 달러 달성 등등. 그 그림만 바라보며 정신없이 달려왔지만 이제는 다른 그림, 도넛 그림을 벽에 걸 때다. 자연과 더불어, 형제자매 누구도 비참하게 소외되지 않고, 모두가 인생을 한껏 꽃피우며 태어나길 잘했다고 말하는 세상. 우리는 이제 그런 세상에서 나고 자라고 아이를 낳아 키우고 늙어가고 숨을 거둘 것이다.

오늘 아침 식사는 도넛이다. 더블 초콜릿 도넛을 블랙커피에 푹 담가 크게 한입 베어 물고 하루를 시작해야겠다.

2018년 8월
옮긴이 홍기빈

# 찾아보기

# 도판 저작권

## 사진

12쪽 ⓒKyle Depew

26쪽 archive.org

27쪽 ⓒYale Joel/The LIFE Picture Collection/Getty Images

29쪽 ⓒMcGraw-Hill Education

81쪽 New York Public Library

122쪽 ⓒ2008 Mark Segal/Panoramic Images, Chicago

188쪽 위 ⓒHulton Archive/Stringer

188쪽 아래 ⓒalicja neumiler/shutterstock

207쪽 ⓒZlatko Guzmic/shutterstock

213쪽 Wikimedia Commons

238쪽 ⓒLucas Oleniuk/Toronto Star via Getty Images

261쪽 위 ⓒStephane Bidouze/shutterstock

261쪽 아래 ⓒurbancow/shutterstock

309쪽 ⓒKurt Hutton/Picture Post/Getty Images

## 다이어그램

Christian Guthier  20, 59, 65.

Marcia Mihotich  36~37, 53, 62, 69, 80, 88, 115, 130, 151, 159, 167, 200, 243, 248, 257, 285, 290, 298

저작권 소유자 확인이 되지 않아 표시하지 못한 도판은 추후 확인되는 대로 해당 저작권자의 동의를 얻겠습니다.

# 도넛 경제학

2018년 9월 12일 초판 1쇄 발행
2024년 7월 15일 초판 6쇄 발행


지 은 이   케이트 레이워스
옮 긴 이   홍기빈
펴 낸 이   박해진
펴 낸 곳   도서출판 학고재
등     록   2013년 6월 18일 2023-000037호
주     소   서울시 영등포구 경인로 775 에이스하이테크시티 2동 804호
전     화   02-745-1722(편집) 070-7404-2791(마케팅)
팩     스   02-3210-2775
전 자 우 편   hakgojae@gmail.com


ISBN 978-89-5625-374-9    03320